Ulf Diederichs

Who's who im Märchen

Deutscher
Taschenbuch
Verlag

Von Ulf Diederichs
sind im Deutschen Taschenbuch Verlag herausgegeben:
Schöne wilde Weihnacht (2287)
Weihnachts-Geister (2303)
Vom Glück des Reisens zu Lande, zu Wasser und in der Luft (11802)

Originalausgabe
1. Auflage November 1995
2. Auflage April 1996: 11. bis 16. Tausend

Umschlaggestaltung: Angelika Fritsch
Gesamtherstellung: C. H. Beck'sche Buchdruckerei, Nördlingen
Printed in Germany · ISBN 3-423-30503-7

Das Buch

Märchenfiguren glauben wir zu kennen. Aber was war noch gleich mit Dornröschens Kindern? Wieso beließen es die Grimms beharrlich bei »Sneewittchen«? Hatte Hänsel die Führungsrolle, oder war es Gretel? Welche Heldin nennt sich Snegurotschka? Haben auch Engländer und Franzosen ihr Rumpelstilzchen? Heißt das Märchen nun »Der Rabe« oder »Die Rabe«? Wo finde ich die Prinzessin auf dem Glasberg? Wieso sind böse Stiefmütter in Märchen so häufig? Konnte der Zauberer von Oz wirklich zaubern? Seit wann gibt es verzauberte Prinzen? Stammt der Mann ohne Schatten von Chamisso oder von Andersen? Wessen Schicksal verbirgt sich hinter der Kleinen Meerjungfrau?
Dieses Lexikon der Märchenfiguren gibt Auskunft. Es beschreibt die Herkunft, die märchenhafte Lebensgeschichte und das nicht minder interessante Nachleben von rund 330 Helden und Heldinnen. Es ist weltweit angelegt; sein Alphabet reicht von Abu el-Hasan und den Affenhelden des Fernen Ostens bis zu Zwerg Nase und den Zwölf Jägern.
Bebilderungen, Dramatisierungen, Vertonungen, Verfilmungen – all das läßt sich hier nachschlagen. Auch über Drachen, Feen, Hexen, Menschenfresser, Prinz und Prinzessin etc. wird informiert, ebenso über Parallelfiguren in anderen Ländern. Unterschiedliche Interpretationsansätze wie die von Psychologen und Symbolforschern werden aufgezeigt. Alles in allem: ein höchst lesbares Handbuch für Märchenfreunde.

Der Autor

Ulf Diederichs, geboren 1937 in Jena, entstammt einer alten Verlegerfamilie. Er betreute 17 Jahre lang die Reihe ›Märchen der Weltliteratur‹ und gab neben vielen anderen Veröffentlichungen zahlreiche Sagen- und Märchensammlungen heraus, in neuerer Zeit ›Französische Märchen‹ (1989), ›Wo die schönen Mädchen auf den Baumen wachsen‹ (1990) und einen gesamteuropäischen ›Märchenpalast‹ (3 Bände, 1992). Ulf Diederichs lebt heute als freier Autor in München.

Inhalt

Für Anja
und Maui

Zur Einführung

»Die Weisheit der Märchen: Immer wächst aus der Mühsal das Glück und aus dem Wunder das Wirkliche. Immer hat der Held Angst.«
Franz Fühmann

Märchenfiguren begegnen uns auf Schritt und Tritt. Auf Kinoplakaten, in Werbespots, im Wetterbericht (wieder läßt Frau Holle . . .), auf Briefmarken, Geldscheinen, in Cartoons, Comics und Kontaktanzeigen (Rotkäppchen sucht bösen Wolf), in Verbindung mit Markenartikeln, in Ballett, Musical, Oper, in moderner Lyrik, in frechen Parodien, in Tiefenpsychologie und Symbolforschung, in der Partnertherapie, in allerneuesten Bilderbüchern . . .

Märchenfiguren glauben wir gut zu kennen. Doch was war noch gleich mit Dornröschens Kindern? Wieso beließen es die Grimms beharrlich bei »Sneewittchen«? Hatte Hänsel damals die Führungsrolle, oder war es Gretchen? Welche Heldin nennt sich Snegurotschka? Haben auch Engländer und Franzosen ihr Rumpelstilzchen? Heißt das Märchen nun »die Rabe« oder »der Rabe«? Wieso sind böse Stiefmütter im Märchen so häufig? Konnte der Zauberer von Oz wirklich zaubern?

Märchenfiguren haben ein langes Leben. Mindestens seit 200 Jahren, als Ludwig Tieck die Namen Ritter Blaubart, Gestiefelter Kater und Rotkäppchen eindeutschte, wird an diesen Phantasmata gearbeitet. Die Kulturindustrie ist unermüdlich dabei, an unsere frühesten, oft schönsten Leseeindrücke zu appellieren. Mögen die Inhalte der Märchen verblaßt sein oder neu aufgefüllt und dann wieder vergessen werden: Die Figuren bleiben im Gedächtnis. Ob man sie liebt oder haßt oder ob sie einem egal sind – längst sind sie Bestandteil eines kollektiven Bewußtseins. Sie hängen uns an, weil wir oft selbst Anhängliche sind, seit Kindertagen schon. Märchenheldinnen und -helden laden zur Identifikation ein, das ist der Befund von Psychologen, und sie helfen Kindern beim innerseelischen Entwicklungsprozeß. Diese Helden sind die geborenen Entertainer, sagen sich die Medienmatadoren, und außerdem sind sie, was Marktanteile betrifft, eine sichere Bank. Also lernen wir unsere Helden immer neu kennen, als Aladdin, als Arielle, als die Schöne und das Biest. Und noch in anderer Hinsicht sind die alten wunderbaren Märchenhelden up to date. Ihre Stories sind die einzige literarische Anspielungsebene, hat Peter Rühmkorf festgestellt; »die klassische Literatur wird nicht mehr gelesen, also kann man darauf auch nicht mehr herumklavieren« (das sagte er 1983). In der Tat wird man selbst in »gebildeten Kreisen« sich leichter auf die Ilsebill, Alice im Wunderland oder den standhaften Zinnsoldaten verständigen können als auf den Grünen Heinrich, Hans Castorp oder Gesine Cresspahl.

Märchenfiguren sind also höchst präsent. Um so erstaunlicher, daß es bisher kein Lexikon der Märchenfiguren gibt, weder in Deutschland noch anderswo. Das vorliegende Who's who ist ein erster ausgreifender Versuch in diese Richtung. Es buchstabiert die einzelnen Namen und Begriffe durch, von Abu el-Hasan aus 1001 Nacht und den Affenhelden des Fernen Ostens bis zu Zwerg Nase und den Zwölf Jägern. Rund 330 Figuren werden vorgestellt, mitsamt ihren Ursprüngen, ihren Geschichten und – ansatzweise – ihrer erstaunlich weitverzweigten Wirkungsgeschichte. Dabei erweist sich, daß diese Heldinnen und Helden so etwas wie ein Eigenleben führen. Das Märchen selbst gibt zunächst nur spärliche Hinweise *ad personam.* Erst im Zuge der Handlung entfaltet sich die Figur, profiliert sich, indem sie in Beziehung tritt zu anderen. Daher schien eine genauere Nachzeichnung des Textes, das heißt der jeweiligen Leitfassung(en), unerläßlich. Sinnvollerweise sollte in den »Porträts« all das enthalten sein, was zur Auffrischung des Gedächtnisses führen kann, was Zusammenhänge verdeutlicht, Mißverständnisse klärt.

Es ist ein interessantes Phänomen, daß Märchenhelden ungenau erinnert werden. Oft bringt unser Gedächtnis etwas durcheinander, läßt in Dornröschens Hals einen Giftapfel steckenbleiben und Aschenputtel sich gläserne Pantoffel überstreifen (die jedoch zur französischen Heldin Cendrillon gehören). Ein einsamer Froschprinz, der »wachgeküßt« werden will, ahnt gewiß nicht, daß er à la Grimm erst einmal an die Wand geklatscht wird, bevor ein zärtlicher Austausch möglich ist. Sich vor Augen zu führen, was mit den Helden *wirklich* passiert, kann in der Tat spannend sein. Erwachsene legen sich nicht selten »Erinnerungsausgaben« der Märchen – sogar ihres eigenen Lieblingsmärchens – zu, die von der authentischen Ausgabe teilweise abweicht und manches ausspart oder gar »wegzensiert«. Das jedenfalls ist der Befund von Märchentherapeuten seit den 70er Jahren.

Bewußtes Erinnern macht deutlich, wie sehr wir Märchen und Märchenfiguren in eins setzen, weil sie es sind, in die wir uns hineinversetzen können, oder dies einmal konnten – denn die tiefsten Eindrücke gehen auf die Kindheit zurück. In dem für dumm gehaltenen Jüngsten, in den familiären Konflikten eines Aschenputtel erkennt das Kind Probleme des eigenen Verkanntwerdens, des Sich-nicht-geliebt-Fühlens. Es erlebt die Märchenfiguren als Leitbilder und als Warnbilder, identifiziert sich mit ihnen vor allem dort, wo diese selbst Kinder sind (Brüderchen und Schwesterchen, Rotkäppchen, Das häßliche Entlein). Doch auch bei Erwachsenen ist, oft erst über das eigene Lebensthema, ein neuer Zugang zu bestimmten Märchen zu beobachten. Eine solche innere Teilhabe – bei jüngeren wie bei älteren Menschen –, wäre nicht möglich, wenn nicht das Märchen in eindringlichen Bildern, sparsam und ohne zu psychologisieren, von inneren Vorgängen erzählte. Erinnerungsmächtige Dichter wie Thomas Mann, Elias Canetti und Günter Grass waren sich dieser Qualität des Märchens immer bewußt. »Ich meine, daß man jetzt erst das Märchen als eine Wirklichkeit mehr zu entdecken beginnt . . . die um sich greifende Erkenntnis, daß im Märchen in bündiger Form oft mehr Realität eingefangen ist als zum Beispiel im angeblich so tiefschürfenden psychologischen Roman« (Günter Grass, 1977).

Erfahrungswissen und lakonische Erzählweise machen das Märchen so anziehend, man kann auch sagen anfällig, für Interpretationen jeder Art. Längst ist es nicht nur der Schürfgrund von Feldforschern, Volkskundlern, Sprachwissenschaftlern, Komparatisten, sondern auch ein Feld für Religionshistoriker oder für Psychoanalytiker. In der symbolisierenden Auslegung durch C. G. Jung und seine Schule werden die verschiedenen Märchenfiguren als Teile ein und derselben Persönlichkeit aufgefaßt; das Märchen gilt ihnen als Darstellung von innerseelischen Prozessen, von Vorgängen im Unbewußten, und von Auseinandersetzungen eben des Unbewußten mit dem Bewußten. Mircea Eliade, ein Kenner der schamanistisch und rituell geprägten Kulturen, hebt dagegen die initiatorische Struktur des Märchens hervor und will so die Wurzeln wie auch die Wirkungen in der Gegenwart näher bestimmen; für ihn transportiert das Märchen Initiationserfahrungen auf die Ebene der Phantasie. Im Lichte einer solchen *initiation imaginaire,* so Eliade, würden nicht nur die vielen Prüfungen der Helden plausibel, ihre Kämpfe gegen übermächtige Ungeheuer, die scheinbar unlösbaren Aufgaben, sondern ebenso ihre Suchwanderungen und Seelenfahrten, ihr Hindurchgehen durch Tod und Wiedererweckung.

Märchen sind Entwürfe von Glück. Zu ihrer Verheißung gehört: Niemand ist in so auswegloser Lage, daß er sie nicht meistern könnte, niemand so gering von Stand und Beruf, daß er nicht König oder sie nicht Prinzessin werden könnte. Und auch kein Zauberer, kein Riese und keine Hexe erweist sich als so mächtig, daß sie nicht durch Klugheit zu Fall zu bringen wären. Viele Leser haben von Kindheit an ein Märchen als Modell, einen bestimmten Helden, eine Heldin als »Leitfigur«. Das Spektrum ist breit, und dennoch häufelt sich das Interesse. Die zwei Dutzend meistgemochter und meistgelesener Märchen sind, wen wundert's, auch in der Literatur die besonders häufig bedichteten und parodierten. Auf den oberen Plätzen der Beliebtheitsskala erscheinen immer wieder dieselben Märchenhelden. Bezeichnenderweise haben »ideale« Heldinnen, wie Schneewittchen, Dornröschen und Aschenputtel, den Vortritt vor »aktiven, gestaltenden« Heldinnen; vorneweg die geborenen oder gelernten Prinzessinnen, auf dem Fuße folgend das bürgerliche Rotkäppchen. Diese vier führen, nicht nur in Meinungsumfragen, sondern auch was die Statistik der Verfilmungen, Dramatisierungen und wohl auch die Anzahl der Bebilderungen betrifft. Das war schon 1927 so, als für Dornröschen beispielsweise 22 Bühnendichtungen und elf Opern registriert wurden, für Schneewittchen 17 Märchenspiele, für Aschenputtel 13 und für Rotkäppchen neun (nach Bolte-Polívka). Das galt auch 1984 für eine filmische Bestandsaufnahme, wonach Aschenputtel /Cinderella an der Spitze lag, mit zehn nachweisbaren Verfilmungen, gefolgt von Dornröschen und Schneewittchen mit je acht, Rotkäppchen allerdings nur mit drei (Willi Höfig in ›Enzyklopädie des Märchens‹). Auch in den USA führen Cinderella, Snow White und Sleeping Beauty die Hitlisten an. Dort ist man, wie empirische Untersuchungen ergaben, mit der Erzähltradition des eigenen Kontinents weit weniger vertraut als mit den »Importfiguren« aus Europa, die man meist erst in ihrer visuell-dramaturgischen

Umgestaltung kennenlernt: durch die Zeichentrickfilme Walt Disneys.

In der deutschen Beliebtheitsskala stehen auch die kindhaften Helden Hänsel und Gretel weit oben, spätestens seit Humperdincks Märchenoper und der Kindergarten-Singvers existieren. In Umfragen der letzten Zeit wurde dieses Märchen sogar als »liebstes« bzw. »deutschestes« angesehen, gefolgt von den Bremer Stadtmusikanten und den Sieben Geißlein mit ebenfalls großen Sympathie- und Identifikationswerten. Zu den gefragtesten männlichen Helden haben sich das tapfere Schneiderlein und Hans im Glück entwickelt, also eher unbeschwerte Naturen, die der Schwanktradition zugehören. Vieldeutigere wie der verzauberte Froschkönig oder das dämonische Rumpelstilzchen folgen in einigem Abstand.

Zu den 20 meistgenannten Märchen zählen seit jeher Frau Holle (bzw. Goldmarie und Pechmarie), Rapunzel, Schneeweißchen und Rosenrot, sie alle Titelhelden; nur bei Tischchendeckdich und den Sterntalern ist die tragende Figur nicht gleich dem Titel zu entnehmen. Eben diese Märchenhelden, zu denen noch jener Eine, der auszog, das Fürchten zu lernen, gehört, werden auch von Cartoonisten, Polit- und Jux-Aphoristikern hauptsächlich herangezogen. Man mag es beklagen, daß, gemessen am Kanon der 200 Grimm-Märchen, nur diese zehn Prozent im kollektiven Bewußtsein verankert sind, das heißt von 20 bis 90 Prozent der öffentlich Befragten erinnert werden. Um so reizvoller jedoch erscheint die Aufgabe, im Rahmen eines Who's who wider den allgemeinen breiten Konsens zu löcken. Natürlich sollen und müssen die prominenten Märchenfiguren, auch solche aus dem internationalen Bereich, lexikalisch ausgiebig behandelt werden; allerdings will dieses Buch nicht nur die drei Dutzend bekannten, sondern auch 300 weniger bekannte Figuren mitsamt ihrer Story vorstellen. Es will zudem das besondere Märchenpersonal berücksichtigen, also Drache, Fee, Hexe, König, Prinz und Prinzessin, Riese/Oger, Teufel, Troll, Zauberer, Zwerg, dazu einige Sonderfiguren wie die Märchenfrau, den Mann im Mond oder das Sandmännchen.

Der Rahmen ist vorgegeben durch das klassische Märchenpotential des 17. bis zum Beginn des 20. Jahrhunderts; zu den jüngeren Helden zählen Alice im Wunderland, Pinocchio, der Zauberer von Oz, Peter Pan, Bambi, Peter und der Wolf. Im wesentlichen handelt es sich um die seit 360 Jahren, seit Basiles barocker Sammlung ›Das Märchen aller Märchen‹ bekannten Figuren. Zeitlich davor liegen einige altägyptische Helden, wie Bata und Anubis, der verwunschene Prinz, der Meisterdieb; antikische wie Amor und Psyche; biblisch und koranisch eingefärbte wie Salomo und die Königin von Saba; mittelalterliche wie Merlin (Artusepik), wie Lanval und Yonec aus den *Lais* der Marie de France.

Zu den Märchenfiguren vor Grimm gehören vor allem die aus der Sammlung Charles Perrault, die besonders markanten aus den *Contes de fées* und aus 1001 Nacht (deren Wirkung 1704 einsetzte); auch die Helden der Commedia dell´arte Carlo Gozzis haben die europäische Szene bereichert. Die letzten 200 Jahre sind durch die Etablierung des »Buchmärchens« gekennzeichnet, angefangen mit Tabarts ›Collection of Popular Stories for the Nursery‹ und den Kinder- und Hausmärchen der Brüder Grimm, gefolgt von Andersens Märchen. In Deutschland populär wurden auch die Märchengestalten Wilhelm Hauffs und etliche Helden aus den Dichtermärchen der Romantik. In der Nachfolge der Brüder Grimm kam es zu bedeutenden nationalen Märchensammlungen, beispielsweise der norwegischen von Asbjörnsen/Moe, der dänischen von Svend Grundtvig, der russischen von Aleksandr N. Afanasjew, und obendrein zu regionalen Sammlungen von weitreichender Bedeutung, etwa der pommerschen von Ulrich Jahn. Sie bescherten uns Figuren wie die Baba Jaga und den unsterblichen Kostschej, Hans Wunderlich oder Lasse mein Knecht.

Maßgeblich für die Nachzeichnung der Figuren ist der authentische Text. Das ist im Fall der Grimmschen Helden eine etwas kompliziertere Angelegenheit, denn sie haben sich öfters – unter der Federführung Wilhelm Grimms – von Auflage zu Auflage in bedeutsamen Details verändert. So erschien es zweckmäßig, zwar von der Ausgabe letzter Hand (1857) auszugehen, aber auch die erste Druckfassung und mitunter die zweite heranzuziehen. Der Entstehungs- und Umgestaltungsprozeß, an dem die Grimms ihre Leser gewissermaßen teilhaben ließen, wird auf diese Weise deutlicher; zudem sind all diese unterschiedlichen Fassungen heute auf dem Markt und geben Anlaß zu Fragen, wie denn die Helden genau beschaffen sind. Zur Beantwortung solcher Fragen werden auch Vorläuferhelden mit zu Rate gezogen; so gibt der französische

»Kleine Däumling« in manchem das Modell ab für »Hänsel«, während »Tom Thumb« eine rein englische Däumlingsgeschichte bleibt.

Denken wir an Märchenfiguren, so sind sie meist mit bildlichen Eindrücken verbunden, mit den Bildern einer nachschaffenden Phantasie. Das können auch filmische Eindrücke sein, weitaus häufiger, einprägsamer aber sind es die gezeichneten und gemalten Figuren der Märchenbücher, die irgendwie haften bleiben. Das ist ein vielschichtiges, in vielem noch unerforschtes Terrain. Die bildliche Ausgestaltung der Märchenfiguren, das »visuelle Erzählen« (Martin Kaiser) und seine Rezeption wäre ein Buch für sich – und dieses wiederum undenkbar ohne eine Fülle von Bildbeispielen. Zur Illustrationsgeschichte, die mit Beginn des 19. Jhs. schubartig einsetzt, können daher nur einzelne, stichwortartige Hinweise gegeben werden. Da kein Lexikon bisher die Illustratoren der einzelnen Märchen verzeichnet, möge dieser Ansatz erlaubt sein. Auch hinsichtlich der Dramatisierungen, Vertonungen, Verfilmungen kann es sich nur um kursorische Überblicke handeln.

Wenn der Leser neben der Textpartitur auch das Vor- und Nachleben der Helden und Heldinnen spannend findet, wenn er neben vielen bekannten auch ihm völlig unbekannte Figuren entdeckt, so liegt das ganz auf der Linie dieses Who's who, dem es bei aller beschreibenden Genauigkeit darum geht, den Märchenhorizont lustvoll zu erweitern – ins Klassische wie ins Exotische, ins Dramatisch-Musikalische wie ins Poetische.

Ulf Diederichs

A

Abu el-Hasan

›Die Geschichte von Harun ar-Raschid und Abu el-Hasan oder dem erwachten Schläfer‹, das 389. Märchen aus 1001 Nacht, oder ›Alf laila wa-laila‹, wie es im arabischen Original heißt, hat Enno Littmann nach einer Handschrift aus Tunis übersetzt (1928). Sie gestaltet einen Stoff, der später in die Weltliteratur einging. Ein Mann niederen Ranges wird König für einen Tag und bekommt Probleme, zwischen Schein und Wirklichkeit zu unterscheiden.

Der freigebige Abu el-Hasan, dessen Vermögen allerdings sehr geschrumpft ist, lädt allabendlich nur noch einen Fremden zum Gastmahl ein, stets für eine Nacht. So läßt sich der Kalif *Harun ar-Raschid unerkannt in sein Haus bitten und fragt ihn, ob er einen Wunsch habe. Sich einmal an seinen Nachbarn zu rächen, wünscht Abu – da gibt ihm der Kalif von Bagdad einen Schlaftrank, läßt ihn in den Palast tragen und auf sein eigenes Lager betten. Der Jüngling erwacht als der ›Beherrscher der Gläubigen‹, findet sich in die Rolle ein und weist den Wesir Dscha'far an, seine Widersacher zu bestrafen. Er hält Gelage, verteilt Geschenke. Als er anderntags in seinem alten Bett aufwacht und sich noch immer für den Kalif hält, erklärt ihn seine Mutter für verrückt. Nun scheint ihm Harun der Satan zu sein. Als er erfährt, daß seine Feinde, wie angeordnet, ausgepeitscht und aus der Stadt gejagt worden sind, hält er den ›Traum‹ wieder für Wirklichkeit. Er schlägt seine Mutter, wird in Ketten gelegt und erhält zur Strafe zehn Tage Prügel. Eines Abends gerät er wieder an Harun ar-Raschid, wacht wieder im Kalifenbett auf und wird vollends an sich irre. Abus Geschichte endet damit, daß der Kalif ihn vermählt und bei sich im Palast wohnen läßt.

In ›Das Leben ein Traum‹ (1635) gab Calderon dem Stoff einen anderen Schnitt. Bei ihm ist es der im Kerker isolierte, sich seiner edlen Herkunft nicht bewußte Prinz, der als Fürst im Palast aufwacht, zunächst Rache nimmt, sich dann unter dem Eindruck seiner Erlebnisse mäßigt und ein anderer wird. Grillparzers Drama ›Der Traum, ein Leben‹ (1834) verfuhr umgekehrt: Dort wird ein Traum für die Wirklichkeit genommen, er bewirkt die Wandlung. ›Abu el-Hasan‹ ist fünfmal vertont worden, u.a. von Carl Maria von Weber, der zusammen mit dem Librettisten Franz Carl Hiemer eine komische Oper schuf (1811), die allerdings ohne das Traummotiv auskam.

Affenhelden

*Hanuman, *Sun Wu Kung

Aladdin

1712 betrat die orientalische Märchenfigur Aladdin (Ala-ed-Din) zum ersten Mal europäischen Boden. Ihr schlug noch größere Sympathie entgegen als *Ali Baba oder *Sindbad, deren »Entdecker« gleichfalls der französische Orientalist Antoine Galland war. Die maßgebliche Übersetzung von ›Aladdin und die Wunderlampe‹, des 269. Märchens aus 1001 Nacht, stammt von Enno Littmann (1924); seine Vorlage war eine Bagdader Handschrift aus dem Jahr 1703.

Aladdin, einziger Sohn eines armen Schneiders in einer Stadt Chinas, streunt herum, lebt sorglos in den Tag. Als er das Handwerk seines Vaters nicht erlernen will, grämt der sich zu Tode, und die Mutter muß durch Spinnen den Lebensunterhalt verdienen. Mit 15 begegnet dem Jungen ein maurischer Magier, der sich für den Bruder seines Vaters ausgibt und ihn an einen Berg führt, wo unter einer Marmorplatte eine Höhle und darin ein Schatz verborgen liegt; nur Aladdin kann ihn heben. Der Magier erklärt ihm den Weg zu einem unterirdischen Saal mit einer Deckenlampe: das Öl müsse er ausgießen, die Lampe an sich nehmen, erst auf dem Rückweg dürfe er sich die bunten Früchte von den Bäumen pflücken. Er gibt ihm seinen Siegelring mit. Als der Junge, schwer beladen, wieder emporklettert, streckt er ihm die Hand entgegen und fordert die Lampe. Doch sie steckt allerunterst den Kleidern und Schätzen, und Aladdin kann sie nicht vorweisen. Der Maure schäumt vor Wut, schließt ihn in die Höhle ein. Als Aladdin am dritten Tag zu Allah fleht und dabei an dem Ring dreht, kommt er durch den Diener (Geist) des Ringes wieder frei. Halb ohnmächtig gelangt er nach Hause und erzählt der Mutter alles. Sie reibt an der alten Messinglampe, um sie hübsch blank auf dem Basar zu verkaufen, da erscheint ein furchtbarer Dämon: der Diener der Lampe. Er verschafft ihnen gutes Essen, doch die Mutter will, daß ihr Sohn Lampe und Ring fortwirft. Aladdin hat jedoch ihren Wert für den gemeinsamen Lebensunterhalt schätzen gelernt. Nach und nach lernt er zu verkaufen, zu handeln und die Dinge richtig einzuschätzen. Die mitgebrachten Baumfrüchte erweisen sich als überaus kostbare Edelsteine. Auf dem Basar der Goldschmiede hört er vom Badbesuch der Sultanstochter Badr el-Budur (Mond der Monde). Er sieht sie unverschleiert, obwohl Todesstrafe darauf steht. Liebe erfaßt ihn. Seine Mutter soll beim Sultan für ihn werben. Der nimmt aus Neugier das edle Geschenk der ärmlich gekleideten Frau an. Als ihm die Edelsteine der Schatzhöhle auf porzellanener Schüssel gereicht werden, sieht er in dem Unbekannten bereits den Schwiegersohn. Doch sein Wesir erwirkt einen dreimonatigen Aufschub und nutzt ihn, um seinen eigenen Sohn zu empfehlen.

Kurz vor Ablauf der Frist wird die Hochzeit der Prinzessin mit dem Wesirssohn verkündet. Aladdin entsinnt sich der Lampe. Mit ihrer Hilfe bewirkt er, daß die Ehe nicht vollzogen werden kann: Der Bräutigam muß die Nacht über erstarrt auf dem Abtritt seines schäbigen Hauses zubringen. Aladdin selbst hat die Braut neben sich gelegt und dazwischen sein Schwert. Nach einer zweiten Nacht dieser Art löst der Sultan die Ehe. Als die Dreimonatsfrist zu Ende ist, schickt Aladdin seine Mutter zum Sultan, um ihn an sein Versprechen zu erinnern. Dem Wesir fällt eine Freierprobe ein, die der neue Bewerber unmöglich erfüllen kann: nicht nur 40 edelsteingefüllte Schüsseln aus reinem Gold soll er beibringen, auch 40 Sklavinnen und ebenso viele Eunuchen. Doch für den Geist der Lampe ist das kein Problem. Der spektakuläre Aufzug überzeugt den Sultan und die Prinzessin gleichermaßen, daß dieser Freier der richtige sei. Aladdin wird ihr Gemahl und wandelt sich zu einem Mann von Hofe. Mit seinem Reichtum gehen Freigebigkeit, Schönheit und große Beliebtheit einher. Mit Hilfe des Dieners der Lampe läßt er über Nacht ein Schloß für Badr el-Budur erbauen, dessen Vollkommenheit er gerade dadurch betont, daß er eine Ecke unfertig läßt. Auch ohne Dämonenbeistand besiegt Aladdin ein feindliches Heer und brilliert in den Ritterkünsten.

Der maurische Magier wähnt ihn tot. Als er Sand zu Figuren wirft, sieht er, daß Aladdin noch lebt, und mittels astrologischer Kniffe ortet er die Lampe. Mit dem verführerischen Angebot eines Lampenhändlers – »tausche alte gegen neue« – macht er Badr el-Budur die Wunderlampe abspenstig, gelangt so auch in den Besitz des Dieners der Lampe und läßt sich von ihm das Schloß samt Prinzessin nach Afrika überstellen. Der Sultan, über den Verlust aufs höchste erzürnt, will sich an Aladdin schadlos halten und ihn hinrichten lassen, doch das Volk, das ihn liebt, droht mit Aufstand; also gewährt er ihm eine Frist von 40 Tagen, um die Tochter wiederzubringen. Aladdin ist ratlos. Erst als er bei einer religiösen Waschung den Ring bewegt, wird ihm Hilfe zuteil. Der Diener des Ringes hat zwar keine Macht über das Schloß, vermag ihn aber nach Afrika zu bringen. Dort gelangt Aladdin durch eine Geheimpforte ins Schloß und verabredet mit seiner geliebten Prinzessin die Flucht. Ein heißer Flirt mit dem Magier, ein Betäubungsmittel und ein Bechertausch, als alte Trinksitte ausgegeben, genügen den beiden, um ihren Widersacher auszumanövrieren. Das Schloß kommt an seinen alten Platz, der Magier wird enthauptet.

Doch das Böse lauert noch immer, in Gestalt des Zaubererbruders, der auf Blutrache sinnt und nicht davor zurückschreckt, eine Heilige umzubringen, nur um sich deren Äußeres geben zu können. Als »fromme Fatima« wird er im Schloß aufgenommen. Doch als er den Bau bemängelt und darauf hinweist, zur Vollendung der obersten Kuppel fehle nur noch das Ei des *Vogels Roc, wird ihm eben das zum Verhängnis. Der Diener der Lampe ergrimmt, denn jenes Ei ist »Herrin der Geister«. Er klärt Aladdin über den Mordanschlag des zweiten Zauberers auf. Der Dolch unter dem Gewand wird nun gegen ihn selbst gekehrt. Endlich ist der Weg für die Liebenden frei, und Aladdin wird zum Herrscher, der Gerechtigkeit ausübt gegen jedermann.

Schon zu Anfang des 19. Jhs. entfaltete ›Aladdin‹ als Märchenschauspiel des Dänen Adam G. Oehlenschläger (1805) anhaltende Wirkung, auch auf das Werk Hans Christian Andersens, der gleich im *Feuerzeug den Helfergeist beschwor. Aladdin nährte die Idee vom *Glückskind: Lampe, Sultanstochter und Palast fallen wie von selbst dem Helden zu, während der Magier, der zeitlebens hinter der Lampe herjagt, stets das Nachsehen hat. Auch Aladdin-Dramen waren erfolgreich; eine Inszenierung Charles Farleys im Covent Garden (1813) stimulierte die Nachfrage nach Ausschnittbögen für das häusliche Papiertheater gewaltig, 15 Verlage boten sie an. Die Pariser Oper ›Aladin‹ (1822) des Nicolo Isouard zog Ballettinszenierungen und weitere 15 Vertonungen nach sich. Im handschriftlichen Nachlaß der Brüder Grimm fand sich der Held zweimal: als Geschichte des Gehilfen eines Schwarzkünstlers (›Die Lampe und der Ring‹, 1815) und als die vom Schustersohn, vom Zauberer und vom schwarzen Juden (›Von dem Schloß Saza aus der Afrikanischen Höhle‹, 1817).

Frühe zeichnerische Höhepunkte setzten Henri Baron in einer Pariser 1001 Nacht-Ausgabe (um 1830), Theodor Hosemann (1837, A. Hillerts ›Aladdin‹) und Walter Crane mit einem sogenannten Shilling Toybook (1876). Die Wunderlampe und der Lampengeist entwickelten sich zu den beliebtesten Bildmotiven, bis hin zu Edmund Dulac (1920), Max Slevogt (1923), Czeslav Wielhorski (1960) und Janusz Grabianski (1964). Vorlagengetreu schuf Lotte Reiniger einen Silhouettenfilm (1953). Als Zeichentrickfilm ließ sich der Stoff auch in Episoden stückeln: Abenteuer in der Diamantenhöhle – mit dem Lampengeist – mit dem gestohlenen Schloß (Sindbad-Serie, 1977). Für einen durchschlagenden, weltweiten Erfolg sorgte Walt Disneys ›Aladdin‹ (1992), der für Musik und den besten Song zwei Oscars erhielt. Es wirkten mit: der possenreißende Flaschengeist Dschinni, der Bösewicht Jafar mit seinem Papagei, die Prinzessin Jasmin, der Affe Abu – teilweise das gleiche Personal wie im Märchenfilm ›Der Dieb von Bagdad‹ (1940). Auf jede Figur wurde, um ihre »Persönlichkeit« herauszuarbeiten, je ein Zeichner angesetzt. Turbulente Handlung, Animation und weltweite Public Relations – wozu auch Videokassetten, Bücher etc. gehören –, machten Disneys Zeichentrickfilm zu einem der umsatzstärksten Filme der letzten Jahre.

Ali Baba

Ali Baba steht für das berühmteste aller Räubermärchen, doch als Held ist er weit weniger bedeutend als die kluge Sklavin Mardschâna (Morgiane), die eigentliche Gegenspielerin des mörderischen Räuberhauptmanns. »Ali Baba und die vierzig Räuber« hat Antoine Galland mit seiner Übersetzung der 270. Geschichte aus 1001 Nacht in Europa bekanntgemacht (1717). Sie scheint syrischen Ursprungs. Als beste deutsche Übersetzung gilt die von Enno Littmann (1922), fußend auf Macdonalds Ausgabe einer altarabischen Handschrift (1910).

Ali Baba, der in einer persischen Stadt lebt, ist ein armer Holzhacker mit nur drei Eseln. Im Gegensatz zu ihm hat es sein

Bruder Kâsim durch Heirat zu Wohlstand gebracht. Vom hohen Baum aus sieht Ali Baba, wie 40 Räuber vor einem mächtigen alleinstehenden Felsen absatteln und ihr Hauptmann durch die Worte »Sesam, öffne dein Tor!« eine Felstür öffnet, in die sie mit Satteltaschen beladen hineingehen. Von seinem Versteck aus sieht er sie mit leeren Satteltaschen wieder herauskommen. Kaum sind die Räuber fort, probiert er selbst den Spruch aus und dringt so in das Felsinnere vor. Er findet es hell, geräumig und angefüllt mit Silber und Gold. Von dem gemünzten Gold nimmt er, soviel seine drei Esel tragen können. Es soll in seiner Familie geheim bleiben, doch Alis Frau will unbedingt das Gold ausmessen und borgt sich von Kâsims Frau ein Scheffelmaß aus, das diese rasch mit Talg bestreicht. So bleibt beim Messen ein Goldstück haften, und Kâsim nötigt seinen Bruder, ihm das Geheimnis zu verraten. Er zieht gleich mit zehn Maultieren zur Felshöhle, vergißt drinnen aber das türöffnende Wort und wird von den Räubern später niedergesäbelt und gevierteilt. Ali Baba sucht auf Bitten der Schwägerin seinen Bruder, findet Kâsims Überreste. Um die Räuber nicht auf sich aufmerksam zu machen, wickelt er alles geräuschlos ab, nimmt das Haus und auch die Witwe unauffällig in Besitz.

Kâsims Sklavin Mardschâna wird in die prekäre Situation eingeweiht. Klugerweise bringt sie einen Flickschuster dazu, den Leichnam wieder zusammenzunähen – was jedoch den Räuberhauptmann auf die richtige Spur bringt. Ein Räuber kommt, das Haus zu markieren, dann ein zweiter; doch beide Male markiert Mardschâna die anderen Häuser genauso und durchkreuzt damit das Vorhaben. Die Zwei büßen es mit ihrem Tod. Nun läßt der Hauptmann 19 Maulesel und 38 Ölschläuche kaufen, nur einen davon mit Öl gefüllt. Als Ölhändler verkleidet, kommt er vor Ali Babas Haus und bittet für sich und seinen Troß um Herberge. Wieder ist es Mardschâna, die nachts entdeckt, daß in 37 Schläuchen Räuber stecken und daß im 38. Öl genug ist, um ihnen siedenderweise den Garaus zu machen. Der Hauptmann entkommt als einziger und brennt auf Rache. Auf dem Basar macht er als Chogia Husein einen feinen Stoffladen auf und gewinnt das Vertrauen von Ali Babas Sohn. Als dessen Geschäftsfreund erhält er wieder Zutritt ins Haus. Daß er die Speisen ohne Salz erbittet – was bedeutet, daß er zur Einhaltung der Gastfreundschaft nicht verpflichtet wäre –, macht Mardschâna mißtrauisch, mehr noch sein Dolch. Während einer Tanzdarbietung gelingt es ihr, ihn mit seiner Waffe zu erdolchen. Zuvor schon hatte Ali Baba der Mardschâna die Freiheit geschenkt. Er dankt ihr jetzt damit, daß er sie mit seinem Sohn vermählt. Ihn nimmt er mit zur Schatzhöhle, und als sie sicher sind, daß die beiden letzten Räuber auch umgekommen sein mußten (daß sie als erste liquidiert worden waren, wußten sie nicht), spricht Ali Baba das Sesam-öffne-dich und zeigt dem Sohn all die Kostbarkeiten. Von nun an holen sie sich aus der Schatzhöhle, was immer sie wünschen.

In Grimms Märchenvariante ›Simeliberg‹ (1815) lautet das Zauberwort »Berg Semsi, tu dich auf«; die Geschichte endet bereits mit dem Tod des Bruders. Im Tiermärchen der Massai ist es der Hase vor der Höhle der Löwin, der ruft: »Fels, tu dich auf«, und die Hyäne kläfft dies, zu ihrem Unglück, nach. In einer Zulu-Fassung entkommt ein Mädchen der wortverschlossenen Höhle; um ihre Verfolger abzuhalten, streut sie Sesamkörner aus. Sesam ist der meistgenannte Wortzauber. Die Sesampflanze wird bereits in babylonisch-assyrischen Beschwörungsformeln zum Lösen eines Zaubers genannt, und Sesamölpressen gelten bei den Arabern noch immer als Wohnstätten der Geister. Teils als ›Ali Baba‹, teils auch als ›Die vierzig Räuber‹ (dem Koran nach ist 40 eine Schicksalszahl), kam das Märchen seit dem frühen 19. Jh. zu multimedialer Wirkung. Wie auch bei *Aladdin, hatte ein englisches Jugenddrama (1812) zur Folge, daß rührige Verleger (21) Bilderbögen fürs häusliche Papiertheater anboten; alle 40 Räuber waren individuell bemalt. Ein französisches Melodram (1822), Opernkompositionen von Heinrich Marschner (1823) und M.L.C. Cherubini (1833) setzten weitere Höhepunkte, gefolgt von der Johann Strauß-Operette ›Indigo‹ (1871). Im Bereich des farbigen Bilderbuchs tat sich Walter Crane hervor (1873), und Max Slevogt schuf zu seinem ›Ali Baba‹ (1908) nicht weniger als 150 ein- und mehrfarbige Tuschzeichnungen, die ursprünglich als reiner Bildzyklus gedacht waren.

Auch der Spielfilm entdeckte Ali Baba für sich. Arthur Lubin machte aus ihm (USA 1943) einen gegen die Mongolenherrschaft ankämpfenden Räuberhauptmann, ein usbekischer Regisseur gab dem obersten Räuber den Namen Abu Hassan und ließ ihn als mächtigen Wesir ein Doppelspiel treiben (1980). Ein japanischer Zeichentrickfilm nahm es mit der Zählung nicht so genau (›Abenteuer mit den 40 Krügen‹, Sindbad-

Serie 1977), und auch der amerikanische Zeichentrickfilm ›Ali Baba‹ (1963) fühlte sich mehr einer »Arabian Fantasy« verpflichtet. Die Faszination des Schatzhauses Rhampsinits (*Der Meisterdieb) wird von Ali Babas Schatzhöhle, verbunden mit dem magischen Türöffner und dem Räubermilieu, fast noch übertrumpft. Diese Motive sind zum Bestandteil auch europäicher Volksmärchen geworden.

Alice im Wunderland

An einem heißen Julinachmittag 1862 erzählte der Oxforder Mathematikdozent Charles L. Dodgson den drei Töchtern seines Rektors von den Abenteuern der kleinen Alice. Zwei Jahre darauf, an Weihnachten, schenkte er der zwölfjährigen Alice Liddell – er liebte sie besonders – das handgeschriebene und gezeichnete Manuskript: ›Alice's Adventures Underground‹. In Sprachspielen, Rätseln und vertrackter Logik weitergesponnen, wurde es ein Jahr später unter dem Künstlernamen Lewis Carroll und dem Titel ›Alice's Adventures in Wonderland‹ publiziert (1865). Ein Kindermärchen sui generis, ein Meisterstück des Nonsens. »Ich entsinne mich gut«, schrieb Carroll rückblickend, »wie ich in einem verzweifelten Versuch, einen neuen Weg ins Feenland zu erfinden, meine Heldin geradewegs eine Kaninchenhöhle hinabschickte, ohne eine Ahnung, was hinterher mit ihr geschehen sollte.«

Von der zehn- oder elfjährigen Alice erfährt man nur, daß sie eine Schwester hat. Sie träumt ihre Abenteuer. Alles geschieht ihr, alles verwandelt sie in neugierige Lust. Als sie das Weiße Kaninchen vorbeihasten sieht, das die Uhr aus der Westentasche zieht und murmelt: »Jemine, ich komme bestimmt zu spät«, da saust sie ihm nach und fällt in die Tiefe des Erdinnern. Als sie aus dem Fläschchen mit dem Etikett ›Trink mich‹ trinkt, schrumpft sie zusammen, schiebt sich ineinander wie die Röhren eines Fernrohrs; als sie von dem Kuchen mit der Inschrift ›Iß mich‹ ißt, wächst sie unaufhaltsam, bis sie ihre Füße nicht mehr sehen kann. In diesem verzauberten Land wächst und schrumpft Alice unaufhörlich (weshalb sie dauernd ein Auge darauf haben muß). Ständig erlebt sie neue Episoden und Figuren: den Proporz-Wettlauf der Vögel; den verrückten Hutmacher, bei dem immerfort Fünf-Uhr-Tee ist, mit ihm am Tisch der Märzhase und die Schlafmaus; die Herzogin in der Küche, die ihr das Ferkelbaby zuwirft, und die grinsende

Cheshire-Katze, die sich in Luft auflösen kann; dann die Falsche Suppenschildkröte, die mit dem Vogel Greif eine Hummer-Quadrille tanzt, oder die Krocketpartie bei der hochfahrend-tyrannischen Herzkönigin. Jeder von ihnen lebt in seiner eigenen Welt und Logik und disputiert darüber mit Alice – ein bis zum Aberwitz gesteigertes viktorianisches »Vexierspiegelkabinett des schicklichen Verhaltens« (Christian Enzensberger). Als man schließlich über den Herzbuben und die gestohlenen Törtchen zu Gericht sitzt und das Chaos am Hof des Kartenkönigpaars überhandnimmt, setzt sich Alice über die Traumwelt hinweg. Sie erwacht im Schoß ihrer Schwester und erzählt ihr die soeben durchlebten Abenteuer.

Lewis Carroll versetzte Alice später in ein Spiegelreich (›Through the Looking Glass and What Alice Found There‹, 1872). Er autorisierte eine Bühnenbearbeitung seiner ersten Alice durch Saville Clark (1886) und schrieb, unter dem Eindruck wachsenden Theatererfolgs, eine handlungsbetonte Kinderfassung (›Nursery Alice‹, 1890). An die hundert Mal wurde der Stoff dramaturgisch und musikalisch bearbeitet. Walt Disney ließ sich zu einem Comic ›Alice in Cartoonland‹ inspirieren, lange bevor er die in USA und England gleichermaßen populären Figuren in einen Zeichentrickfilm bannte (1951), einen seiner wenigen, die neben der naiv-kindlichen auch die literarisch-philosophische Ebene wahrten.

Auch Alice besitzt eine eigene Illustrationsgeschichte. Sie beginnt mit den 37 Zeichnungen Carrolls zum Urmanuskript und den 92 vom Grafiker des ›Punch‹, John Tenniel, gelieferten Illustrationen, die der Autor zunächst verwarf. Tenniels 42 Holzschnitte der Originalausgabe schmückten samt Frontispiz auch die französische und deutsche Erstübersetzung (beide 1869), sie wurden klassisch. International verbreitet sind auch Arthur Rackhams 12 Farblithographien (London 1907), desgleichen Anthony Brownes jüngste Verbildlichung (1989).

Allerleirauh

Grimms Märchen (1812), dem *Aschenputtel in manchem verwandt, jedoch von einem Vater-Tochter-Konflikt geprägt, hieß nach Jacob Grimms Eintragung zunächst ›Allerlei Rauch‹. Name und Gestalt erschließen sich durch die Worte der Jäger, die dem jungen Köng von ihrer Entdeckung berichten: »In dem hohlen Baum liegt ein wunderliches Tier, wie wir noch niemals eins gesehen haben: an seiner Haut ist tausenderlei Pelz; es liegt aber und schläft.« Das Rauchwerk erweist sich als magischer Schutz eines von Inzest bedrohten Mädchens.

Allerleirauh ist die Tochter eines verwitweten Königs. Seiner Frau hatte er versprochen, keine zu heiraten, die nicht ebenso schön sei, nicht ebensolch goldenes Haar habe. Doch soviel er auch sucht, eine solche Frau findet er nicht. Nur die Tochter hat dieses Goldhaar. Als sie heranwächst, entdeckt der Vater die Ähnlichkeit und verliebt sich in sie. Sein Entschluß, sie zu heiraten, erschreckt die Räte des Reiches – weit mehr noch sie selbst. Mit zwei Bedingungen hält sie den Vater hin. Drei Kleider soll er ihr beschaffen, ein goldenes wie die Sonne, ein silbernes wie der Mond, ein glänzendes wie die Sterne. Und sie verlangt einen Mantel, bestückt mit dem Fell jeden Tieres im Reich. Der König verschafft ihr alles. Morgen, spricht er, soll die Hochzeit sein. So bleibt ihr nur noch die nächtliche Flucht. Aus ihrem goldenen Spielzeug wählt sie drei Dinge – Ring, Spinnrädchen, Haspelchen –, steckt die drei Kleider in Nußschalen und nimmt dies mit. In den Mantel gehüllt, Gesicht und Hände geschwärzt, zieht sie los. Anderntags entdecken sie die Jäger eines anderen Königs im Wald. Sie geben ihr den Namen Allerleirauh oder Rauhtierchen und weisen ihr im Schloß niedere Küchendienste zu. Der Koch erlaubt ihr drei Tage lang, oben beim Fest zuzuschauen. Jedesmal zieht sie den Pelzrock aus, wäscht sich den Ruß ab und schlüpft in eines der Gestirnskleider. Sie tanzt mit dem König. Dann verschwindet sie rasch und zieht sich den alten Pelz über. Während der Koch oben dem Fest zusieht, kocht sie an all den Tagen dem König die Brotsuppe. Sie tut jedesmal eines ihrer goldenen Kostbarkeiten hinein, leugnet aber, zur Rede gestellt, stets, etwas davon zu wissen. Zuletzt ahnt der Koch Zusammenhänge, er sagt: »Du bist eine Hexe, Rauhtierchen.«

Drei Dinge führen zu ihrer Entdeckung: der goldene Ring, den ihr der König beim Tanz an den Finger gesteckt hat, das Sternenkleid unter dem Zottelpelz, das sie in der Eile nicht mehr ausziehen konnte, und ein weiß gebliebener Finger. Es zeigt sich, daß ihre Schönheit und ihr goldenes Haar für diesen Einen bestimmt sind. »Du bist meine liebe Braut«, spricht der König, »und wir scheiden nimmermehr voneinander.«

In Frankreich gibt es einige Vorgängerinnen Allerleirauhs, so die Manekine in einem frühen Versepos (›La manekine‹, um

1270), die mit dem *Mädchen ohne Hände verwandt erscheint; so auch Perraults Versmärchen von der Eselshaut (›Peau d'asne‹, 1694). Gerade die Heldin Perraults, von der später auch in Prosa erzählt wird (›Peau d'asne‹, 1781), macht Nähe und Unterschied zu Allerleirauh deutlich. Nicht die Tochter kommt auf den Gedanken, die drei kostbaren Kleider zu fordern, sondern die Patin Flieder-Fee gibt ihr dies ein. Und als der König die Kleider von Wetterfarbe, von Mond- und Sonnenfarbe besorgt hat, rät ihr die Patin, sich von ihm die Haut seines Lieblingstiers, des Goldesels, zu erbitten. Die häßliche Eselshaut wird fortan ihr Kleid. Der Prinz, der in der neuen Magd etwas Besonderes wittert, sieht durch das Schlüsselloch ihrer Kammer, wie sie sich mit dem sonnenfarbenen Kleid schmückt und bespiegelt. Sie nimmt ihn ebenfalls wahr und fängt Feuer. In den für ihn bestimmten Kuchen bäckt sie einen smaragdbesetzten Goldreif ein, der zur Ringprobe führt. Das höfische Milieu, die mit Eleganz getragene Eselshaut hebt eine Radierung C. P. Marilliers hervor (1795).

In beiden französischen Vorlagen ist die Zweitheirat des Vater-Königs politisch motiviert. Der Ministerrat fordert sie, fehlender männlicher Thronerben wegen: seine Tochter allein könne das Reich nicht regieren. Im Fall der Manekine kommt einer der Räte zuerst auf den Gedanken, der König möge doch seine Tochter – als das Ebenbild der Verstorbenen – ehelichen. Eselhaut dagegen entzündet die Liebesgefühle des Vaters unmittelbar; der König fragt nicht seine Minister um Rat, sondern hält sich an einen alten Druiden, der ihm die Heirat mit der eigenen Tochter als »ein Werk der Gottseligkeit« suggeriert.

Die Farbe Gold, Symbol der *Prinzessin, ist für den Märchentypus ›Allerleirauh‹ signifikant. Slawische Überlieferungen berichten nicht so sehr vom Goldhaar des Mädchens, sondern vom goldenen Stern auf ihrer Stirn (als einer Art Mal). Besonders einfühlsam hat Bozena Nemtschova die Geschichte von der ›Prinzessin mit dem Goldstern‹ erzählt (1846). Bei ihr heißt sie Lara, und der Vater läßt von dem Mädchen ab, nachdem seine tote Frau ihm im Traum erscheint. Ein gleichnamiger tschechischer Film (1959) hat sich eben dieser Vorlage bedient.

Allwissender ***Doktor Allwissend**

Amor und Psyche

Die Liebe des Gottes Amor und der Königstochter Psyche hat Apuleius im vierten Buch der ›Metamorphosen‹ (2. Jh.) beschrieben. Er hat die Geschichte einer alten Haushälterin von Räubern in den Mund gelegt, die damit ein gefangenes Mädchen von seinen Ängsten ablenken will, und schuf damit eines der wenigen schriftlich überlieferten Zaubermärchen der Antike. Es steht für einen heute weitverbreiteten Typus, zu dem auch die Form des *Tierbräutigams gehört.

Psyche, die jüngste von drei Töchtern eines Stadtkönigs, ist von nahezu überirdischer Schönheit. Die Verehrung der Leute gilt Venus und ihr gleichermaßen, weshalb die Göttin erzürnt und Amor, ihren geflügelten Sohn, dazu ausersieht, Psyche zu bestrafen – den geringsten aller Sterblichen soll sie lieben müssen.

Niemand begehrt Psyche zur Ehe. Ihr Vater, darüber unglücklich, befragt das Orakel des milesischen Apollo. Es verkündet Furchtbares: »König, stellt die Maid auf des Berges ragenden Gipfel,/ Prangend im Schmucke der Braut sei sie dem Tode geweiht.« Ein geflügelter *Drache wird ihm als Schwiegersohn prophezeit. Unter Wehklagen führt man Psyche, ganz Opfer, zum Felsgipfel. Zephir trägt sie von dort in einen wunderbaren Palast, wo sie niemanden sieht, nur Stimmen hört. In der Nacht kommt ein Mann und teilt das Lager mit ihr. Im Morgengrauen entfernt sich der Unsichtbare, und so geht es alle Tage. Ihr wird die Bleibe zum »goldenen Gefängnis«, es verlangt sie nach ihren Schwestern. Zögernd gibt ihr der fremde Gemahl die Zustimmung; doch solle sie nicht auf sie hören und nach seiner Gestalt forschen. Auf Zephirs Flügeln kommen die Schwestern herbei, bestaunen den Palast, erhalten reiche Geschenke. Psyche spricht von ihrem Mann als einem schönen Jüngling, der meistens auf der Jagd sei. Neid kommt auf. Während die Schwestern Schlimmes planen, warnt der unbekannte Gemahl Psyche erneut, sich mit ihnen einzulassen: »Denn wisse, du trägst ein Kindlein – ein göttliches, wenn du unser Geheimnis schweigend wahrst, ein sterbliches, wenn du's verrätst.« Als die Schwestern wiederkommen, sagt Psyche, ihr Gemahl sei ein Großkaufmann gesetzteren Alters. Beim dritten Besuch nutzen sie ihre Unsicherheit aus: Ihr Mann, sagen sie, sei kein anderer als das Drachenungeheuer des Orakels, das nur darauf warte, sie und das Neugeborene zu verschlingen. Psyche schenkt ihnen Glauben und erklärt sich bereit, mit scharfem Messer und Öllämpchen ausgerüstet, nachts den Drachen zu töten. Im Schein der Lampe erblickt sie »das holdeste und süßeste aller Ungeheuer, Gott Amor selbst, in Schönheit daliegen«. Die Waffe entgleitet ihr. Sie ritzt sich an einem Pfeil aus seinem Köcher, entbrennt in Liebe. Als sie ihn küßt, fällt ein Tropfen siedendes Öl auf seine Schulter. Vor Schmerz springt der Gott auf. Er hat Psyche vor der Weisung seiner Mutter verschont, hat sie vergeblich gewarnt – ihm bleibt nur die Flucht.

Psyche ist verzweifelt. Ihre Schwestern stürzen sich, amorsüchtig, vom Felsen, doch kein Zephir fängt sie mehr auf. Venus findet ihren Sohn krank und sperrt ihn ein zur Strafe, daß er ihr die Feindin zur Schwiegertochter machen wollte. Psyche begibt sich auf die Suche nach dem geliebten Amor. Venus läßt sie mit Hilfe Merkurs einfangen und von ihren Mägden »Kummer« und »Herzeleid« foltern. Viermal stellt sie Psyche vor unmögliche Aufgaben, doch jedes Mal erfährt sie Hilfe: bei der Körnerlese von Ameisen, bei der Beschaffung der Schafgoldwolle vom Schilfrohr, beim Holen des stygischen Quellwassers vom Adler, beim Besorgen der Schönheitssalbe aus dem Totenreich Proserpinas von einem Turm. Doch in ihrer Neugier mißachtet sie dessen Warnung, die Salbbüchse zu öffnen, und sinkt in todesähnlichen Schlaf. Der inzwischen genesene Amor kommt herbeigeeilt, erweckt sie und läßt sie den Auftrag zu Ende führen. Er bittet seinen Ziehvater Zeus um Beistand. Dieser verpflichtet ihn vor der Götterversammlung zur rechtmäßigen Ehe mit Psyche und stimmt Venus versöhnlich, indem er ihre Schwiegertochter zu einer Unsterblichen macht. Das Mädchen, das sie gebiert, heißt »Wonne«.

Eine vergleichende Märchenstudie von J. O. Swann (1955) wies 1042 Varianten von ›Amor und Psyche‹ nach. Der Stoff wurde rund 50 Mal vertont und früh schon als Ballett gestaltet (›Psyche et la puissance de l'amour‹, 1671), dann als Oper J. B. Lullys (1678), als Vaudeville (›Psyche et la curiosité des femmes‹, 1814) und auch als modernes Ballett (Paul Hindemith, 1943). Berühmt wurden Max Klingers 46 Radierungen zu ›Amor und Psyche – ein Märchen des Apulejus‹ (1881), die der neuen Buchkunst Impulse gaben.

Anselmus

Der Student Anselmus ist ein Märchenheld E.T.A. Hoffmannscher Prägung und von ganz anderer Statur als Grimms Helden zur gleichen Zeit. »Feenhaft und wunderbar, aber keck ins alltägliche Leben tretend und seine Gestalten ergreifend« sollte die Erzählung sein. Und so findet sich in ›Der goldne Topf, ein Mährchen aus der neuen Zeit‹ (1814) eine genau benannte Alltagswelt wieder – Dresden, am Schwarzen Tor, Himmelfahrtstag, nachmittags um drei –, doch in ihr zeigt sich eine Anderswelt wirksam.

Der junge Anselmus ist von altmodischem Habit und so ungeschickt, daß er einer Markthökerin den Apfelkorb umreißt. »Renne nur zu, Satanskind – ins Kristall bald dein Fall!« ruft die häßliche Alte ihm nach, und man ahnt, sie ist nicht nur von dieser Welt. Am Elbufer unterm Holunderbusch sieht Anselmus drei goldgrün glänzende Schlänglein. Er lauscht ihren verwirrenden Worten und verliebt sich in Serpentina, die jüngste und schönste. Ein geselliger Abend beim biederen Konrektor Paulmann vertreibt zunächst die Phantasmata; das 16jährige Töchterchen Veronika ist um ihn bemüht, und der Registrator Heerbrand will ihm eine Anstellung als Kopist und Kalligraph beim Archivarius Lindhorst verschaffen. Kaum ist er in dessen Haus, tut sich ein Zauberreich vor ihm auf. Der in geheimen Schriften forschende Antiquar, zugleich ein experimentierender Chemiker, erweist sich als Salamander – Fürst der Elementargeister. Die drei Schlänglein sind seine Töchter. Anselmus sieht Serpentina, in magisch blendendes Licht getaucht, im Palastgarten wieder. Mal scheint sie ihm Mädchen, mal Schlänglein. Er sieht den glückbringenden goldnen Topf, ihre Mitgift, und erfährt, ihr Vater habe einst den Garten des Geisterfürsten Phosphorus verwüstet; seither müsse er zur Strafe ein Doppelleben führen und sei erst erlöst, wenn alle seine Töchter vermählt seien – mit Jünglingen »kindlich poetischen Gemüts«, einem wie ihm. Anselmus gelobt ihr ewige Liebe.

In beider Glück greift das alte Apfelweib ein, gleichfalls ein Elementargeist, doch mit Lindhorst tödlich verfeindet. Sie versucht nicht nur, den goldnen Topf zu rauben; sie geht mit schwarzer Magie auch daran, Anselmus von seiner Empfänglichkeit für alles Poetisch-Phantastische zu kurieren. Ihm werden falsche Liebesgefühle zu Veronika eingeflößt, die selbst allzugern »Frau Hofrätin Anselmus« wäre. Die Verwirrung seiner Gefühle führt zu einem Tintenklecks auf der kostbaren Pergamentrolle, Lindhorst bannt ihn zur Strafe in eine gläserne Flasche. Fürs erste also hatte sich die Prophezeiung des Apfelweibs erfüllt.

Doch die Alte übernimmt sich, als sie den Wundertopf rauben will. In flammender Schlacht wird sie von Lindhorst überwunden. Anselmus, der in seinem Flaschengefängnis nur noch Liebesgefühle für Serpentina empfindet und sich einzig für sie entscheidet, kommt wieder frei. Lindhorst vermählt ihn mit Serpentina und entrückt beide in das geheimnisvoll-wunderbare Land Atlantis, wo sie auf einem Rittergut leben und die im goldnen Topf erblühende Lilie ihr Glück beschützt. Im »bedürftigen Leben« indes geht Veronika gleichfalls eine Verbindung ein, sie heiratet den zum Hofrat avancierten Registrator, und ihr ganzes Glück wird »die Frau Hofrätin Heerbrand« sein.

E.T.A. Hoffmann schrieb dieses »Fantasie«- oder »Nachtstück«, gegliedert in zwölf Vigilien, während der Belagerung und Eroberung Dresdens im preußisch-sächsischen Krieg nieder. Für den Bericht von der mythischen Herkunft des Archivarius Lindhorst zog er G. H. Schuberts ›Ansichten von der Nachtseite der Naturwissenschaft‹ (1808) heran. Das Nächtliche dieses Märchens reizte Illustratoren: Alfred Kubin etwa (1947), auch Karl Thylmann (1920), Hanns Georgi (1950), Fritz Fischer (1973). Eine moderne Oper ›Der goldne Topf‹ – Komponist E. Mayer, Librettist I. Zimmermann – wurde bei den Dresdener Musikfestspielen 1989 uraufgeführt.

Anubis *Brüdermärchen

Arielle *Die kleine Meerjungfrau

Der arme Müllersbursch und das Kätzchen

Dies ist eines der Grimmschen Märchen (1815) vom unterschätzten *Dummling und zugleich eines von dem Typus Katze als Braut. Die Brüder Grimm maßen ihm »eigene Zierlichkeit« bei, wohl wissend, daß es mit dem beliebten Feenmärchen ›Die weiße Katze‹ der Madame d'Aulnoy (›La chatte blanche‹, 1698) große Ähnlichkeit besaß. Dorothea Viehmann aus Zwehrn, hugenottischer Abstammung, hatte ihnen die Geschichte erzählt.

Hans ist der jüngste von drei Müllersburschen. Der alte Müller ist ohne jeden Anhang und will die Mühle dem von den dreien vermachen, der ihm das beste Pferd nach Hause bringt. Hans, von den älteren in einer Höhle zurückgelassen, begegnet im Wald einem bunten Kätzchen. Es stellt ihm einen hübschen Gaul in Aussicht, vorausgesetzt, er verdinge sich für sieben Jahre als Knecht. In dem verwunschenen Katzenschloß hat Hans viele Annehmlichkeiten. Er muß nur alle Tage Holz klein machen. Er mäht auch eine Wiese, baut ein kleines Haus, all das mit silbernem Werkzeug. Die sieben Jahre sind um, doch das Pferd hat er immer noch nicht. Die Katze läßt ihn ihre eigenen zwölf spiegelblanken Pferde sehen und verspricht, ihm das seine in drei Tagen nachzubringen. Mit dem gleichen lumpigen Kittel, den er zuvor schon getragen, kehrt er unberitten zurück und erntet den Spott der beiden Mitknechte; der Müller mag ihn nicht mehr bei Tisch sehen und weist ihm zum Schlafen den Gänsestall zu. Die Ausbeute der anderen Burschen ist mager; des einen Pferd ist blind, das andere lahmt.

Nach drei Tagen kommt sechsspännig eine Königstochter vorgefahren, ein siebtes Pferd ist für den armen Müllersbursch. Der alte Müller spricht ihm nun die Mühle zu, doch das bunte Kätzchen – denn niemand anderes ist die Königstochter – sagt, er solle das Pferd und auch die Mühle behalten. Sie nimmt Hans in der Kutsche mit und fährt zu dem Häuschen, das er erbaut hat, da ist es plötzlich ein Schloß und alles darin von Silber und Gold. Sie heiratet ihn, und er hat für sein Lebtag ausgesorgt.

Im alten Feenmärchen der Madame d'Aulnoy ist die weiße Katze eindeutig eine verwünschte Prinzessin. Dort will ein alternder König die Herrschaft demjenigen seiner drei Söhne überlassen, der ihm den zierlichsten Hund, das feinste Linnen und schließlich die schönste Braut heimbringt. All dies gelingt nur dem jüngsten Prinzen, mit Hilfe der weißen Katze im porzellanenen Schloß – aber immer erst nach einem Jahr. Zum Schluß muß er der geliebten Katze Kopf und Schwanz abhauen und ins Feuer werfen, damit sie aus ihrer Tiergestalt erlöst und die schönste Prinzessin werden kann. Ganz ähnlich erzählt es das plattdeutsche Volksmärchen ›De lütt witt Katt‹. Damit Hans, der jüngste Sohn eines Bauern, den besten Säbel, das feinste Leinwandtuch und schließlich die hübscheste Braut nach Hause bringt, muß er das weiße Kätzchen dreimal am Tag waschen und kämmen, Jahr um Jahr, und zuletzt muß er sie ins Feuer schubsen. Wilhelm Wisser hat diese Geschichte überliefert (›Wat Grotmoder vertellt‹, 1904) und Bernhard Winter sie szenisch-bildlich eingefangen. Maurice Sendak wiederum hat den armen Müllersbursch illustriert, wie er von einer Gruppe »händiger« Katzen – was ihre Menschenähnlichkeit signalisiert – zu Bett gebracht wird (1973). Die künstlerische Spannweite reicht von Max Adamo (Münchener Bilderbogen Nr. 836/1883) bis Werner Maurer (1982).

Aschenputtel

Was für die Deutschen Aschenputtel oder Aschenbrödel, ist für Franzosen Cendrillon oder Finette Cendron, für Italiener Cenerentola, für Serben Pepeljuscha. Ein jeder kann sich auf landeseigene Märchen berufen, die Heldin »in der Asche« ist allen vertraut. Nur die Angelsachsen kommen seit dem 18. Jh. mit dem Lehnwort Cinderella aus, »Stocherin in der Schlacke«. Dieser Name ist zugleich der mit dem internationalen Flair, mit dem größten Glamour – und »Cinderella, dressed in yella«, ist seit Walt Disneys Kinohit ein geflügeltes Wort.

Daneben gibt es auch das männliche Aschenbrödel, den Aschenhans, Aschen-Iwan, Aschenpüster, im Norwegischen als Askeladd ausgeprägt (*Die Prinzessin auf dem Glasberg). Auch er ist meistens der dritte und jüngste in der Geschwisterkette, dem die beiden Älteren, wie es zunächst scheint, haushoch überlegen sind (*Dummling).

Unter den 400 zirkulierenden Aschenputtel-Märchen ragen zwei Versionen heraus: die ältere, höfisch-prächtige vom Glaspantöffelchen, die Charles Perrault vor 300 Jahren verfaßt hat (›Cendrillon ou La petite pantoufle de verre‹, 1697), und die inniger erzählte der Brüder Grimm (1812), die nicht nur im Duktus, auch in Motiven und vielen Einzelzügen von Perrault abweicht. Der Ausgangspunkt ist der gleiche. Ein Mädchen, sanftmütig und gut, verliert seine Mutter. Es sieht sich eines Tages einer schlimmen Stiefmutter gegenüber und außerdem zwei unguten Stiefschwestern.

Bei Grimm sind es zunächst die Schwestern, die Aschenputtel den Platz am Herd zuweisen, die ihr überdies Erbsen und Linsen in die Asche schütten, damit sie sie auslese. Von einer Messe bringt der Vater allen drei Töchtern mit, was sie sich gewünscht haben: für die beiden Schwestern Kleider und

Edelsteine, für Aschenputtel ein Haselreis. Das pflanzt sie auf das Grab ihrer Mutter, netzt es mit Tränen, und bald wächst ein schöner Baum daraus. Immer wenn sie darunter steht, kommt ein weißer Vogel geflogen und erfüllt ihre Wünsche. (Auf dem Sterbebett hatte die Mutter versprochen, immer um sie zu sein.)

Der König gibt ein dreitägiges Fest, eine Art Brautschau für seinen Sohn, und lädt alle Jungfrauen des Landes dazu ein. Aschenputtel muß den Schwestern behilflich sein, ihnen das Haar kämmen, die Schuhe bürsten, die Schnallen festmachen, aber sie selbst darf nicht mit. Zwar löst sie mit Hilfe der Tauben und all der anderen Vögel die zwei Aufgaben, die ihr die Stiefmutter stellt: Linsen aus der Asche zu lesen (»die guten ins Töpfchen, die schlechten ins Kröpfchen«). Doch das Fest wird ihr trotzdem verwehrt; sie besäße nun mal keine Kleider, könne nicht tanzen. Da ruft sie am Grab dreimal den Haselbaum an: »Bäumchen, rüttel dich und schüttel dich, wirf Gold und Silber über mich.« Der weiße Vogel wirft ihr jedesmal ein noch prächtigeres Kleid herunter und passende Pantoffeln, zuletzt solche aus Gold. Auf dem Fest tanzt der Königssohn jedesmal nur mit ihr, und jedesmal entzieht sie sich seiner Begleitung. Am ersten Abend springt sie in das Taubenhaus, am zweiten auf den Birnbaum, den ausgerechnet ihr Vater fällt –, am dritten bleibt ihr linker Pantoffel an der pechbestrichenen Treppe hängen, doch sie entkommt. Der zierliche Goldpantoffel soll auf die Spur der rechten Braut führen. Die ältere Schwester will ihn sich passend machen, haut sich den großen Zeh ab. Dann probiert ihn die jüngere an, muß sich ein Stück Ferse abhacken. Daß es die falschen Bräute sind, bringen zwei Täubchen im Haselbaum an den Tag: »Rucke di guck, Blut ist im Schuck . . .«

Vom Königssohn nach einer weiteren Tochter gefragt, wehrt der Vater ab: da sei nur noch von seiner verstorbenen Frau ein kleines »verbuttetes« (also in der Entwicklung zurückgebliebenes) Aschenputtel – und viel zu schmutzig, um sich sehen zu lassen, ergänzt seine Frau. Doch der Königssohn besteht darauf. Aschenputtel wäscht sich Hände und Gesicht rein, bevor sie hingeht. Der Pantoffel paßt ihr wie angegossen. Als der König ihr ins Gesicht sieht, erkennt er das schöne Mädchen, seine Tänzerin, wieder. Die Täubchen im Haselbaum bezeugen es, sie ist die rechte Braut. Sie setzen sich links und rechts auf ihre Schulter, und als es zum Brautgang in die Kirche geht, picken sie den falschen Schwestern erst das eine und nach der Kirche auch das andere Auge aus. (Sie allein werden bestraft, die Stiefmutter nicht.)

Perraults ›Cendrillon‹ kommt ohne die starke Bindung der Heldin an die tote Mutter aus. Von ihr heißt es lediglich, sie sei die beste Frau der Welt gewesen. Auch vom Vater wird nur gesagt, beim ihm sich zu beschweren sei sinnlos, er stünde unter dem Regiment seiner Frau. Dem Mädchen hilft statt des weißen Vogels und anderen Gefieders eine Feenpatin; sie vermag einen Kürbis in eine vergoldete Kutsche zu verwandeln, Mäuse in ein Schimmelgespann und Eidechsen in Lakaien. Die wiederholten Linsenproben fehlen, damit auch die sinnbildliche Trennung in gut und schlecht. Cendrillons Gegenspielerin ist vor allem die Stiefmutter. Das Verhältnis zu den putzsüchtigen Schwestern ist differenziert, die jüngere gibt ihr den milderen Namen (statt Cucendron, »Aschenarsch«); bei der Kleideranprobe und beim Frisieren geht ihnen Cendrillon ebenso geschickt wie bereitwillig zur Hand. Der Aschenschmutz an Körper und Kleidern, das Waschen und Umziehen, all das ist kein Thema. Eine Berührung mit dem Feenstab genügt, schon werden Cendrillons häßliche Kleider zu Gold- und Silbergewändern; das Paar gläserne Pantoffeln bekommt sie extra geschenkt. Länger als bis Mitternacht dürfe sie nicht auf dem Ball bleiben, schärft die Patin ihr ein, sonst würden die Zaubergaben wieder zurückverwandelt. Cendrillon entfaltet eigene Aktivität. Am ersten Abend setzt sie sich nach dem Tanz zu den Schwestern, gibt ihnen von den exotischen Früchten des Prinzen ab. Zu Hause bittet sie die ältere um ihr gelbes Alltagskleid, nicht ohne Mutwill; es wird ihr verweigert. Am zweiten Abend ist es Schlag zwölf, als sie den Ball verläßt. Sie kommt ohne Karosse, ohne Lakaien, ohne ihre schönen Kleider zu Hause an, nur der eine gläserne Pantoffel ist ihr geblieben (also nicht zurückgezaubert worden). Als der Prinz zur Schuhprobe einlädt, unterziehen sich ihr erst die Damen von Hofe, dann beide Schwestern. Cendrillon sagt lächelnd: »Laßt mich doch sehen, ob er mir nicht paßt.« Ein letztes Mal ist die Patin zur Stelle, zaubert die schönsten Kleider herbei. Jetzt erst führt man sie dem jungen Prinzen zu. Mit ihren Schwestern söhnt sie sich aus, und gleich nach der eigenen Hochzeit sorgt sie für deren Ehe.

Zur Vor- und Nachgeschichte dieser Heldin, erst so erniedrigt und dann so erhöht, gehört als drittes klassisches Märchen Giambattista Basiles Aschenkatze (›La gatta cenerentola‹, 1634). Von ihr nur soviel, daß sie Prinzessin Lucrecia heißt, am Tode ihrer ersten Stiefmutter mitschuldig wird und durch die zweite gleich sechs Mitschwestern bekommt, die bei der Pantoffelprobe jedoch keine Rolle spielen. Denn kaum nähert sich der Pantoffel Lucreciens Fuß, »als er gleich dem Eisen, welches auf den Magnet losfährt, von selbst an den Fuß dieses Herzblattes Amor fuhr«.

Carlo Goldoni schrieb die erste Aschenputtel-Oper, ›Buona figliuola (La Cecchina)‹, uraufgeführt in Rom 1760. Auf Perrault stützte sich vor allem Nicolò Isouards Oper ›Cendrillon‹ (Paris 1810), diese wiederum inspirierte Giacomo Rossini zu ›La Cenerentola ossia la Bonfà in Trionfo‹ (Aschenputtel oder der Triumph der Herzensgüte, Rom 1817), die sich allen Märchenzaubers enthielt. Der Wagnerianer Jules Massenet komponierte die Oper ›Cendrillon‹ (Paris 1899), Johann Strauß das Ballett ›Aschenbrödel‹ (Berlin 1901) – er machte den Prinzen zeitgemäß zum Warenhausbesitzer. Hervorzuheben ist noch Sergej Prokofjews Ballett ›Soluschka‹ (Moskau 1945).

Als Jugenddrama erfolgreich war R. Lacys ›Cinderella‹ am Londoner Covent Garden (1821), acht englische Verlage folgten daraufhin mit Ausschnittbögen für Papiertheater. Der Version Perraults verpflichtet waren auch August Graf von Platens Komödie ›Der gläserne Pantoffel‹ (1823) und Christian Dietrich Grabbes frühe Gesellschaftssatire ›Aschenbrödel‹ (1829). Aschenbrödel hieß auch die Heldin in Bechsteins Märchen (1845) – und in einem Dramolett von Robert Walser (1901), sie allerdings begehrt auf: »Das Märchen will's. Das Märchen ist's gerad, das uns verlobt will sehn.«

Aschenputtel wurde seit jeher gern, weil in Figuren und Farben kontrastreich, illustriert. Im Deutschen bevorzugte man zwei Szenen, einmal die Heldin am Herd, umringt von den linsenlesenden weißen Tauben – dies belegt u.a. L. E. Grimms Kupfer (1825), Albert Hendschels »Composition auf Holz« (1863) und Adolf Münzers Jugendstilillustration (1905). Zum andern die berühmte Schuhprobe, die auch schon auf frühen französischen Ausgaben und auf einem englischen Holzschnitt (1744) zu sehen ist. In Deutschland nahmen sich ihrer u.a. C. P. Geißler (1843) und Ludwig Pietsch (1858) an. Früh fanden die Bilderbogen Gefallen an diesem Stoff, so der Neuruppiner (›Aschenbrödel oder Geschichte vom gläsernen Pantöffelchen‹, Nr. 1059/um 1835) und der Deutsche (›Aschenputtel‹, Nr. 71/1868, gestaltet von Theodor Hosemann). An illustrierten Einzelausgaben gab es Gustav Holtings ›Cendrillon‹ (1843, mit 13 Federzeichnungen Hosemanns), W. Müllers ›Aschenbrödel‹ (1863, mit 6 Holzstichen Hendschels), F. Wiedemanns ›Aschenbrödel‹ (um 1871, mit 6 Aquarellen von Adolph Thomas). E. N. Neureuthers Blatt für den Rheinischen Kunstverein (1847), Moritz von Schwinds grandioser Bilderzyklus (1852/54) trugen erheblich zur Wirkung bei, desgleichen die europaweit verbreiteten Illustrationen: George Cruikshanks ›Cinderella and the Glass Slipper‹ (1854), Gustave Dorès ›Cendrillon‹ (1862), Walter Cranes ›Cinderella‹ (1873). Von Crane stammt auch das Bühnenbild zu einem Musical, in Buchform erschienen als ›The Children's Musical Cinderela‹. Music by Louis N. Parker. With Pictures by Walter Crane (1879). Im 20. Jh. ging es weiter mit Georg A. Stroedels »Künstler-Volksbilderbuch« (1912), Arthur Rackhams Scherenschnitten zu C. S. Evans' ›Cinderella‹ (1919), Errol Le Caines ›La Cenicienta o El zapátito de cristal‹ (1976), Svend Otto Sörensens ›Askepot‹ (1978) und Roberto Innocentis ›Cendrillon‹ (1984), um nur einige internationale Erfolge zu nennen.

Der erste Märchenfilm überhaupt war der des französischen Filmpioniers Georges Méliès. Beeindruckt von der gerade uraufgeführten Oper Massenets, realisierte er ›Cendrillon‹ bereits 1899. Auch der Stummfilmstar Asta Nielsen spielte ›Aschenbrödel‹ (1914). Lotte Reiniger versuchte sich an einem Silhouettenfilm und Walt Disney an einem Zeichentrickfilm (beide 1922). Die Zeit des Ballett-Märchenfilms markierten Alf Zengerlings ›Aschenputtel‹ (1932) und der von Prokofjews Musik getragene russische ›Soluschka‹ (1947), zu dem Jewgenij Schwarz das Drehbuch schrieb. Die folgenreichste Adaption gelang Walt Disney mit dem Zeichentrickfilm ›Cinderella‹ (1950). Ihm kam der psychologische Realismus und Individualismus Perraults entgegen. Er pointierte ihn, indem er die Unternehmungslust der Heldin und den Kontrast zwischen der urbösen Stiefmutter und den eher lustigen Schwestern hervorhob. Disney schuf dazu eine ganze Industrie, Puppen, Posters, Cartoons, und baute in Disneyland Cinderellas Schloß auf. Wie schon mit ›Snow White‹ 1937 (*Schneewittchen) gelang ihm die Kreation eines amerikanischen Idols, einer Leitfigur, die Hoffnungen, Ängste, Möglichkeiten auf sich vereinte. Für die einen ein Aufstiegsmodell (»Rags-to-riches«), wurde es für andere zum Triumph des Guten, zur Belohnung und Anerkennung braven Verhaltens. Antwort auf Disney gaben Lotte Reiniger mit ihrem Perrault genau umsetzenden Silhouettenfilm ›Cinderella‹ (1954) und Jerry Lewis mit der Travestie ›Cinderfella‹ (dt. ›Aschenblödel‹, 1959). Später verfilmte Karin Brandauer den Stoff (1992), doch die Heldin war da längst von Feministinnen entdeckt, oder vielmehr »entlarvt« (z.B. von Anne Saxton, 1971), auch Parodisten waren bei ihr fündig geworden (z.B. Iring Fetscher mit ›Aschenputtels Erwachen‹, 1972). Furore machte Colette Dowling mit der Enthüllung des ›Cinderella-Complex‹ (1981) als einer regelrecht antrainierten weiblichen Angst vor Unabhängigkeit. Das »Aschenputtel-Syndrom«, Kennzeichnung einer bestimmten Verhaltensstörung, ging als Terminus in den psychologischen Wortschatz ein. Kindertherapeuten wie Bruno Bettelheim hoben ihrerseits hervor, wie stark die Bewältigung innerer Konflikte in Aschenputtel/Cinderella angelegt sei; kein anderes Märchen spiegele so deutlich das Erleben kindlicher Geschwisterrivalität, auch im Sexuellen.

Asinarius * Das Eselein

B

Baba Jaga

Baba Jaga, ein weiblicher Dämon der ostslawischen Mythologie, ist eine ausgeprägte Märchenfigur, unserer *Hexe in manchem vergleichbar. Sie besitzt nur ein Auge, das andere ist eingesetzt. Sie hat ein Bein aus Knochen oder Eisen, daher auch ihr Beiname Beinernes Bein. In ihrem Zauberhäuschen mitten im Wald – es steht auf einem Hühnerbein, dreht sich immerzu im Kreis und ist eingezäunt von Totenköpfen – lebt sie in schöner Übertreibung so: »Die Baba Jaga liegt auf dem Ofen, ihre Nase ist in die Decke eingewachsen, der Rotz läuft über die Schwelle, die Titten hängen über einem Haken, und sie wetzt die Zähne.« Im Freien bewegt sie sich in einem eisernen Mörser fort, den sie mit dem Stößel antreibt, und mit ihrem Ofenbesen verwischt sie die Spur. Diese Merkmale finden sich in einem Zyklus russischer Märchen (Sammlung Afanasjew Nr. 102–11 – *Marja Morewna, *Wassilissa die Wunderschöne).

Baba Jaga ist eine ambivalente Erscheinung, meist die erbitterte Gegnerin des Helden bzw. der Heldin, mit kannibalistischen Anwandlungen; mitunter ist sie auch deren zauberkundige Helferin. So gibt sie in der *Froschzarin den entscheidenden Ratschlag, wie dem unsterblichen *Kostschej – ihr Pendant als männlicher Unhold – beizukommen sei.

Seit A. N. Afanasjew die russische Folklore ausbreitete (1857–63), hat das Baba Jaga-Motiv auch Komponisten inspiriert. So vertonte A. S. Dargomyschiskij den Stoff (›Baba Jaga‹, 1861), und Modest Mussorgskij widmete in den symphonischen Dichtungen ›Eine Nacht auf dem Kahlenberge‹ (1869) und ›Bilder einer Ausstellung‹ (1874) der Hütte der Baba Jaga jeweils ein »Bild«. Auch in Jewgenij Schwarz' Märchenstück ›Die verzauberten Brüder‹ (dt. 1969) trat Baba Jaga auf, wieder in ihrer Rolle als böse Hexe.

Der Bärenhäuter

Die Figur des Bärenhäuters verbindet sich mit drei Namen: zuerst mit J. J. Chr. von Grimmelshausens simplizianischer Erzählung ›Der Erste Beernhaeuter‹ (1670), dann mit Clemens

Brentanos ›Geschichte des ersten Bernhäuters‹ (1808 in der ›Zeitung für Einsiedler‹ erstveröffentlicht) und schließlich mit dem Märchen der Brüder Grimm. Dessen erste Fassung (1815) war noch mit ›Der Teufel Grünrock‹ betitelt, nach mündlichem Bericht »aus dem Paderbörnischen«. Erst in der zweiten, definitiven Fassung (1843) bedienten sie sich Grimmelshausens und machten den Helden kleid- und namenskenntlich: Dieser Tracht wegen, sagt der Teufel, sollst du Bärenhäuter heißen.

In Grimms Märchen sinniert ein abgedankter Soldat – der Krieg zu Ende, kein Geld, beide Eltern tot, die Brüder hartherzig –, wie es mit ihm weitergehen soll. Ein grünberockter Mann mit Pferdefuß pflanzt sich vor ihm auf: Falls er eine Mutprobe bestehe, werde er ihn reich machen. Der große Bär, der hinterrücks auftaucht, ist bald erlegt, und schon geht es um Vertragsbedingungen. Der Soldat darf sich sieben Jahre lang weder waschen, kämmen, sich die Nägel schneiden noch die Kleidung und das Bett wechseln oder gar ein Vaterunser beten. Er akzeptiert, bekommt den Grünrock (mit stets klimpernden Taschen) und die Bärenhaut dazu (als Mantel und Schlafunterlage).

Schon im zweiten Jahr sieht er aus wie ein Ungeheuer, wirkt im vierten völlig abstoßend. Gegen gutes Geld gibt ihm der Wirt zwar eine Hinterstube, aber er darf sich nicht blicken lassen. Im Nebenzimmer hört er einen verarmten Alten jammern; er löst ihn aus, gibt ihm reichlich Geld und bekommt zum Dank eine der drei Töchter versprochen. Es wird die jüngste sein, denn nur sie ist, mit Rücksicht auf den Vater, dazu bereit. Noch liegen drei Jahre vor dem Bärenhäuter. Er gibt seiner Braut den halben Ring, als Erkennungszeichen; falls er nicht wiederkäme, sei sie frei. Sie trägt fortan Schwarz, wird von den älteren Schwestern verhöhnt. Am letzten Tag vor Ablauf der Frist setzt sich Bärenhäuter an den alten baumumringten Platz. Wieder steht der Teufel vor ihm, blickt verdrießlich. Bevor es zum Rocktausch kommt, ist er genötigt, Bärenhäuter zu säubern; der ist schmucker und schöner als je zuvor. In einen prächtigen Samtrock gekleidet, kommt er vierspännig vorgefahren. Niemand erkennt ihn. Der Vater hält ihn für einen Feldobristen, die älteren Schwestern hofieren ihn. Nur die Braut in Schwarz spricht kein Wort. Als es zur Brautwahl kommen soll und die anderen sich schmücken, sind die beiden allein. Er wirft ihr seinen halben Ring in den Becher Wein, den sie nimmt und austrinkt. Die Ringprobe fällt überzeugend aus, ein Kuß besiegelt ihr Verlöbnis. Die Schwestern in ihrer Wut machen sich selbst den Garaus. Der Teufel ist es zufrieden: »Siehst du, nun habe ich zwei Seelen für deine eine.«

Das ist nicht weit von der Schlußpointe bei Grimmelshausen: »Nun haben wir miteinander ausgefischt, du hast eine und ich zwo von den Töchtern bekommen.« Bei dem Barockdichter ist der Vater allerdings ein edler Herr, den die vermeintliche Malkunst des Oberst Beernhaeuter beeindruckt. Kurz vor Ablauf der sieben Jahre läßt er ihn das Alter seiner drei – gleichschönen – Töchter bestimmen, per se fällt die Wahl auf die jüngste. In Brentanos kosmisch gestimmtem Märchen geht es noch anders zu. Dort ist die Braut des Bärenhäuters eigene Schwester, und nur der Bär des heiligen Gallus kann den Inzest verhindern.

Ludwig Emil Grimm zeichnete für Brentano sein erstes Märchenbild überhaupt, es schmückte als Kupfer ›Die Tiergesellschaft führt den Bärenhäuter in Versuchung‹ den Erstdruck (1808). Bekannt wurden Marcus Behmers fünf Radierungen, die er für einen Pressedruck (1919) schuf – später im Inselbändchen ›Der Erste Beernhäuter‹ (1921). Den Grimmtext in Einzelausgabe haben u.a. Franz Stassen (1899) und Felix Hoffmann (1978) illustriert. Maurice Sendak gab einen *Teufel mit Hörnern, Schwanz und Pferdefuß und vergaß auch Kamm, Schere, Bürste nicht (1973). Die beiden bekanntesten Vertonungen – Siegfried Wagners Oper (Leipzig 1898) und Arnold Mendelssohns Singspiel (Köln 1900) – fügten zwei Grimmtexte in eins, den Bärenhäuter und *Des Teufels rußiger Bruder.

Bärenprinz *Schneeweißchen und Rosenrot, *Das singende springende Löweneckerchen

Bambi

Die Gestalt des kleinen liebenswerten Rehkitz Bambi wurde über einen Zeichentrickfilm Walt Disneys (1942) allgemein bekannt. Als Buch mit dem Untertitel ›Eine Lebensgeschichte aus dem Walde‹ gab es Bambi schon seit 1923 zu lesen. Geschrieben hatte es der Wiener Feuilletonist Felix Salten, dem man auch die saftige, anonym verfaßte Lebensgeschichte der ›Josephine Mutzenbacher‹ (1906) zuschreibt.

Im Dickicht des Waldes kommt das Rehjunge zur Welt und wird von seiner Mutter in seinen besonderen Lebensbereich, den des Waldes, eingeführt – wozu auch die »Gefahr« gehört, vor allem die, die vom Menschen droht. Die Rehmutter wird jedoch das Opfer einer Treibjagd, und auch der Spielfreund Gobo wird Bambi entrissen. Der Entschluß des Herangereiften, dem alten Rehbock, der ihn gerettet hat, nachzufolgen und selbst ein alleinbleibender »Fürst« des Waldes zu werden, bringt Bambi in die Nähe einer Märchenfigur: des Herrn der Tiere.

Mit vielen grotesken und anrührenden Momenten à la Cinderella (*Aschenputtel) und mit einprägsamer Physiognomie hat Walt Disney aus Bambi eine trivialmythische Figur gemacht. Seit 1948, seit dem frischen Ruhm seines Zeichentrickfilms auch in Deutschland, gibt es alljährlich die Auszeichnung mit dem »Bambi« für Film- und Fernsehschaffende; die begehrte Kleinplastik wird nach den Kriterien Beliebtheit, Erfolg und Kreativität vergeben.

La barbe-bleue *Blaubart

Bartloser

Der griechische »Bartlose« (ho spanós, wörtlich »Dünnbart«) gleicht in manchem der Figur des Schneiderleins, dem ebenfalls ein schütterer Bart nachgesagt wird. Um den negativen Aspekt zu ermessen, sollte man sich die generelle Wertschätzung des Bartes vor Augen halten, als ein Symbol männlicher Würde, Autorität und dauerhafter Herrschaft (daher auch ein Attribut des *Königs). Kaiser Rotbart, »Barbarossa«, versinnbildlicht im Motiv des unablässig wallenden Bartes zugleich die unendlich lange Zeit der Entrückung im Kyffhäuser. Langbärtig sind auch *Zwerge, was ebenfalls zum Sagen- und Märchenmotiv werden kann (*Schneeweißchen und Rosenrot). Die Absonderlichkeiten eines Bartträgers werden aufmerksam registriert (*Blaubart, *König Drosselbart).

Für die Ostkirche gilt im besonderen, daß der Pappas (Pope) pflichtgemäß einen Bart trägt; nach der Regel des heiligen Sabbas sind der Bartlose und der Eunuch vom Klosterleben ausgeschlossen. Das Verspotten des Bartes gilt in östlichen Mittelmeerländern als schwere Diffamierung. Auf diesem religiös-kulturellen Hintergrund wird die Figur des Bartlosen verständlicher. Als ein Schlaukopf kann er zum listigen Helden werden, und was Kreter von ihm erzählen (›Der Bartlose‹, dt. 1917) und auch Festlandgriechen (›Der Bartlose und der

Drakos‹, dt. 1879), gleicht aufs Haar den Taten des *Tapferen Schneiderleins. Er kann aber ebenso zum gefoppten Betrüger werden, wie in der auf Lesbos erzählten Geschichte von den zehn Bartlosen, denen ein Pappas heimzahlt, was sie an seiner Frau (Pappadia) getan haben.

Nicht selten wird er zum ränkevollen Gegenspieler, wie im zyprischen Märchen ›Der Patensohn des Königs und der Bartlose‹ (dt. 1965), wo er dem Grimmschen Antihelden »Ferenand ungetrü« gleicht.

Bata *Brüdermärchen

Die beiden Königskinder

Die Helden dieses niederdeutschen Grimm-Märchens (›De beiden Künigeskinner‹, 1815) sind – unverdientermaßen – nicht so bekannt, was wohl an der paderbörnischen Mundart liegt: ein Königssohn, der, wie seinem Vater prophezeit, mit 16 Jahren von einem Hirsch umgebracht werden soll, und die jüngste Tochter eines Zauberkönigs, in dessen Gewalt der Jüngling gerät (*Teufelstochter).

Ihm droht der Tod, falls es ihm nicht gelingt, je eine Nacht bei den drei Töchtern zu wachen. Doch diese beauftragen ihre steinernen Christoffels (Helfer) an der Kammertür, statt seiner auf den stündlichen Anruf des Vaters zu antworten; so kann der Jüngling ungestraft auf der Schwelle einschlummern. Eine der Töchter, wie zuerst versprochen, erhält er dennoch nicht. Der Zauberkönig türmt immer neue Hürden auf: Bis zum Abend soll er einen ganzen Wald abholzen – bis zum andern Morgen einen Teich entwässern – innerhalb eines Tages einen Berg von Dornbüschen säubern und darauf ein Schloß errichten. Jedesmal gibt er dem Königssohn untaugliches Gerät aus Glas mit, und jedesmal hilft ihm die jüngste Tochter mit ihrer Zauberkunst, die unmöglichen Aufgaben zu erfüllen. Die setzt sie dreimal ein, als die beiden fliehen und von ihrem Vater verfolgt werden. Als er sie fast erreicht hat, verwandelt sie den Liebsten in einen Dornbusch und sich in eine Rose; den Vater, der die Rose abbrechen will, stechen die Dornen. Bei der nächsten Gefahr verwandelt sie ihn und sich in eine Kirche mit einem Pastor darin; der Vater nimmt an der Predigt teil und geht wieder. Jetzt nimmt ihre scharfsinnige Mutter die Verfolgung auf. Die Tochter fordert sie offen heraus, verwandelt ihn in einen

Teich und sich in einen springenden Fisch. Die Mutter ist sich über beide im klaren; sie schickt sich an, den Teich auszutrinken, doch wird ihr so übel davon, daß sie ihn wieder ausspeit. Sie erkennt, daß die Tochter ihr über ist.

Und so gibt sie ihr drei Walnüsse mit auf den Weg, gedacht für die höchste Not. Sie kann sie bald brauchen, denn der Königssohn, der mit ihr in das elterliche Schloß zurückgekehrt ist, gibt seiner Mutter einen Kuß – »do hadde he alles vergeten, wat schehen was un auck wat he dohen will«. Die vergessene Braut will sich ihm bemerkbar machen, indem sie ihren drei Walnüssen der Reihe nach drei wunderschöne Kleider entnimmt und damit auftritt; zweimal kann sie sie bei der neuen, ziemlich putzsüchtigen Braut, welche die Mutter für ihn ausgesucht hat, gegen eine Nacht vor der Tür ihres Liebsten einhandeln. Doch die beiden kommen nicht zueinander; erst verhindert es der Schlaftrunk, den die neue Braut ihm verabreicht hat, dann seine Mutter, die dem – inzwischen hellhörig gewordenen – Sohn die Tür zusperrt. Erst am dritten Morgen, als die Liebste das dritte und schönste Kleid anhat, ist es soweit. Er erkennt sie, sie fahren zur Kirche und lassen sich trauen – »awerst de falske Moder un Brut mosten weg«.

Ein völlig anderes Motiv – die durch ein Wasser getrennten Liebenden – und auch einen ganz anderen Hintergrund hat die aus ›Des Knaben Wunderhorn‹ bekannte Ballade ›Es waren zwei Königskinder . . .‹. In ihnen werden die beiden spätantikischen Gestalten Hero und Leander wieder lebendig. Um seine Liebe zu Hero, einer Priesterin der Aphrodite, vor den Eltern geheimzuhalten, schwimmt Leander nachts über den Hellespont, die Fackel vom Turm der Hero zeigt ihm den Weg. Als sie in einer Sturmnacht erlischt und Leander ertrinkt, stürzt sich Hero vom Turm aus ins Meer. Dieser epische Stoff wurde auch mehrfach dramaturgisch bearbeitet, vgl. Grillparzers ›Des Meeres und der Liebe Wellen‹ (1831).

La belle et la bête ***Die Schöne und das Tier**

La belle au bois dormant ***Dornröschen**

Die Bienenkönigin

Das Märchen vom *Dummling, der dank dreier Tierhelfer die jüngste Königstochter zur Frau gewinnt, haben die Brüder

Grimm 1812 publiziert; die Ähnlichkeit mit den ›Drei Königssöhnen‹, die ihr Namensvetter Albert Ludwig Grimm in seinen ›Kindermährchen‹ (1809) erzählt hatte, war augenfällig. Dort hieß der Held Palmbaum, hier trug er den typisierten Namen »der Dummling«.

Hier wie dort geraten drei abenteuernde Königssöhne an einen Ameisenhaufen, zu Enten am See, an ein Bienennest – und jedesmal hält der jüngste die beiden älteren davon ab, den Tieren etwas zuleide zu tun. Auch vom menschenleeren Schloß, in das sie vorstoßen, von dem Stall voller steinerner Pferde und vom grauen Männchen am Tisch, das sie durch eine Türlade erspähen, wird synchron berichtet. Das Männchen öffnet, bei den Brüdern Grimm allerdings erst beim dritten Anruf, die Vorhängeschlösser, kommt heraus, spricht kein Wort, bewirtet sie jedoch aufs beste und gibt ihnen Quartier für die Nacht. Anderntags werden sie der Reihe nach zu einer Inschrift gewiesen, auf der steht, welche drei Aufgaben sie bestehen müssen: alle Perlen der Königstochter unter dem Moos einsammeln – den Schlüssel zu ihrem Schlafgemach aus dem tiefen See holen – diejenige unter den drei schlafenden Töchtern des Königs herausfinden, welche die jüngste und liebste ist. Gelingt eine Aufgabe nicht, wird der Prüfling zu Stein. Den älteren Brüdern ergeht es so. Dem jüngsten, der daran verzweifeln will, hilft zunächst der Ameisenkönig, bei der zweiten Aufgabe die Enten (nur A. L. Grimm spricht vom Entenkönig) und bei der dritten die Bienenkönigin: Sie setzt sich auf den Mund, der Honig gegessen hatte, und so erkennt der Königssohn »die rechte«. Das löst den Zauber. Der Dummling heiratet die Jüngste (bei A. L. Grimm heißt sie Pyrola, und alle drei Proben sind auf sie bezogen), die Brüder bekommen die älteren Schwestern. Der jüngste wird König.

Ob das graue Männchen der verwunschene Vater ist, halten die Brüder Grimm offen. Im Gegensatz zu A. L. Grimm lassen sie die drei Tierhelfer – der Erde, dem Wasser und der Luft zugehörig – erst im Moment ihres Handelns auftreten. Das Motiv der dankbaren Tiere findet sich schon in Georg Messerschmids Versepos ›Vom edlen Ritter Brissoneto‹ (1559) und auch schon in altgriechischer Überlieferung. Den seelischen Prozeß des Helden hat Bruno Bettelheim in ›Kinder brauchen Märchen‹ (dt. 1977) nachgezeichnet: »Erst wenn man mit der animalischen Natur Freundschaft geschlossen, sie als bedeutsam anerkannt und mit dem Ich und dem Über-Ich in Einklang gebracht hat, verleiht sie der Gesamtpersönlichkeit ihre Macht.« Eine überzeugende künstlerische Interpretation der ›Bienenkönigin‹ ist Jassen Ghiuselev gelungen (Einzelausgabe mit 24 Bildtafeln, 1994).

Blaubart

Das Märchen vom Mann mit dem blauen Bart, der als Frauenmörder entdeckt wird, hat in der europäischen Literatur und Folklore eine lange Tradition. Sie reicht von Conomor aus der bretonischen St. Gildas-Legende (6. Jh.) über mittelalterliche Mädchenräuberballaden bis zur Figur des Mörderbräutigams (*Fitchers Vogel). Das Blaubart-Märchen gibt es zwar auch eingedeutscht, erst als Grimmtext (1812, später ausgeschieden), dann in Bechsteinscher Bearbeitung als ›Das Märchen vom Ritter Blaubart‹ (1845), doch die Basis bleibt allemal Charles Perraults ›La barbe-bleue‹ (1697).

Der blaue Bart macht den vermögenden Mann abstoßend, und als Ehekandidat ist er suspekt, da er schon mehrmals verheiratet war, ohne daß man vom Verbleib seiner Frauen etwas weiß. So kann sich eine Dame von Stand nicht entschließen, ihm eine ihrer beiden schönen Töchter zur Gemahlin zu geben, und sie mögen ihn auch nicht. Doch ein achttägiges Fest in seinem Landhaus zerstreut die Bedenken der jüngeren, es kommt zur Heirat. Bevor Blaubart zu einer sechswöchigen Reise aufbricht, übergibt er seiner Frau den Schlüsselbund, verbietet ihr aber, mit dem kleinen Schlüssel die hinterste Kammer aufzuschließen, andernfalls hätte sie »von seinem Zorn alles zu gewärtigen«. Weibliche Gäste besichtigen während seiner Abwesenheit die Schätze des Hauses und beneiden ihre Freundin. Diese kann ihre eigene Neugier nicht bezähmen und hastet noch während der Gesellschaft eine kleine geheime Stiege hinunter zu der Kammer, hält eine Weile inne und öffnet sie dann doch, das Verbot ihres Mannes mißachtend, mit dem kleinen Schlüssel. Sie sieht den Boden mit geronnenem Blut bedeckt, in dem sich die Leiber der an den Wänden aufgehängten Frauen spiegeln – die früheren Ehefrauen Blaubarts! Vor Sterbensangst läßt sie den Schlüssel zur Kammer fallen, sammelt sich, hebt ihn auf, verschließt die Tür wieder, will ihn dann abwischen. Doch das Blut geht nicht weg, mag sie ihn noch so sehr waschen und abreiben.

Am gleichen Abend kehrt Blaubart vorzeitig zurück, verlangt ihr anderntags die Schlüssel ab, besteht auch auf dem kleinen Schlüssel, der nicht dabei ist, entdeckt an diesem dann das Blut und sagt ihr die Übertretung seines Verbots auf den Kopf zu. Kniefällig und weinend bittet sie ihn um Verzeihung, doch sein Herz ist härter als Stein. »Ihr müßt sterben, meine Dame, und zwar auf der Stelle.« Er läßt ihr lediglich Zeit für ein letztes Gebet. Rasch läßt die Ehefrau ihre Schwester Anne von der Turmzinne Ausschau halten nach den Brüdern, die sich für diesen Tag angesagt hatten. Dreimal ruft sie die Schwester, ob sie sie nicht kommen sähe. Dreimal schreit Blaubart, den Hirschfänger in der Hand, nach seiner Frau: Sie solle sofort zu ihm herunterkommen. Die Spannung steigt aufs höchste. Zwei Reiter nahen, sie wirft sich Blaubart zu Füßen, er erhebt seinen Arm – da pocht es am Tor, die beiden Brüder (ein Dragoner und ein Musketier) stürzen mit gezücktem Degen auf ihn zu. Er versucht zu fliehen, wird jedoch an der Freitreppe von ihnen eingeholt und niedergestochen. Sie ist zu Tode erschöpft, kann nicht einmal mehr ihre Brüder umarmen. – Der Rest ist Erbverwaltung, Geschwisterfürsorge, Neuvermählung.

Gustave Doré hat Höhepunkte dieses Märchens bildlich eingefangen (1862): die Übergabe des Schlüssels – die in Schätzen stöbernden Freundinnen – die zwei Reiter vor hoher Schloßzinne – die Tötung Blaubarts. Schlüsselszene ist in der Tat die Übergabe des einen, bedeutungsvoll emporgehobenen (bei Doré gewaltigen) Schlüssels, dessen Bart sie, wie gebannt, mit den Fingern beider Hände umschließt. Ein dämonischer Blaubart, ein magisches Requisit (das einzige zaubrische Element des Märchens), Verlockung und Verbot in einem, fast handgreiflich ein sexuelles Symbol. Man hat diese Szene sehr unterschiedlich gedeutet, als einen Akt sexueller Initiation, als ein Unterwerfungsritual, als Beginn einer Bewußtwerdung.

In der Blaubart-Version der Brüder Grimm fehlt die Schwester Anne, damit auch die Turmszene; die geängstigte Ehefrau legt den blutigen Schlüssel ins Heu (Heu zieht das Blut aus, sagt der Volksglaube), und auf ihr Rufen eilen drei Brüder herbei, sabeln Blaubart nieder und hängen ihn in der Blutkammer auf. Diese von der Familie Hassenpflug mitgeteilte Fassung haben die Grimms bereits in der Ausgabe 1819 eliminiert, was aber nicht verhinderte, daß sie posthum in den Grimmkanon aufgenommen und insbesonders tiefenpsychologisch ausgedeutet wurde. Besondere Bedeutung kam der Goldfarbe des Schlüssels zu: ein »Blutzeichen«, wie der goldene Ring im Märchen vom *Räuberbräutigam.

Bechstein hat dann das Jagdmotiv der Brüder eingeführt. Er läßt die Schwester darauf bestehen, daß die verbotene Kammer geöffnet wird. Auch bei ihm ist der verhängnisvolle Schlüssel aus Gold, wie schon in Ludwig Tiecks theatralischen Satiren ›Ritter Blaubart, ein Ammenmärchen‹ und ›Die sieben Weiber des Blaubart, eine wahre Familiengeschichte‹ (beide 1797).

Der Schreckensmann erfuhr, was den Sozialstatus betraf, einige Veränderungen. Antoine Clouziers und C. P. Marilliers Kupferstiche (1697 bzw. 1795) zeigten ihn als besseren Herrn, Grétrys Oper ›Raoul Barbe-Bleue‹ (1789) erhob ihn in den Adelsstand, Tieck schlug ihn in seiner Märchensatire (1797) zum Ritter, was sich für die deutsche Rezeption als prägend erwies. Zu Beginn des 19. Jhs. siedelte man ihn zunehmend im Orient an, gab ihm – so im Jugenddrama ›Blue Beard, or Fatal Curiosity‹ – Turban, Pluderhosen und Krummschwert bei, was auch spätere Illustratoren wie Edmund Dulac (Haremsszene, 1910), William Heath Robinson (1921), John Austen (1922) und noch Arthur Rackham (1933) mit Freuden aufgriffen. Das Rittertümliche dagegen betonten Franz Graf Poccis eigens erzählter und gezeichneter ›Blaubart‹ (1845), dessen Bildthemen er im Münchener Bilderbogen variierte (Nr. 95/1852); dann auch Walter Crane mit ›The Blue Beard Picture Book‹ (1875), Otto Brausewetter im Deutschen Bilderbogen (Nr. 153/1870) und Louis Hutschenreuter (1891). Mehr szenisch haben sich Zeichner wie Grandville (1838), Max Slevogt (1920) und Michael Foreman (1982) mit dem Sujet beschäftigt.

Bedeutende Komponisten nahmen sich des Blaubarts an, so Jacques Offenbach mit einer komischen Oper (1866), in der sich die fünf Vorgängerinnen noch als kreuzlebendig erweisen, und Béla Bartók mit seiner ersten Oper ›Herzog Blaubarts Burg‹ (1911). Béla Balàzs, der das Libretto schrieb, griff seinerseits auf Maeterlincks Märchendrama ›Ariane et Barbe-Bleue‹ (1899) zurück, das das Freiheitsbedürfnis der Heldin abhob gegen die dumpfe Hörigkeit der fünf immer noch eingekerkerten Frauen; Balàzs gab dem Heldenpaar – Judith und Blaubart – tragische Züge, machte Nacht und Finsternis zu Momenten der Erlösung. Alfred Döblin hingegen verbandelte ›Blaubart und Miss Ilsebill‹ (1923).

Zentrales künstlerisches Motiv war und bleibt die grausig-geheime Kammer. »Es gibt ein Blaubart-Zimmer in unserer Seele, das man nicht öffnen soll«, wußte schon Maeterlinck. Sie hat in diesem Jahrhundert Psychologen, Cartoonisten und Parodisten angezogen, auch Filmemacher wie Ernst Lubitsch (›Bluebeard's Eight Wife‹, 1938). Für Peter Rühmkorf war sie das 13. Zimmer (eine Entlehnung aus *Marienkind) und frappanterweise der Ort, wo Blaubart seinen übermächtigen Mutterkomplex los wird – nachzulesen in ›Blaubarts letzte Reise‹ (1983).

Das blaue Licht

Ein Soldat ohne Namen ist der Held dieses Grimm-Märchens »aus dem Mecklenburgischen« (1815) und dazu ein Helfergeist, der stets in blauem Licht erscheint – geradeso wie Hans Christian Andersens *Feuerzeug.

Der langgediente Soldat erhält, obwohl Kriegsinvalide, von seinem König schnöden Abschied. Er sieht sich um jeden Lohn geprellt und weiß nicht, wie es weitergehen soll. Abends gelangt er in einen Wald, sieht ein Licht und gerät an eine Hexe, der er zum Dank für Essen und Bett drei Aufgaben erfüllen muß: am ersten Tag den Garten umgraben, am zweiten ein Fuder Holz spalten, am dritten das blaue Licht holen, das ihr in den Brunnen gefallen ist. Als sie, während sie dabei ist, ihn im Korb hinaufzuziehen, bereits das Licht haben will, ist er instinktiv auf der Hut (vgl. *Aladdin) und gibt es nicht her. Da läßt sie ihn in den Brunnen zurückfallen.

Das Ende bereits vor Augen, zündet er seine Tabakspfeife mit dem blauen Licht an. Schon steht ein kleines schwarzes Männlein vor ihm und fragt nach seinem Befehl. Der Soldat läßt sich durch einen unterirdischen Gang hinausführen, nimmt dabei soviel Gold von den Schätzen der Hexe mit, wie er nur tragen kann; als nächstes läßt er die Hexe vor Gericht bringen und hängen; und schließlich läßt er, nachdem er im besten Gasthof abgestiegen ist und feine Kleider angelegt hat, sich nachts die Königstochter mitsamt ihrem Bett bringen. Sie muß ihm – es ist seine Rache am König – drei Nächte lang Mägdedienste tun. Ihrem Vater berichtet sie davon anderntags: es sei ein anstrengender Traum gewesen. Doch er rät ihr, sich eine Tasche mit Erbsen zu füllen und damit das nächste Mal den Weg zu markieren. Allerdings hört das Männlein, für beide unsichtbar, mit und streut überall Erbsen aus. Darauf gibt der König seiner Tochter den Rat, sie solle beim Zubettgehen die Schuhe anbehalten und einen an jenem Ort verstecken. Dagegen weiß das Männlein keine Abhilfe. Der Schuh unterm Bett verrät den Soldaten, er nimmt zwar Reißaus, wird aber bald gefaßt und ins Gefängnis geworfen. Sein Bündel mit dem blauen Licht darin bringt ihm einer nach. Als er anderntags zum Tode verurteilt und hinausgeführt wird, bittet er den König um eine letzte Gnade: eine Pfeife zu rauchen. Das blaue Licht blitzt auf, und das Männlein erscheint, vorsorglich schon mit einem Knüppel in der Hand. Damit werden die Richter und Häscher ausgiebig traktiert. Der König, um sein Leben besorgt, gibt dem Soldaten sein Reich und die Tochter zur Frau.

Ein sozialkritisches Märchen. Für seine Lohnverweigerung muß der König übermäßig büßen. Erst wird die Tochter gedemütigt, dann die Gerichtsbarkeit demontiert. »Mägdedienste« lassen sich auch als Liebesdienste lesen. Mit der Königstochter verbindet den Soldat keine Liebe; als er sie zur Frau erhält, ist der Lohn erstritten, ist die Rache perfekt.

Das blaue Licht meint ein magisches, nicht ein technisches Instrument. Es ist gewissermaßen die Aura, in der der Helferdämon erscheint – und als solche ein bevorzugtes Thema der Illustratoren. Deren Bandbreite reicht von George Cruikshank (1823) bis Max Slevogt (1925) und Lilo Fromm (1975).

Der blaue Vogel

Die Figur des verzauberten *Prinzen, der seine Liebste im hohen Turm als Vogel besuchen kommt, ist den Franzosen seit dem Versmärchen ›Le lai de Yonec‹ der Marie de France (um 1170) geläufig. Dort gelangte ein edler Ritter in Habichtgestalt zu der jungen Frau, die ein alter bretonischer Edelmann sieben Jahre lang gegen fremde Begehrlichkeiten abgeschirmt hatte. Die Geschichte ging tragisch aus: Vier scharfe Lanzen, die der eifersüchtige Alte in die Mauer vor dem Fenster einrammte, ließen den Vogel verbluten; der junge Yonec, ihrer Liebe Frucht, rächte den Tod des Vaters an dessen Grab, in dem Moment, als auch die Mutter dort ihr Leben ließ.

Berühmter noch wurde das Feenmärchen ›L'oiseau bleu‹ der Mme.d'Aulnoy (1697) und der zärtliche Anruf des Vogels zum geflügelten Wort: »Oiseau bleu, couleur du temps, vole à moi promptement« (Blauer Vogel, Farbe des Himmels, komm rasch zu mir hergeflogen). Eine erste Übersetzung erschien innerhalb Bertuchs ›Blauer Bibliothek‹ (Bd. 3, 1790).

Der junge galante König Charmant wird mit zwei Stiefschwestern im besten Heiratsalter bekanntgemacht: mit der schönen Florine, der leiblichen Tochter des Königs – in sie verliebt er sich –, und mit der forellengesichtigen Truitonne, Tochter der zweiten Frau des Königs – sie soll vorrangig verheiratet werden. Um dieser Absicht nicht im Wege zu stehen, wird Florine in einen Turm gesperrt. Irrtümlich gibt Charmant in dunkler Nacht der Truitonne ein Heiratsversprechen und den Ring dazu. Erst im Schloß der bösen Fee Sussio, Truitonnes Patin, erkennt er den Betrug. Er wird 20 Tage festgehalten und dann vor die Wahl gestellt, entweder Heirat mit Truitonne oder sieben Jahre Verwünschung. Sein blaugefiedertes, stimm- und sprachmächtiges Vogeldasein beginnt. Auf der Zypresse gegenüber dem Turmfenster läßt er sich nieder und fliegt nachts zu Florine. Sie hatte sich, was ihn betraf, täuschen lassen; nun schwört sie ihm gleichfalls die Treue. Er beschenkt sie mit Schmuck. Zwei Jahre vergehen.

Eines Nachts lauschen Stiefmutter und Stiefschwester oben an der Turmtür. Sie hören Stimmen, treten ein und entdecken die Präsente. Eine Spionin wird auf Florine angesetzt. Während jene schläft, kann sie noch dreimal unbehelligt ihren blauen Vogel herbeirufen; in der vierten Nacht ist die Spionin auf der Hut, beobachtet alles und berichtet. Am Abflugbaum werden Messer und Dolche befestigt, die dem Vogel Füße und Flügel zerschneiden. Den Sterbenswunden findet ein Zauberer-Freund, der die Frauen haßt. Er heilt ihn und rät ihm, Florine, von der er sich verraten glaubt, zu vergessen. Sie hat von alldem keine Ahnung, ruft jede Nacht vergeblich nach ihm.

Eine neue Lage befreit sie aus dem Turm. Ihr Vater stirbt, es kommt zum Aufruhr gegen beide Favoritinnen: ihre Stiefmutter erschlägt man, Truitonne kann sich zu ihrer Feenpatin retten. Das Volk kürt nun Florine zur Königin. Sie läßt das eher gleichgültig. Als Bäuerin verkleidet, macht sie sich auf die Suche nach ihrem Geliebten. In das weitere Schicksal der Helden greifen die Feen ein. Nach Absprache des Zauberers mit der ihm wohlbekannten Sussio bekommt König Charmant seine frühere Gestalt wieder, um den Preis einer Heirat mit Truitonne – die aber, nach seinem Wunsch und Willen, nicht vor Jahresfrist stattfinden soll. Florine erhält übernatürlichen

Beistand durch Sussios Schwester. Von ihr erfährt sie, daß der König genesen und wieder in seinem Reich ist, und erhält von ihr vier Eier für die Reise. Die beiden ersten verhelfen ihr dazu, über den glatten Elfenbeinberg und die geheimnisvolle Spiegelfläche zu kommen – »ein jeder sah sich darin, nicht wie er war, sondern wie er gern sein wollte«. Die beiden übrigen Eier helfen ihr, als sie Charmants Schloß erreicht, kurz vor dessen Heirat mit ihrer Stiefschwester. Unerkannt bietet sie der Braut, im Tausch gegen ein Nachtlager in der Nähe des Königs, drei Kostbarkeiten an: erst die smaragdenen Armreifen, die er als Vogel ihr geschenkt – er erkennt sie wieder; dann, aus dem einen Ei, eine Spielzeugkutsche, von sechs grünen Mäusen gezogen; und aus dem anderen Ei eine Pastete, mit sechs gebackenen, herrlich singenden Vögeln besetzt.

Seit seiner Trennung von Florine nimmt Charmant Opium, um nachts schlafen zu können. So hört er nicht ihre zärtliche Klage in der ›Klingenden Kammer‹. Erst als er in der dritten Nacht das Mittel aussetzt, vernimmt er sie, klagt ihr auch sein Leid, und sie finden zueinander. Ihre Liebe, im Bund mit dem Zauberer und der gütigen Fee, überwindet die Macht der Fee Sussio. Sie muß es hinnehmen, daß Truitonne in eine Sau (truie) verwandelt und so auf neue Art kenntlich gemacht wird. Das Paar genießt endlich sein Glück.

Daß beide Helden eine seelische Wandlung durchmachen mußten, war der Befund einer tiefenpsychologischen Studie in Nachfolge C. G. Jungs: »Florine als weiblicher Ich-Komplex muß eine reale Vereinigung mit König Charmant als dem Animus und mit ihren tieferen seelischen Kräften herstellen, um ihrem Schatten (Truitonne) erfolgreich entgegentreten zu können« (Hans Dieckmann, 1986). Vor allem durch Theater- und Musikstücke war die Wirkungsgeschichte dieses Märchens bestimmt. So hatte das frühe englische Jugenddrama ›Blue Bird‹ (1798) eine lebhafte Nachfrage nach Bilderbogen fürs häusliche Papiertheater zur Folge; nicht weniger als 19 Produzenten boten sie an. Unter den halb Dutzend Vertonungen ragt Igor Strawinskys ›L'oiseau bleu‹ heraus (aus dem Dornröschen-Ballett, 1922). Maeterlincks symbolistisches Märchendrama ›L'oiseau bleu‹ (1908) ist anderen Inhalts, bei ihm verkörpert der blaue Vogel »das große Geheimnis der Dinge und des Glücks«. Seinem Stück folgte der amerikanisch-russische Spielfilm ›The Blue Bird‹ (1975), Regie George

Cukor, mit dem Staraufgebot Elizabeth Taylor, Jane Fonda, Ava Gardner. – Vgl. das russische Märchen *Die Feder von Finist.

Die Bremer Stadtmusikanten

Wie kein anderes Grimm-Märchen verbindet sich dieses (von 1819), erzählt in der Gegend um Paderborn, mit einer realen Stadt – und wird entsprechend für Stadtkunst und Stadtwerbung kräftig genutzt. Dabei sind die vier Helden, Tiere auf Wanderschaft, nie bis nach Bremen gekommen, aber was besagt das schon. Daß sie Abgehalfterte sind, macht sie menschlich, und ihr aufmunternder Spruch »Etwas Besseres als den Tod findest du allemal« obendrein sehr sympathisch. Kein Wunder, daß dieses Märchen zu den bestbekannten und nach einer Allensbacher Umfrage (1990) auch zu den »deutschesten« gehört – gleich hinter *Hänsel und Gretel.

Das Quartett ist eine Art Notgemeinschaft. Den altgedienten Esel will der Müller »aus dem Futter schaffen«. Also macht der sich auf: Reiseziel Bremen, Berufswunsch Stadtmusikant.

Er trifft den Jagdhund, der Reißaus genommen hat, weil er erschlagen werden sollte, und die Katze, die sich vor dem Ersäufen fortgemacht hat, und den Hahn, der dem sonntäglichen Suppentopf zuvorkommen wollte. Der Esel bestimmt, wer auf welche Weise musiziert. Er selbst mit der Laute, der Hund mit der Pauke, die Katze mit Nachtmusik, der Hahn mit kräftiger Stimme. Nachts im Wald lagern sie sich unter einen Baum, von dessen Wipfel aus der Hahn ein Lichtchen erspäht. Sie wittern besseres Quartier, kommen vor ein hell erleuchtetes Räuberhaus, sehen drinnen die Räuber am reich gedeckten Tisch sich's wohl sein lassen.

Es kommt zum Akrobatenstück, zum Musikantenauftritt, kurz: zum dramatischen Höhepunkt. Der Esel stellt sich mit den Vorderfüßen auf das Fenster, der Hund springt auf seinen Rücken, die Katze klettert auf den Hund, und der Hahn fliegt der Katze auf den Kopf. Sie machen nach Kräften ihre Musik, kommen durch das klirrende Fenster hereingestürzt. Vor diesem Gespenst fliehen die Räuber. Die Tiere tafeln an ihrer Statt, dann sucht sich jeder den passenden Schlafplatz. Der Kundschafter der Räuber läßt sich nochmals ins Bockshorn jagen. Die glühenden Augen der Katze hält er für Herdkohlen und ihr Fauchen für den Anhauch einer Hexe; den zuschnappenden Hund an der Hintertür für einen üblen Messerstecher; den Esel im Mist, der ihn tritt, für ein Ungetüm mit Holzkeule, und den krähenden Hahn für den Ruf eines Richters: »Bringt mir den Schelm her.« So kommt es, daß die vier Bremer Musikanten ungestört das Haus besetzt halten und es ihnen darin so gut gefällt, daß sie nicht mehr herauswollen.

Unter dem Titel ›The Travelling Musicians‹ wurde das Märchen früh schon in England bekannt (1823); George Cruikshank lieferte dazu die Musikantenpyramide, fortan das bevorzugte Bildmotiv – bis hin zur dämoniegeladenen Deutung Alfred Kubins (›Abenteuer einer Zeichenfeder‹, 1941). Rudolf Geißler widmete den Musikanten einen der beliebten Münchener Bilderbogen (Nr. 1045/1892). Einzelausgaben illustrierten Fritz Kredel (1941), Hans Fischer (1944), der junge Werner Klemke (1947), Heinrich Strub, der die Tier-Combo mit Instrumenten versah (1958), dann Svend Otto Sörensen (1974), Antje Vogel (1985) und zuletzt Klaus Ensikat (1994), der im Stil Grandvilles dem Betrachter einen Spiegel menschlichen (hier sogar wünschenswerten) Verhaltens zeigt. Bereits die 68er Generation hatte in den Vieren etwas Zeitgemäßes entdeckt. Janosch erzählte und zeichnete sie als ›Bremer townfidlers‹ (1972), Iring Fetscher lobte »die erste gelungene Hausbesetzung durch ein Rentnerkollektiv« (1972), Nicolaus Born ließ die Räuber mitmusizieren (1974). Schärfer sahen die Bilderbuchmacher Jörg Müller/Jörg Steiner hin; ihr ›Aufstand der Tiere oder Die neuen Stadtmusikanten‹ (1994) handelt von den überbeschäftigten Werbeträgern Eule, Krokodil, Pinguin und Panda, die ihrer Rolle total überdrüssig sind. Sie bekamen für ihr Buch den Deutschen Jugendliteraturpreis.

Bruder Lustig

Der Held des Legendenmärchens, das die Brüder Grimm von einem Wiener Gewährsmann übernahmen (1819), war dem Namen wie auch der Handlung nach damals nicht ganz unbekannt. ›Brüder Lustig‹ kam Ende des 18. Jhs. als Bezeichnung für abgedankte Soldaten auf, und die Mär ›Von einem Schwaben der das Leberlein gefressen‹ hatte Jacob Grimm schon in Martin Montanus' ›Wegkürtzer‹ (1557) vorgefunden – doch Märchenkollege Clemens Brentano hatte sich dieser Vorlage bereits bedient und sie für F. W. Gubitz' junge Zeitschrift ›Der Gesellschafter‹ bearbeitet (1817).

Ein Laib Kommißbrot und ganze vier Kreuzer hat Bruder Lustig beim Abschied erhalten, und davon gibt er dreimal, jeweils ein Viertel, einem Bettler am Wegrand ab, der aber niemand anderes ist als der stets neu verkleidete heilige Petrus. Als dieser ihn erneut, diesmal in Gestalt eines Soldaten, anspricht, hat Bruder Lustig das letzte Viertel bereits gegessen und vertrunken. Petrus sagt, er verstehe sich aufs Doktern, und verspricht ihm vom Verdienst die Hälfte. Er kuriert einen todkranken Bauern und erhält zum Lohn ein Lamm, der Bruder Lustig trägt es, kocht es im Kessel und verzehrt heimlich das Herz. Petrus gegenüber streitet er es ab, ein Lamm habe nun mal kein Herz. Er leugnet selbst dann noch, als er bis zum Hals, dann bis zum Mund im Wasser steht. Petrus bringt eine tote Königstochter ins Leben zurück, indem er ihre Glieder auslöst und das abgekochte weiße Gebein sorgsam zusammenlegt. Das zum Dank erhaltene Gold häufelt er und bestimmt den dritten Teil für den, der das Lammherz gegessen hat. Bruder Lustig gibt es sofort zu. So wie vorher das ganze Lamm, darf er jetzt das ganze Gold behalten, doch ihre Wege trennen sich.

In einem Land, in dem die Königstochter gleichfalls gestorben ist, bietet Bruder Lustig an, sie wieder lebendig zu machen. Doch legt er das Gebein verkehrt, und es hilft weder der Dreifaltigkeitsspruch noch die soldatische Drohung: »Du Blitzmädel, steh auf, oder es geht dir nicht gut.« Wieder ist Petrus zur Stelle und hilft ihm aus der Patsche (bei Montanus soll der Held gehenkt werden, ihn rettet als Begleiter der liebe Gott). Er schärft ihm ein, ja kein Geld dafür zu nehmen. Der Soldat schafft es trotzdem, daß ihm der König den Ranzen mit Gold füllt und ihm Petrus daraus einen Wunschranzen macht: Alles, was man hinein wünscht, soll auch darin sein. Nachdem das Gold verludert ist, probiert er es mit zwei gebratenen Gänsen im Wirtshaus aus, dann in einem verrufenen Schloß, in dem es noch keiner eine Nacht ausgehalten hat: Als die neun häßlichen Teufel ihm allzu arg werden, bannt er sie in seinen Ranzen und läßt diesen anderntags vom Schmied mit Hämmern bearbeiten; acht Teufel gehen dabei drauf, der neunte fährt zur Hölle.

An seinem Lebensende weist ihm ein Einsiedler zwei Wege. Der breite, angenehme führt zur Hölle, der enge und rauhe zum Himmel. Er probiert es mit dem ersten, doch am Höllentor will der Wächter, es ist der neunte Teufel, ihn keinesfalls einlassen.

So probiert er es beim himmlischen Torwächter, doch Petrus verweigert ihm den Eintritt. Da reicht ihm Bruder Lustig durchs Gatter den Ranzen zurück, wünscht sich selbst hinein und ist, husch, im Himmel.

Bebilderte Einzelausgaben des Märchens sind relativ selten. In Bearbeitung Ellens (d.i. K. H. Schauenburgs) erschien ›Seltsamliche Geschichte des Bruders Lustig, der ein abgedankter Soldat war‹, mit acht Lithographien von Emil Hünten (1857). Auch Leopold von Kalckreuth hat ›Bruder Lustig und anderes‹ illustriert (1922). Maurice Sendak zeigte den dramatischen Augenblick, wie das Wasser dem Soldaten bis zum Hals steht; Petrus vor ihm macht die Geste: Tiefer (1973). Richard Wagners Sohn Siegfried komponierte und schrieb eine gleichnamige Märchenoper (1905).

Brüderchen und Schwesterchen

Nach dem Verwandlungsmotiv wurde das Grimmsche Märchen (1812) gelegentlich, auch in Übersetzungen, als ›Das verzauberte Reh‹ betitelt. Die Brüder Grimm schätzten noch eine zweite Version, die sie gleich im Anhang des Erstdrucks bekanntgaben. Dort wird Brüderchen in einen goldenen Hirsch verwandelt, und sein Leben am Königshof ist ebenso bedroht wie das von Schwesterchen.

Beide Kinderhelden kommen ohne Namen aus. Ihre Ausgangslage benennt das Brüderchen: »Seit die Mutter tot ist, haben wir keine gute Stunde mehr; die Stiefmutter schlägt uns alle Tage.« So gehen beide in die weite Welt. Abends im Wald nimmt sie ein hohler Baum auf. Morgens verspürt das Brüderchen Durst. Doch die hexenhafte Stiefmutter hat inzwischen alle Waldquellen verwünscht. Zweimal kann das hellhörige Schwesterchen ihn davon abhalten zu trinken: er werde ein Tiger und sie zerreissen, sagt sie – er werde ein Wolf und sie fressen – doch ihre dritte Warnung, er werde ein Reh und laufe ihr fort, verfängt nicht mehr. Der Bruder trinkt und wird zum Rehkälbchen. Zum Zeichen, es nie zu verlassen, schlingt ihm die Schwester ihr goldenes Strumpfband um den Hals. In einem kleinen Haus mitten im Wald finden sie beide Schutz.

Als die königliche Jagd anhebt, kann das Rehlein nicht anders, es muß hinausspringen. Der König und seine Jäger setzen ihm nach. Am ersten Tag entkommt es ihnen und kehrt zur Schwester ins Waldhaus zurück. Am zweiten ist es am Fuß verletzt, kehrt zurück, doch sein Einlaßspruch wird mitgehört. Am dritten Tag benutzt ihn der König und sieht sich an der Tür einem Mädchen gegenüber, »so schön, wie er noch keins gesehen hatte«. Sie erblickt die goldene Krone auf seinem Haupt und willigt auf sein Befragen in die Hochzeit ein, jedoch – das Rehlein muß mit aufs Schloß. Ihr Glück ist so lange ungetrübt, bis die Stiefmutter davon erfährt und ihre häßliche einäugige Tochter dem König unterschieben will. Der Moment ist gekommen, als die junge Königin ein schönes Knäblein gebiert: Mit vereinten Kräften wird sie von der mißgünstigen Verwandtschaft in die Badstube getragen und in der Wanne erstickt. Nun gibt die Alte ihrer Tochter die gleiche Gestalt, bis auf das eine verlorene Auge, und legt sie ins Wochenbett. Der König merkt den Betrug nicht, aber die Kinderfrau. Denn jedesmal um Mitternacht erscheint die rechte Königin, stillt ihr Kind und streichelt das Rehchen.

In den letzten drei Nächten, die ihr bleiben, fragt sie in immer gleicher Versrede nach Kind und Bruder. Die Kinderfrau antwortet ihr nicht, berichtet aber dem König. In der letzten Nacht faßt er sich ein Herz und redet sie an. Er erkenne nun, sie und keine andere sei seine liebe Frau. Im Moment des Sichwiederfindens erhält sie ihr Leben zurück – und das Rehkälbchen, sobald die böse Hexe verbrannt ist, auch wieder seine menschliche Gestalt. Sie trennen sich nie mehr.

Vergleicht man das »Buchmärchen« (siehe auch *Schwesterchen Aljonuschka) mit typgleichen Fassungen aus mündlicher Überlieferung, so wird die unauflösliche Geschwisterbindung noch deutlicher. So im ungarischen Märchen vom Rehbrüderlein, das sich um das Kind seiner Schwester, die zur Goldente geworden ist, intensiv kümmert. Psychologen wie Bruno Bettelheim weisen auf die mütterliche Reifung der Schwester hin und auf den inneren Entwicklungsprozeß beider: die schwierige Versöhnung der animalischen Triebe (Es) mit höheren geistigen Funktionen (Ich, Über-Ich). »Was uns als Menschen erlöst und uns wieder ins Menschsein versetzt, ist Fürsorge für die, die wir lieben«.

Seinen besonderen Platz unter den ›Kinder- und Hausmärchen‹ bekam das traulich erzählte Märchen auch dadurch, daß es als erstes – an hervorgehobener Stelle – verbildlicht wurde. Das Frontispiz des ersten Bandes der zweiten Ausgabe (1819) zeigt Schwesterchen und Rehkälbchen als schlummerndes

Paar, sein Halsband in ihrer Rechten, und über ihnen ein Engel mit ausgebreiteten Armen und Schwingen. Grimm-Bruder Ludwig Emil Grimm hat dieses Motiv für die Ausgabe letzter Hand (1857) nochmals abgewandelt. Ludwig Richter hat es ebenfalls aufgegriffen (1851). Otto Speckter ließ seine 12 Lithographien zuerst in einer englischen Ausgabe ›The Charmed Roe‹ erscheinen (1847), gab die Druckrechte dann an Braun & Schneider, der sie sowohl für den Münchener Bilderbogen (Nr. 231/1858) wie für ein Extra-Bilderbuch (1862) verwendete. Eine bunt bebilderte englische Ausgabe schuf Arthur Rackham (1917).

Brüdermärchen

Mehrere Brüder oder ein herausgehobener, meist der jüngste, sind häufig die Märchenhelden (*Däumling, *Drei Brüder, *Dummling, *Vier kunstreiche Brüder, *Zwei Brüder). Als ältestes vollständig erhaltenes Zaubermärchen gilt das altägyptische Brudermärchen, aufgezeichnet im 13. Jh.v. Chr. und 1852 auf dem Papyrus d'Orbiney (Britisches Museum) entdeckt. Es enthält eine Vielzahl an Märchenmotiven und ist als Ganzes wohlkomponiert. Die Ägyptologin Emma Brunner-Traut hat es ins Deutsche übertragen (1963).

Anubis, der ältere Bruder, ist verheiratet; Bata, der jüngere, arbeitet für ihn auf dem Feld. Als er einmal nach Hause kommt, um Saatkorn zu holen, will ihn die Frau des Anubis verführen, wird aber abgewiesen. Sie verleumdet ihn daraufhin: Bata habe sie zu vergewaltigen versucht (Potiphar-Motiv). Anubis, voller Zorn, will den Bruder töten, doch dieser entflieht; eine Kuh hatte ihn gewarnt (Rat der redenden Kuh). Hinter den Fliehenden legt ein Gott einen Fluß voller Krokodile, der den Verfolger aufhält (Flucht mit Hindernis). Vom anderen Ufer aus berichtet Bata dem Anubis, wie es in Wahrheit gewesen. Er schneidet sich den Penis ab. Mit dem Bruder verabredet er ein Lebenszeichen. Während Bata sich im Pinienal niederläßt, kehrt Anubis nach Hause und tötet seine Frau.

Vom Sonnengott Ra erhält Bata eine schöne Frau. Er verbirgt sein Herz in der Blüte einer hohen Pinie (Seele im Versteck). Ungeachtet der Prophezeiung der Schicksalsgöttinnen, sie solle sich vor dem Meer hüten (schlimme Vorhersage), geht Batas Frau am Strand spazieren. Ihr entfällt eine Haarlocke, die die Strömung dem fernen Pharao zutreibt und in ihm Sehnsüchte weckt (Liebe, hervorgerufen durch das Haar einer Unbekannten). Er will sie Bata abspenstig machen und schickt – zunächst vergeblich – seine Krieger gegen ihn aus. Schließlich erfährt er von ihr (Verrat des Herzverstecks durch die Ehefrau), was es mit der scheinbaren Unverletzlichkeit auf sich hat. Der Pharao läßt alsbald die Pinie fällen, und mit dem Herz stürzt auch Bata tot nieder. Seine Frau gehört nun ihm.

Anubis sieht an der Trübung seines Getränks im Becher, daß der Bruder sein Leben verloren hat (Zeichen des schäumenden Biers). Nach vielem Suchen findet er das verschüttete Herz, legt es in Wasser und läßt es vom Toten verschlingen (Lebendigmachen durch Einpflanzen des Herzens). Der neubelebte Bata beschließt, seine Frau zu bestrafen. Sich in einen prachtvollen Stier verwandelnd, wird er vom Bruder an den Hof des Pharao geführt; der kauft ihm das Tier um teures Geld ab. In Stiergestalt spricht Bata seine treulose Frau an. Sie bringt den Pharao dazu, den Stier schlachten zu lassen. Aus zwei seiner Blutstropfen wachsen Perseabäume, aus dem einen ruft Bata ihr zu. Auf Wunsch der Frau müssen beide Bäume gefällt werden. Ein Splitter springt ihr in den Mund, sie wird schwanger davon, gebiert einen Knaben – er ist Bata. Als Sohn des Pharao wird er großgezogen, folgt ihm auf dem Thron nach. Erst jetzt läßt Bata-Pharao seine frühere Frau töten. Den Bruder Anubis ruft er zu sich und setzt ihn als Erben und Nachfolger ein.

Das Brüdermärchen ist als gekonnte Bearbeitung mehrerer volksliterarischer Erzählungen anzusehen. Die märchenhaften Vorlagen wurden wohl zum Teil mythologisiert, so die Selbstkastration Batas und seine dritte Verwandlung (Wiedergeburt nach magischer Empfängnis). Nicht nur einzelne Motive, auch ganze Motivreihen haben ihre Entsprechung in Volksmärchen neuerer Zeit.

Das bucklige Pferdchen *Gorbunok

Das Bürle

Grimms armes, aber gewitztes Bäuerlein (›Das Bürle‹, 1819), das die Habgier und die Leichtgläubigkeit der Leute ausnutzt, steht in der Tradition der Schwankmärchenhelden. Anfangs hat das Bürle nichts, außer einem interessanten Einfall: Er läßt den Schreiner ein Kalb aus Holz machen und lebensecht bemalen. Daraus folgen fünf Episoden.

Zunächst wird der Hirt am Ende für das auf der Weide zurückgelassene und später gestohlene Kälbchen haftbar gemacht. Er muß dem Bürle eine Kuh dafür geben. Dann richtet das Bürle einen unterwegs aufgelesenen Raben zum Wahrsager ab. Dem Müller, der nicht weiß, daß Müllerin und Pfaff in seiner Abwesenheit es sich haben gütlich sein lassen, verrät das »krr krr« des Raben, woher er Braten, Wein, Salat und Kuchen beziehen kann. Doch die fünfte Sache behält das Bürle für sich, jedenfalls solange, bis der Müller dafür 300 Taler springen läßt. Des Raben Gequäke bedeutet nun: Der Teufel steckt draußen im Schrank . . . schon springt der Pfaffe heraus und eilt panisch von dannen.

In der dritten Episode gibt das Bürle, nach seinem vielen Geld gefragt, an, dies sei der Erlös aus dem Verkauf des Kuhfells. Die reichen Bauern wollen es ihm gleichtun, schlagen alle ihre Kühe tot. Der Verkauf ihrer Felle bringt nicht einmal den hundertsten Teil. Das Bürle wird beim Schultheiß verklagt und zum Tod durch Ersäufen verurteilt. Doch das Bürle kommt – viertens – aus dem löchrigen Faß wieder frei, einmal mit Rükkendeckung des Pfaffen, zum anderen, weil ein postengieriger Schäfer ihm Glauben schenkt, wer im Faß sitzt, werde Schultheiß. Die verwaiste Herde des Schäfers nimmt das Bürle für sich.

Zu guter Letzt macht er den Bauern weis, seine Schafherde stamme vom Grund des Wassers. Das wollen sie auch. Alle springen sie, »plump«, hinein. Ihr Dorf stirbt aus. Das Bürle ist der einzige Erbe.

Die verrückte Schlußszene hat George Cruikshank zur Illustrierung des ›Pee-Wit‹ – so hieß das Bürle in der ersten englischen Grimmausgabe – ausgewählt. Der Held ist auch unter den Namen Bauer Kibitz, Bur Kiwitt bekannt. Sein Vorfahre hieß ›Einochs‹, das Bäuerlein im lateinischen Versmärchen ›Unibos‹ (10./11. Jh.), das es nie zu mehr als zu einem Ochsen brachte, dessen Finderglück jedoch – drei im Wald versteckte Töpfe mit Gold – zu neuen Taten beflügelte. Nachfahr des ›Bürle‹ ist unstrittig Hans Christian Andersens *Kleiner Klaus.

C

Cendrillon *Aschenputtel

D

Däumelinchen

Das aus einer Blume geborene winzige Mädchen ist eine ureigene Erfindung Hans Christian Andersens (›Tommelise‹, 1835). Er hat mit ihm ein weibliches Gegenstück zu *Tom Thumb geschaffen.

Am Anfang war das Gerstenkorn, das die Hexe der kinderlosen Frau gab, damit die es in einen Blumentopf stecke. Eine Tulpe wächst heran, die sich, als die Frau sie küßt, öffnet: Da sitzt auf grünem Stühlchen inmitten der Blütenblätter das winzige, daumengroße Mädchen. Eine Walnußschale wird sein Bett, Veilchenblätter seine Matratzen, ein Rosenblatt seine Zudecke, und mit einem Tulpenblatt als Boot rudert es von einem Tellerrand zum andern.

Dreimal wird Däumelinchen vom Falschen zur Frau begehrt. Erst von der alten Kröte für ihren ebenso häßlichen Sohn; sie setzt die Kleine auf einem Seerosenblatt ab, doch Fische helfen ihr, zernagen den Stiel, und sie segelt davon. Als nächster will sie der Maikäfer haben, er setzt sie hoch auf ein Baumblatt, doch die Maikäferdamen finden sie häßlich, und so landet sie auf einem Gänseblümchen. Dort bleibt sie den Sommer und Herbst über, macht sich dann in der Kälte auf und kommt zu einer Feldmaus, die sie aufnimmt. Der Maulwurf, ihr Nachbar, verliebt sich in Däumelinchens Stimme – doch ihr Herz hängt mehr an der erstarrten Schwalbe im Maulwurfsgang. Sie bringt sie ins Leben zurück, und im Herbst, kurz vor der Hochzeit mit dem langweiligen Samtpelz, fliegt sie mit ihr in helle warme Länder, kommt an ein Marmorschloß und findet dort endlich den Richtigen: den kleinen, zarten Blumenprinzen, der ihr sogleich die Goldkrone aufsetzt und ihr einen Namen gibt – Maja.

In englischen Übersetzungen wurde Tommelise zunächst mit Little Ellie oder Little Totty wiedergegeben, bis man ihre Verwandtschaft mit dem landeseigenen Helden Tom Thumb erkannte; von da an bürgerte sich der Name ›Thumbelina‹ ein. Otto Jägersberg hatte die Idee, einmal von ›Däumeling und Däumelinchen‹ zu erzählen (1974); bei ihm trägt sie – als Maja – Bienenflügel, und ihr *Däumling muß erst den Maulwurfspelz loswerden, ehe er sie bekommt. Die Welt der beseelten Blumen, der Feld- und Wiesentiere hat von Beginn an die Illustratoren beschäftigt, so Georg Osterwald (1839), Vilhelm Pedersen (1849) und Theodor Hosemann (1850), so Elsa Beskow (1908) und Nan Fullarton (1948), schließlich auch Lotte Reiniger – zur Gestaltung eines Silhouettenfilms ›Tumbelina‹ (1952/56) – und Lisbeth Zwerger zu dem durchweg in Farbe komponierten Bilderbuch ›Däumelinchen‹ (1980).

Däumling

Ein daumengroßer Held begegnet uns im altenglischen *Tom Thumb, in Perraults *Kleinem Däumling, in Grimms Märchen ›Daumesdick‹ (1819) und ›Des Schneiders Daumerling Wanderschaft‹ (1812) und auch in Andersens *Däumelinchen.

Er steht für zwei unterschiedliche Typen. Bei dem einen ist nicht die Kleinwüchsigkeit das Motiv, eher die Zurückgesetztheit des Helden. Seine Klugheit, seine Umsicht werden entscheidend. Es gilt, wie Perraults ›Le petit poucet‹ zeigt, den Kampf gegen den menschenfressenden *Riesen zu bestehen. Bei dem andern ist in der Tat die Daumesgröße ausschlaggebend. Sie läßt den Helden in Abenteuer geraten und sich wieder herauswinden, wobei es ohne Gewitztheit auch hier nicht abgeht. Tom Thumb ist dafür das klassische Beispiel.

Die beiden Däumlingsmärchen der Grimms stehen in der sogenannten Kleinen Ausgabe (1825) unmittelbar nebeneinander. ›Daumesdick‹ ist die Geschichte des einzigen Kindes eines Holzfäller-Ehepaars. Die Mutter hat es buchstäblich so herbeigewünscht, es wächst auch nicht mehr, ist dafür wortgewaltig, und was immer es anfängt, es glückt ihm. Daumesdick, dem Pferd ins Ohr gesetzt, lenkt das Fuhrwerk seines Vaters in den

Wald. Er verschafft ihm Geld, indem er sich an Fremde verkaufen läßt, und entwischt ihnen in ein Mauseloch. Er erfährt von einem Diebsplan und dient sich den Dieben an, nur um ihre Tat zu vereiteln. Noch im Heu schlummernd, landet er im Bauch einer Kuh, später im Wanst eines Wolfs, und jedesmal hilft sein Rufen und Lärmen, so daß er wieder freikommt.

In ›Daumerlings Wanderschaft‹ – so der endgültige Titel – spielt neben dem Diebsstück, bei dem das Schneiderlein allen Räubern überlegen ist, auch das Verschlingungsmotiv wieder eine Rolle. Erst in einer Kuh gefangen und in eine Wurst gepreßt, dann im Hals eines Fuchses steckend, vermag sich der Daumerling jedesmal zu befreien. Der Kreuzer, den er von seiner Wanderschaft nach Hause bringt, ist zwar geraubt und stammt aus der Schatzkammer des Königs (mehr konnte er nicht tragen), doch dem Familienglück steht das keinesfalls im Wege. Daumerling erweist sich als Bruder des riesenfoppenden *Tapferen Schneiderleins.

Kurze Zeit zuvor hatte Ludwig Tieck eine Märchenkomödie geschrieben, ›Leben und Thaten des kleinen Thomas, genannt Däumchen‹ (1811). Es war der Versuch, den Tom Thumb-Typ mit dem Winziger Däumling-Typ à la Perrault zu verbinden. Svend Otto Sörensen illustrierte ›Tommeliden‹ nach Grimm (1976, dt. Der kleine Däumling).

Der dankbare Tote *Der Reisekamerad, *Die verwünschte Prinzessin

Doktor Allwissend

Der Allweise oder Allwissende, ein Beiname des Christengottes, hat in der nordischen Mythologie einen festen Platz. Dem allwissenden Zwerg Alvíss, der Thors Tochter zur Frau begehrt, nützt das begriffliche Wissen über Erde, Himmel, Mond und Sonne allerdings wenig; Thor hält ihn mit solchen Fragen nur hin, damit der Nachtdämon Alvíss den ersten Strahl der Sonne nicht übersteht. – Die *Königin von Saba besitzt eine Wundersäule, auf der alles Wissen der Welt geschrieben steht, sie macht sie *Salomo zum Geschenk. – Im tschechischen Märchen ›Die drei Goldhaare von Vater Allwissend‹ (*Der Teufel mit den drei goldenen Haaren) ist jener ein alter Mann mit goldenem Haupt: die Sonne. Ihm entgeht nichts, was auf und was unter der Erde geschieht.

Grimms Schwankmärchen ›Doktor Allwissend‹ (1815) spielt mit der Figur des Alleswissers, sei er nun Arzt (*Gevatter Tod) oder Wahrsager. Es handelt vom armen Bauern Krebs, der einem Arzt nacheifern will und sich auf dessen Rat drei unerläßliche Dinge besorgt: ein ABC-Buch mit dem Bild eines Göckelhahns, ein passendes Doktorkleid und was sonst dazu gehört, und schließlich ein Schild über der Tür »Ich bin der Doktor Allwissend«. Er rechtfertigt diesen Namen, indem er die Diebe entdeckt, die einem reichen großen Herrn Geld gestohlen haben. Grete, das ist der erste – der zweite – der dritte, ruft er seiner Frau beim Anblick der Diener zu, meint damit die drei Essensgänge, hat aber zugleich ins Schwarze getroffen. Indem er sich selbst bedauert – ach ich armer Krebs – , errät er, was der vierte in verdeckter Schüssel serviert. Und als er im ABC-Buch nach dem Göckelhahn sucht – du bist doch darin und mußt auch heraus –, hat er zugleich den fünften Dieb, der im Ofen steckt, demaskiert. Seine Klugheit ist, daß er die Diebe nicht überführt, sondern sich von beiden Parteien belohnen läßt.

Den Zufallsweisen kennt schon Somadevas ›Ozean der Märchenströme‹ (›Kathasaritsagara‹, 11. Jh.). Dort soll der Tölpel Harisarman den Dieb der königlichen Juwelen ausfindig machen, ruft in seiner Verzweiflung »Zunge« (warum konnte ich bloß meinen Mund nicht halten) und »Frosch« (ach ich Blöder): Aber »Zunge« heißt auch die Juwelendiebin, und ein Frosch sitzt tatsächlich im verschlossenen Krug. Alles geht für ihn bestens aus.

In Janoschs zeitgemäß-parodistischer Umerzählung (1972) schaut sich die Bauersfrau die Praktiken eines gewissen Doktor Krebs ab. Herr und Frau Doktor Allwissend etablieren sich, werden immer beliebter und gewinnen hauptsächlich durch Immobilienspekulation.

Dornröschen

Diese Märchenheldin gehört zu den allerberühmtesten und in doppeltem Sinne auch zu den langlebigsten – schon im 14. Jh. liegt die schöne Celandine, wie von der Göttin Themis im Zorn prophezeit, oben im Turmgemach in tiefem Zauberschlaf, nachdem sie sich beim ersten Spinnen eine Flachsfaser in den Finger gezogen hatte; auch um sie ist schon ein Mann bemüht, Ritter Troylus. Doch die Lebensläufe der französischen Celandine, der italienischen Talia, der klassischen ›La belle au bois dormant‹ (Sleeping Beauty, Schlafende Schönheit) und des nicht minder populären deutschen Dornröschens unterscheiden sich durchaus. »Dornröschen« (1812) war übrigens keine Namenserfindung der Brüder Grimm, sondern die des Übersetzers einer ›Conte de féerie‹ Antoine Hamiltons (um 1790).

Ein Frosch im Bad hat der bislang kinderlosen Königin die Geburt Dornröschens prophezeit. Sie ist gleich so schön, daß ihr Vater vor Freude ein großes Fest gibt und dazu die 13 weisen Frauen des Reiches einladen will. Da er aber nur zwölf goldene Teller hat, bleibt die 13. ungeladen. Eine jede begabt das Kind, die eine mit Tugend, die andere mit Schönheit, die dritte mit Reichtum. Bevor die zwölfte und letzte an der Reihe ist, tritt die ungeladene 13. Fee herein und gibt ihre Gabe bekannt: Die Königstochter werde sich in ihrem 15. Lebensjahr an einer Spindel stechen und sterben. Die zwölfte weise Frau vermag den Spruch nur abzumildern: Das Mädchen werde in hundertjährigen tiefen Schlaf fallen. Obwohl auf Geheiß des Königs alle Spindeln im Land verbrannt werden, tritt das Unglück an dem Tage ein, an dem die Eltern außer Haus und die Tochter »gerade funfzehn Jahr alt ward«. Sie ist dabei, das Schloß zu erkunden, kommt an einen alten Turm, findet, oben hinauf gelangt, einen verrosteten Schlüssel an einer Tür, schließt auf und sieht sich einer alten flachsspinnenden Frau gegenüber. Zum ersten Mal im Leben erblickt sie eine Spindel, nimmt sie, will auch spinnen lernen – und sticht sich in den Finger. Selbigen Augenblicks fällt sie auf das Bett nieder, versinkt alles um sie herum in tiefen Schlaf, die soeben heimgekehrten Eltern, der Hofstaat, die Tiere im Schloß, das Feuer auf dem Herd; selbst der Wind legt sich, alles bleibt regungslos. Nur eine Dornenhecke wächst mit der Zeit um das Schloß und wuchert darüber hinaus. Sie wird zu einer Art Todesfalle für all die Königssöhne, die zu dem legendären »schönen schlafenden Dornröschen« vordringen wollen.

Als auf den Tag genau nach 100 Jahren der eine richtige, furchtlose Königssohn kommt, sind aus der Dornenhecke große schöne Blumen geworden, die sich vor dem Jüngling auseinander biegen und sich hinter ihm schließen. Er gelangt in das Schloß und sieht alle schlafen. Zuletzt kommt er zu der kleinen Stube oben im Turm, in der Dornröschen schläft. Er bückt sich, gibt ihr einen Kuß. Sie schlägt die Augen auf und blickt ihn freundlich an. Mit ihr erwacht der ganze Hofstaat zu neuem Leben, und die Hochzeit wird in aller Pracht gefeiert.

An diesem Punkt ist das Märchen der Brüder Grimm zu Ende, obwohl ihnen die »Fortsetzung« in den früheren romanischen Fassungen sehr präsent war. Indem sie mit der Romanze schlossen, wiesen sie zugleich auf Parallelen zum altgermanischen Mythos hin: zu Gott Odin etwa, der mittels Schlafdorn Menschen in Tiefschlaf versetzte, oder zu Brünhild, die von einem Flammenwall beschützt wurde. Dornröschen, Zweiter Teil, trennten sie ab und gaben ihm den Titel ›Die Schwiegermutter‹ (1812), tilgten dieses fragmentarische Märchen allerdings schon in der nächsten Ausgabe.

Die berühmte Vorläuferheldin ist Charles Perraults ›Die schlafende Schöne im Wald‹, ein Märchen, das den Auftakt zur Sammlung ›Histoires ou contes du temps passé‹ bildet (1697). Ein wahrsagender Frosch ist ihm ebenso unbekannt wie der verrostete Schlüssel, und statt 13 weiser Frauen erscheinen die sieben Feen des Landes; die achte, halbvergessene wird zwar höflich dazugebeten und erhält auch das gleiche Gedeck, nicht aber, weil keins mehr vorhanden, ein goldenes Kästchen. Als sie ihren Fluch ausspricht, nennt sie kein Jahr. Dennoch trifft auch er zu einer Zeit ein, als die Prinzessin »fünfzehn oder sechzehn« ist. Der Stich der Spindel in ihre Hand läßt sie zu Boden sinken, alle wollen ihr helfen. Erst als der König diagnostiziert, es handle sich um den befürchteten Langschlaf, wird sie aufs prächtigste gebettet. Die Fee, die ihr den Schlaf auferlegt hat, eilt, von einem Siebenmeilenstiefel-Zwerg verständigt, herbei; nach Feenmanier kommt sie in einer feurigen, von Drachen gezogenen Kutsche. Mit Rücksicht auf die dereinst erwachende Prinzessin versetzt sie mit dem Feenstab die ganze Umgebung in Schlaf – bis auf ihre Eltern, die das Schloß verlassen, den Zutritt verbieten (und sich damit aus der Geschichte herausmanövrieren). Als nach 100 Jahren der Prinz kommt, treten alle Bäume, Stacheln und Dornen von selbst zur Seite. Angesichts der schönen Schläferin läßt er sich vor ihr auf die Knie nieder, sie erwacht, es kommt zu einem vierstündigen Liebesgeflüster. Ihr Teint, ihre Kleider, die Musikstücke im Spiegelsalon, all das deutet auf 100 Jahre Vergangenheit hin. Gleich nach dem köstlichen Souper werden die beiden vom Hofgeistlichen getraut, was der Prinz seinen Eltern gegenüber alllerdings verheimlicht.

Ausgesprochen lebhaft geht es im zweiten Teil weiter. In den beiden Jahren ihres Incognito schenkt die Prinzessin ihm erst eine Tochter – l'Aurore, die Morgenröte –, dann einen Sohn – le Jour, der helle Tag. Die Prinzenmutter erfährt nichts davon, er kennt und fürchtet ihre menschenfresserischen Neigungen. Dann stirbt der König, der Prinz rückt an seine Stelle, macht die Ehe publik. Als ihn ein Krieg von zu Hause fernhält, wittert die Großmutter der beiden Kleinen günstige Gelegenheit. Erst will sie die vierjährige Aurore verspeisen, dann den dreijährigen Jour. Der Haushofmeister verhindert es beide Male. Statt des Mädchens schlachtet er ein kleines Lamm und setzt es, delikat angerichtet, seiner Herrin vor; statt des Knaben tötet er ein Zicklein. Nun ist die junge Königin an der Reihe. (Das Problem ist freilich, sie zählt gut 120 Jahre, und dementsprechend ist ihre Haut etwas zäh.) Wieder wird die Menschenfresserin getäuscht, diesmal mit einer Hirschkuh. Als sie entdecken muß, daß alle drei noch leben, läßt sie einen schlangengefüllten riesigen Zuber inmitten des Hofes aufstellen. Doch bevor sie ihren Opfern den Garaus machen kann, kommt der König angesprengt. Die Ogresse stürzt sich ins Schlangenfaß, gibt sich selbst den Tod.

Die menschenfresserische Komponente des Perraultschen Märchens hat ihrerseits Tradition. Sohn, Tochter und Geliebte finden sich im Titel des italienischen Barockmärchens ›Sole, Luna e Talia‹ des Giambattista Basile (1634). Es sind die Namen, die der König, neben seiner rechtmäßigen Gattin liegend, im Schlaf ausstößt und sie hellhörig machen. In ihr erwacht das Gelüst, seine heimliche Familie zu essen. Die Besonderheit dieser Variante liegt bereits im Moment der Zufallsbegegnung: Der König ist in das verriegelte Lustschloß eingedrungen und sieht dort die »bezauberte Prinzessin«. Hingerissen von ihrer Schönheit, trägt er die Reglose auf ein Lager, wo er »die Früchte der Liebe pflückt«, sie dann verläßt und vergißt. Die Stunde des Erwachens ist nicht minder originell. Talia hat, immer noch schlafend, Zwillinge bekommen, die von zwei Feen gepflegt und an die Brust ihrer Mutter gelegt werden. Als die hungrigen Kleinen einmal die Warzen nicht finden, erfassen sie einen Finger und saugen solange daran, bis sie die giftige Flachsfaser herausgesaugt haben.

Ein poetischer Einfall, wie ihn ähnlich der Erzähler der »Celandine« hatte (im altfranzösischen Prosaroman ›Perceforest‹). Jacob Grimm fand ihn auch deshalb glücklich, weil die gleiche Faser, die Talia in den Zauberschlaf fallen ließ, den Moment ihrer Erweckung bestimmt.

Eine »Einwirkung dieser Dichtungen auf die bildende Kunst« haben die Brüder Grimm, im Hinblick auf E. M. Neureuthers »großes sinnreiches Blatt von Dornröschen«, in der Vorrede zur 5. Auflage ihrer Märchen festgestellt (1843). Es war eine Zeit, in der Märchenradierungen, Aquarelle, Ölbilder einem kunstinteressierten Publikum nahegebracht wurden. Begonnen hatte es mit Ludwig Emil Grimms Kupferstich zur Kleinen Ausgabe (1825), der das kindlich-anmutige Dornröschen schlafend zeigt, mit dem Spinnrocken hinter dem Bett und der dichten Hecke im Turmfenster. Vergleicht man es mit den Doréschen Holzstichen zu Moriz Hartmanns ›Dornröschen‹ (1865), mit einer höfisch geputzten Heldin, üppigem Schlafdekor und einem effektvoll ausgeleuchteten Bett, zu dem der Prinz hinstrebt, so wird eines deutlich: Doré folgt der Vorlage Perraults. Die Schlüsselszene, der Prinz am Bett der gerade Erwachten, ist bereits in einer Vignette der Erstauflage (1697) eingefangen. Anders gestimmt sind die genrehaften Zeichnungen Ludwig Richters: zunächst drei für ›Das Dornröschen‹ Ludwig Bechsteins (1853), Partnerszenen mit Frosch und badender Königin, Mädchen und Spinnerin, Königssohn und der Schlafenden; weitere drei für sein eigenes Bilderbuch ›Es war einmal‹ (1862). Wilhelm Simmler wurde durch E. N. Neureuthers reiches szenisches Blatt (1835) zur Astwerkumrahmung seines Deutschen Bilderbogens angeregt (Nr. 124/1869), Wilhelm Busch widmete sich dem Rankenwerk der Hecke (1853) – wie in jüngster Zeit wieder Elzbieta Murawska. Heinrich Vogeler gab in einem der ersten Hefte des ›Pan‹ eine Kopfstudie der Heldin. Jugendstilkünstler wie Heinrich Lefler (1898) und Julius Diez (1904) führten die Ornamentalisierung des Märchens ins Äußerste. ›Die Geschichte von Dornröschen‹ wurde als Esslinger Kinderbilderbuch ausgestattet (1867), illustriert von Walter Crane, kam sie als gereimte ›Sleeping Beauty‹ respektive Rosamonds Story heraus (1876); auch Edmund Dulac verherrlichte sie (1910). Damalige Verbreitungen lassen sich jedoch nicht messen mit der von Felix Hoffmann illustrierten Einzelausgabe (1959), die weit über 100000 Auflage erreichte, dem Bilderbuch des Plakatkünstlers Herbert Leupin (1948), dem von Lieselotte

Schwarz mit ganz eigener Wort- und Farbmagie (1967) oder dem der Bernadette (1984).

Auch musikalisch nimmt Dornröschen/Die Schlafende Schöne mit über 50 Vertonungen einen Spitzenplatz ein. Unter den Komponisten sind Rachmaninow (1892) und Hans Werner Henze (1951). Das berühmteste Dornröschen-Ballett stammt – frei nach Perrault – von Peter Tschaikowsky: ›Spjastschaja krassawiza‹, mit der Prinzessin Aurora als Heldin, wurde im Dezember 1889 in St. Petersburg unter Anwesenheit des Zaren uraufgeführt. Seit 1895 etwa ist auch das Kindergarten-Reigenspiel »Dornröschen war ein schönes Kind, schönes Kind« im Schwange; die Dresdener Lehrerin Margarete Löffler hat es gedichtet, und eingeübt wurde es auch in Italien und England (»Fair Rosie«).

22 Bühnendichtungen im Zeitraum 1855–1924 beziehen sich ausschließlich auf das Grimmsche Dornröschen, eingerechnet lyrische Spiele wie das von Ricarda Huch (1893), der dieser Stoff Anlaß bot »zu romantisch bunten, komischen, grotesken und gefühlvollen Auftritten«. Poetisch auch ein Dramolett von Robert Walser (1920), das Dornröschen erst aufbegehren ließ – »zwar hätt' ich mir den Helden anders denken mögen« –, sich dem gebotenen happy ending jedoch nicht versagte: »muß ihn nun nehmen, wie er ist«.

Verfilmt wurde der Stoff etwa zehnmal, so im Finnischen als ›Prinsessa Ruusinen‹ (1951) und im Tschechischen als Heldenpaar Rosa und Jaroslav in ›Wie man Dornröschen wachküßt‹ (1977). Die folgenreichste Adaption war der Zeichentrickfilm Walt Disneys, ›Sleeping Beauty‹ (1958). Sie folgte, trotz der Eindeutschung ›Dornröschen und der Prinz‹, im wesentlichen Perrault (was sich von der Psychologisierung und Individualisierung her anbot), baute törichte Handlungen dreier guter Feen und prinzliche Cowboy-Taten ein, unterlegte die Musik von Tschaikowsky und wurde ein Welterfolg.

Der Tiefenpsychologie bot Dornröschen zahlreiche Ansätze. Der lange Schlaf im Schutz der Dornenhecke, die scheinbare Passivität der Heldin wurden als Latenzphase im Entwicklungs- und Reifungsprozeß gesehen, die lustig springende Spindel, der Stich in den Finger als sexuelles Erwachen gedeutet; der Aufstieg über die Wendeltreppe, das Umdrehen des rostigen Schlüssels, alles wurde gedeutet in Freudscher Manier. C. G. Jung wies auf das Motiv der Umschlingung und Umrankung im Wiedergeburtsmythos hin. Für Hedwig von Beit war die 13. Fee »die Zusammenfassung der zwölf anderen, ihre eigentliche Wurzel und ihr Urprinzip«, schlicht der Archetypus der Mutter, hier jedoch ins Negative gewendet. Bruno Bettelheim wiederum verwies auf das in 13 Feen symbolisierte Mondjahr und seine Bedeutung für den weiblichen Zyklus. Er untersuchte zudem, unter Berücksichtigung der älteren romanischen Versionen, Dornröschens Mutterschaft; sie galt ihm als »Inkarnation der vollkommenen Weiblichkeit«.

Zusammen mit anderen weiblichen Helden (*Aschenputtel, *Rotkäppchen, *Schneewittchen) gehört Dornröschen hierzulande zu dem Halbdutzend beliebtester Märchen. Um sie für Deutschland zu reklamieren, speziell für Touristen der »Deutschen Märchenstraße«, wird die Sababurg im hessischen Reinhardswald als Dornröschens Schloß ausgegeben; dort und nirgendwo anders, heißt es in Prospekten, habe sich die Geschichte abgespielt.

Drache, Drachentöter

Des Helden stärkster und gefährlichster Widersacher, bei dem es stets auf Leben und Tod geht, ist der Drache (griech. drakon, lat. draco, »der scharf Blickende«, »die Schlange«). In der Regel ist er ein vielköpfiges Flug- und Feuerwesen. Man hat ihn teils als riesigen Schlangenwurm, als Meerungeheuer bestimmt, teils als ein Mischwesen aus Krokodil und Raubvogel. Ein solch »geflügeltes Krokodil« brachte mit sich die Vorstellung eines Schuppenpanzers, eines Kamms auf dem Rücken und einer verwundbaren Unterseite.

Die Figur des Drachentöters ist vorgebildet im indischen Mythos (Indra der Drachentöter), im ägyptischen (Gott Re als Bezwinger der Riesenschlange Apophis), im griechischen (Apollon, der den Python erlegt, Herakles die Hydra, Bellerophon die Chimaira), einprägsam auch im nordischen (Thor versus Midgardschlange). Sie ist in der mittelhochdeutschen Epik präsent – dort werden Kriechdrachen bezwungen – und Bestandteil der christlichen Legende (hl. Georg). Märchenmotive wie Befreiung einer Jungfrau, Schatzhüten, Abtrennen der Drachenzungen sind schon in der mittelalterlichen Heldenepik vertreten. Das Vorweisen der Zungen als Erkennungszeichen ist ältesten Ursprungs, geht auf die Verwendung der Tierzunge im Opfer zurück. Im Märchen ist seine

Funktion narrativ bestimmt, bedeutet Verzögerung des happy-ending.

Das *Zweibrüdermärchen konstituiert den Drachentöter: Es sind Zwillinge von wunderbarer Geburt, die Tiere mit übernatürlichen Kräften als Begleiter gewinnen. In anderen Märchen stehen dem Haupthelden *drei Hunde bei. Beide unterschiedliche Typen verbindet das schwedische Märchen von *Silberweiß und Lillwacker. Bei der Bekämpfung des Drachen geht es äußerlich um die Bedrohung einer einzelnen Jungfrau; in dem regelmäßig zu erbringenden Mädchenopfer steckt jedoch auch eine fundamentale Bedrohung der Gemeinschaft.

Ein Drachenkämpfer ist auch der »dankbare Tote«, der als Helfer des Helden in der Brautnacht einen Dämon oder Drachen niederringt (*Der Reisekamerad). Im klassischen Märchen *Amor und Psyche ist der Drache eine Verwandlungsgestalt; kaum wird das Sichttabu durchbrochen, verläßt der Drachenmann (bzw. der geflügelte Amor) seine Frau und fliegt davon. Einer frühen Variante zu *Die Schöne und das Tier haben die Brüder Grimm den Titel ›Der Drache‹ gegeben. Im *Singenden springenden Löweneckerchen steht ein Löwe im Kampf mit einem Lindwurm, der sich als verzauberte Königstochter erweist.

Drache kann im Märchen eine Bezeichnung für *Riese, *Troll und andere Ungeheuer sein. Auch der *Teufel kann Drachengestalt annehmen (*Der Teufel mit den drei goldenen Haaren). Der russische Drache ist eher von Menschengestalt, so heißt es öfters, daß er auf einem Pferd reitet. Auch der griechische Drakos hat rein menschliche Gestalt, wenn auch oft von riesiger Größe und abschreckendem Äußeren; er kann *Räuber sein, mit 39 Brüdern, oder auch Schatzhorter und Jungfrauenverschlepper. Die alte Vorstellung vom mehrköpfigen Unhold, der sich jedes Jahr zu einem festen Termin ein junges Mädchen zuführen läßt, hat Jewgenij Schwarz in seinem Märchenlehrstück ›Der Drache‹ (›Drakon‹, 1943) aufgegriffen; in Bearbeitung Wolf Biermanns erschien es als ›Der Dra Dra – Große Drachentöterschau mit Musik‹ (1970).

Als Symbol ist der Drache mehrdeutig. Mythenforscher haben die Nähe zu Initiationsriten hervorgehoben. Mircea Eliade deutete den Drachenkampf als rituelles Verschlungenwerden, durch das der Initiand hindurchgehen muß. C. G. Jung sah im Drachen die magische Macht des Unbewußten; ihn zu überwinden heiße, sich zum Selbst zu befreien. Als Sexualwesen ist er vieldeutig, nicht nur in Bezug auf die Jungfrau, die er in seiner Gewalt hält, auch für den ihn bezwingenden Helden. Diese Dimension hat den Zeichner Heinrich Vogeler beschäftigt (›Drachentöter‹, in: ›Deutsche Kunst und Dekoration‹, Jg. 1902).

Drakos ***Drache**

Die drei Bären

Diese vor allem im Angelsächsischen und – dank einer Erzählung von Leo N. Tolstoi – auch im Russischen wohlbekannten Helden gehen auf eine alte gereimte ›Nursery Tale‹ zurück, allererst greifbar in einem Büchlein für den Hausgebrauch: ›The Story of The Three Bears – metrically related, with illustrations locating it at Cecil Lodge in September 1831‹. Drei Schüsselchen spielen darin eine Rolle, drei Stühlchen, drei Bettchen. Und doch sind nicht Zwerge à la *Schneewittchen die Helden, sondern eben Bären.

Riesenbär (Great, Huge Bear), Mittlerer Bär (Middle Bear) und Winzigbär (Little, Small, Wee Bear) leben gemeinsam in einem Haus im Wald. Jeder hat die für ihn passende Porridgeschüssel, jeder seinen Stuhl, sein Bett. Eines Morgens haben sie Frühstück gemacht, haben die Schüsseln gefüllt und sind hinaus in den Wald, damit der Porridge abkühlen kann. Ein altes Hutzelweib kommt daher, schaut durchs Fenster, guckt durchs Schlüsselloch, schlupft in die Stube. Sie macht sich, dreist wie sie ist, über den Porridge her, probiert erst den des Riesenbärs, aber der ist zu heiß für sie – und der des Mittleren zu kalt – und der des Winzlings gerade richtig. Über jeden schimpft sie, auch über die kleine Schüssel, denn die ist ihr zuwenig. Sie will es sich bequem machen, sucht sich einen Stuhl aus. Der des Riesenbärs drückt sie, der des Mittleren ist ihr zu weich, der des Winzigbärs genau richtig. Doch dann kracht sie mit dem Stuhl zusammen und schimpft. Nun testet sie die Betten: das erste am Kopfende zu groß, das nächste am Fußende zu groß, das dritte goldrichtig. Sie schläft darin ein.

Als die Bären zurückkommen, stecken noch die Löffel im Porridge. Es kommt zu den drei mal drei Feststellungen: Einer hat von meinem Porridge gegessen – auf meinem Stuhl gesessen – in meinem Bett gelegen. Und da liegt sie noch, fügt Winzigbär hinzu. Für die Schlafende hatte die Stimme des

Riesenbären wie Wind und Donnergrollen geklungen, die des Mittleren wie eine Stimme im Traum. Erst der scharfe, schrille Ton des Winzigbärs weckt sie auf. Sie rollt sich aus dem Bett, entschwindet durchs Fenster, und keiner weiß: Hat sie sich beim Sturz den Hals gebrochen, oder ist sie im Wald verschütt gegangen, oder hat ein Polizist die Streunerin aufgegriffen und in die Besserungsanstalt eingeliefert. Jedenfalls haben die Bären jetzt Ruhe vor ihr

Englische Illustratoren haben viel Sorgfalt auf die Drei verwendet, Walter Crane etwa (1873) und die bei uns weniger bekannten Harrison Weir (1850), John Hasall (1928). Auch Walt Disney hat ihnen in den 20er Jahren ein Comic gewidmet. Noch in anderer Hinsicht ist die Wirkungsgeschichte interessant. Gelegentlich mutierten die drei Bären zur Familie, Vater Bär, Mutter Bär und Baby Bär. Aus dem Eindringling aber, der gräßlichen Alten, wurde mit der Zeit eine junge Schönheit: erst Silver-Hair genannt (1849), dann Silver-Locks (1858), dann gesteigert zu Golden Hair (1868) und Goldilocks (1904). Bei diesem Goldlöckchen blieb es.

Elisabeth Shaw erzählte ›Das Bärenhaus‹ (1973) aus der Sicht eines kleinen Mädchens, Quentin Blake gab das Märchen aus der Sicht der Erwachsenen wieder.

Die drei Brüder

Das Sichabnabeln vom Elternhaus, das »Geht hinaus in die Welt« ist kennzeichnend für die Ausgangssituation vieler Märchenhelden, oft verbunden mit einem Dreibrüder-Wettbewerb. Wer schießt am weitesten, wer erlernt das Beste, wer bringt von seinen Reisen das Beste mit, wer löst die schwierigste Aufgabe – kurzum, wer erweist sich des allerschönsten Mädchens für würdig.

Schon Märchen aus 1001 Nacht sind nach diesem Modell angelegt (*Prinz Ahmed). Zumeist geht der dritte – jüngste, kleinste, benachteiligtste – Bruder als Sieger hervor (*Däumling, *Dummling). Selbst das männliche Aschenbrödel (Aschenhans, Aschenpüster) ist in der Regel Held eines Dreibrüdermärchens, so wie *Aschenputtel einer Dreischwestern-Konstellation entspricht, allerdings in anders bedingter Geschwisterrivalität.

Grimms Märchen ›Die drei Brüder‹ (1815) ist eher spielerischer Natur. Ein Mann besitzt als einziges Vermögen sein

Haus. Er schickt alle seine Söhne in die Lehre; erben soll es der, der das beste Meisterstück macht. Was sie beruflich werden wollen, wissen sie schon; der älteste ein Hufschmied, der zweite ein Barbier, der dritte etwas Unzünftiges – ein Fechtmeister.

Als sie bei ihrem Vater wieder zusammenkommen, ergibt sich für jeden Gelegenheit, seine Kunst zu zeigen. Der Barbier seift einen eiligen Hasen ein und rasiert ihm ein Stutzbärtchen, beides in vollem Lauf. Der Hufschmied schlägt einem dahinjagenden Kutschenpferd die vier Hufeisen ab, schlägt ihm neue an, ohne es anzuhalten. Der Vater hält beide Söhne für gleich gut. Da zeigt der dritte, was er kann. Er schwenkt seinen Degen so geschickt, daß der einsetzende Regen den Vater nicht ein bißchen naßmacht, selbst als es wie aus Kannen gießt. Er bekommt das Haus. Doch bleiben die drei Brüder darin wohnen und üben einträchtig ihr Handwerk aus. Selbst im Grab liegen sie zusammen.

Die gleichen Behendigkeitsproben kannte man schon im 16. Jh. Die Brüder Grimm, denen das »alte Scherz- und Lügenmärchen« bestens vertraut war, haben die väterliche Lehrprobe auch in *Die vier kunstreichen Brüder eingebaut, allerdings mit anderem Ausgang.

Die drei Federn

In der ersten Aufzeichnung hieß dieses Grimmsche Märchen ›Die drei Königssöhne‹, daraus wurde im Erstdruck ›Die drei Federn‹ (1812), und als Dachtitel stand darüber ›Von dem Dummling‹. Das ist auch der Name des Helden. Den poetischen Titel behielten die Grimms in der Ausgabe 1819 bei, doch der Inhalt variierte. Was es mit den Federn sprichwörtlich auf sich hat, verrät Aventinus' Bairische Chronik: »Ich will ein Feder aufblasen, wo dieselbig hinaus fleugt, will ich nachfahren.«

Nach dem Federflieg-Prinzip schickt ein König dreimal seine drei Söhne aus. Wer von ihnen den feinsten Teppich bringt, heißt es zuerst, wird nach seinem Tod König. Die erste Feder fliegt nach Osten, die andere nach Westen, die dritte fliegt geradeaus und fällt bald zur Erde. *Dummling, der jüngste, nicht so klug und gescheit und so beredt wie die anderen, muß genau auf dem Fleck bleiben. Er entdeckt jedoch bald, ähnlich wie *Prinz Ahmed, eine Falltür im Boden, eine unterirdische

Treppe und dann eine Tür, die sich für ihn auftut. Eine große dicke Itsche (Kröte) gibt ihm aus der Zauberschachtel, was er begehrt: den schönsten Teppich. Er ist so schön und fein, wie er oben auf Erden nicht hätte gewebt werden können.

Die älteren Brüder sticht er damit mühelos aus und soll das Königreich bekommen. Die anderen weisen den Vater darauf hin, wie sehr es dem Jüngsten an Verstand dafür fehle. Sie erreichen eine neue Bedingung. Es geht jetzt darum, wer den schönsten Ring heimbringt. Wieder werden die Federn in die Luft geblasen, wieder findet Dummling die seine neben der Erdtür, wieder gibt ihm die dicke Itsche aus der Schachtel das Gewünschte. Der Ring ist so schön, wie ihn kein Goldschmied auf Erden hätte machen können.

Auf die quälenden Bitten der älteren Söhne hin kommt es zu einer dritten Bedingung: Wer von ihnen bringt die schönste Frau heim. Die jedoch erhält Dummling von der dicken Itsche nicht.

Sie gibt ihm vielmehr eine ausgehöhlte gelbe Rübe, bespannt mit sechs Mäusen. Aufs Geratewohl setzt er eine ihrer kleinen Itschen hinein – und die Rübe wird zur sechsspännigen gelben Kutsche, ein wunderschönes Fräulein sitzt darin, und mit ihr fährt er nach Hause.

Noch ein viertes Mal wollen ihn die Brüder ausstechen. Wessen Frau springt durch den Ring, der mitten im Saal hängt? Bei dem Versuch brechen sich ihre Bauernweiber jedoch Arme und Beine, während Dummlings schönes Fräulein wie ein Reh hindurchspringt. Er wird König und übt seine Herrschaft weise aus.

Wie auch die C. G. Jung-Schule sah Bruno Bettelheim (1976) das schöne, leichtfüßige Fräulein als einen Aspekt des Dummlings, während die plumpen Frauen als Aspekte der Brüder erscheinen; weil nirgends von Heirat die Rede, handle es sich bei der Heldin keineswegs um eine »Froschbraut« – was aber, siehe *Die Froschzarin, bezweifelbar ist. Einen Entwicklungsprozeß des Helden sah Bettelheim für gegeben: durch sein Hinabsteigen in die Unterwelt (was er als Beginn einer Erforschung des Unbewußten interpretierte) und durch die Itschen-Wahl, die er selber trifft. Der Zeichner Maurice Sendak stellte die alte Itsche in den Mittelpunkt, dem Helden gab er zwei Federn an den Hut und eine dritte in die linke Hand (1973). Eine Einzelausgabe des Grimmschen Märchens illustrierte Eleonore Schmid (1984).

Die drei Feen *Die Feen, *Frau Holle

Die drei Freier *Die vier kunstreichen Brüder

Die drei Hunde

Das Märchen von den drei Tierhelfern des *Drachentöters ist überall in Europa verbreitet; Kurt Ranke hat allein 368 Versionen nachgewiesen. Die wohl bekanntesten sind Ludwig Bechsteins ›Die drei Hunde‹ (1845) und Italo Calvinos ›I tre cani‹ – nach einem Volksmärchen aus der Emiglia-Romana. Schon Straparola hat in ›Le Piacevoli Notti‹ (1550/53) das Märchen erzählt, bei ihm sind Löwe, Bär und Wolf die übernatürlichen Helfer.

Held ist ein junger Schafhalter – bei Bechstein wie bei Calvino – , der mit seiner Schwester zusammen das Haus und drei Schafe geerbt hat. Ein Fremder bringt ihn dazu, diese gegen drei Hunde mit magischen Namen einzutauschen. Bei Bechstein wird der Name des kleinsten Hundes »Bring Speisen« gleich ausprobiert, und »Zerreiß'n«, der mittlere, im Drachenkampf eingesetzt; die Königstochter, auf die diesmal das Los des Mädchenopfers gefallen ist, wird so gerettet. Der dritte Hund »Brich Stahl und Eisen« wird für den Moment aufgespart, in dem der Held im tiefsten Gefängnis sitzt. Jetzt geht es um die Entlarvung des »falschen Helden«, des Kutschers der Königstochter. Der hatte ihr, gleich nachdem der Drachentöter von ihr Abschied genommen, den Schwur abgepreßt, ihn als den Besieger des Ungeheuers auszugeben.

Seitdem sind zwei Jahre vergangen. Gerade als man königlich Hochzeit feiert, kommt der Held mit den Hunden frei. Er schickt »Bring Speisen« zur Tafel, die Braut erkennt das Tier und umbindet die Speisen mit ihrer Kronserviette. Sie offenbart sich gegenüber dem Vater, der läßt den Hundehalter kommen, und die Drachenzähne weisen ihn als den wahren Retter aus. Sie hat ihn längst erkannt – auch der Kutscher, der kniend um Gnade bittet. Die Plätze werden getauscht, der Kutscher kommt in den Kerker, der Schäfer an die Seite der Königstochter. Als in ihr »wonnigliches Glück« auch die Schwester des Schäfers einbezogen wird, beginnt einer der Hunde zu sprechen. Ihre Zeit sei nun um, sagt er.

Anders bei Calvino. Dort agiert die Schwester von Anfang an mit, rät dem Bruder vom Hundehandel ab und ist von Stund an seine Feindin. Mit einem Drachen im Waldpalast, der sie erst fressen will, verbündet sie sich gegen den Bruder und seine Hunde. Doch dieser besiegt den Drachen und sagt sich von ihr los. Als er auch den zweiten und eigentlichen Drachenkampf besteht und die Königstochter darauf zur Frau erhält, mißgönnt ihm die Schwester das Glück. Im Hochzeitsbett versteckt sie unter seinem Laken eine scharfe Säge, die ihn der Länge nach durchschneidet – nur dank der Hunde kehrt er ins Leben zurück. Diese drei Hunde – »Eisenbeiß, Kettenreiß, Mauerhau« – bilden eine zauberische Einheit. Gemeinsam haben sie den Waldpalast gestürmt, haben dem ersten und auch dem zweiten Drachen gemeinsam den Garaus gemacht. Sie halten für ihren Herrn auch gemeinsam die Totenwache, holen, tragen und salben ihn. Sobald er genesen und die Schwester zum Tode verurteilt ist, sind sie verschwunden. Daß die Hunde verzauberte Kaiser und Könige waren, erweist sich zum Schluß.

Im Nachlaß der Grimms fand sich ein entsprechendes Dreihundemärchen: ›Greif an, Brech Eisen und Stahl, Geschwind wie der Wind‹. Dank Wilhelm Wisser ist auch eine plattdeutsche Fassung ›Der Drachentöter‹ (1904) bekannt, die Hunde heißen dort ›Packan, Rit-em-dal (Reiß-ihn-nieder), Brick-Isen-un-Stahl‹. Der Illustrator Bernhard Winter hat sich hier die drei drachentötenden Hunde nicht entgehen lassen – im Unterschied zu Ludwig Richter, der als Bebilderer des Bechstein-Märchens (1853) den drei Schafen den Vorzug gab. – Das typusbildende Motiv der drei Hundehelfer und das der *Zwei Brüder vereinen *Silberweiß und Lillewacker.

Die drei kleinen Schweinchen

Die vor allem in England sehr beliebten Kinderhelden erblickten in J. O. Halliwells ›Nursery Rhymes and Nursery Tales‹ (um 1843) das Licht der Welt.

Alle drei werden von der alten Sau in die Weite geschickt, damit ein jedes sich selbst ernähre. Das erste (jüngste) trifft einen Mann mit Strohbündel, erbittet dies für seinen Hausbau und bekommt es auch. Das Haus wird fertig, ein Wolf klopft an die Tür, es kommt zum Versdialog: »Schweinchen klein, Schweinchen klein, laß mich hinein. – Beim Haar an meinem Schnäuzchen, o nein, nein, nein. – Dann will ich husten und pusten und blas dir dein Haus ein.« Der Wolf macht seinen Vorsatz wahr und frißt das kleine Schweinchen auf. Ebenso ergeht es dem zweiten kleinen Schweinchen, das sich aus einem Ginsterbündel sein Haus gemacht hat.

Das dritte (und älteste) stellt aus der Fuhre Ziegel, die es sich erbeten hatte, ein stabiles Haus her. Trotz seiner Sprüche kann es der Wolf nicht umblasen. Dreimal versucht er, das kleine Schweinchen herauszulocken: erst mit einem gemeinsamen Gang ins schöne Rübenfeld da und dort, gleich in der Früh – dann mit einem gemeinsamen Gang zum schönen Apfelbaum – dann mit einem Jahrmarkt-Treff in Shanklin. Doch jedesmal ist Schweinchen eine Stunde vor der ausgemachten Zeit da und besorgt sich die Sachen selbst. Als es auf dem Markt ein Butterfaß gekauft hat und den Wolf kommen sieht, kriecht es hinein, kippt es um und rollt damit den Hügel hinunter. Der Wolf erschrickt, und Schweinchen sagt ihm später freimütig, daß es selbst in dem Faß war. Sie spielen nun mit offenen Karten. Der Wolf erklärt, durch den Kamin kommen zu wollen. Dies führt dazu, daß er mittels Wasserkessel und loderndem Feuer zum willkommenen Abendessen wird – für das kleine kluge Schweinchen.

›The Three Little Pigs‹ (1933) war Walt Disneys erster großer Zeichentrickfilm-Erfolg, auch dank der individuellen Züge, die er jedem Schweinchen applizierte. Bruno Bettelheim hat auf den Entwicklungsprozeß in diesem Märchen hingewiesen: Das jüngste und zweitjüngste Schweinchen errichten ihren Unterschlupf so schnell wie möglich, um den Rest des Tages spielen zu können. Auf solches Lustprinzip folgt fortschreitendes Bemühen und schließlich realitätsbezogenes Verhalten (Steuerung des Ich). Letzteres, so Bettelheim, sei aber nichts anderes als eine Modifikation des ersten; das Vergnügen bliebe daher gewahrt.

Ein deutsches Schweinchenbilderbuch gestaltete Edda Reinl (1983).

Drei Königskinder

Das von Wilhelm Busch erzählte und erst im Nachlaßband ›Ut ôler Welt‹ (1910) gedruckte Märchen hat einen berühmten Vorläufer in 1001 Nacht: ›Die Geschichte von den beiden Schwestern, die ihre jüngste Schwester beneideten‹ (dt. 1927, durch Enno Littmann); nach dem Namen der Heldin »Feenkind« wird es auch als Perizâde-Märchen bezeichnet. Es läuft unter recht verschiedenen Namen, so bei Grimm ›De drei Vügelkens‹ (1815) und bei Bechstein ›Die Knaben mit den goldnen Sternlein‹ (1845); in Frankreich ist es als ›Der Vogel der Wahrheit‹ bekannt, in Rußland als das Dichtermärchen von *Zar Saltan.

Bei Busch geht es zunächst, wie schon in 1001 Nacht, um die geheimen Wünsche dreier Schwestern aus niederem Stand. Die älteste will einen Koch (bzw. den Hofbäcker des Schah) zum Mann, die zweite den Minister (den Hofkoch) und die dritte und jüngste den König selbst. (In 1001 Nacht heißt es, sie will dem Schah einen Sohn mit goldenen und silbernen Haaren schenken.)

Der König hat dies alles mitgehört und erfüllt ihnen ihre Wünsche. Er nimmt die jüngste Schwester zur Frau und zeugt mit ihr erst zwei schöne Knaben (bei Busch heißt es, sie haben einen goldenen Stern auf der Stirn), dann ein Mädchen. Geburtshelferin ist jedesmal die älteste Schwester (in 1001 Nacht: beide Schwestern). Aus übergroßem Neid vertauscht sie die Knaben gegen junge Hunde, überklebt das Sternmal mit einem Pechpflaster, setzt sie in einem Kasten auf dem Strom aus. Als der zweite Hund »geboren« wird und der Zorn des Königs überhandnimmt, raten ihm seine Räte, im Fall einer weiteren Mißgeburt die Königin lebendig einzumauern. Das neugeborene Mädchen wird von der Schwester gegen eine Katze (eine Moschusratte) vertauscht, bei deren Anblick der König außer sich gerät. Er läßt seine Frau in einem Turm vermauern. (In 1001 Nacht wird die Schahbanu in einen Käfig neben der Hauptmoschee eingesperrt, und jeder dort eintretende Muslim ist gehalten, ihr ins Gesicht zu speien.)

Die drei Königskinder in ihren schwimmenden Kästen werden jeweils von den drei Kindern eines Gärtners aufgefischt. Der zieht sie auf, als wären sie leibliche Kinder. Seine eigenen sterben, und er setzt die Findlinge zu Erben ein. (In 1001 Nacht sind es der Aufseher der kaiserlichen Gärten und seine Frau, die die jungen Prinzen Bahman und Parwêz und die Prinzessin Perizâde an Kindes Statt aufnehmen und sorgfältig erziehen; die Pflegeeltern sterben und lassen die drei alleine zurück.)

Eines Tages redet ein alter Mann die Geschwister an: zu ihrem Glück fehlten noch drei Dinge, der Vogel der Wahrheit, das Wasser des Lebens und der Apfel Sina; alle drei seien sie auf einem hohen Berg zu finden, doch wer sich beim Aufstieg umschaue, werde zu Stein verwandelt. (In 1001 Nacht wird allein Prinzessin Perizâde von einer frommen Einsiedlerin über »den sprechenden Vogel, den singenden Baum und das goldene Wasser« informiert.)

Die Geschwister ziehen nun eines nach dem anderen aus. Beide Brüder hinterlassen als Lebenszeichen ein Messer, das sie in einen Baum stoßen. Als das Messer rostig wird, wissen die übrigen, daß der Bruder nicht mehr lebt. Zuletzt macht sich die Schwester auf den Weg, schaut sich kein einziges Mal um und gelangt, trotz Donner, Wetterleuchten und bebender Erde, bis hinauf zum Gipfel. Dort pflückt sie den Apfel, schöpft von dem Wasser und nimmt – beinahe hätte sie's vergessen – auch den Vogel mit. Beim Abstieg besprengt sie die vielen Steine mit dem Wasser des Lebens, und so werden auch ihre Brüder wieder lebendig. (In 1001 Nacht träufelt erst Blut vom Jagdmesser des älteren Bruders, dann haftet die Perlenkette des jüngeren fest; die Bergprobe besteht aus Geisterstimmen, deren sich Perizâde durch Ohrenstopfer erwehrt.)

Zu Hause rät der Vogel der Wahrheit den drei Geschwistern, den König zu sich als Gast zu bitten. Noch zugedeckt in Schüsseln, werden aus Stückchen vom Apfel Sina plötzlich die köstlichsten Speisen. Während man tafelt, redet der Vogel den König an. Er öffnet ihm die Augen, daß er mit seinen eigenen Kindern zu Tisch sitzt. Von den Stirnen werden die Pflaster entfernt, es kommen die goldenen Sterne zum Vorschein. Das Lebenswasser erweckt die Mutter wieder zum Leben, und der König hält ein zweites Mal mit ihr Hochzeit.

Das Märchen aus 1001 Nacht schließt anders. Es hat, was die Wiedererkennung betrifft, einen glücklichen Einfall: Dem Schah wird als letztes ein Gericht aus grünen Gurken vorgesetzt, die mit Perlen gefüllt sind. Als ihn dies verwundert, spricht der Vogel: »Wieviel sonderbarer ist es, daß du nicht erstaunt warst zu hören, deine Gemahlin habe, entgegen den Gesetzen der Weltordnung Allahs, solche Tiere geboren wie Hund und Katze und Moschusratte. Das hätte dich weit mehr wundern müssen.«

Die drei Pomeranzen ***Das Pomeranzenfräulein**

Die drei Schwestern

Musäus begann seine ›Volksmährchen der Deutschen‹ (1782–86) mit einem breiter ausgesponnenen Text: ›Die Bücher der

Chronika der drey Schwestern‹. Er erschien den Brüdern Grimm im Kern »unstreitig ächt und unerfunden«, weshalb sie ihn – gefiltert – für ihre erste Märchensammlung (1812) übernahmen, dann jedoch wieder ausschieden. Der erste Teil ist vom Typus der drei Tierschwäger bestimmt, der zweite vom Typus Herz des Unholdes im Ei. Für diesen zweiten fanden die Grimms später ein anderes Märchen: Die Kristallkugel (1850). Auch dieses zogen sie aus einem Buchmärchen aus, nämlich aus Friedmund von Arnims ›Vom Schloß der goldenen Sonne‹.

Der eigentliche Held der ›Drei Schwestern‹ ist der jüngere Bruder, der erst nach ihrer wunderlichen Eheschließung geboren wird. Er heißt bei Grimm wie bei Musäus: Reinald das Wunderkind. Auch in dem klassischen Vorläufer, Basiles ›Die drei Tierbrüder‹ (›Li tre rri anemale‹, 1634), hat er einen markanten Namen – Tittone – und ist im besten Jünglingsalter, als er sich mit 16 auf die Suche nach seinen unbekannten Schwestern aufmacht. Während bei Basile die älteste einen Falken, die mittlere einen Hirsch, die jüngste einen Delphin ehelicht, sind sie bei Grimm als Bärenbraut, Adlerbraut, Walfischbraut gekennzeichnet. Ihre rätselhaften Männer stehen jeweils mit den Elementen Erde, Luft und Wasser in Verbindung, sind einerseits Herren des Waldes, der Lüfte, des Meeres, andererseits verwünschte Prinzen. Der Bär, der nach sieben Tagen die älteste Schwester abgeholt hat und einen Zentner Gold dafür gab, tritt alle sieben Tage in seiner natürlichen Gestalt auf, aus seiner Waldhöhle wird für einen Tag ein herrliches Schloß. Der Adler, der der mittleren eine Frist von sieben Wochen gelassen hat und dem sie zwei zentnerschwere goldene Eier wert war, verwandelt sich in der siebten Woche wieder in einen Prinzen; aus dem Adlerhorst wird ein noch prächtigeres Schloß, sieben Tage lang. Der Walfisch war erst nach sieben Monaten gekommen und hatte drei große Säcke mit Zahlperlen dagelassen; entsprechend ist er für einen vollen Monat wieder Prinz, und sein kristallenes Haus im See ist das erdenklich schönste Inselschloß.

In ihren tierischen Zeiten haben die drei Prinzen menschenfresserische Neigungen. Deshalb müssen die Schwestern ihren »liebsten Bruder« vor ihnen verstecken: die erste unter ihrem Bett, die zweite im hohlen Baum, die dritte in der Holzkammer. Doch sobald die Schwäger wieder Menschengestalt erlangt haben, herrscht Freude und Herzlichkeit. Und beim Abschied geben sie dem jungen Reinald etwas von ihrem tierhaften Wesen mit, der eine drei Bärenhaare, der andere drei Adlerfedern, der dritte drei Schuppen. In der Not soll er daran reiben, dann werden sie ihm zu Hilfe kommen.

Nach sieben Tagen Wildnis steht das Wunderkind vor einem stahlbewehrten Schloß, bewacht von einem schwarzen Stier mit funkelnden Augen. Schwert und Lanze zersplittern, denn das Untier (bei Basile ein *Drache) ist selbst von Stahl. Von dessen Hörnern auf einen Baum geschleudert, besinnt sich Reinald auf die Bärenhaare; der Bär kommt und reißt den Stier. Aus dem Bauch fliegt ein Entvogel auf, der herbeigerufene Adlerschwager verfolgt und zerfleischt ihn. Doch der Vogel hat noch ein goldenes Ei ins Wasser fallen lassen. Nun hilft der Walschwager, speit das Ei an Land. Reinald schlägt es auf und findet darin den Schlüssel, der das stählerne Tor öffnet. Sieben Türen, sieben Kammern muß er durchschreiten, bis er eine schlafende Schöne findet. Als er sie nicht aufwecken kann, schlägt er zornig auf eine schwarze Tafel neben dem Bett. Für einen Moment erwacht sie. Da zertrümmert er die Tafel – und aller Zauber ist gelöst. Die schöne Jungfrau erweist sich als Schwester der Tierschwäger, und als vier Paare kehren sie nun heim. (Bei Basile hat nicht ein abgewiesener »gottloser Zauberer« die Verwünschung bewirkt, sondern ein Feenspruch: Die drei Prinzen sollten solange in Tiere verwandelt sein, bis sie eine Königstochter aus großer Not befreit haben.)

Das Motiv vom Herz des Unholds im Ei, das zur Erde, zu Luft und zu Wasser erjagt werden muß, findet sich auch im späteren Märchen von der Kristallkugel, die nichts anderes ist als das Dotter in einem glühenden Ei: dem Herz des mächtigen *Zauberers. Dort kommen nicht Tierschwäger dem Helden zu Hilfe, sondern die älteren Brüder, die die zauberische Mutter in Adler und Walfisch verwandelt hat. Der Held, dem die Tierform Bär oder Wolf zugedacht war, entzieht sich der Verzauberung. Um die Schöne im Sonnenschloß aus der Gewalt des Zauberers zu befreien, muß er den wilden Auerochsen niederkämpfen, der Adlerbruder dann den feurigen Vogel verfolgen und der Walbruder das goldene Ei auffangen. Die unversehrte Kristallkugel hält der Jüngling dem Zauberer vor und läßt ihm das Schlußwort: »Meine Macht ist zerstört.« Von Stund an ist er König vom Schloß der goldenen Sonne; die

Königstochter tritt aus ihrer Dunkelgestalt, sie tauschen ihre Ringe.

Das Musäus-Märchen hat als erster Adolf Schrödter (18 Holzschnitte zur sog. Prachtausgabe, 1842) illustriert. Vertont wurde es von Wenzel Müller unter dem Titel ›Adler, Fisch und Bär‹ (1820).

Die drei Spinnerinnen

Die übernatürlichen Spinnhelferinnen, drei häßliche Alte, finden sich in allen klassischen skandinavischen Märchensammlungen. Jacob Grimm hat vermutet, in jenen Mütterchen und Muhmen sei noch die Vorstellung von den drei Nornen lebendig, welche die Schicksalsfäden spinnen.

Schon in Johannes Praetorius' ›Abentheuerlichem Glückstopf‹ (1669) wird von einer faulen Spinnerin erzählt, die von ihrer Mutter für übermäßig fleißig und produktiv ausgegeben wird, worauf sie prompt einer heiraten will, ihr einen großen Vorrat Flachs mitbringt und die Braut dadurch in Verlegenheit setzt. Drei alte Weiber kommen vors Fenster, die eine so breit vom Sitzen, daß sie nicht zur Tür herein kann, die andere mit einer ungeheuren Nase, die dritte mit überbreitem Daumen. Sie versprechen ihr, den Flachs wegzuspinnen, unter einer Bedingung: daß sie als Basen anerkannt und zum Hochzeitsmahl eingeladen werden. So geschieht es denn, und als der Bräutigam seine Braut fragt, wie es zu so garstiger Freundschaft käme, erklärt sie ihm, ihre Basen seien durch das viele Spinnen dermaßen zugerichtet worden. Fortan ist sie von dieser Tätigkeit befreit.

In Grimms Märchen ›Die drei Spinnerinnen‹ (1819) winkt der faulen Spinnerin kein geringerer als der Königssohn, doch vorher muß sie für die Königinmutter drei Kammern voll Flachs wegspinnen. Erst am dritten Tag, als sie bereits in höchster Not ist, treten die drei Weiber vors Fenster. Sie gehen kooperativ und zweckmäßig vor: Die eine zieht den Faden und tritt das Rad, die nächste netzt den Faden, die dritte dreht ihn und macht feines Garn daraus. Der Bräutigam selbst erkundigt sich nach dem Grund für ihr Aussehen, und jede erklärt es ihm: der breite Fuß käme vom Treten, die herunterhängende Lippe vom Lecken, der breite Daumen vom Fadendrehen.

In der schwedischen Version von Hyltén-Cavallius (1844) kommen die drei Mütterchen nacheinander zum Einsatz. Ihre jeweilige Berufskrankheit drückt sich schon im Namen aus: Storfota-mor (die mit dem großen Fuß), Storgumpa-mor (die mit dem breiten Gesäß), Stortumma-mor (die mit dem großen Daumen).

Otto Ubbelohde hat die drei Spinnerinnen, ohne auf ihre körperlichen Merkmale einzugehen, in hessischer Bauerntracht gezeichnet (1907); Eva Johanna Rubin hat sie drastisch-gemütvoll wiedergegeben (1969).

Die drei Sprachen

Der Junge, der die drei Tiersprachen erlernte, ist der Überlieferung nach ein Schweizer. Die Brüder Grimm erhielten das Märchen vom Notar Hans Truffer aus dem Oberwallis eingesandt und bauten es in die Zweite Ausgabe (1819) ein.

Ein Graf in der Schweiz bringt seinem Sohn nichts in den Kopf hinein; der Junge bleibt dumm, kann partout nicht lernen. Sein Vater schickt ihn für ein Jahr in die Fremde, zu einem berühmten Meister. Was er gelernt habe, will er vom Sohn wissen. »Was die Hunde bellen.« Der Vater probiert es mit einem anderen Meister, wieder für ein Jahr, und der Sohn weiß nun, »was die Vögli sprechen«. Der Graf ist konsterniert, hält die Zeit für vertan. Einen dritten und letzten Lernversuch will er machen: »Aber lernst du auch diesmal nichts, so will ich dein Vater nicht mehr sein«. Beim dritten Meister hat der Junge gelernt, »was die Frösche quaken«. Es kommt zum völligen Bruch. Nicht nur, daß der Vater den Sohn verstößt – er will ihn töten lassen. Doch die gräflichen Leute lassen ihn laufen und bringen zum Zeichen, daß sie den Auftrag ausgeführt, Augen und Zunge eines Rehs heim.

Was der Junge gelernt hat, kommt ihm auf seinen Abenteuern zugute. In einer Gegend, in der wilde Hunde mit ihrem Bellen und Heulen niemanden zur Ruhe kommen lassen, ihnen sogar Menschen zum Fraß dienen müssen, will er übernachten. Er wagt sich zu den Hunden unten im Burgturm, gibt ihnen zu essen, hört ihnen zu. Anderntags kann er dem Burgherrn berichten, daß sie Verwünschte sind und einen Schatz zu hüten haben, deshalb ihr Jaulen. Der Schatz wird gehoben, die Gegend befriedet.

Den Jüngling zieht es nach einiger Zeit nach Rom. Unterwegs vernimmt er das Gequake von Fröschen, wird darüber nachdenklich und traurig. Als er in Rom anlangt, ist gerade der Papst gestorben, und die Kardinäle, unschlüssig über die Nachfolge, erhoffen ein Wunderzeichen. Wie der junge Graf die Kirche betritt, setzen sich ihm zwei schneeweiße Tauben auf die Schultern. Gefragt, ob er Papst werden wolle, ist er unschlüssig und weiß nicht, ob er dessen würdig ist, aber die Tauben reden ihm zu. Auf sein Jawort hin wird er gesalbt und geweiht, und so tritt ein, was ihn am Froschquaken so irritiert hat: Er soll der heilige Papst werden. Gleich muß er eine Messe singen und weiß doch die (lateinischen) Worte nicht. Die zwei Tauben (Boten des Heiligen Geistes) sagen ihm alles ins Ohr.

Im mittelalterlichen Volksbuch von den sieben weisen Meistern wird der Vater-Sohn-Konflikt anders ausgetragen. Dort interpretiert der tiersprachenkundige Junge das Gekrächz zweier Raben dahingehend, daß ihm einst die Eltern Waschwasser und Handtuch reichen werden; als der Vater das hört, stößt er ihn vom Schiff ins Meer.

Bruno Bettelheim hat das Grimmsche Märchen als beispielhaft angesehen für den Vorgang, »wie ein Heranwachsender zu voller Selbstverwirklichung in seinem Innern und in der Welt gelangt« (1976). In den Hunden (Erdelement) sieht er die Freiheit der Instinkte repräsentiert und auch die größte Nähe zum Menschen: das Erlernen der Hundesprache kommt so als erstes. Die Vögel (Luftelement) verkörpern für ihn das Über-Ich mit seinem Streben nach hohen Zielen und Idealen, während die Frösche (Wasserelement) den ältesten Teil des menschlichen Wesens symbolisieren, das Es. Da sich die Frösche in ihrem eigenen Lebenszyklus von einer niedrigeren zu einer höheren Stufe entwickelten, sei es einleuchtend, daß sie dem Helden den bevorstehenden Schritt zu einer höheren Existenz (Papsttum) ankündigten.

Die drei Wünsche

Die Helden dieses Märchens, das nach dem Ursprungstitel auch ›Die lächerlichen Wünsche‹ (›Les souhaits ridicules‹, 1695) heißt, sind fast immer Eheleute. Eine überirdische Instanz, in Perraults Versgeschichte noch Gott Jupiter, bei den *contes de fées*-Erzählerinnen eine *Fee, bei den Grimms der als Wanderer verkleidete liebe Gott, verspricht einem Ehepaar die Erfüllung seiner ersten drei Wünsche. Mal ist es zuerst der Mann, der spontan einen ersten unbedachten Wunsch ausspricht, mal die Frau. Der Partner reagiert wütend, wünscht dem anderen etwas an den Hals, oder vielmehr: an die Nase. Nun hat er oder haben beide zu tun, durch sorgsame Formulierung des dritten Wunsches alles möglichst ungeschehen zu machen.

Klassisch ist die Version der Madame Leprince de Beaumont (1756), in der die Ehefrau ein Gelüst auf Bratwurst verspürt. Diese wächst ihr alsbald – nach dem zweiten Wunsch, dem des Mannes – an der Nase an. Da bei beiden der Wunsch, reich zu werden, übergroß ist, wird die Blutwurstnase (dritter Wunsch) durch ein Goldkästchen kompensiert, in das sie versteckt werden kann. Eine andere Schlußwendung nimmt Catherine Ann Dorsets ›Think Before You Speak, or The Three Wishes‹ (1809). Hier bewirkt der dritte Wunsch, daß das Paar die Bratwurst definitiv los wird.

Die Situationskomik hat vor allem englische Illustratoren gereizt. In Deutschland ist Johann Peter Hebels Kalendergeschichte ›Drei Wünsche‹ (1811) die bekannteste Fassung; J. J. Dambacher hat sie illustriert (1829). Seit dem 18. Jh. ist das Märchen ein dutzendmal vertont worden, zuletzt durch Nico Dostal (›Der dritte Wunsch‹, 1954). Im gleichen Jahr schuf Lotte Reiniger den Silhouettenfilm ›The Three Wishes‹.

Sigmund Freud hat ›Die drei Wünsche‹ wiederholt zur Traumdeutung herangezogen: »Die Würstchen an ihrer Nase sind die Wünscherfüllung der zweiten Person, des Mannes, aber gleichzeitig auch die Strafe für den törichten Wunsch der Frau.« In der Situation des Märchens, so Freud, »wird der Zwiespalt zwischen dem Bewußten und dem Unbewußten – dem Verdrängten und dem Ich – bloßgelegt« (Traumdeutung, 5. Aufl. 1919).

Dummling

Der Dummling im Märchen ist nicht »der Dumme«. Oft ist er zu Beginn eher schweigsam, in sich gekehrt oder etwas stoffelig. Noch drängt es ihn nicht zur Aktion, doch in seiner Nichtanpassung sind Züge des Heldischen bereits angelegt. Nur sind sie der Umgebung nicht erkennbar, denn Dummling ist der unterschätzte Held – ausgeprägt als *Däumling, Faulpelz, Grindkopf, *Schweinehirt. Auch das männliche Aschenbrödel hat die Qualität eines Dummling, wie das Grimmsche Wörterbuch ausweist: »Von drei Söhnen gilt der jüngste für dumm und wird verachtet, weil er seine Jugend im Schmutz und in der Asche der Küche zubringt.«

So ist Dummling zumeist der Held im *Dreibrüdermärchen. Als die Brüder Grimm ihr erstes Märchenbuch einrichteten (1812), gaben sie der Nr. 64 die Überschrift ›Von dem Dummling‹ und führten darunter vier Märchen auf: ›Die weiße Taube‹, *Die Bienenkönigin, *Die drei Federn und *Die goldene Gans. Tatsächlich ist jedesmal ein Dummling der Held.

Auch Hans Christian Andersen hat mit ›Klodshans‹ (1856) ein Dummlingsmärchen verfaßt. Sein Tölpelhans kann weder das Lateinlexikon auswendig, noch ist er mit den Innungsgesetzen vertraut so wie seine älteren Brüder – schon deswegen hat er unsere Sympathie. Auch weil er im Wettbewerb um die schlagfertige Prinzessin kein Roß abbekommt und daher den Geißbock nimmt, weil er den Blick hat für die unscheinbaren Dinge, die ihm irgendwann vielleicht nutzen können: eine tote Krähe auf der Landstraße, ein alter Holzschuh, sogar Straßendreck.

Diese drei Dinge erweisen sich als brauchbar für die Phantasie, für die eigene Schlagfertigkeit und zum Test, ob die Prinzessin die gleiche Wellenlänge hat. »Das war feingemacht«, lobt sie Klodshans zum Schluß, »das hätte ich nicht machen können, aber ich werde es wohl lernen.« Es wird eine gute Ehe.

E

Das Ebenholzpferd

›Die Geschichte vom Ebenholzpferd‹ aus 1001 Nacht, nach der Ausgabe Enno Littmanns (1924) die 357. bis 371. Nacht, hat einen geflügelten Königssohn zum Helden. Sie ist auch als die Geschichte vom Zauberpferd bekannt. Dank eines Erfinders (Zauberer) und eines Piloten (Prinz) kommt es, in märchenpoetischer Hinsicht, zum ersten Flugapparat.

Ein König, es ist der altpersische Herrscher Sabûr, hat drei Töchter, leuchtend wie Vollmonde, und einen mondschönen Sohn. Drei Weise (Zauberer) kommen und wollen die Töchter heiraten. Ihre Morgengaben können sich sehen lassen. Der eine bringt einen goldenen Pfau, der die Stunden anschlägt, der andere ein Messinghorn, das wie ein Wächter funktioniert, der dritte weist ein Pferd aus Elfenbein und Ebenholz vor. Das, so sagt er, bringt jeden dorthin, wohin er will. Der Königssohn soll das Pferd erproben, findet auch gleich die Schraube für den Auftrieb. Bereits in Lüften, macht er sich mit zwei Knöpfen am Pferdebug vertraut: dreht er den einen, fliegt er höher und schneller, betätigt er den anderen, fliegt er langsamer und abwärts. Am Abend kreist er über einer schönen Stadt, landet auf dem Schloßdach und erblickt inmitten einer Mädchenschar die Eine, wie für ihn geschaffen. Die schöne Prinzessin verwechselt ihn mit dem ihr vorbestimmten Sohn des Königs von Indien. Ihr Vater, der König von Sanâ'a, findet beide im Gespräch, sieht dadurch ihre Ehre verletzt. Der Prinz stellt ihn vor die Wahl: gleich ein Kampf Mann gegen Mann, oder abwarten bis zum Morgen, dann werde er gegen sein ganzes Heer antreten. Der König ist für letzteres. Das Ebenholzpferd wird vom Dach geholt, der Prinz besteigt es und erhebt sich in die Lüfte. Das Heer der 40 000 Ritter vermag nichts gegen ihn auszurichten. Die Prinzessin erkrankt vor Liebe und Trennungsschmerz. Indessen fliegt der Prinz seiner Heimat zu und bewirkt bei seinem Vater, daß der persische Weise, den man ins Gefängnis geworfen, wieder freigelassen wird; Sabûrs Tochter erhält er dennoch nicht und ist darüber wütend. Trotz des väterlichen Verbots, das Flugpferd erneut zu besteigen, fliegt der Prinz zur Geliebten, läßt sie hinter sich aufsitzen, zurrt sie fest, kehrt mit ihr zurück. Er läßt sie und das Pferd bei einem Gartenpalast, um sie mit großem Geleit abzuholen, findet sie jedoch nicht mehr vor. Der Weise, auf der Suche nach Heilkräutern, hatte sie inzwischen entdeckt und sich als Herold des Prinzen ausgegeben – trotz seiner Mißgestalt mit Erfolg. Als die Prinzessin bekennt, sie allein könne das Pferd nicht reiten, hat er sie in seiner Gewalt. Er fliegt mit ihr weit fort, ins Land der Griechen. An der Wiese, auf der sie landen, kommt auf der Jagd der König vorbei. Er läßt den Alten, der die Jungfrau als seine Frau ausgibt, ins Gefängnis werfen, bemüht sich sehr um die Schöne, sie aber gebärdet sich wie von Sinnen. Das Ebenholzpferd landet in der Schatzkammer.

Der Prinz begibt sich auf die Suche nach dem verschwundenen Pferd, kommt schließlich auch nach Griechenland, wird, da es später Abend ist, im Gefängnis untergebracht. Er hört gerüchtweise von einem lügnerischen Weisen, der nicht imstande sei, die Prinzessin zu heilen, erfährt dann auch vom Zauberer selbst die augenblickliche Situation. Anderntags beim König gibt er sich als Arzt aus, untersucht das Pferd auf seine Flugfähigkeit (vorschützend, dies sei notwendig für die Heilung der Prinzessin). Ihr gibt er sich heimlich zu erkennen und erzielt merkliche Fortschritte in ihrer Genesung. Zur endgültigen Teufelsaustreibung versammelt er alle am Landeplatz, setzt sich aufs Pferd und sie auf den Rücksitz, dreht am Aufstiegswirbel und entschwindet den Blicken aller. Zu Hause gibt es eine glanzvolle Hochzeit, und sein Vater ist klug genug, das schwarze magische Pferd zu zerbrechen.

In dem berühmten englischen Film ›Der Dieb von Bagdad‹ (1940) kombinierte Ludwig Berger die Geschichte vom Ebenholzpferd mit der vom Fischer und dem Dämon (*Der Geist in der Flasche). Dem wunderbaren Flugobjekt widmete sich auch ein japanischer Zeichentrickfilm (›Abenteuer mit dem fliegenden Pferd‹, 1977) und ein deutsch-griechischer Puppenfilm (›Die Geschichte vom fliegenden Pferd‹, 1980).

Einäuglein, Zweiäuglein, Dreiäuglein

Die Heldin dieses ursprünglich sorbischen, von Wilhelm Grimm umerzählten Märchens (1819) ist Zweiäuglein, die mittlere von drei Schwestern. Sie hat als einzige kein Auge mitten auf der Stirn und darum auch nicht den »bösen Blick«.

Wegen ihres normalen Aussehens wird Zweiäuglein von den Schwestern und der Mutter herumgestoßen, wird schlecht gekleidet und genährt: ein *Aschenputtel nicht in der Küche, sondern draußen, wo sie die Ziege hüten muß. Als sie am Feldrain sitzt und weint, tröstet sie eine weise Frau und lehrt sie den Spruch, wie sie dank der Ziege zu einem gedeckten Tisch kommt. Die Ziege nährt sie bestens, sie kann das häusliche Essen stehenlassen, was aber den Argwohn der anderen weckt. Einäuglein kommt aufs Feld, um der Sache auf den Grund zu gehen, wird jedoch durch ein Sprüchlein eingeschläfert, und das *Tischleindeckdich bleibt unentdeckt. Doch als Dreiäuglein kommt, paßt Zweiäuglein nicht auf und schläfert nur zwei der Augen ihrer Schwester ein. Diese kann der Mutter alles berichten. Aus Neid und Rachsucht stößt die Mutter der Ziege ein Messer ins Herz, schlachtet sie. Wieder tröstet die weise Frau und rät Zweiäuglein, sich von den Schwestern die Eingeweide geben zu lassen; sie solle sie vor der Haustür vergraben. Am Morgen ist daraus ein wunderbarer Baum geworden, silbern die Blätter, golden die Früchte. Keiner der anderen gelingt es, auch nur einen der Goldäpfel zu pflücken. Doch Zweiäuglein kommen die Äpfel wie von selbst in die Hand, sie pflückt eine ganze Schürze voll. Das wird ihr erst recht geneidet.

Als ein junger schöner Ritter kommt, steckt man sie in ein leeres Faß. Der Baum gehöre ihnen, versichern die Schwestern, und seinem Wunsch, einen Zweig zu erhalten, kämen sie gern nach. Wieder weichen die Zweige und Früchte vor ihnen zurück, und der Ritter ist irritiert: »Das ist ja wunderlich, daß der Baum euch zugehört und ihr doch nicht Macht habt, etwas davon abzubrechen.« Zweiäuglein im Faß rollt ein paar goldene Äpfel heraus und macht so auf sich aufmerksam. Leicht bricht sie ihm das silberne Zweiglein – »denn der Baum gehört mir« (vgl. *Aschenputtels gabenspendender Baum). Der Ritter erfährt von ihrer Lage, nimmt sie mit aufs väterliche Schloß, sie heiraten. Die Schwestern erfreuen sich des Wunderbaums nicht lange. Gleich anderntags folgt er Zweiäuglein nach und steht vor ihrem Kämmerlein.

Das nährende Tier ist Kennzeichen dieses Märchentyps. Was hier die Ziege, ist im *Erdkühlein die Kuh, oder im norwegischen Märchen ›Kari Trästak‹ ein blauer Stier. Die hilfreiche weise Frau, die Ziege, ihr Tod, ihre Auferstehung im Wunderbaum: All dies kann als Emanation ein und desselben mütterlichen Wesens gedeutet werden. Als »Mutterarchetypus« (Hedwig von Beit) erweisen sich die Symbole sowohl positiv wie negativ bestimmt.

Einer der auszog, das Fürchten zu lernen

Im ›Märchen von einem, der auszog, das Fürchten zu lernen‹, das Wilhelm Grimm erstmals in der Zeitschrift ›Wünschelruthe‹ (Nr. 4 vom 12. 1. 1818), dann in der Zweitausgabe der Märchen (1819) veröffentlichte, hat der Held keinen weiteren Namen; als Redefigur wurde er berühmt. Das mit ihm verbundene »Fürchten« ist im Text durchweg mit »Gruseln« wiedergegeben – ein Wort, das erst durch dieses Märchen in den hochdeutschen Sprachschatz einging.

»Der Junge« ist der jüngere von zwei Söhnen eines (nicht näher bestimmten) Vaters. So klug, gescheit und anpassungsfähig sein Bruder ist, er selber ist dumm, kann weder begreifen noch lernen. Das »Es gruselt mir« des älteren Bruders hält er für eine Kunst, die zu erlernen sich lohne. Es kommt zu drei Versuchen. Erst soll ihm der Küster das Gruseln beibringen. Er läßt um Mitternacht die Kirchenglocke läuten und tritt als weißes Gespenst auf. Nachdem er ihn dreimal vergeblich angeredet, wirft der Junge den vermeintlichen Spitzbuben die Treppe hinunter, der Küster stirbt (ab der 4. Auflage1840 bricht er sich nur ein Bein), und aus ist's mit der Lehre. Als zweiter versucht es ein Mann auf der Landstraße, dem, falls es glückt, die 50 Taler Zehrgeld des Jungen winken. Doch auch eine Nacht unterm Galgen, mit sieben Gehenkten zusammen, löst nicht das erhoffte Gruseln aus. Als dritte Probe weiß ein Wirt ein verwünschtes Schloß: wer es drei Nächte dort aushält, bekommt die schöne Königstochter zur Frau. Vom König versorgt mit dreierlei Sachen – Feuer, Drehbank, Schnitzbank mit Messer –, besteht der Junge die nächtlichen Attacken. Den zwei schwarzen Katzen schraubt er mit der Schnitzbank die Pfoten fest und erschlägt sie, das fahrende Bett verläßt er beizeiten; den greulichen Männern dreht er die Totenköpfe rund und hält im Kegelspiel mit; den Mann aus der Totenlade wärmt er im Bett auf, und als der ihn erwürgen will, lädt er ihn wieder dort ab. Als letztes ruft ihm ein fürchterlicher Greis zu: »Nun sollst du bald lernen, was Gruseln ist, denn du sollst sterben« – doch wieder begreift er nicht: »Soll ich sterben, so muß ich auch dabeisein.«

Sein Mangel an Furchtempfinden und Todesahnung hilft ihm zwar, den alten Weißbart zu besiegen, doch diese Unempfindlichkeit verheißt für die Ehe mit der Königstochter nichts Gutes. Die Schocktherapie seiner Gemahlin ist ebenso einfach wie wirkungsvoll: Nachts, als er schläft, schüttet sie über ihn einen Eimer kaltes Wasser voll mit zappelnden Gründlingen (Kleinkarpfen) aus. Nun weiß er, was Gruseln ist.

Die Unterwelts- oder Jenseitsfahrten der Heldenepik haben sich in Fahrten zu unheimlichen spukerfüllten Schlössern verwandelt, hier wirkungsvoll durchsetzt mit Schwankmotiven. Sie gefielen Ludwig Bechstein so gut, daß er sie gleich zweimal verwendete: in ›Der beherzte Flötenspieler‹ (1845) und in ›Das Gruseln‹ (1853, mit fünf Holzschnitten Ludwig Richters). Franz Graf Pocci schrieb und zeichnete eine Einzelausgabe dieses ›Märlein‹ (1839, mit 31 Lithographien), Wilhelm von Diez gestaltete einen Münchener Bilderbogen (Nr. 241/1859, Buchausgabe 1862). Der furchtlose Held inspirierte auch Otto Ubbelohde (1907), Max Slevogt (1923), David Hockney (1969), Maurice Sendak (1973). Günter Wallraf wandelte für seine Zwecke den Titel ab: ›Von einem der auszog und das Fürchten lernte‹ (1979), Rainer Kirsch schrieb ein Poem ›Auszog das Fürchten zu lernen‹ (1978) mit dem Nachspruch: »Dies ist ein Lehrgedicht es lehrt / Daß der von Furcht nichts weiß in Furcht hinfährt / So willst du furchtlos auf Planeten wandeln / Fürcht dich beizeiten danach magst du handeln.« Filmisch wurde der Stoff eher verharmlost; so lernt »Fürchtenicht« im englischen Film (1988, Regie Steve Barron) prompt das Gruseln, als er nach Bestehen aller Heldentaten die Liebste scheintot vorfindet. Aus psychoanalytischer Sicht gab Bruno Bettelheim (1976) dem Schluß eine andere Pointe. Für ihn erfährt der Held dank seiner Frau im Ehebett endlich, was ihm die ganze Zeit gefehlt hat: sexuelle Emotionen.

Der Eisenhans

Eisenhans, der »wilde Mann«, ist im Grunde nur der Zweitheld des Grimmschen Märchens (1850). Mehr und mehr übernimmt sein Schützling, der Jüngling mit den goldenen Haaren, die Hauptrolle. Sie gehören verschiedenen Märchentypen an, verkörpern unterschiedliche Dämonien. Das Märchen selbst wurde aus zwei Quellen gespeist: einer Fassung »aus den Maingegenden«, wohl durch die Familie Hassenpflug vermittelt, und einer schlesischen Version ›Der eiserne Hans‹, die Friedmund von Arnim unlängst publiziert hatte (in ›Hundert neue Mährchen im Gebirge gesammelt‹, 1844). Lexikalisch findet man es meist unter ›Goldener‹. So hieß der Titelheld in einer Version der Brüder Zingerle (1852), nach dem der dominante Typus (der goldhaarige Jüngling am Königshof) benannt wurde.

Der wilde Mann lebt in einem gefährlichen Wald, auf dem Grund eines tiefen Pfuhls. Er ist braun am Leib, »wie rostiges Eisen«, die Haare hängen ihm über das Gesicht herab bis zu den Knien. Den Hund eines Jägers zieht er zu sich hinab, wird daraufhin von drei Männern trockengelegt, mit Stricken gebunden und aufs Schloß geführt, wo ihn der König in einen eisernen Käfig setzen läßt und bei »Lebensstrafe« verbietet, die Tür des Käfigs zu öffnen. Den Schlüssel nimmt die Königin in Verwahrung.

Dem achtjährigen Königssohn fällt der goldene Ball in den Käfig. Der wilde Mann sagt ihm die Rückgabe erst dann zu, wenn er ihm den Käfig öffnet. Zwei Tage lang wirkt das Verbot des Vaters, am dritten holt der Sohn, nachdem der wilde Mann ihm das Versteck verraten hat – »unter dem Kopfkissen deiner Mutter« –, heimlich den Schlüssel, macht ihm unter Mühen die Tür auf, klemmt sich den Finger. Als der wilde Mann, kaum daß er dem Königssohn den goldenen Ball zurückgegeben, enteilt, bekommt der es mit der Angst zu tun. Der andere kehrt um, hebt ihn auf seinen Nacken und eilt mit ihm in den finsteren Wald. »Vater und Mutter siehst du nicht wieder«, sagt er, ihn absetzend, »aber ich will dich bei mir behalten, denn du hast mich befreit.« Er führt ihn vor einen Goldbrunnen und stellt ihn dreimal auf die Probe. Er solle achtgeben, daß nicht das geringste hineinfalle. Doch der Knabe besteht keine einzige: Erst wird der hineingetauchte Finger vergoldet, dann ein einzelnes Haar, schließlich das ganze schulterlange Haupthaar. Er will es mit dem Taschentuch verdecken – der wilde Mann weiß längst schon alles. Die Probe wurde nicht bestanden, der Königssohn muß in die Welt hinaus. Doch falls er in Not gerate, solle er zum Wald gehen und »Eisenhans« rufen.

Der goldhaarige Königssohn kommt auf seinen Wegen in eine große Stadt, sucht Arbeit und verdingt sich schließlich als Küchenjunge im Schloß. Sein Haar hält er beim Servieren an der königlichen Tafel unter einem Hütchen versteckt. Er habe einen bösen Grind, sagt er dem König, der ihn deshalb davonjagen will, doch der Koch hat Mitleid und läßt ihn den Platz mit dem Gärtnerjungen tauschen. Einmal nimmt er bei sommerlicher Gartenarbeit den Hut ab, und das Strahlen seines Goldhaars dringt bis in das Schlafzimmer der Königstochter. Sie springt auf, sieht ihn unten, ruft ihn und verlangt nach einem Blumenstrauß. Er bricht ihr wilde Feldblumen ab – »sie riechen kräftiger und werden ihr besser gefallen«. Dreimal versucht die Königstochter ihn mit Gold dazu zu bringen, sein Hütchen abzunehmen – vergebens.

Feinde überziehen das Land. Der Gärtnerjunge will mit in den Krieg ziehen. Das Pferd, das man ihm überläßt, hinkt (dreibeiniges Zauberpferd, mythologisch dem Totenheer zugehörig). Da ruft er im dunklen Wald dreimal nach Eisenhans, und dieser verschafft ihm – wie der Engel in der Legende von Robert dem Teufel – ein Roß und Krieger, ganz in Eisen gerüstet. Nach dem Sieg reitet der Jüngling unerkannt auf der dreibeinigen Mähre heim. Für ein dreitägiges Fest, auf dem Sieger sein soll, wer den goldenen Apfel der Königstochter fängt, bekommt er von Eisenhans Roß und Rüstung – erst in Rot, dann in Weiß, dann in Schwarz. Dreimal fängt er den goldenen Apfel, dreimal entkommt er; zuletzt hatte ihn ein Verfolger am Bein verwundet, der Helm war ihm vom Kopf gefallen, all sein Goldhaar konnte man sehen. Wieder ist es die Königstochter, die ihn »entdeckt«. Er erweist sich als der Turniersieger und als eben jener Ritter, der die Feinde des Königs besiegt hat. Die Königstochter, die in dem Goldhaarigen längst den Ebenbürtigen sieht, bekommt er nun zur Frau. Als alle an der Hochzeitstafel sitzen, tritt ein König mit Gefolge herein. Es ist Eisenhans, der erlöste, der den Jüngling als seinen Retter umarmt und ihm all seine Schätze vermacht.

Das Goldener-Märchen ist allein im Deutschen in über hundert Fassungen bekannt. Wilhelm Busch erzählte die Geschichte von ›Friedrich Goldhaar‹ (1910), dessen Widerpart ein graues Männchen ist, dem er sich nur durch »magische Flucht« entziehen kann. Die Funktion des Schutzgeistes nimmt hier ein sprechender Schimmel ein. Friedrichs Prüfungszeit währt sieben Jahre, und als drei davon herum sind, ist das Haar so lang, daß es ihm in den verbotenen Brunnen fällt und golden wird. Bereits als Gärtnerburschen will ihn die Prinzessin zum Gemahl, sie entzieht sich dem väterlichen Schloßverbot, indem sie mit »Grindhans« im Gartenhaus wohnt. Auch ihn erwartet der Krieg als Retter. Zum Schluß muß er das Helfertier, das ihn wunderbar durch zwei Schlachten geführt hat, eigenhändig töten, damit auch es wieder erlöst wird. Er darf seine goldenen Locken losbinden, und der Hochzeit am Königshof steht nichts mehr im Wege.

Die Gestalt des Wilden Mannes geht episch bis auf Enkidu, den Freund und Vertrauten des Gilgamesch (um 1200 v. Chr.), zurück. Das Motiv vom gefangenen und wieder befreiten Wilden Mann findet sich bereits in der altisländischen Saga von Halfdan dem Schwarzen (13. Jh.). »Das reichste der keltisch-ritterlichen Märchen bleibt wohl das vom *Goldener*, keines ist im Mittelalter so leidenschaftlich erzählt worden« (Friedrich von der Leyen, 1964). Mit Männerbund-Praktiken, vor allem mit Initiationsriten, hat es Otto Höfler in Verbindung gebracht (1952). Der Amerikaner Robert Bly nutzte es speziell für die Arbeit mit Selbsterfahrungsgruppen und machte das Buch vom Eisenhans daraus (›Iron John. A Book About Men‹, 1990). Die archaischen Bilder und Symbole des Märchens erschlossen sich ihm als ein achtfach gestufter Initiationsprozeß. Goldener als Initiand, Eisenhans als Mentor und Initiationshelfer, der zum »Männlichen« hinführt. Es wurde ein internationaler Bestseller.

Der eiserne Heinrich *Der Froschkönig

Ente *Das häßliche Entlein, *Das weiße Entchen

Das Erdkühlein

Das Märchen von der Helferkuh, die älteste Darstellung des *Aschenputtel-Themas, setzte Albert Wesselski in ›Deutsche Märchen vor Grimm‹ (1938) an die erste Stelle. Er hatte es bei Martin Montanus entdeckt (›Das Ander theyl der Gartengesellschaft‹, um 1559). Dort trug es einen allgemeineren Titel: ›Ein schöne history von einer frawen mitt zweyen kindlin‹.

Zwei leibliche Schwestern, das kleinere Margaretlin und das größere Annelin, bekommen nach dem Tod ihrer Mutter eine Stiefmutter. Die hat es auf Margaretlin abgesehen und zieht Annelin auf ihre Seite, beratschlagt mit ihr, wie man die andere im Wald aussetzen könne. Doch Margaretlin hat mitgehört. Ihre Göttel (Taufpatin) rät ihr, den Weg zu kennzeichnen – erst mit Sägmehl, dann mit Spreu, schließlich mit Hanfsamen. Zweimal findet sie aus dem Wald zurück, doch dann picken ihr die Vögel die Hanfsamen auf (vgl. *Hänsel und Gretel). In seiner Not besteigt das Mädchen abends einen Baum, sieht von ferne Rauch aufsteigen und gelangt ins versteckte Haus des Erdkühleins (Erdtkülin, wohl »eine Art Wildkuh« und dem Kontext nach »ein Jenseitswesen«, laut Max Lüthi). Nach dem Versprechen, sein Lebtag bei ihm zu bleiben und es nicht zu verraten, nimmt das Erdkühlein sie auf. Es läßt sich morgens und abends von ihr melken und bringt ihr von der Weide »Seiden und Sammet« mit, damit sie sich schön kleide.

Gegen das Gebot der Mutter – niemand anderes ist das Erdkühlein – öffnet Margaretlin dem Annelin, das auf der Suche nach den Überresten ihrer Schwester ist, eines Tages die Tür. Vertrauensvoll sagt sie ihr, sie lebe bei einem Erdkühlein. Rasch erfährt es die Stiefmutter und auch, wie köstlich Margaretlin gekleidet sei. Der Metzger soll das Kühlein schlachten. Dieses weiß längst davon, nimmt für immer Abschied von Margaretlin. Es schärft ihr aber noch ein, nach dem Schlachten den Schwanz, ein Horn und das Schühlein (Huf) zu erbitten, alle drei aufeinanderzustecken und einzupflanzen; am dritten Tag werde daraus ein Baum voll schönster Äpfel und sie selbst darauf zu einer mächtigen Frau.

Erdkühleins Prophezeiung trifft ein. Die Kutsche eines großen Herrn rollt vorbei, sein kranker Sohn verlangt nach den Äpfeln, vor der älteren Schwester und der Stiefmutter weichen die Zweige zurück (geradeso wie in *Einäuglein, Zweiäuglein, Dreiäuglein), einzig der jüngeren neigen sie sich zu. Margaretlin muß dem Herrn ihre Geschichte erzählen und fährt mit den beiden, nicht ohne zuvor den Baum auszugraben, mit der Kutsche davon.

›Das Erdkühlein‹ kannten die Brüder Grimm nicht, wohl aber ein serbisches Märchen von der Helferkuh: der Pepeljuscha (»Aschenputtel«) wird durch eigenes Ungeschick die Mutter in eine Kuh verwandelt, und diese hilft ihr, die drei unmöglichen Spinn-Aufgaben der Stiefmutter zu erfüllen; vor der Schlachtung unterweist sie die Tochter, wo sie ihre Gebeine vergraben solle und wie ihr weiterhin geholfen werde. Die Mutter als Kuhhelferin ist in der südslawischen Folklore häufiger, bezieht auch männliche Waisen ein, so im herzegowinischen Märchen ›Held Hirte und die scheckige Kuh‹.

Der erwachte Schläfer *Abu el-Hasan

Das Eselein

Der die Laute schlagende Eselsprinz ist eine aus spätstaufischer Zeit stammende Märchenfigur; sie findet sich in der mittellateinischen Versnovelle ›Asinarius‹ (um 1200). Jacob Grimm entdeckte – kurz vor Drucklegung des zweiten Bandes – die literarische Vorlage in einer Handschrift des 15. Jhs. und dichtete sie in Prosa um (›Das Eselein‹, 1815). Der langersehnte Sproß eines reichen, doch kinderlosen Königspaares kommt als junges Eselein zur Welt. Die Mutter will es den Fischen zum Fraß geben, doch der König-Vater akzeptiert es als Sohn und Erben. Merkmal des Eselsprinzen sind seine hohen, geraden Ohren, auch seine fröhliche Art, seine Lust an der Musik. Von einem berühmten Spielmann lernt er mit zäher Ausdauer das Lautenspiel. Eines Tages sieht er im Brunnen sein Spiegelbild – Grund genug, um in die Fremde zu gehen. Er kommt an den Hof eines alten Königs, dessen einzige Tochter wunderschön ist, verschafft sich durch sein Lautenspiel Eintritt und gewinnt, nicht zuletzt durch sein höfisches Benehmen, die Sympathie des Alten. Als er betrübten Sinnes an eine Heimkehr denkt, will der König ihn unbedingt halten; erst mit Gold und mit Kostbarkeiten, dann mit dem halben Reich, schließlich mit seiner schönen Tochter. Da willigt das Eselein ein. In der Brautnacht streift der *Tierbräutigam seine Eselshaut ab und erscheint als schöner Jüngling. Ein Diener, der auf Geheiß des Königs alles mit angesehen, berichtet diesem und rät ihm, in der folgenden Nacht das Fell an sich zu nehmen und zu verbrennen. So geschieht es (vgl. *Hans mein Igel). Als nun der Prinz, der sein Fell nicht mehr findet, fliehen will, macht ihn der alte König zum Teilhaber. Später gewinnt er das andere halbe Reich und das ganze seiner Eltern noch hinzu.

Der Brockhaus führt die zahlreichen mittelalterlichen Darstellungen vom lautespielenden Esel auf den ›Asinarius‹ zurück. Das scheint ikonologisch zweifelhaft. Ob sich das anstellige Tier gerade durch Musik zu artikulieren versteht, oder ob es – nach einem polnischen Sprichwort – verlorene Liebesmüh ist, einem Esel das Lautenspiel beizubringen, mag dahingestellt sein.

Eselshaut *Allerleirauh

F

Der falsche Prinz

Wilhelm Hauff veröffentlichte ›Das Mährchen vom falschen Prinzen‹ 1825 im ersten seiner drei Almanache, innerhalb des Erzählzyklus ›Die Caravane‹.

Der Schneidergeselle Labakan liebt es, am Freitag schöngekleidet durch die Plätze und Straßen Alessandrias zu gehen. Wenn ihn sein Meister neckt, an ihm sei ein Prinz verlorengegangen, freut ihn das. Als er den Auftrag erhält, ein Festkleid umzuändern, das dem Sultansbruder gehört, paßt er es sich selbst an und beschließt, mitsamt dem Kleid die Stadt zu verlassen. Auf dem alten Roß Murva seiner Wege ziehend, macht er Bekanntschaft mit dem jungen schönen Prinzen Omar. Diesen hat ein Onkel, der Bassa (Pascha) von Kairo, einer bösen Prophezeiung wegen großgezogen; nun soll er sich bei der Säule El-Serujah einfinden und dort seinen Vater kennenlernen. Während des Schlafs stiehlt Labakan dem Sultanssohn das Erkennungszeichen, einen Dolch; er nimmt ihm auch das Pferd, reitet selbst dorthin. Gegenüber dem greisen Sultan gibt er sich als Sohn aus. Als der echte Omar auf Pferd Murva naht, verleumdet er ihn als »wahnsinnigen Schneidergesellen«. Der Sultan läßt sich täuschen und nimmt Omar gefangen. In der Hauptstadt erwartet sie die Sultanin, ihr haben Träume die Gestalt ihres Sohnes gezeigt. Sie erkennt ihn sofort: »Dieser ist's, den meine Augen nie gesehen und den mein Herz doch gekannt hat.« Der Sultan ist voller Zorn, eigensinnig verweist er auf den Dolch als einzig rechtmäßiges Wahrzeichen. Zum ersten Mal in 25jähriger Ehe ist er mit seiner Frau in Unfrieden. Die Sultanin greift das Wort vom »verwirrten Schneider« auf. Sie beschließt, beide jungen Männer auf die Probe zu stellen: Wer macht den schönsten Kaftan? Hier fühlt sich Labakan in seinem Element, er gewinnt die Probe. Der Sultan, nachdenklich geworden, sinnt auf ein zweites Probierstück. Das arrangiert die gütige Fee Adolzaide. Sie läßt den Jünglingen die Wahl zwischen zwei kostbaren Kästchen mit unterschiedlicher Beschriftung. »Ehre und Ruhm«, »Glück und Reichtum«. Labakan greift zum zweiten Kästchen, er findet darin Nadel und Zwirn. Der wahre Prinz wählt ebenso unbeirrt das erste, es birgt Krone und Zepter. Der Vater krönt nun den richtigen Sohn. Er ist gerührt, als der dem Schneider großmütig das Leben schenkt.

Labakan eröffnet in Alessandria eine eigene Schneiderei. Die Nadel aus dem Feenkästchen näht alles von selber, und der Zwirn nimmt kein Ende. So geht auch sein Spruch in Erfüllung.

Die Illustrierung der Parabel »Kleider machen Leute« ist vor allem Josef Hegenbarth geglückt, mit 19 Federzeichnungen (innerhalb Hauff, ›Die Karawane‹, 1961). Sie wurde mehrmals verfilmt, einmal als Filmkomödie ›Labakan‹ (CSSR 1957), als deutsches Fernsehspiel (1967), als Handpuppenspiel in deutsch-griechischer Koproduktion (1979) und als abendfüllender Spielfilm in deutsch-slowakischer Koproduktion (1985).

Der faule Junge *Pervonto

Die Feder von Finist, dem lichten Falken

Die Feder ist niemand anderes als der schöne Zarensohn, und das Märchen selbst ein russisches Gegenstück zum französischen *Blauen Vogel. Es entstammt der klassischen Sammlung A. N. Afanasjews (1855/63). In deutschen Übersetzungen ist der Falke auch als »Hellfalke« oder »edler Falke« wiedergegeben.

Die jüngste von drei Töchtern bittet ihren Vater jedesmal, wenn er fragt, was er ihnen aus der Stadt mitbringen soll: »Kaufe mir eine Feder von Finist, dem lichten Falken.« Was die beiden älteren sich wünschen – Kleider, Kopftücher, Ohrringe –, bringt er von drei Reisen mit, doch die Feder von Finist kann er nirgends auftreiben. Erst auf der letzten Reise, schon auf dem Heimweg befindlich, kauft er einem Alten die Feder samt Kästchen ab und gibt 1000 Rubel dafür aus. Des Nachts in der Kammer öffnet die Tochter das Kästchen, die Feder fliegt heraus, fällt zu Boden – und vor ihr steht der Zarensohn.

Als sie verliebte Stimmen hören, läßt dies den älteren Schwestern keine Ruhe. In der ersten Nacht durchsuchen sie selbst die Kammer, doch der Zarensohn ist wieder zur Feder geworden, die später entfliegt. In der nächsten Nacht holen sie ihren Vater, in der dritten spicken sie das Fenster von außen mit scharfen Messern und Nadeln, an denen Finist sich blutig schneidet. Er kann nicht mehr hinein zu der schönen Jungfrau.

Nun muß sie ihn suchen, hinter dreimal neun Ländern in dem dreimal zehnten Reich – muß drei Paar Schuhe aus Eisen durchlaufen, drei Wanderstäbe aus Eisen zerbrechen, drei Oblaten aus Stein aufnagen. Während ihrer Suchwanderung macht sie jeweils Station bei drei alten Schwestern (Wegweisenden Instanzen) und bekommt von jeder kostbare Dinge mit. Die letzte weiß, Finist ist jetzt mit der Tochter der Hostienbäckerin verheiratet, sie rät ihr, sich dort als Magd zu verdingen. Mit dem silbernen Spinnrad und dem goldenen Spinnstock spinnt sie einen Goldfaden und weckt damit die Begehrlichkeit der Bäckerintochter. Gegen eine Nacht bei ihrem Mann gibt sie ihr Gerät her. Die andere flößt ihm jedoch vorher ein Schlafmittel ein. Das geschieht auch in der zweiten und dritten Nacht, als alle weiteren Kostbarkeiten aus Silber und Gold die Besitzerin wechseln. Eine Träne der schönen Jungfrau, die auf seine Wange fällt, bewirkt endlich, daß Finist erwacht. Da erkennt er sie und geht mit ihr fort.

Als sie an ihrem Elternhaus angelangt sind, läßt er sich auf die feuchte Erde fallen, wird wieder zur Feder. Später pfeift er zum Fenster hinaus und besorgt auf die Weise Kleider, Schmuck und eine goldene Kutsche. Es ist die heilige Osterwoche, und der Zarewitsch und die Zarewna kutschieren in aller Pracht – unerkannt – zur Kirche, jeden Tag. Am dritten Tag entdeckt ihr Vater an der Kirchentür, daß die Kutsche vor seinem Haus hält. Jetzt muß die Wahrheit an den Tag, sagt die Tochter. Sie holt die Feder hervor, sie fällt auf den Boden und verwandelt sich in den Zarensohn. Nun werden die beiden getraut.

Das poetische Märchen ist auch wegen der Farbillustrationen Iwan J. Bilibins (St. Petersburg 1902) sehr bekannt. Elisabeth Borchers hat es als ›Das Märchen vom herrlichen Falken‹ nacherzählt (1982, mit den Bildern Bilibins).

Fee, Feenpatin

Das übernatürliche Wesen, das in die Geschicke der Menschen eingreift, hat eine lange, auch im Namen ablesbare Märchengeschichte. In ›Les contes des fées‹ (1697) wird man seiner gewahr, auch in der zeitgleichen Sammlung Charles Perraults, in dessen ›La belle dormant‹ (*Dornröschen), ›Cendrillon‹ (*Aschenputtel) und ›Les fées‹ (*Die Feen) sie eine große Rolle spielen. Feenmärchen waren am Versailler Hof schon vorher gang und gäbe. »Gute Feen bedachten die Prinzessin der grünen Insel unablässig mit ihrer Gunst«, schwärmte Madame de Sévigné von einer Erzählstunde bei Hofe (1677). Giambattista Basiles ›Pentamerone‹ (1634) kursierte dort, und auch bei ihm spielten die ›ffate‹ eine Rolle. Dieser Begriff (fatua, fata) transportierte die antikisch-mythische Vorstellung von den Schicksalsgöttinnen, meist drei an der Zahl: griechische Moiren, römische Parzen, keltische Matronae. Auch zu sieben traten sie auf, wie sich an den ägyptischen Hathoren (*Der verwunschene Prinz) und im französischen *Dornröschen ablesen läßt. Als Variante der mütterlichen Schicksals- und Gabenfee ergab sich die Patenfee, die schon im *Erdkühlein auftrat, in Basiles ›Aschenkatze‹, in Perraults ›Cendrillon‹. Madame d'Aulnoy hat sie kultiviert und zur Initiatorin der Handlung eingesetzt (*Der blaue Vogel). Madame de Murat rühmte sich, die schlichten Feen der Folklore (will sagen, der Märchen ihrer bretonisch-keltischen Heimat) durch junge, elegant gekleidete Damen ersetzt zu haben, die in Zauberpalästen und an Königshöfen residieren und alles Wunderbare unter Kontrolle halten.

Den umgekehrten Weg gingen hundert Jahre später die Brüder Grimm. Sie ersetzten die romanischen Feen durch einheimische Vorstellungen und Namen: Frau Gode, *Frau Holle, *Die drei Spinnerinnen, die weise Frau, die *Zauberin. Noch in der Erstfassung ihres *Dornröschen schrieben sie von den 13 »Feen im Lande«, und im *Rapunzel-Märchen von 1812 war Frau Gothel durchaus noch eine Fee – erst 1819 wurde sie zur Zauberin. Was in 1001 Nacht die Peri (*Prinz Ahmed und die Fee Peri Banu), transformierte in ihrem Märchen (*Die drei Federn) zur Itsche/Kröte. In neueren französischen Volksmärchen kamen andere Bezeichnungen auf, »Dames Blanches«, »Bonnes Dames«, und in Wales wurde die keltische Fee zur »Dame in Grün«. Europäische Schwestergestalten sind die nordischen Huldren, die südslawischen Vilen, die baskischen Laminak. Eine besondere Rolle spielt die italienische Fata Morgana, die den Luftspiegelungen in der Straße von Messina den Namen gab; als ›fée Morgane‹ findet sie sich in der Artussage, und nach jüngerer Forschung geht sie auf eine keltische Wasser- und Muttergottheit zurück. Mit Namen versehen sind vor allem Wasserfeen: *Melusine, *Rusalka, *Undine. Als »weiße Frau« erscheint die Brunnenfee bei Musäus (›Die

Nymphe des Brunnens‹). Eine berühmte Waldfee ist Viviane, Freundin und Bezwingerin *Merlins.

Die Feen

Unter diesem Namen verbirgt sich das französische *Frau Holle-Märchen, überliefert in zwei Fassungen: einer breiter ausgesponnenen der Marie-Jeanne L'Héritier (›Les enchantements de l'éloquence ou Les effets de la douceur‹, 1695) und einer griffigeren ihres Onkels Charles Perrault (›Les fées‹, 1697). Der etwas vage Titel wurde im Englischen zu ›Diamonds and Toads‹ (Diamanten und Kröten), analog zu Bechsteins Gegensatzpaar ›Die Goldmaria und die Pechmaria‹.

Es ist die Geschichte zweier ungleicher Schwestern, die eine hochmütig und garstig – wie ihre Mutter, die ganz vernarrt in sie ist – , die andere ebenso sanftmütig, redlich und schön, das Ebenbild ihres verstorbenen Vaters. In der Familie hat es die Jüngere schwer; zweimal am Tag muß sie von weither Wasser holen. Als eines Tages eine Alte am Brunnen sitzt und um einen Trunk bittet, spült sie eigens die Kanne aus, schöpft das beste Wasser und reicht es ihr. Zum Dank verleiht ihr die Fee (denn niemand anders ist die alte Bauersfrau) die Gabe, daß bei jedem Wort, das sie spricht, eine Blume oder ein Edelstein aus dem Munde springt. So springen ihr, während sie mit der über ihr langes Ausbleiben empörten Mutter spricht, zwei Rosen, zwei Perlen und zwei große Diamanten hervor. Fanchon, die einzig wahre Tochter, soll es sofort der Schwester gleichtun. Die aber ist auf eine arme alte Frau am Brunnen programmiert, fertigt daher die prächtig gekleidete Dame, die sie um einen Trunk bittet, hochfahrend ab: Ihretwegen habe sie das Silberfläschchen gewiß nicht mitgebracht. Für diese Unfreundlichkeit wird sie von der Fee (sie ist die Dame) mit einer anderen Gabe bedacht; bei jedem Wort soll ihr eine Schlange oder eine Kröte aus dem Munde springen. Als sie Übles sprechend heimkehrt, wird ihre Schwester beschuldigt. Sie soll es büßen und läuft weinend davon. Im Wald trifft sie auf einen Königssohn, den sie durch die vielen Perlen und Diamanten beim Sprechen und die dazugehörige Geschichte tief beeindruckt. Der Mangel an Mitgift, so kalkuliert er klug, werde durch diese Gabe mehr als wettgemacht, und so heiratet er sie. Der Schwester aber, die Kröten spricht, ergeht es schlecht. Die eigene Mutter jagt sie davon, und weil keiner sie aufnehmen will, stirbt sie.

In Perraults Manuskript (1695) war das gute Mädchen eindeutig eine Stieftochter. Es könnte sein, daß er sie zur leiblichen Tochter machte, weil das gute alte Schema mit ›Cendrillon‹ (*Aschenputtel) schon besetzt war. Französische Tradition baut ihrerseits auf der italienischen auf. So gibt es in Basiles barocker Märchensammlung (1634) zwei Frau Holle-Versionen. Nach der einen gerät die von ihrer Stiefmutter mißhandelte Cecella durch eine Kehrichtgrube in die Unterwelt und wird dort von drei Feen beschenkt (›Le tre ffate‹). In der anderen, die zwei Kuchen im Titel führt (›Le doje pizzelle‹), zeigt sich Marziella am Brunnen freigebig gegen eine Alte; sie erhält einen Zaubersegen, der ihr beim Sprechen Rosen und Jasmin, beim Kämmen Perlen und Granatedelstein beschert – während ihre Cousine Puccia mit Schaum vorm Mund und mit »alchimistischen Tieren« im Haar gesegnet wird. Das Kämm-Motiv ist auch in englischer, seit der Elisabethanischen Zeit feststellbaren Frau Holle-Tradition zu finden. In ›The Three Heads of the Well‹ (Die drei Häupter im Brunnen) bekommt die gute Tochter vom alten Mann, mit dem sie ihr Brot teilte, eine Zaubergerte mit und die Weisung, zum Brunnen zu gehen und die drei Köpfe zu kämmen. Sie sind es dann, die ihr Schönheit verleihen und ihr einen Prinzen als Mann verheißen.

Der Feuervogel

Das berühmte Märchenballett ›L'oiseau de feu‹, russisch ›Jar Ptiza‹, Musik Igor Strawinsky, wurde 1910 in Paris uraufgeführt, große Tänzerinnen waren die Protagonisten: die Pawlowa als Prinzessin, die Karsawina als Feuervogel. Serge Diaghilews Ensemble ›Ballets Russes‹ war geleitet von der Idee eines rein nationalen Balletts. Dem Libretto Michail Fokines lagen fünf russische Texte aus der Afanasjewschen Sammlung (1855–63) zugrunde; im wesentlichen ›Das Märchen von Iwan Zarewitsch, dem Feuervogel und dem grauen Wolf‹, dann *Marja Morewna, *Kostschej der Unsterbliche und zwei weitere, die vom Feuervogel und der Zarin Wassilissa und vom Wasser des Lebens handeln. Der Feuervogel ist Grimms *Goldenem Vogel nahe verwandt. Die russische Folklore spricht bildhaft von Federn aus purem Gold und Augen wie aus orientalischem Kristall; jede Feder dieses Wundervogels vermag die Nacht wie brennendes Feuer zu erleuchten.

Im Märchen gelingt es erst dem jüngsten der drei Zarensöhne, ihn als den zu stellen, der nachts die goldenen Äpfel vom Lieblingsbaum des Zaren pflückt; er kann ihm jedoch nur eine Schwanzfeder entreißen. Zar Wyslaw will, daß seine Söhne ihm den Feuervogel verschaffen. Wieder wird das allein Iwan gelingen, dem der riesige graue Wolf hilft. Gegen dessen Rat nimmt er außer dem Vogel auch den goldenen Käfig mit, wird gefangengenommen und muß zur Sühne Zar Dolmat das Pferd mit der goldenen Mähne besorgen. Das gelingt ihm, doch wieder hört er nicht auf die Warnung des Wolfs und nimmt auch das goldene Zaumzeug mit. Nun zwingt ihn Zar Afron, ihm dafür die schöne Prinzessin Jelena zu holen. Diesmal besorgt das der graue Wolf und nimmt die beiden auf seinen Rücken. Iwan verliebt sich in Jelena. Um die fremden Zaren zu täuschen, erscheint der Wolf dem einen als die schöne Jelena, dem anderen als das goldene Pferd, entkommt beide Male und verhilft Iwan so auch zu den anderen Kostbarkeiten, dem Pferd und dem Feuervogel. Dann nimmt der Wolf von ihm Abschied, seine Arbeit sei getan.

Einmal noch hilft der Graue – als Iwan von seinen Brüdern im Schlaf erstochen wird und Jelena in ihre Gewalt gerät. Er läßt den Raben Rabowitsch das Wasser des Lebens und das Wasser des Todes holen, macht Iwan damit lebendig und bringt ihn in den väterlichen Palast, gerade noch rechtzeitig, bevor einer der Brüder Jelena als Braut zur Tafel führt. Die verräterischen Brüder kommen ins Gefängnis, Iwan und Jelena werden ein glückliches Paar.

Das Feuervogel-Libretto verlegt die nächtliche Apfelbaumszene in den Garten des dämonischen Königs Kostschej. Um wieder freizukommen, überläßt der Feuervogel Iwan eine seiner Federn, sie soll ihm von Nutzen sein. Prinzessin Überirdische Schönheit betritt den Garten mit elf Gespielinnen, sie alle sind Gefangene Kostschejs. Als ihr goldener Apfel in ein Gebüsch rollt, reicht ihn Iwan ihr. Er verliebt sich in sie. Ihre Warnung, die goldenen Gartentore nicht zu passieren, schlägt er in den Wind. Als magische Glocken Alarm auslösen, kommen die Monster des Königs und überwältigen ihn. Kostschej will Iwan in Stein verwandeln, wie so viele vor ihm, doch der erinnert sich seiner Feder und wirft sie aus. Schon naht der Feuervogel. Er blendet die Monster, zwingt sie in einen unaufhörlichen Tanz. Dem Zarewitsch weist er das Baumnest, wo das Ei des Dämons versteckt ist: sein Leben, seine Sterblichkeit. Iwan vernichtet den Zauberer Kostschej, und der Weg für die beiden Liebenden ist frei.

Das Märchen von Iwan Zarewitsch, dem Feuervogel und dem grauen Wolf wurde auch durch die frühen Farbillustrationen Iwan J. Bilibins bekannt (St. Petersburg 1901). Die Ausstattung des Balletts übernahm später Marc Chagall (1945). George Balanchine verwendete sie in seinen Einstudierungen beim New York City Ballett (1949, 1970). Berühmte Versionen schufen auch Serge Lifar (Pariser Opéra, 1954), John Cranko (Deutsche Oper Berlin, 1964) und Maurice Béjart (1970).

Das Feuerzeug

›Fyrtöjet‹ war das erste aller Andersen-Märchen, erschienen am 8. Mai 1835. Sein damals 29jähriger Verfasser hat es, wie es ihm aus Odenser Kindertagen in Erinnerung geblieben, auf eigene frische Weise erzählt. Das trug dem ›Feuerzeug‹ noch mehr Bewunderer – und Illustratoren – ein als Grimms *Blauem Licht.

Held ist ein namenloser Soldat. Er ist auf dem Heimmarsch, mit Säbel und Tornister. Auf der Landstraße begegnet ihm eine alte Hexe, die ihn überredet, in einen hohlen Baum zu steigen, sich der Schätze dort unten zu bedienen und ihr ein altes Feuerzeug mitzubringen. Wie beschrieben, stößt er unterm Baum auf drei Türen, die sich zu Kammern öffnen, in denen Truhen stehen: die erste gefüllt mit Kupfer, die zweite mit Silber, die dritte mit Gold. Bewacht sind sie – wie vorausgesagt – von drei Hunden mit riesigen Augen: so groß wie Teetassen, wie Mühlräder, wie der Runde Turm. Der Soldat setzt die Hunde auf die blaugewürfelte Schürze der Hexe, so passiert ihm nichts. Er wirft das Kupfergeld, dann das Silber von sich und stopft sich die Montur voll mit Gold. An das Feuerzeug muß ihn die Hexe erinnern, er holt es und will wissen, was sie damit vorhat. Als sie es ihm nicht sagt, haut er ihr mit dem Säbel den Kopf ab.

Als reicher Mann kommt er in die Stadt, steigt im besten Gasthof ab, kleidet sich aufs feinste ein. Er vernimmt, daß der König die wunderschöne Prinzessin in einem kupfernen Schloß verwahrt hält, weil ihm prophezeit wurde, sie werde einen gemeinen Soldaten heiraten. Als alles Gold schon ausgegeben und er deshalb in eine winzige Dachkammer umgezogen ist, will der Soldat eines dunklen Abends Licht machen. Er gebraucht das Feuerzeug, und im Nu steht der erste Hund vor ihm und erwartet seinen Befehl. Das Geld, das er sich wünscht, wird flugs herbeigeschafft – jetzt weiß er, was es mit dem Feuerzeug auf sich hat. Der Hund mit den Augen wie Teetassen wird sein ständiger Helfer. Er apportiert ihm in drei Nächten die Prinzessin. In der ersten küßt sie der Soldat, und sie berichtet es ihren Eltern als seltsamen Traum. In der zweiten folgt dem Hund eine alte Hofdame und macht ein Kreidekreuz ans Hoftor, doch er bemerkt es und bekreuzelt alle Tore. Für die dritte Nacht weiß die Königin Rat: Sie füllt einen Seidenbeutel mit Buchweizenkörnern, bindet ihn der Prinzessin auf den Rücken, schneidet ein kleines Loch hinein. Nun ist die Spur gelegt. Gleich am Morgen wird der Soldat eingelocht, ihm steht der Galgen bevor. Durch das Eisengitter verständigt er sich mit einem Schusterlehrling, und der holt ihm das Feuerzeug aus dem Gasthof. Als er schon auf der Leiter steht, äußert er einen letzten Wunsch, eine Pfeife Tabak. Dies wird ihm vom König gewährt. Dreimal schlägt der Soldat Feuer, da sind alle Hunde zur Stelle, werfen Richter und Räte hoch in die Luft und verschonen auch das Königspaar nicht. Auf Volkes Zuruf wird der Soldat König. Die Hochzeit dauert acht Tage, die Hunde sind auch dabei.

Die Eingangsszene mit Hexe und Baum war stets ein beliebtes Motiv der Illustratoren; u.a. haben es Vilhelm Pedersen (1849), Harry Clarke (1916), Svend Otto Sörensen (1972) und Janusz Stanny (1976) verwendet. Anderen, wie H. J. Ford (1894) und Tomi Ungerer (1974), hatten es die tellergroßen Augen des Hundes angetan; auch die Galgenszene wurde nicht außer acht gelassen (Tomi Ungerer 1974, Ulf Löfgren 1979).

Eine originelle Variante zu Andersen gab Wilhelm Busch mit ›Der Soldat und das Feuerzeug‹ (1910, posthum). Bei ihm sind die Hunde Riesen, und drei kartenspielende Königstöchter gewinnen dem Soldaten alles ab; er nimmt sich die jüngste, und die Riesen erlöst er, indem er ihnen die Köpfe abschlägt. Nicht minder originell ist die schwedische Fassung *Lasse, mein Knecht.

Der Fischer und der Dämon *Der Geist in der Flasche

Der Fischer und das Fischlein *Der Fischer und seine Frau

Der Fischer und seine Frau

Das Märchen im pommerschen Platt – ›Von dem Fischer un syner Fru‹ – verdankten die Grimms dem Maler Philipp Otto Runge, der es schon 1806 aufgezeichnet hatte. Veröffentlicht hat es zuerst J.G.G. Büsching in ›Volks-Sagen, Märchen und Legenden‹, drei Monate vor Drucklegung der ›Kinder- und Hausmärchen‹ (1812). Den Grimms hatte eine abweichende Fassung vorgelegen. Kurioserweise sah sich Wilhelm Grimm durch eine spätere Hamburger Dialektfassung veranlaßt – Runges Bruder hatte sie, welche Pointe, nach dem Grimmschen Text vorgenommen –, seinerseits den Text zu verändern, was diesem aber nicht gut bekam. Näher an Runges verschollener Urfassung ist Grimms Erstdruck von 1812, nach dem deshalb hier zitiert wird.

Ilsebill, die Frau des Fischers, ist die treibende Kraft. Das Paar lebt in einem Pißpott, nahe dem Meer. Er angelt eines Tages aus der Tiefe der See einen großen Butt. Als der zu ihm spricht, er sei ein verwünschter Prinz und als Speise nicht recht genießbar, läßt er ihn wieder vom Haken. Von der Frau im Pißpott bekommt er Schelte: wenigstens eine Hütte hätte er sich von ihm wünschen können! Sie schickt ihn wieder zurück, was ihm gar nicht recht ist. Die anfangs blanke See ist gelb und grün, als er den Butt ruft: »Mandje, Mandje, Timpe Te . . .« Der Butt verschafft das gewünschte Häuschen, er solle nur hingehen, sie säße schon darin. Doch Haus, Hof und Garten erscheinen Ilsebill bald zu klein, sie will in einem großen steinernen Schloß wohnen. Und danach will Ilsebill König sein . . . und danach Kaiser . . . und danach der Papst. Immer wieder muß der Mann schweren Herzens den Butt anrufen, immer mit dem Bedauern: »Mine Fru, de Ilsebill, / Will nich so, as ick wol will.«

Als sie dann auf dem päpstlichen Thron sitzt, zwei Meilen hoch, mit drei großen Kronen auf dem Kopf, ruft er zu ihr hoch: Nun bist du zufrieden, bist Papst, mehr kannst du nicht werden. Doch sie will sich bedenken, und schon bei Sonnenaufgang ist ihr das Nonplusultra eingefallen: Wie der liebe Gott will sie werden, will Sonne und Mond aufgehen lassen. Sie malträtiert ihren Mann solange, bis er wieder zum Butt geht. Der gibt ihm, wie immer, knappen Bescheid: »Gah man hen, se sitt all wedder in'n Pißpott.« Und da sitzen sie bis auf den heutigen Tag.

Den gesteigerten Wünschen entspricht die Farbgebung der See. Erst ist sie »gans geel un grön«, dann »gans vigelett un grag un dunkelblag«, »gans swartgrag« und hochdramatisch so weiter. Himmel und Erde spiegeln, in doppelt dreifacher Steigerung, Ilsebills Begehren.

Daß es auch zu einer Gemeinsamkeit des Wünschens kommen kann, zeigt August Stöbers ›Das Mährchen von dem Mann und der Frau im Essigkrug‹ (1842) in elsässischer Mundart. Ein goldenes Vögelchen ist hier der Beauftragte des Himmels, der gemeinsame Anruf gilt entsprechend ihm: »Goldvejele-n-im Sunnestrahl . . .« Durch die Übernahme in Bechsteins Märchensammlung (1845) ist diese Version sehr bekannt geworden. Badischen Ursprungs ist das schon 1809 veröffentlichte ›Hanns Dudeldee, ein Mährchen‹ von A. L. Grimm; dort hieß es leitmotivisch: »Fischlein, Fischlein in dem See! – Was willst du lieber Hanns Dudeldee?« In Schwaben machte, ebenfalls vor den Brüdern Grimm, Justinus Kerner den ›Hans Entendee‹ bekannt (1811). In romanischen Ländern kennt man den Typus mehr als Legendenmärchen, mit dem hl. Petrus, Christus oder Gottvater selbst als wunschgewährender Instanz. In Rußland ist Puschkins Dichtermärchen ›Fischer und Fischlein‹ (›Skazka o rybake i rybke‹, 1835) die bekannteste Version, populär auch durch frühe Farbillustrierung von Künstlern wie W. A. Taburin und Iwan J. Bilibin.

Zu den künstlerisch gestalteten Ausgaben des Grimm-Märchens gehören allererst die von Marcus Behmer, sieben Radierungen aus dem Jahr 1914 (auch im Insel-Bändchen 315, 1920). Einzelausgaben illustrierten später Richard Dreher (1923), Gerhard Marcks (1955), Ottilie Ehlers-Kollwitz (1965), Katrin Brandt (1969), Erich Fuchs (1971), Monika Laimgruber (1978) und John Howe (1984). Maurice Sendak schuf ein grandioses Doppelporträt (1973). Die stärkste Wirkung aber ging von einem Roman aus, Günter Grass' ›Der Butt‹ (1977), der im Manuskript noch den Untertitel ›Ein Märchen‹ hatte. Ein zentrales Kapitel handelte von der »anderen Wahrheit«, von einer zweiten, angeblich vernichteten Fassung des Rungeschen Märchens, die auch von männlicher Unersättlichkeit sprach. »Was wäre ich ohne Ilsebill! / rief der Fischer / zufrieden. / In ihre Wünsche kleiden sich meine. / Was in Erfüllung geht, zählt nicht. / Außer uns alles erfunden. / Nur das Märchen ist wirklich.«

Der Fischer und seine Seele *Die kleine Meerjungfrau

Fitchers Vogel

In Grimms Märchen (1812) ist Fitchers Vogel die Heldin selbst: mit Honig beklebt, in Federn gewälzt, um so als »wunderlicher Vogel« der Heirat mit dem blutigen Hexenmeister zu entgehen. Dessen Name wird – indirekt – als Fitze Fitcher bezeichnet.

Der Hexenmeister, eine Art *Blaubart, benutzt, um junge Mädchen einzufangen, einen Zaubertrick. Bettelnd kommt er vor die Häuser, auf dem Rücken eine Kötze (beidseitig herabhängender Tragkorb). Sobald ihm Brot gereicht wird, rührt er die Geberin an; nun muß sie in die Kötze springen. Auf die Weise bekommt er die beiden älteren Töchter eines Mannes in seine Gewalt. Er trägt sie beide Male in sein Haus im finstern Wald, läßt es dem »Schatz« an nichts fehlen, reist nach einigen Tagen fort, übergibt vorher die Hausschlüssel. Überall dürfe sie hingehen, »nur nicht in eine Stube, die dieser kleine Schlüssel da aufschließt, das verbiet ich dir bei Lebensstrafe«. Auch gibt er ihr ein Ei zur sorgfältigen Verwahrung (das »Herz des Unholds« scheint darin verborgen). Das Haus wird beide Male ausgiebig besichtigt, alle Stuben glänzen von Silber und Gold. In unbezähmbarer Neugier schließen die Mädchen die verbotene Tür auf, sehen ein blutiges Becken mit zerstückelten Leibern und lassen vor Schreck das Ei hineinfallen. Es läßt sich nicht abwischen. Unvermutet rasch kehrt der Mann heim, fordert die Schlüssel und erkennt gleich die Blutspur. Er köpft und zerhackt die Mädchen.

Auch die jüngste Schwester holt er. Sie jedoch, klug und listig, verwahrt nach seiner Abreise das Ei, noch bevor sie sich umsieht. Vom grausigen Anblick in der Blutkammer läßt sie sich nicht schrecken; sie fügt die zerstückelten Glieder zusammen und macht so beide Schwestern wieder lebendig. Als der Hexenmeister keine Spur von Blut am Ei feststellen kann, hat er keine Macht mehr über die Jüngste. Sie heißt ihn einen Korb mit Gold – in Wirklichkeit sitzen ihre Schwestern darin – den Eltern hintragen. Diese achten darauf, daß er den Korb nie absetzt. Sooft er stehenbleibt, bekommt er einen mahnenden Zuruf – wie ihm scheint, von der Braut, die ihn durchs Fenster beobachtet. Die jedoch schmückt einen grinsenden Totenkopf und läßt ihn aus dem Bodenloch schauen. Sie kriecht in ein

Honigfaß, bestäubt sich mit einem aufgeschnittenen Federbett und verläßt das Haus. Unterwegs wird sie von Hochzeitsgästen, später vom Bräutigam selbst, als Fitchers Vogel angeredet; beide Male gibt sie zur Antwort, sie käme von Fitze Fitchers Haus, wo die Braut alles gekehrt habe und oben zum Bodenloch herausschaue. Da grüßt der heimkehrende Bräutigam den Totenkopf als »seine Braut«. Sobald er mitsamt den Gästen im Haus ist, sperren die herbeigeeilten Brüder und Verwandten der Schwestern die Türen zu und setzen alles in Brand.

In nordischen Trollmärchen kehrt die Geschichte weniger blutrünstig wieder. So bringt in Grundtvigs ›Das Schwein‹ (›Svinet‹, 1861) besagtes Tier die drei Schwestern in seine Gewalt, und einzeln muß es sie im Kohlensack zurück zu den Eltern schleppen, als letzte die jüngste. In Asbjörnsen/Moes ›Die drei Schwestern im Berg‹ (1843/44) verschafft sich die jüngste bei ihrer Flucht einen Vorsprung, indem sie dem Troll eine Strohpuppe an den Herd stellt, lebensecht mit einem Quirl in der Hand.

Fitchers Vogel, von Maurice Sendak in eine einprägsame Bildformel gebracht (1973), hat relativ wenige illustrierte Einzelausgaben erlebt: eine durch Max Slevogt (1923), in letzter Zeit eine von Marshall Arisman (1984).

Der fliegende Koffer

Hans Christian Andersens ›Den flyvende Koffert‹ (1839) spielt mit einem Requisit aus 1001 Nacht, macht es zum Motiv, vergleichbar dem *Ebenholzpferd. Er gestaltet es zu einem Symbol seiner Poetenexistenz.

Von Haus aus ist der Held begütert, ein Kaufmannssohn, der allerdings sein Erbe verpraßt. Am Ende besitzt er nur ein paar Pantoffeln und einen alten Schlafrock. Er bekommt einen alten Koffer geschenkt, in den er sich selber hineinpackt. Drückt man aufs Schloß, kann der Koffer fliegen. Der Kaufmannssohn kommt in die Türkei, erfährt, daß man der Prinzessin droben im Schloß eine unglückliche Liebschaft prophezeit hat, fliegt zu ihr hin, küßt die Schlummernde wach und gibt sich ihr gegenüber als Türkengott aus. Erzählen und um ihre Hand anhalten, sind beinahe eins. Er wird zum samstäglichen Tee gebeten, soll ihren Eltern ein schönes Märchen als Hochzeitsgeschenk mitbringen. Die Königin, so weiß die Prinzessin, liebt es mehr moralisch, der König eher lustig. Sie schenkt ihm einen goldenen Säbel. Die goldenen Münzen daran erscheinen ihm brauchbar, er kauft sich davon einen neuen Schlafrock und fliegt in den Wald, um zu dichten.

Beim Samstagstee gibt er ein Märchen aus der Küche zum besten: von Schwefelhölzern hoher Abkunft, von einem grundsoliden Kochtopf, einer tanzenden Feuerzange und so fort, schließlich von Glanz und Licht der brennenden Hölzer, die sich als die Vornehmsten dünken – dann sind sie abgebrannt. Er weiß, mit diesem Märchen stellt er alle zufrieden und zählt fortan zur Familie. Er ahnt nicht, daß ihm das furiose Feuerwerk am Vorabend des Hochzeitstages den Koffer zerstört und die Braut nimmt. Als es dazu kommt, wandert er um die Welt und erzählt weiter Märchen, allerdings nicht mehr so lustige.

Der Koffer als Reisevehikel hat nicht wenige Illustratoren gereizt: Franz Graf Pocci (›The Flying Trunk‹, 1847), Otto Speckter (1849), Vilhelm Pedersen (1849), Heinrich Lefler/Joseph Urban (1910). Neuere Illustratoren wie Sabine Friedrichson (1982) und Klaus Ensikat (1988) haben sich lieber der Sujets aus dem Küchenmilieu angenommen. Dem dänisch-orientalischen Märchen Andersens war Lotte Reinigers erster Silhouettenfilm gewidmet (1921). Der englische Film ›Stories from a Flying Trunk‹ (1979), eine Mischung aus Real- und Puppentrickfilm, nutzte die Küchenszenen virtuos: Eine Ballerina ist plötzlich in einen tanzenden Salatkopf verwandelt, und umgekehrt. Den Tanz der Haushaltsgegenstände griff die Walt Disney-Produktion in ›The Beauty and the Beast‹ auf (1991), er rückte damit die Heldin (*Die Schöne und das Tier) in den Mittelpunkt einer furiosen Animation.

Fortunatus

Der Ende des 15. Jhs. entstandene, 1509 in Augsburg zum erstenmal gedruckte Märchenroman fand als Volksbuch in ganz Europa Verbreitung. »Glückssäckel« und »Wunschhütlein« wurden bald geläufige Begriffe: als Zaubergaben, die man gewinnen und wieder verlieren kann, vergleichbar dem *Tischchendeckdich.

Fortunat aus Famagusta wird von der Glücksgöttin (Fortuna) mit einem Säckel begabt, in dem sich stets Goldstücke befinden, praktischerweise in der Währung des Landes, in welchem er sich gerade befindet. Fortunat entwendet dem Sultan von Alexandria das magische Hütlein, das seinen Besitzer in die

Ferne versetzt (*Fliegender Koffer, Fliegender Teppich, Wünschmantel). Er vermacht die beiden Zaubersachen seinen Söhnen Andalosia und Ampedo. Der ältere verliert das Säckel an die junge englische Königin Agrippina, um die er freit. Dank des Wunschhütleins seines Bruders gewinnt Andalosia Säckel und Königin kurzfristig wieder, bis sie ihm alle drei abhanden kommen. Obendrein wachsen ihm nach dem Genuß zweier Äpfel lange Hörner, doch nach weiteren Äpfeln, die ihm ein Einsiedler reicht, verliert er sie wieder. Als Krämer verkleidet, verkauft er Agrippina einige Äpfel der ersten Sorte und kehrt als Arzt wieder, nachdem ihr Hörner gewachsen sind. Um von diesen loszukommen, überläßt sie ihm Säckel und Hut. Doch das Glückssäckel bringt Andalosia kein Glück. Zwei Grafen entwenden es ihm und ermorden ihn. Als Ampedo daraufhin sein Hütlein vernichtet und vor Herzeleid stirbt, versiegt auch die magische Kraft des Säckels.

Hans Sachs formte den Roman, dessen Verfasser vermutlich der Augsburger Apotheker Johannes Heybler war, zu einer »Tragedia mit 22 Personen« um (1553). Das Puppenspiel des 18. Jhs. hob eher die komischen Elemente, die vielen Verzauberungen und Verwirrungen, hervor. Die Romantik belebte den Stoff neu. Adelbert von Chamisso machte Prosa daraus (›Fortunati Glückseckel und Wunschhütlein‹, 1806), Ludwig Tieck ein zweiteiliges Drama (›Fortunat‹, 1816), H. R. Bishop ein Melodram (›Fortunatus‹, London 1819), Wilhelm Hauff eine Neudichtung (*Der kleine Muck), Schnyder von Wartensee eine Märchenoper (›Fortunat mit dem Säckel und Wünschhütlein‹, 1831). Daß die magischen Gegenstände unterschiedlicher Art sein können, bewies Grimms Märchen ›Der Ranzen, das Hütlein und das Hörnlein‹ (1819). Auch die Gabenspenderin konnte in verschiedenartiger Gestalt auftreten, als alte Frau, als erlöste Jungfrau, sogar als Dämon, der für geleistete Dienste löhnt.

Für die Reihe »Das Märchenbuch des Jungbrunnens« illustrierte Franz Stassen ›Fortunat und seine Söhne‹ (1902).

Frau Füchsin

Die Fuchsfrau – ein Tierdämon – ist in Japan, auch in China, eine Mythen- und Märchenfigur von besonderer Bedeutung. Auch sie erfüllt, wie in europäischen Märchen (›Von der Frau Füchsin‹ *Reineke Fuchs), zunächst eine Doppelrolle: Einerseits ist der Fuchs ein göttlich-dämonisches Wesen, andererseits ist er der geborene Betrüger. Hinzu kommt, aufgrund seiner Schläue, eine Langlebigkeit, die ihren Ausdruck findet als Fähigkeit, sich zu verwandeln. Mit 50 Jahren wird er eine Frau, mit 100 ein schönes Mädchen, und als tausendjähriger Fuchs wird er zur neunschwänzigen Füchsin/Frau mit geballter erotischer Anziehungskraft. In Ostasien überwiegt von daher seine/ihre sinnliche Qualität. Der japanische Holzschneider Hokusai hat die neunschwänzige Füchsin mehrmals virtuos dargestellt.

Viele Geschichten handeln von einem jungen, strebsamen Gelehrten, in dessen Studierzimmer nachts eine bildschöne Unbekannte tritt und ihn vom Studium abhält, indem sie ihn auf der Stelle verführt. Am frühen Morgen verschwindet sie und kommt jeden Abend wieder, um mit ihm Liebe zu machen. Doch der Gelehrte wird schwächer und schwächer, bis ihm ein Taoist, der ihn daraufhin anspricht, sagt, das Mädchen sei ein Fuchs; sie sauge ihn aus, um die Essenz zu gewinnen, die ihr ewiges Leben beschere. Der Taoist beschafft ihm ein Zaubermittel. Es bewirkt, daß der Fuchsgeist nicht mehr länger in die Gelehrtenstube gelangen kann. – Dahinter steckt ein weiterer mythischer Glaube der Chinesen und Japaner: daß der Fuchs sich das Lebenselixier zubereitet, um verwandlungsfähig zu werden. Da die Füchsinnen stets als schöne Frauen auftreten, nie die Kleider wechseln, weder alt noch unattraktiv werden, gern Huhn essen und Schnaps trinken, sind sie noch anders zu deuten: als Inbild der Kurtisane, der unerlaubten Ehe – Gegenbild zum traditionellen System rechtmäßiger Eheschließung.

Anders das Volksmärchen. »Frau Füchsin« gilt als bekannteste japanische Version von der Ehe eines Irdischen mit einer Tierfrau. Ihm ist die europäische Vorstellung von der *Tierbraut, die aus ihrer Dunkelgestalt erlöst werden muß, wesensfremd; ein alter, animistischer Glaube an die Seelenkraft des Tieres wirkt darin fort. Den verschiedenen Fassungen des Märchens liegt die Dankbarkeit des Fuchses für erwiesene Wohltat zugrunde, sei es, daß ein junger Mann die mißhandelte Kreatur freigekauft oder das verfolgte Tier, mit schlimmen Folgen für ihn selbst, bei sich aufgenommen hat. Jedesmal erscheint nach einiger Zeit eine junge Frau bei ihm, und es ergibt sich, daß sie die Seine wird und ihm einen Knaben schenkt. Die Entdeckung ihrer »wahren Gestalt« führt zur Trennung. Im einen Fall ist es das Sehverbot, ihr beim Säugen des Kindes zuzusehen, was er übertritt; in einem anderen Fall hat sie beim Betrachten einer Hecke blühender Chrysanthemen ihr Äußeres vergessen und sich unwillkürlich in ihre Fuchsgestalt zurückverwandelt. Endet das erste Märchen mit einem von ihr verfaßten erklärenden Brief, den der Ehemann auf der Suche nach der verschwundenen Gattin vorfindet, so zeigt sie sich im zweiten ihrer zu Tode verzweifelten Familie noch einmal: Für ihr gemeinsames Kind hat sie zwei Zaubergaben parat, die ihm später helfen sollen, »alle Geheimnisse des Himmels und der Erde zu erkennen« und »die Sprache der Vögel und der Tiere zu verstehen«. Tatsächlich wird ihr Sohn ein großer Gelehrter der Astronomie.

Frau Holle

Das Märchen von der Frau Holle, das die Brüder Grimm 1811 vom 18jährigen Dortchen Wild erzählt bekamen, ist der Figur nach ein deutsches Märchen und als solches häufig exportiert (so als »Mother Hulda«). Das Grundmotiv der zwei ungleichen Schwestern, durch Bechstein auch als Goldmarie und Pechmarie bekannt, ist in romanischen und angelsächsischen Ländern allerdings früh ausgeprägt, ebenso die überirdisch-mütterliche Instanz (*Die Feen). Schon das Dreifeenmärchen Basiles (1634) sprach davon, daß »der Himmel die Hochmütigen in den Staub tritt und die Demütigen emporhebt«.

Frau Holle (Holda, Hulda), ein mythisches Wesen mit ambivalenten Zügen, ist den Menschen eher freundlich gesonnen, zürnt nur, »wenn es Unordnung im Haushalt wahrnimmt« (Jacob Grimm, ›Deutsche Mythologie‹). Es liebt den Aufenthalt in Brunnen und Seen, ist heimisch vor allem in Thüringen und Hessen, wovon noch der Frau Hollen-Teich am Meißner zeugt: Der Sage nach sollen dort die Hebammen die neugeborenen Kinder holen.

Heldin des Märchens ist »das Mädchen«, nämlich die schöne, fleißige aber ungeliebte Stieftochter einer Witwe, der die leibliche häßliche Tochter, »die Faule«, sehr viel nähersteht. Die andere muß alle Arbeit tun, muß sich auf der Straße an einen Brunnen setzen und so hart spinnen, daß ihr die Finger bluten. Als sie die blutige Spindel abwaschen will, springt sie ihr aus der Hand und fällt in den Brunnen. Die Stiefmutter zwingt sie, die Spindel wieder herauszuholen. Da springt das

Mädchen in ihrer Angst in den Brunnen (hier der Zugang zum Jenseits) und verliert die Besinnung. In der Unterwelt findet sie sich auf einer sonnigen Blumenwiese wieder. Wie sie nun einem Backofen begegnet, der bittet, das fertige Brot herauszunehmen, und einem Baum voll reifer Äpfel, der bittet, geschüttelt zu werden, kommt sie beidem nach. Sie trifft auf ein kleines Haus, aus dem eine Alte herausguckt, deren große Zähne ihr angst machen. Da sie jedoch freundlich angeredet wird, bleibt sie und macht die Hausarbeit; vor allem schüttelt sie Frau Holles Bett – denn wenn die Federn fliegen, schneit es (oben) in der Welt.

Trotz allen guten Lebens bekommt das Mädchen Heimweh – »ich muß hinauf zu den Meinigen« –, das gefällt Frau Holle. Sie führt sie unter ein Tor und belohnt sie mit einem Goldregen, der auf sie herabfällt. Alles Gold bleibt an ihr hängen. Ihre Spindel erhält sie wieder. Oben auf dem Brunnen begrüßt sie der Hahn als »unsere goldene Jungfrau«; des Goldes wegen wird sie auch zu Hause gut aufgenommen. Die Mutter will, daß die Faule es ihr gleichtut. Doch die vermag es nicht, sich blutig zu spinnen; mit einer Dornhecke hilft sie nach, wirft die blutige Spindel dann zielstrebig in den Brunnen und springt gleich selbst hinterher. Die Arbeit am Backofen verschmäht sie ebenso wie die am Apfelbaum, ist bei Frau Holle auch nur am ersten Tag fleißig. Am dritten schon will sie morgens nicht aufstehen, vernachlässigt das Frau-Holle-Bett. Sie bekommt den Dienst quittiert. Unterm Tor wird sie mit Pech übergossen, und alles Pech bleibt zeitlebens an ihr haften. Der Hahn auf dem Brunnen weiß es bereits: »Unsere schmutzige Jungfrau ist wieder hie.«

Daß die Grimms für ihre Positiv- und Negativheldin keine prägnanten Namen hatten, machte sich Ludwig Bechstein zunutze. Seine bildhaften Titelfiguren ›Die Goldmaria und die Pechmaria‹ (1845) erreichten sprichwörtliche Popularität – so wie auch Grimms »Frau Holle schüttelt die Federn aus« zum geflügelten Wort wurde und Weihnachtsinszenierungen, ob Märchenoper, -spiel oder -film, stets aufs neue stimulierte. Gegenüber der strengen Matrone konnte sich Bechsteins mythische Ersatzfigur, »der wilde Thürschmann«, der mit Hunden und Katzen hinter dem Tor lebt, weitaus weniger durchsetzen.

Abgesehen von einem frühen Bilderbogen (›Geschichte von der Goldmarie und Pechsophie‹, um 1850), gab es Einzelausgaben des Frau-Holle-Märchens erst ab dem Zeitpunkt, als auch die Oper den Stoff entdeckte (Ferdinand Hummel, opus 26, um 1870). J. B. Sonderland illustrierte es (1874), später Bernhard Wenig, der damit die Serie »Das Märchenbuch des Jungbrunnens« eröffnete (1900), Erich Kuithan (1902), Fritz Kunz (1905), Georg A. Stroedel (1912), Franz Müller-Münster (1912), Bernhard Hasler (1921). Das Bettenschütteln war ein seit je beliebtes Motiv (Otto Ubbelohde, 1907; Herbert Leupin, 1949; Lea Grundig, 1955; Fritz Fischer, 1957) und auch der Pechregen (Georg Stroedel, um 1900, Nils Graf Stenbock, 1948).

In der Nachkriegszeit setzten Filme neue kühne Akzente. Im frühesten hatte kein anderer als der Schwarze Peter den Fruchtbarkeitsbrunnen der Frau Holle verunreinigt, eine ganze Stadt litt an Kindermangel (1954). Im DDR-Film stellte Goldmarie die Versorgung mit Brennholz sicher; die faule Schwester mußte sich am Ende selbst versorgen (1963). In einer neueren deutsch-slowakischen Koproduktion bestimmte statt Frau Holle die Todesgöttin Frau Hippe das Geschehen; den Heldenpart übernahm ein verliebter Junge – und das fliegende Bettuch der Frau Holle (1984).

Frau Trude

›Frau Trude‹ ist eines der kürzesten Grimmschen Märchen (1837), umerzählt nach einem Gedicht von Meier Teddy, das im Frauentaschenbuch von 1823 stand: ›Klein Bäschen und Frau Trude, Ammenmärchen‹. Es entspricht dem Märchentypus »Haushalt der Hexe«.

In der Tat hat Frau Trude die Insignien einer Hexe, und so auch hat sie Maurice Sendak gezeichnet (1973). Sie ist eine böse Frau, die gottlose Dinge treibt, warnen die Eltern ihr Töchterchen; wenn sie zu ihr hinginge, »so bist du unser Kind nicht mehr«. Doch brennende Neugier treibt das Mädchen zu ihr hin. Aus dem Frage-Antwort-Spiel ergibt sich, daß sie seltsame Wesen gesehen hat (eine Typologie des Bösen): auf der Stiege einen schwarzen Mann, dann einen grünen Mann, einen blutroten Mann, und schließlich, durchs Fenster, den Teufel mit feurigem Kopf. Jedesmal findet Frau Trude eine Erklärung. Das war ein Köhler, sagt sie – ein Jäger – ein Metzger. Doch bei Nennung des Teufels offenbart sie sich: »So hast du die Hexe in ihrem Schmuck gesehen.« Sie verwandelt das Mädchen in einen Holzblock, den sie ins Feuer wirft (vgl. *Der Trommler).

Die Verwendung des Feuers, eines Verwandlungssymbols, läßt den Fortgang offen. So hat man im Dialog des kleinen Mädchens und der alten Frau auch Züge einer Initiations-Zeremonie gesehen: In der Konfrontation von Jüngster und Ältester des Stammes finde eine Prüfung statt; die beharrlichen Fragen der Alten seien Aufgaben, »bei deren Nichterfüllung der Heldin das Recht auf Leben entzogen wird« (Bronislava Kerbelyté). Auf die Funktion insbesondere des Kindermärchens, das helfe, Vernichtungsängste zu überstehen und Mutterbindungen abzulösen, führte es Walter Scherf zurück (›Die Herausforderung des Dämons‹, 1987).

Der Frieder und das Catherlieschen *Die kluge Else

Friedrich Goldhaar *Der Eisenhans

Der Froschkönig

In allen Märchenausgaben der Brüder Grimm steht ›Der Froschkönig oder der eiserne Heinrich‹ (1812) an erster Stelle. Für sie war es »eins der allerältesten und schönsten Märchen«. Den Doppeltitel – der einzige in ihrer Sammlung – begründeten sie mit dem Hinweis, das Märchen sei vielerorts unter dem Namen des »treuen Bedienten« bekannt. Als Titel eingebürgert hat sich ›Der Froschkönig‹; im Englischen wird er präzis als ›The Frog Prince‹ wiedergegeben. Tatsächlich heißt es in der ersten Niederschrift der Grimms ›Die Königstochter und der verzauberte Prinz‹; dieses Märchen hatte ihnen Dortchen Wild zugetragen. Eine von Marie Hassenpflug erzählte hessische Variante ›Der Froschprinz‹, die von drei Schwestern handelt, haben sie im 2. Band (1815) gebracht, dann jedoch in den Kommentarband verwiesen. Am Froschkönig-Märchen hat Wilhelm Grimm so viel herumgefeilt wie an keinem anderen. So ist auch die berühmte Eingangsformel »In den alten Zeiten, wo das Wünschen noch geholfen hat« erst viel später hinzugefügt worden. »Es war einmal eine Königstochter«, hieß es zunächst.

Die Heldin, der Endfassung nach die Jüngste, schön wie die Sonne selbst, ist im heiratsfähigen Alter (anderntags wird es soweit sein). Noch ist eine goldene Kugel ihr liebstes Spielwerk. Im dunklen Wald, am Rand eines Brunnens, vertreibt sie sich die heißen Tage mit Werfen und Fangen. Einmal fällt ihr die Kugel hin, rollt ins Wasser und ist in der Tiefe verschwunden. Sie ist untröstlich. Ein Frosch steckt seinen dicken, häßlichen Kopf aus dem Wasser, stellt Hilfe in Aussicht, will aber etwas dafür. Sie bietet ihm ihr wertvollstes Gut, auch noch die goldene Krone. Er verlangt anderes, nämlich ihr »Geselle und Spielkamerad« zu sein (Geselle, seit dem Minnesang Ausdruck für den Liebhaber), und das in umfassender Weise: Er will bei Tisch neben ihr sitzen, von ihrem goldenen (königlichen) Geschirr essen und trinken und in ihrem Bettlein schlafen. (Der Erstdruck fügt an dieser Stelle unmißverständlich hinzu: »und du willst mich wert und lieb haben.«) Sorglos verspricht sie ihm dies alles. Der Frosch taucht ab in die Tiefe, kommt mit der Kugel im Maul wieder zum Vorschein, wirft sie ihr ins Gras hin. Sie hat nur noch ihr Spielwerk im Sinn und eilt damit nach Hause; der Frosch schafft es nicht, ihr zu folgen.

Anderntags, als der König und sein Hofstaat tafeln, kommt etwas, plitsch, platsch, die Marmortreppe heraufgekrochen: »Königstochter, jüngste, mach mir auf.« Sie schaut nach, sieht den Frosch vor der Tür sitzen, wirft sie hastig zu. Der König und Vater verlangt von ihr Rechenschaft und entscheidet bündig: Was du versprochen hast, mußt du halten. Er ist es, der ihr befiehlt, den Frosch einzulassen, zu sich heraufzuheben, von ihrem Teller zu essen zu geben. Als der Frosch darauf besteht, daß sie ihm das Bett richte und sich mit ihm schlafen lege, sie aber das kalte Wesen in ihrem reinen Bettlein fürchtet, da gibt der König kein Pardon: Für Hilfe in der Not solle man den Helfer hernach nicht verachten. Ihr Widerwille bleibt, sie packt ihn mit zwei Fingern, setzt ihn oben im Schlafgemach in eine Ecke. Er besteht darauf, so gut zu schlafen wie sie, andernfalls würde er es ihrem Vater sagen. Bitterböse holt sie ihn zu sich herauf und wirft ihn mit allen Kräften gegen die Wand.

Doch als er herabfällt, ist er kein Frosch mehr, sondern ein Königssohn mit schönen, freundlich blickenden Augen – und auch gleich, wie vom Vater gutgeheißen, »ihr lieber Geselle und Gemahl«. Die Verwandlung erklärt er ihr mit knappen Worten: eine Hexe habe ihn verwünscht, und keiner außer ihr habe ihn aus dem Brunnen erlösen können. Gleich am nächsten Morgen geht es in einem prächtigen, von acht Schimmeln gezogenen Wagen in sein Königreich.

Erst an dieser Stelle kommt »der treue Heinrich« ins Spiel. Er kutschiert den Wagen. Aus Schmerz über die Verwandlung seines jungen Herrn in einen Frosch hatte er drei eiserne Bande um sein Herz legen lassen, damit es ihm nicht zerspränge. Dreimal hört der Königssohn es hinter sich krachen (»Heinrich, der Wagen bricht«), und jedesmal ist es eins der Bande. Mit der unbändigen Freude des Dieners über das Glück des Herrn endet das Märchen.

Das Motiv des treuen Dieners und der drei Bande bezogen die Grimms auf Rollenhagens ›Froschmeuseler‹ (1559), sie kannten auch das »Herzband« des Minnesangs. Ebenso war ihnen die schon 1549 bezeugte schottische Mythe vom Brunnen an der Welt Ende geläufig; sie wurde später durch Walter Scotts ›Prince Paddock‹ populär. Daß sie mit dem *Tierbräutigam in einer alten Erzähltradition standen, war evident (*Hans mein Igel). Das eigentlich Neue am Froschkönig war der höchst irritierende Erlösungsvorgang. Die Königstochter im Affekt – gegen die väterliche Gewalt, gegen den ungeliebten Frosch-Mann, gegen körperliche wie seelische Zumutung. Ein Vernichtungsakt, wie im Schock – und er bewirkt das gleiche wie sonst nur Liebe oder Mitleid: die Erlösung des Helden.

Die vielfältige Wirkungsgeschichte des Froschkönigs läßt sich auf diese unerhörte Tatsache zurückführen. Die Ungleichheit der Partner, die offene und verdeckte Sexualität, der moralische Impetus, das Patriarchalisch-Rigorose, die Dingsymbolik – all das reizte, besonders zur Projektion. Wie *Rotkäppchen und der Wolf wurden die beiden diskrepanten Helden zu einem klassischen Paar. Fast unabsehbar die Fülle an Nachdichtungen, Dramatisierungen, Parodien, Cartoons, Psychogrammen, bis hin zu Amanda Veseys literarisch-witziger Verfremdung ›The Princess and the Frog‹ (1985); ergiebig auch die Varianten mündlicher Erzählliteratur wie jene pommersche ›Die Königstochter und die Schorfkröte‹ oder die aus Holstein stammende ›Ode und de Slang‹, die Bechstein zum Vorbild wurde (›Oda und die Schlange‹, 1853).

An Illustratoren sind vor allem Otto Speckter mit einem oftmals aufgelegten Münchener Bilderbogen (Nr. 193/1857) zu nennen, Walter Cranes Toy Book ›The Frog Prince‹ (1874), Bernhard Wenig (1900), Otto Ubbelohde (1907), Arthur Rackham (1920), Fernande Biegler (1921), Franz Stassen (1921); in der Nachkriegszeit Josef Hegenbarth mit einer grandiosen Verwandlungsszene (1969), Maurice Sendak mit hintergründigem Tête-à-Tête (1974), Friedrich Hechelmann, der die Magie der Brunnen- und Bettszene einfing (1979), Jutta Ashs mit augenfälliger Dingsymbolik (›The Frog Prince‹, 1983), Binette Schroeder mit der explosiven Metamorphose des Froschs Bilderbuch (1989). Lotte Reiniger schuf in London einen Silhouettenfilm, in dem ein König seinen drei Töchtern die magische Kugel zuwirft, die jüngste fängt sie (1954). – »Wie häßlich ist / Dein Bräutigam / Jungfrau Leben . . .«, dichtete Marie Luise Kaschnitz (›Bräutigam Froschkönig‹, 1967). Janosch beschrieb und zeichnete die Königstochter als verwunschenen Frosch, der in die grünen Wasser seines Ursprungs eintaucht (1972). Zur gleichen Zeit handelte Iring Fetscher ›Froschkönig oder Die Überwindung des infantilen Narzißmus‹ ab. Einiges davon läßt sich in Lutz Röhrichs Materialsammlung ›Wage es, den Frosch zu küssen‹ nachlesen (1987).

Die Froschzarin
In dem russischen Märchen aus der klassischen Sammlung A. N. Afanasjews (1855–63) ist nicht ein Froschprinz der Bräutigam, sondern die Braut ein Froschmädchen. ›Carevnaljaguschka‹ wurde auch als »Zarentochter Unke«, »Zarentochter Froschfräulein« oder »Froschprinzessin« übersetzt. Verwandt damit ist Grimms Märchen von den *drei Federn.

Iwan Zarewitsch ist der jüngste dreier noch unverheirateter Zarensöhne. Der Zar will jeden seine Braut suchen lassen, mittels Pfeilschuß in je verschiedene Richtung. Der Pfeil des ältesten fliegt in die Nähe einer Bojarentochter, der des zweiten einer Kaufmannstochter vor die Füße. Iwans Pfeil fällt in einen Sumpf, ein Frosch fischt ihn auf. Der Zar entscheidet, das Schicksal wolle es so, daß Iwan den Frosch heirate. Seinen nun verehelichten Söhnen befiehlt der Zar dreierlei: ihre Frauen müssen ihm bis morgen ein weiches weißes Brot backen – ihm in einer Nacht einen Teppich weben – ihm sogleich vor die Augen treten. Zwischen Frosch und Iwan kommt es zum immer gleichen Frage-Antwort-Spiel, und jedesmal verwandelt sich der Frosch, von Iwan unbemerkt, in »die schöne Jungfrau Wassilissa die Allweise« und kümmert sich um die Aufgaben. Zweimal ruft sie die Ammen und Kinderfrauen herbei und fordert ein Brot, wie sie es bei ihrem Vater genossen, einen

Teppich wie den, auf dem ihr Vater gesessen. Als sie sich dann dem Zaren zeigen soll, kommt sie »unter Donnern und Krachen«, wie ihrem Iwan versprochen, dahergefahren: nicht mehr als Frosch im Spanschächtelchen, sondern als Wassilissa die Allweise in einer sechsspännigen Goldkarosse – die Iwan Zarewitsch bei der Hand nimmt und an der Tafel allen Gästen etwas vorzaubert. Die Frauen der älteren Brüder wollen es ihr gleichtun, sie scheitern. Heimlich sucht Iwan nach der Froschhaut, findet und verbrennt sie.

Wassilissa ist voller Schmerz: nur ein wenig hätte er noch warten müssen ... Sie verwandelt sich in einen Schwan und fliegt zu *Kostschej dem Unsterblichen, ihrem Vater. Iwan begibt sich auf die Suche nach ihr. Ein altes Männlein nennt ihm sein Vergehen: Du hast die Froschhaut ihr nicht angezogen, dir kam es nicht zu, sie auszuziehen. Der Alte weiß, Kostschej selbst ließ sie für drei Jahre zu einem Frosch werden, weil sie klüger war und mehr vermochte als er. Er gibt Iwan ein Garnknäuel, dem solle er folgen.

Auf seiner Suchwanderung trifft er vier Tiere – Bär, Erpel, Hase, Hecht – und verschont sie auf ihre Bitten hin; den Hecht wirft er zurück ins Meer. Das Knäuel führt ihn zum Häuschen der *Baba Jaga. Er läßt sich von ihr bewirten, nimmt ein Bad und berichtet ihr. Sie sagt ihm, wo Wassilissa zu finden und wie schwer es sei, Kostschej beizukommen. Sein Leben (Herz) hat der Unhold an sicherer Stelle verwahrt: in der Spitze einer Nadel, und die in einem Ei, und das Ei in einer Ente, und die in einem Hasen, und den in einer Truhe hoch oben auf einer Eiche. Doch alsbald helfen ihm die Tiere, als erster der Bär, der den Eichenbaum ausreißt, als letzter der Hecht, der das im Meer versunkene Ei in seinem Maul hält. Iwan schlägt es auf, holt die Nadel heraus, bricht ihr die Spitze ab – jetzt muß Kostschej sterben, und der Weg zu Wassilissa ist frei.

Die Froschzarin kam durch Volksbilderbogen (Lubok), dann durch die Farbillustrationen Iwan J. Bilibins (St. Petersburg 1901, dt. 1937) zu Ruhm. In jüngster Zeit haben Paartherapeuten sie als besondere Heldin entdeckt, etwa Hans Jellouschek: »Iwan hat durch seine eigene Mann-Werdung den Bann Kostschejs gebrochen. Indem er als Mann, der bereit und fähig ist, auch einer starken Frau standzuhalten, Wassilissa gegenübertritt, kann sie sich ihm als Wassilissa, in der Vollgestalt ihres Frau-Seins, zeigen« (›Die Froschprinzessin. Wie ein Mann zur

Liebe findet‹, 1989). Das Märchen selbst ist lakonisch, seine Bilder vieldeutig.

Fundevogel
Grimms Märchen, im Erstdruck (1812) und auch in der Kleinen Ausgabe (1825) mit ›Vom Fundevogel‹ überschrieben, handelt von zwei Kindern, einander zugetan, und ihrer »magischen Flucht« vor einer hexenhaften Verfolgerin. Es handelt zugleich von der Tochter eines Vaters mit dämonischen Zügen; ihre eigene Zauberbegabung setzt sie ein zugunsten des Menschen, der ihr der liebste ist.

Der Titelheld, in der ersten Niederschrift noch als »Karl« ausgewiesen, hat seinen Namen daher, daß ein Raubvogel ihn seiner schlafenden Mutter entwendete und auf einem hohen Baum absetzte. Dort hat ihn der Förster entdeckt und beschlossen, diesen Fundevogel zusammen mit seiner leiblichen Tochter Lenchen aufzuziehen.

Die alte Köchin im Haus trifft Anstalten, anderen Morgens, wenn der Förster auf der Jagd ist, Fundevogel im Kessel zu sieden. Die Kinder sehen die Gefahr und geloben, einander beizustehen. Immer wenn er in Todesgefahr ist, wird Lenchen sprechen: »Verläßt du mich nicht, so verlaß ich dich auch nicht«, und Fundevogel wird es bekräftigen: »Nun und nimmermehr.« So sagen sie, bevor sie morgens aufstehen und miteinander fortgehen, noch ehe die alte Sanne Fundevogel ins kochende Wasser werfen kann. So sagen sie, als die drei Knechte in Sichtweite sind, die sie einfangen sollen. Lenchen verwandelt Fundevogel in ein Rosenstöckchen und sich in ein Röschen darauf. So sagen sie, als die Verfolger sie wieder fast erreicht haben. Nun macht sie ihn zu einer Kirche und sich zur Krone darin. Und sie geloben es sich ein letztes Mal, als die Köchin, die alle Zaubertricks durchschaut hat, selbst an der Verfolgung teilnimmt. Lenchen läßt ihren Liebsten zum Teich werden und sich zur Ente darauf. Die Köchin will den Teich aussaufen. Da kommt die Ente geschwommen und zieht sie mit ihrem Schnabel ins Wasser hinein, so daß sie ertrinken muß.

Die Köchin ist unstreitig eine *Hexe und, wie die Grimms im Anhang hinzufügen, »wohl anderwärts die böse Frau des Försters«. Von diesem Förster-Vater ist nicht weiter die Rede. Daß er mit der Köchin paktiert, läßt sich ahnen: als sie entdeckt, daß beide Kinder fort sind, ist ihr erklärtes Ziel, »daß *wir* sie wiederkriegen«.

›Der Fundevogel, ein Märlein‹ nannte sich eine erste bebilderte Einzelausgabe (1845); Franz Graf Pocci hat sie wohl textlich bearbeitet, aber die 14 Lithographien stammten von Leopold K.Völlinger. Pocci allerdings gestaltete das Märchen als Münchener Bilderbogen (Nr. 204/1857). In jüngerer Zeit hat sich ›Fundevogel und andere(n) Lieblingsmärchen‹ Sabine Friedrichson zugewandt (1979). Den Zeichner und Umdichter Janosch wiederum reizten die Talente des Jungen, für ihn war Fundevogel einer, der das Mädchen fliegen lehrt (1972). Peter Härtling schrieb über Fundevogel und Fundevögelchen im Krieg (1974). Eugen Drewermann widmete dem Märchen eine tiefenpsychologische Analyse (1990); in dessen Bildern erkannte er visionär »Symbole der menschlichen Reifung angesichts der ewigen Frage des menschlichen Daseins gegenüber der alles verschlingenden *Köchin* Natur«. Eine solche Deutung läßt die Typik der *Teufelstochter freilich außer Betracht.

Fuchs *Frau Füchsin, *Der goldene Vogel, *Reineke Fuchs

G

Die Gänsehirtin am Brunnen *Prinzessin Mäusehaut

Die Gänsemagd

Die Gänsemagd, im Grunde eine Prinzessin, die von ihrer Kammerjungfer in die Magdrolle gezwungen wurde, ist eine der poetischsten Heldinnen der Grimms. Dorothea Viehmann hatte ihnen dieses besondere Märchen von der wahren und der falschen Braut erzählt (1815).

Sie ist eine feine und schöne Königstochter. Der Vater lange schon tot, die Mutter alt, sie selbst einem fremden Königssohn versprochen, dem sie, ausgestattet mit dem standesüblichen Brautschatz, entgegenreist. Die zauberkundige Mutter hat ihr das sprechende Pferd Falada mitgegeben sowie drei Blutstropfen von sich, die sollte sie im weißen Läppchen wohl verwahren. Als sie die mitreisende Kammerjungfer um einen Trunk Wasser bittet, verweigert die ihr zweimal den Dienst. Sie beugt sich selbst zum Wasser hinunter, und die Blutstropfen reden: »Wenn das deine Mutter wüßte, das Herz im Leibe tät ihr zerspringen.« Beim zweiten Mal entfällt ihr das Läppchen, und die Kammerjungfrau gewinnt Gewalt über sie. Erst muß sie mit ihr das Pferd tauschen, dann die Kleider wechseln, dann einen heiligen Eid schwören, bei Hofe nichts zu verraten. So wird die falsche Braut mit dem Königssohn vermählt, und die wahre Braut muß als Magd dem Kürdchen helfen, die Gänse zu hüten. Damit das sprechende Pferd den Betrug nicht verrät, wird ihm der Kopf abgehauen; auf Bitten der Gänsemagd nagelt der Schinderknecht Faladas Haupt unter den Bogen des finsteren Stadttors.

In aller Frühe, wenn die Gänse hinausgetrieben werden, spricht sie im Vorbeigehn: »O du Falada, da du hangest«, und der Kopf antwortet ihr: »O du Jungfer Königin, da du gangest, / wenn das deine Mutter wüßte, / ihr Herz tät ihr zerspringen.« An drei Tagen geht dies so. Wenn sie draußen auf der Wiese ihr goldenes Haar löst, will Kürdchen ihr einige Haare ausraufen. Doch jedesmal befiehlt sie dem Wind, sein Hütchen wegzuwehen, solange, bis sie mit Kämmen und Aufstecken fertig sei. Am zweiten Tag abends schwärzt Kürdchen sie beim alten

König an. Dieser hat schon bei ihrer Ankunft bemerkt, daß sie »fein, schön und gar zart« ist. Am nächsten Morgen belauscht er ihr Gespräch unterm Tor; hinter einem Busch verborgen, bekommt er auch die Wiesenszene mit. Er stellt sie abends zur Rede, sie aber beruft sich auf ihr Schweigegelöbnis. Dann solle sie ihr Leid wenigstens dem Eisenofen klagen, sagt der König, sie kriecht hinein und schüttet ihr Herz aus; außen am Ofenrohr hört er ihr zu. Seinem Sohn sagt er nun, er habe die falsche Braut. Als beide Mädchen beim prunkvollen Mahl dem Bräutigam zur Seite sitzen, stellt der alte König der Kammerfrau ihr eigenes Verbrechen vor, verhüllt als Rätsel. Sie urteilt entschieden: Solch eine muß nackt in ein nägelgespicktes Faß gesteckt und zu Tode geschleift werden. Sie hat sich ihr eigenes Urteil gesprochen.

Frühe Illustratoren hat vor allem die Hüteszene gereizt, die sich kämmende Magd inmitten der Gänse, indes Kürdchen seinem Hut hinterherjagt (George Cruikshank, 1823; Walter Crane, 1882) oder ihr zuschaut (L. E. Grimm, 1825). Heinrich Vogeler erweiterte das Motiv um den zuschauenden König (1907). Das mythische Motiv, der sprechende Pferdekopf im dunklen Torbogen, hat u.a. Otto Ubbelohde (1907), Arthur Rackham (1914) und Gerhard Oberländer (1958/61) beschäftigt. Auch die bedeutungsvolle Rast am Wasser fand Interpreten, z.B. Rie Cramer (1926). Oswald Sickerts Tableau (Münchener Bilderbogen Nr. 87/1852) und auch spätere Zeichner von Einzelausgaben wie Paul Perret (1984) haben all diese Schlüsselszenen berücksichtigt.

Nur dieses eine Volksmärchen nahm sich Heinrich Heine in ›Deutschland, ein Wintermärchen‹ (1844) vor. »Wie pochte mein Herz, wenn die alte Frau / Von der Königstochter erzählte, / Die einsam auf der Heide saß / Und die goldnen Haare strählte . . .« Und er gedachte ihrer Zwiesprache mit Falada: »Die Königstochter seufzte tief . . ./ Der Pferdekopf herunter rief . . .« In einer frühen Ballade ›O Falladah, die du hangest‹ (1919) beschwor Bertolt Brecht menschenfreundlichere Zeiten. Karl Krolow billigte dem happy ending ein feudales Regulativ zu: »die Zofe ins Faß, und oben bleibt oben« (›Apropos die Gänsemagd‹, 1974).

Mit dem innerseelischen Geschehen beschäftigte sich Bruno Bettelheim (1976). Die Königstochter, die das wichtigste Geschenk ihrer Mutter (die drei Blutstropfen, ein Symbol sexueller Reife) verliert, erweise sich als noch nicht reif, um zur Frau zu werden; erst indem sie sich und ihren Werten (Goldhaar, Gelübde) treu bleibt, vollzöge sie diesen Schritt. Die Zuwendung des Königssohnes zu einer falschen Braut wurde von Jungianern so gedeutet, daß ein Scheinwert Macht über ihn gewinnt, eine falsche Einstellung zeitweise dominiert. »Der Kern der Persönlichkeit«, so Max Lüthi, »wird verdunkelt, aber das Märchen führt uns vor, wie sie am Ende wieder in ihre Rechte eintritt«.

Die Galoschen des Glücks

Von Hans Christian Andersen stammt das Märchen von den Überziehschuhen (›Lykkens Kalosker‹, 1838), die ihren Besitzer an jeden Ort und in jede Zeit bringen, in die er sich wünscht. Eine junge Glücksfee, genauer, die Kammerzofe einer der Kammerfrauen des Glücks, und eine ältere Sorgenfee setzen die Galoschen während eines Gesellschaftsabends aus.

Justizrat Knap ist der erste, der sie anzieht. Er versetzt sich in die Zeit des Dänenkönigs Johann und erkennt sein Kopenhagen nicht wieder; in einem Bierhaus arg bedrängt, verliert er die Galoschen. Der nächste, der sie sich überstreift, ist ein Wächter, der sich das Leben eines Leutnants erträumt und feststellen muß, daß es diesem umgekehrt ergeht. So träumt er sich seine Seele auf den Mond, den Körper unten auf der Erde; fast geht er dabei zugrunde. Der dritte ist Volontär des Hospitals, in das der Wächter eingeliefert war. Sein Wünschen hat zur Folge, daß er den Kopf zwar durch die Eisenstäbe bringt, den Körper aber nicht. Weitere zwei Wünsche bringen ihm nichts außer einem blutigen Rücken. Auch der vierte, Schreiber bei der Polizei, übt sich in den *drei Wünschen. Ein Dichter möchte er sein und dann zugleich eine Lerche, was ihn aber in einen Käfig geraten läßt. Als er einem Papagei nachspricht: »Laßt uns nun Menschen sein!« versetzt ihn eben dies an die alte Stelle. Der fünfte Galoschenträger, ein junger Theologe, will das Glück des Reisens erfahren. Er erfährt vor allem dessen Beschwerlichkeit. So hat er einen subtileren Wunsch: der Körper möge ruhen, indes der Geist fliegt. Das bringt ihn in den Sarg. Die Galoschen des Glücks werden ihm ausgezogen – von der Sorgenfee. Sie entschwindet mit ihnen, »hat sie gewiß als ihr Eigentum angesehen«.

Nach Andersens Märchen entstand ein Spielfilm in deutsch-slowakischer Koproduktion (1986). Das Kammermädchen wurde mit einem Studenten verbandelt, die Galoschen wurden ihm zugeschanzt. So verband man Feen- und Menschenwelt. Zugleich erweiterten die Filmemacher den Wunschreigen. Der Student wünschte sich praktischerweise auf ein Märchenschloß, wo ihm die verschiedensten Figuren begegneten: Gerda und Kay aus der *Schneekönigin, der *Kaiser mit den neuen Kleidern, das *kleine Mädchen mit den Schwefelhölzern. Was einst angelegt war als Parabel vom Glück, ergab hier – wie so oft im Film – ein Märchenpotpourri.

De Gaudeif un sien Meester *Der Zauberlehrling

Der Geist in der Flasche

Grimms »großmächtiger Merkurius« (›Der Geist im Glas‹, 1815) und Robert L. Stevensons samoanisches Flaschenteufelchen (›The Bottle Imp‹, 1891) sind die bekanntesten Figuren dieses Märchentyps. Auch aus 1001 Nacht ist eine Geschichte bekannt, wonach ein Fischer eine kupferne Flasche aus dem Wasser fischt und, als er sie öffnet, von einem in Rauch aufsteigenden Dämon mit dem Tode bedroht wird.

In Grimms Märchen macht sich der Geist einem aufgeweckten Schüler, Sohn eines armen Holzhackers, durch Hilferufe bemerkbar. Er steckt »da unten bei den Eichwurzeln« in einer Glasflasche, gleicht einem springenden Frosch. Sobald der Schüler den Pfropfen entfernt hat, steigt der Geist aus der Flasche, dehnt sich ins Riesenhafte aus und tönt, er werde seinem Befreier den Hals brechen. Der läßt sich nicht einschüchtern. Listig gibt er vor, ihn als rechten Geist erst anerkennen zu können, wenn er sich wieder so klein mache, daß er in die Flasche hineinpaßt. Der hochmütige Geist geht ihm prompt in die Falle. Erst gegen das Versprechen, ihn reich zu belohnen, läßt der Schüler den Geist frei. Er bekommt einen pflastergroßen Lappen, mit dem er, wovon er sich bald überzeugt, sowohl Wunden heilen wie auch Stahl und Eisen in Silber verwandeln kann. Die vom Nachbarn ausgeliehene Axt schneidet plötzlich nicht mehr, weil aus weichem Silber, und der Vater ist um Ersatz verlegen. Sein Sohn jedoch erlöst für die Silberaxt 400 Taler, mehr als genug. Er studiert zu Ende und bringt es, zumal er mit dem Pflaster alle Wunden heilen kann, zu einem berühmten Arzt und Wunderheiler.

Dem »listigen und trügerischen Gott«, der sich von einem Holzhackerbuben übertölpeln läßt, einer luziferisch ambivalenten Figur, hat C. G. Jung eigens eine Studie gewidmet (›Der Geist Mercurius‹, im Eranos-Jahrbuch 1942). Er sah in ihm den Archetypus des Unbewußten, das *lumen naturae*. Zahlreich sind die literarischen Bearbeitungen des Stoffes. So war bereits der hinkende Teufel Asmodeus in Alain-René Lesages Roman ›Le diable boiteux‹ (1707) ein Flaschengeist. In de la Motte-Fouqués ›Das Galgenmännlein‹ (1810) spielt er eine Rolle, desgleichen in Puschkins Erzählung ›Der Mönch‹ (1813). In Gotthelfs Novelle ›Die schwarze Spinne‹ (1842) verhindert eine Mutter weiteres Unheil im Dorf, indem sie ein Loch in den Fensterpfosten bohrt und die todbringende Spinne mit einem Zapfen einsperrt.

Stevensons Flaschenteufelchen erfüllt dem jeweiligen Besitzer der Flasche jeden Wunsch. Er muß nur aufpassen, daß er sie vor seinem Tod wieder los wird. Zwar kann er das Gefäß samt Kobold verkaufen, doch muß der geforderte Preis stets niedriger sein als der vorige Kaufpreis.

Lange vor Stevensons ›The Bottle Imp‹ reüssierte R. B. Peakes gleichnamiges Jugenddrama im English Opera House, London (1828). Filmemacher waren ebenfalls von dem Stoff angetan, so Heinz Hilpert, der bei ›Liebe, Tod und Teufel‹ (1934) die Regie führte, oder Ferdinand Diehl mit einem kindgerechten ›Flaschenteufel‹ (1952). In der DDR entstand nach der Grimmschen Vorlage ein Silhouettenfilm ›Der Teufel aus der Flasche‹ (1969).

Der gelbe Zwerg

Die tragende Figur aus Madame d'Aulnoys Feenmärchen ›Le nain jaune‹ (1698) ist vor allem in England bekannt, weil es in einer Tradition steht, die mit Edmund Spensers ›The Faerie Queene‹ (1590–96) glanzvoll begann.

Der gelbe Zwerg wohnt auf einem Orangenbaum, oder anders, er wohnt hinter einer Tür dort, in einem strohgedeckten Häuschen. Er ernährt sich von Orangen, hat eine gelbe Jacke an, große Ohren, keine Haare und ist nur ellengroß. Zweimal erpreßt er ein Heiratsversprechen, erst von der Königin, als die Löwenwächter der Einödfee sie zu verschlingen drohen; sie hatte sich bei der Fee Rat holen wollen, wie ihre einzige, überaus stolze Tochter Wunderschön (Toutebelle) zu verheiraten sei. Dann nötigt er der 15jährigen Prinzessin, auch sie auf dem Weg zur Fee, das gleiche Versprechen ab. Beide Male hat der Zwerg die von den Frauen mitgeführten Hirsekuchen, die die Löwen besänftigen sollten, zuvor verschwinden lassen. Beide Male arrangiert er es so, daß die ohnmächtig gewordenen Opfer sich in ihrem Bett wiederfinden. Prinzessin Wunderschön hat jetzt freilich einen Ring am Finger, bestehend aus einem roten Haar. Sie kann ihn partout nicht abstreifen. Über das Heiraten denkt sie nun anders, erhört den um sie werbenden König der Goldminen, und da er »von feinstem Verstande und lebhaftestem Gefühl«, verliebt sie sich sogar in ihn.

Am Tag ihrer Vermählung fordern die Zauberleute das Eheversprechen ein. Zunächst die Einödfee, in Gestalt einer häßlichen humpelnden Alten, dann der gelbe Zwerg, der aus einer Kiste herausgesprengt kommt, eine fauchende Katze als Reittier. Mit einem Schlachtmesser zwingt er den König zum Zweikampf. Die Fee, inzwischen in Furiengestalt, verwundet mit ihrer Lanze die Prinzessin, anschließend entführt sie der Zwerg durch die Lüfte. Die Fee verwandelt sich abermals. Sie hat ihre Leidenschaft für den König entdeckt, wird daher zur reizenden Nymphe. Die Liebenden erkennen, daß sie in den Fängen von Tyrannen sind. Auch das magische Schwert, das eine hilfsbereite Sirene dem König schenkt, vermag das schlimme Ende nicht aufzuhalten. Der König läßt es unbedacht fallen, als er sich seiner Prinzessin zu Füßen wirft; der Zwerg ergreift es, durchbohrt des Königs Herz. Das überlebt die Geliebte nicht. Beide sind sie erst im Tode vereint.

Das Feenschurkenstück reizte die Briten zu Pantomime und drastischer Bebilderung. ›Mother Bunch and the Yellow Dwarf‹ war gefragt (1807), zunehmend auch ›Harlequin Knight of the Gold Mines‹ (1820) oder ›Harlequin Knight of the Lion‹ (1829). Penny-Chapbooks waren Mode. Gordon Browne ließ den Zwerg blutig meucheln (1887), Walter Crane allerdings bog das Ende in Bild und Text um: Ein Schreckensschrei der Prinzessin ließ den König der Goldminen das Schwert rechtzeitig aufheben, und mit einem Streich war es um den gelben Winzling geschehen. Am Meeresstrand empfing die freundliche Sirene das Paar, um es zur Königinmutter zu geleiten ... (›The Yellow Dwarf‹, 1875; dt.›Die Perle von Schensi‹, 1876).

Der gelernte Jäger

Von den vier Fassungen, die den Brüdern Grimm vorlagen, haben sie die der Dorothea Viehmann aus Zwehren – leider die am wenigsten erotische und plausible – ausgewählt. ›Der gelernte Jäger‹ (1815), mit Zügen eines *Drachentöters und eines *Dornröschen-Prinzen à la Basile, ist in mehrfacher Beziehung einer auf Jagd, der sich nimmt, was er kriegen kann. So entbehrt es nicht der Komik, wenn Wilhelm Grimm, der im übrigen den Inhalt der anderen Fassungen im Kommentarband (1822) deutlich beschreibt, das Beilager des Jägers betont abstreitet: »doch tat er das alles, ohne sie (die schlafende Prinzessin) anzurühren«.

Der jugendliche Held hat bereits das Schlosserhandwerk gelernt, als er seinem Vater sagt, er werde sich in der Welt umtun. Der gibt ihm etwas Zehrgeld. Unterwegs bekommt er Lust zur Jägerei – prompt begegnet ihm ein Jäger im grünen Kleid, bei dem er sich etliche Jahre verdingt und die Jägerei lernt. Zum Abschied erhält er bloß eine Windbüchse (Luftgewehr), die aber die Eigenschaft hat, »wenn er damit schoß, so traf er ohnfehlbar«. In einem endlos großen Wald sieht er mitternachts vom hohen Baum aus ein fernes Licht, wirft seinen Hut in die Richtung, um sich am Boden daran orientieren zu können, und trifft auf drei Riesen am Feuer, die sich gebratene Fleischstükke zum Munde führen. Mit seiner Büchse schießt er ihnen nacheinander die Fleischstücke vom Mund weg, was den Riesen so imponiert, daß sie ihn auf ihrem Raubzug mitnehmen wollen. Ziel ist die schöne Königstochter auf dem Schloßturm, hinter dem großen Wasser. Einziges Handikap scheint ein kleines, scharf bellendes Hündchen, das muß der Jäger erschießen. Als das getan, sind sich die Riesen der Schönen schon sicher, doch der Jäger läßt sie vorerst draußen und erkundet das schlafende Schloß für sich. Im ersten Zimmer findet er einen unfehlbaren Säbel, wie brieflich bezeugt, geht weiter und gelangt in das Zimmer der schlafenden Holden, die er still, den Atem anhaltend, betrachtet. Er nimmt all die Dinge, die sich namentlich auf den König beziehen, als Wahrzeichen mit: nächst dem Schwert auch den rechten Pantoffel unter ihrem Bett und den rechten Schlippen (Zipfel) vom seidenen Halstuch; zuletzt nimmt er auch ein Stückchen von dem Hemd, in das sie eingenäht ist. Am Tor macht er den Riesen weis, die Jungfrau wäre schon in seiner Gewalt, er könne nur nicht das

Tor aufmachen, sie sollen durch ein (Mauer-) Loch zu ihm kommen. Als der erste gekrochen kommt, köpft er ihn und zieht den Körper vollends hinein. So verfährt er auch bei dem zweiten und dritten, schneidet ihnen dann die Zungen heraus und steckt sie zu dem andern in den Ranzen. Dann geht es heimwärts, zum Vater, dem er alles zeigen will.

(Im Erstdruck lockt der Jäger die Riesen bereits in das Säbelzimmer hinein, bevor er der Prinzessin ansichtig wird. Durch die Umstellung wird das Loch in der Wand plausibler; vor allem aber wird das Motiv herausgearbeitet, die unschuldige Schöne nicht den wilden Riesen zu überlassen.)

Als der König erwacht und die toten Riesen erblickt, weckt er seine Tochter auf. An dem fehlenden rechten Pantoffel, an Halstuch und Hemd sieht sie, daß einer in ihrer Schlafkammer gewesen sein muß. Wer aber, will der König vom Hofstaat wissen, hat seine Tochter von ihren Feinden befreit. Ein Hauptmann, einäugig und häßlich, will dies getan haben. Trotz Zureden des alten Königs schlägt sie die Heirat aus und will lieber in die Welt hinaus. Da läßt er sie Bauernkleider anlegen und zu einem Töpfer gehen, um auf Borg dessen irdene Ware zu verkaufen; ihren Straßenstand läßt er wie *König Drosselbart von etlichen Bauernwagen kaputtfahren, so daß sie den Töpfer nicht bezahlen kann. Nun zwingt sie der König, im Wald ein Wirtshaus zu führen und für jedermann unentgeltlich zu kochen. Das Schild vor der Tür »Heute umsonst, morgen für Geld« spricht sich herum und verlockt auch den Jäger, bei ihr einzukehren. Anhand des Degens und all der Wahrzeichen in seinem Ranzen erkennt sie ihren Erlöser. Auch der König läßt sich davon überzeugen. Beim großen Gastmahl hat die Königstochter den Hauptmann zur Linken, den Jäger zur Rechten. Auf das Rätsel von den abgebliebenen Zungen der Riesen antwortet der Hauptmann zunächst, sie hätten wohl keine gehabt; dann sagt er, ein solcher Betrüger gehöre in Stücke zerrissen – womit er sein eigenes Urteil gesprochen hat. Der Jäger bekommt die Königstochter, holt Vater und Mutter nach Hofe und erbt schließlich das Reich.

Die Ungereimtheiten der Jägerstory, so der königliche Namenszug auf den Wahrzeichen, der Geschirrhandel und die Wirtinnenfron, lösen sich auf, wenn man anderen Fassungen des Märchens folgt, vor allem der zweiten »aus Zwehrn« und der des Wachtmeisters Krause aus Hof. Dort dringt der Jäger in den Turm der Prinzessin ein, nachdem er die Schildwache unschädlich gemacht hat; die Kammerfrauen im ersten und zweiten Zimmer küßt er, zur schlafenden nackten Prinzessin im dritten Zimmer legt er sich und beschläft sie. Vorher hat er vom Tisch drei Wahrzeichen an sich genommen, ein goldenes Halsgehänge, einen Ring und ein Taschentuch. Als sie schwanger wird, ohne zu wissen von wem, läßt sie ihr Vater ins Gefängnis werfen; ein einfacher Diener gibt vor, sie geschwängert zu haben. Darauf wird sie in das Wirtshaus gesetzt. Nach der Version Krauses benützt sie es dazu, um den Vater ihres Kindes herauszufinden (freier Verzehr gegen Erzählen der Lebensgeschichte) und stößt nach drei Jahren auf den Jäger, der ihr obendrein die Wahrzeichen vorweisen kann.

Max Slevogts Federzeichnungen haben dem Grimmschen Märchen Tempo und Farbe verliehen (1932). Der Typus selbst ist weltweit in rund 250 Varianten nachweisbar.

Genovefa

Die Märchenfigur der unschuldig verleumdeten und verfolgten Frau zeigt sich allererst in der Legende ausgebildet, als ›L'innocence reconnue ou Vie de Sainte Geneviève de Brabant‹, die der französische Jesuit René de Cerisier 1638 in die Welt gesetzt hat. Die Kernlegende handelt vom Haushofmeister Golo, dessen Anträge Genovefa standhaft abweist, des weiteren davon, daß er sie des Ehebruchs bezichtigt, daß ihr eigener Mann, König Siegfried, sie zum Tode verurteilt, daß ihr Henker sie laufen läßt, daß sie mit ihrem Neugeborenen bei einem Köhler unterkommt und sich durch Spinnen ihren Lebensunterhalt verdient. Für das Jesuitendrama des 17. Jhs. war dies ein idealer Märtyrerstoff. Das Drama der Sturm-und-Drang-Zeit zeigte den Marschall als leidenschaftlich Liebenden (Maler Müller, ›Golo und Genovefa‹, 1775–81). Ludwig Tieck sah in ihm den wirklichen Verbrecher (›Leben und Tod der Hl. Genovefa‹, 1800) und leistete einer märchenhaften Darstellung Vorschub, wie sich an der der Brüder Riepenhausen erwies (14 Stahlstiche, 1806). Anrührend und anhaltend wirksam war Christoph von Schmids Jugendbuch ›Genovefa‹ (1810), später mehr ins Märchenhafte gewendet durch die fünf Kupfer J.Th. Hartmanns (1838). Zur Ikone, die in viele Bürgerhäuser Eingang fand, wurde »Genovefa mit Kind und Hirschkuh verlassen im Walde«, nach einer Vorlage von Jean-Fréderic Schall

(1779). Auch die sechs Holzschnitte Ludwig Richters zum Genovefa-Volksbuch (1838) erfreuten sich großer Beliebtheit. Die Popularität der Figur während des 19. Jhs. läßt sich zudem anhand von Bilderbögen feststellen, seien es Neuruppiner oder solche aus Weißenburg und Epinal.

Die Geschichte vom Soldaten *Soldat

Der gestiefelte Kater

›Der gestiefelte Kater‹ (1812), den sie von Jeanette Hassenpflug erzählt bekamen, war den Brüdern Grimm bald so unheimlich, daß sie ihn in allen weiteren Ausgaben ihrer Sammlung tilgten; sie überließen damit das Feld Ludwig Bechstein, der 1844 als erstes mit einem Textbilderbuch aufwartete: ›Der gestiefelte Kater. Ein deutsches Märchen neu erzählt‹. Die Grimms hatten solche Chuzpe nicht; sie wußten allzugut, daß die Märchenfigur – hierzulande bekannt seit dem gleichnamigen ›Kindermährchen in drei Akten‹ von Ludwig Tieck (1797) – von dem romanischen »Märchenhaushalt« herrührte. Andererseits war die Figur dermaßen einprägsam, nicht nur der originellen Stiefel und des aufrechten Gangs halber, sondern auch wegen seiner Helferqualitäten und nimmermüden Beredsamkeit als Brautwerber, daß man sie den Deutschen nicht vorenthalten durfte. Heute gehört sie, weil durchaus eigenständig erzählt, wieder zum Grimm-Kanon. Das Besondere an ihr ist, daß sie keineswegs in Stiefeln auf die Welt kam; die hat ihr erst Charles Perrault mit seinem ›Meisterkater‹ verpaßt (›Le maistre chat ou le chat botté‹, 1697).

Der Ausgangspunkt ist bei Perrault und Grimm der gleiche. Ein Müller hinterläßt seinen Besitz den drei Söhnen: Der älteste bekommt die Mühle, der nächste den Esel, der jüngste den Kater. Der weiß nicht recht etwas anzufangen damit, spricht vor sich hin: aus dem Fell ließe sich allenfalls ein Muff (Perrault), ein Paar Handschuhe machen (Grimm). Der Kater beginnt zu sprechen: Es sei besser, ihm einen Sack zu geben (Perrault) und ein Paar Stiefel zu machen, »dann soll dir bald geholfen sein«. Ein Schuster kommt des Wegs (nur bei Tieck und Grimm), und so bekommt er die Stiefel gleich angemessen. Der Kater zieht sie an, schultert seinen Sack (bei Grimm greift er sich einen), geht damit schnurstracks zu einem Gehege (Perrault) bzw. geht wie ein Mensch auf zwei Beinen zur Tür hinaus (Grimm). Während er bei Perrault den Sack mit Kleie und Korndisteln präpariert und erst einmal ein junges Kaninchen in die Falle lockt, weiß Grimms Kater, daß der König gerne Rebhühner ißt, deshalb ködert er sie mit Korn und fängt gleich eine Anzahl. Die Beute macht der Kater dem König zum Geschenk – bei Perrault im Namen des Marquis von Carabas, bei Grimm auf Empfehlung eines Grafen. Aufgrund des üppigeren Geschenks bekommt er für seinen Herrn gleich viel Gold dafür; bei Perrault ist erst das nächste Mal, als der Kater zwei Rebhühner bringt, ein Trinkgeld fällig. Der gestiefelte Kater geht nun regelmäßig auf Fang und bringt das Wildbret dem König.

Eines Tages erfährt er, daß König und Prinzessin eine Uferspazierfahrt vorhaben. Er überredet seinen Herrn, sofern ihm an seinem Glück läge (Perrault) bzw. er ein Graf und reich werden wolle (Grimm), an einer bestimmten Stelle ein Bad zu nehmen. Während dieser badet, nimmt der Kater die Kleider und versteckt sie. Dem vorbeifahrenden König macht er weis, der Marquis von Carabas sei am Ertrinken, und als Diener ihm heraushelfen, es seien Diebe gekommen und hätten die Kleider gestohlen (Perrault); die Finte mit dem Ertrinken fehlt bei Grimm, dort schildert der Kater die pure Notlage seines Herrn draußen im See. Hilfsbereit läßt ihm der König die prächtigsten Kleider bringen; kaum ist er damit ausstaffiert, gefällt er der Prinzessin ausnehmend gut. Der König besteht darauf, daß er in der Kutsche mitfährt. Der Kater eilt ihnen voraus. Bei Perrault kommt er erstens an einer Wiese, zweitens an einem Kornfeld vorbei und nötigt Mäher und Schnitter (»sonst werdet ihr alle kleingehackt wie Pastetenfleisch«), die Wiese bzw. das Kornfeld als Besitz des Marquis von Carabas auszugeben. Bei Grimm kommt es zur dreifachen Stufung: Erst sind es 100 Mäher auf der Wiese, die (soviel wird deutlich) dem »großen Zauberer« gehört; auch sie bedroht der Kater mit dem Tode, sollten sie es nicht als Besitz des Grafen ausgeben. Ebenso eingeübt werden 200 Schnitter im Kornfeld und 300 Holzfäller im Wald, die sich allesamt vor ihm fürchten, weil er »so wunderlich aussah, und wie ein Mensch in Stiefeln daherging«. Der König aber verwundert sich jedesmal über den Reichtum des neben ihm sitzenden »Herrn«.

Schließlich kommt der Kater an ein Schloß und macht beim Schloßherrn Visite. Perrault holt an dieser Stelle nach, daß alle

Ländereien, die der König bislang gesehen, im Besitz eines Ogre sind (bei Grimm kein menschenfressender Zauberer, sondern eher harmlos). Artig fragt der Kater nach dessen Fähigkeit, sich in jedes Tier verwandeln zu können. Der Zauberer zeigt es ihm: bei Perrault, indem er sich erst in einen Löwen, dann in eine Maus verwandelt, bei Grimm lautet die Abfolge Elefant, Löwe, Maus. Damit hat ihn der Kater dort, wo er ihn haben wollte. Er fängt die Maus im Sprung und frißt sie auf. Nun ist die Karosse des Königs nicht mehr fern und der Kater zu dessen Empfang bereit. Er heißt ihn im Schloß des Herrn Marquis von Carabas (Perrault) – im Schloß meines Herrn des Grafen (Grimm) – willkommen. Der Müllerssohn als Marquis heiratet noch am selbigen Tag, der als Graf hat es nicht so eilig; er führt seine Prinzessin in den luxuriösen Saal und verlobt sich mit ihr. Auch der Kater macht Karriere, wird ein großer Herr, der den Mäusen nur noch zur Zerstreuung nachstellt (Perrault) beziehungsweise dem jungen König als erster Minister dient (Grimm).

Der Herr dieses wohl bekanntesten aller Tierhelfer (des eigentlichen Helden hier) hatte in den ersten literarischen Fassungen einen Namen. In Straparolas Sammlung ›Le piacevoli notti‹, 1550/53) hieß er Constantino, dessen gatta fatata (»verzauberte Katze«) am Ende verschwand. In Basiles Märchenbuch (1634) war es Gagliuso, der als Erbstück eine Katze bekam, sehr klug, eloquent, nur noch nicht aufrecht gehend und deshalb ohne Stiefel; ihr Herr lohnte es ihr übel, deshalb verließ sie ihn. Anders im norwegischen Volksmärchen, dort zeigte sich die Katze des »Herrn Peter«, nachdem sie geköpft, als eine vom Troll verzauberte Prinzessin.

Diese Märchenfigur evozierte von Anfang an die Bildphantasie. Langkrallig und mit zierlichen Stiefeln zeigt sie ein Kupfer Antoine Clouziers (1697). Die illustrierten Ausgaben des 19. Jhs. verraten im Buchtitel allerdings nicht, daß sie kaum dem Grimmschen, um so mehr dem »Meisterkater« Perraults verpflichtet waren. Das galt schon für Johann Heinrich Rambergs Porträt (in J.A.C. Löhr, ›Das Buch der Märchen‹, 1819) und für Theodor Hosemann (17 Farblithos zu der von Hermann Kletke bearbeiteten Fassung, 1839). Dagegen markierte Otto Speckter deutlich, daß seine zwölf Farbradierungen zu ›Das Märchen vom gestiefelten Kater‹ (1843) allen vier klassischen Märchenfassungen galten, Straparola, Basile, Perrault und

Tieck. Moritz von Schwind illustrierte in einem berühmten Münchener Bilderbogen (Nr. 48/1850) Perraults Geschichte wie im Zeitraffer, Gustave Doré gab vier Holzstiche zu ›Le maître chat‹ (1862, dt. 1865), Walter Crane illustrierte ›Puss-in-Boots‹ (1873). Erst nach dem Tod der Brüder Grimm näherte man sich ihrer Version. Victor Paul Mohn bebilderte sie als einer der ersten (›Märchenstrauß für Kind und Haus‹, 1882), dann Carl Otto Czechka (1910), Eugen Osswald (Scholz' Künstler-Bilderbuch, 1913), Max Slevogt (1918/22), auch Alfred Kubin gab ihm ein Konterfei (1924). In neuerer Zeit illustrierten Hans Fischer (1957), Janusz Grabianski (1968), Klaus Ensikat (1977), Jean Claverie (1982) und Stasys Eidrigevicius (1991) dezidiert Perraults »Meisterkater«, Herbert Leupin (1946) und Eva Johanna Rubin (1990) den Grimmschen, indes Erich Kästner mit Walter Trier (1950) und später Janosch (1972) den Kater neu betexteten und bebilderten.

Der Stoff wurde häufiger dramatisiert, vertont – u.a. als Oper von Fr. Foignet (1802) und Albert Grisar (›La chatte merveilleuse‹, 1862), von Peter Tschaikowsky innerhalb der Dornröschen-Suite (1890), dann von Zesar A. Cui (1912) und Günter Bialas (1975) als Märchenoper – und einige Male auch verfilmt, meist nach der Vorlage Perrault. ›Neue Abenteuer des Gestiefelten Katers‹ drehte der russische Regisseur Alexander Rou (1958).

Der Gevatter Tod

Den Tod als langgesuchten Paten für das 13. Kind kennt sowohl Grimms Märchen ›Der Gevatter Tod‹ (1812) wie auch Bechsteins ›Gevatter Tod, ein Märlein‹ (1845, illustriert von Franz Graf Pocci). Schon im Fastnachtsspiel Jacob Ayrers ›Der Baur mit seim Gefatter Todt‹ (1605) ist das Thema voll entwickelt. Nachdem alle irdischen Möglichkeiten erschöpft sind, passieren die »höheren« Taufpaten Revue: erst Jesus, den der Bauer verwirft, weil er den einen reich, den anderen arm mache; dann der Teufel, den er gleichfalls ausschlägt, weil er vor dem Namen des Herrn und dem hl. Kreuz weglaufe. Dann ist da noch der Tod, den der Teufel ihm auf den Hals geschickt hat. Der Bauer nimmt ihn, weil er alle Leute gleich behandle.

In Grimms Märchen trifft der kinderreiche Arme, der den erstbesten zu Gevatter bitten will, gleich auf den lieben Gott.

Das Argument, er gäbe dem Reichen und lasse den Armen hungern, wird allerdings abgeschwächt: der gute Mann wisse eben nicht, wie weislich alles verteilt sei. Dem Teufel hält der Mann entgegen, er betrüge und verführe die Menschen. Den dürrbeinigen Tod, der auf ihn zugeschritten kommt, läßt er gelten, da er den Reichen wie den Armen hole. Dieser verspricht ihm als Patengeschenk: Ich will dein Kind reich und berühmt machen.

Der herangewachsene Jüngling erhält ein Kraut und dadurch die Gabe, einen Kranken gesund zu machen, sofern sich der Tod zu dessen Häupten zeigt; steht er aber zu Füßen des Kranken, so hilft auch kein Kraut mehr. Er kommt damit rasch zu ärztlichem Ruhm und Reichtum. Als er zum schwerkranken König gerufen wird und am Fußende den Tod erblickt, bettet er den Todgeweihten verkehrt herum und erreicht so dessen Heilung. Den düpierten Tod hält nur die Patenschaft für diesmal noch ab, den Jüngling zu strafen. Als der es auch bei der schönen einzigen Königstochter so praktiziert – ihm winkt die Ehe mit ihr und später die Krone –, packt ihn der abermals betrogene Tod mit eiskalter Hand: »Es ist aus mit dir.« Er führt ihn in eine unterirdische Lichterhöhle und zeigt ihm sein eigenes, fast abgebranntes Lebenslicht. Der Patensohn bittet, auf das verlöschende ein neues Licht aufzusetzen. Beim Umstekken versieht sich der Pate absichtlich, selbst das frische Licht erlischt, und mit dem großen Arzt nimmt's ein Ende. Diese Schlußszene hat Maurice Sendak eingefangen und alle Attribute – Sense, Gerippe, Lebenslicht – in sein Bild einbezogen (1973).

Die als Patengeschenk verliehene Gabe der Heilkunst empfängt gelegentlich auch der Vater, so im spanischen Märchen ›Juan Holgado und der Tod‹ (1850). Dort hält sich der alte Holgado an den kryptischen Spruch des Todes, er werde ihn nicht eher holen, bevor nicht seine Behausung abgedeckt sei. Holgado renoviert seither beständig sein Haus. Daß mit der Behausung sein Körper gemeint war, erfährt er – unausweichlich – zum Schluß.

Im 19. und frühen 20. Jh. war dieser Märchenstoff, ablesbar an den vielen Dramatisierungen, einer der beliebtesten in Deutschland (von Poccis Bühnendichtung 1855 bis M. Marschalks Oper 1919), in Italien (Opera buffa von L. und F. Ricci, 1836), in Frankreich und Schweden. Ein Fernsehfilm versuchte, den Stoff historisch dingfest zu machen; das Wunderkraut stand für die medizinischen Errungenschaften im Kampf gegen die Pest, aus dem unbestimmten Königreich wurde die aufstrebende Bürgerstadt Görlitz (DDR 1980, Regie Wolfgang Hübner).

Glückskind

Max Lüthi zählt unter die einprägsamen Helden des Zaubermärchens, neben *Drachentöter und Goldener (*Eisenhans), auch das Glückskind – »das aus allen Nachstellungen nicht nur unversehrt, sondern erfolgreich hervorgeht«. So ist in *Der Teufel mit den drei goldenen Haaren der Held mit einer »Glückshaut« geboren, und »was so einer unternimmt, das schlägt ihm zum Glück aus«. Nach altem Volksglauben bringen Glückskinder »um ihr Häuptlein eine Haut gewunden mit auf die Welt« (Jacob Grimm); medizinisch ausgedrückt, war eine solche Glückshaube nichts anderes als die unverletzte Eihauthülle bei ausgebliebenem Blasensprung. Nach altisländischem Glauben hatte in der *fylgja* der Schutzgeist oder ein Teil der Seele des Kindes seinen Sitz, sie durfte daher weder weggeworfen noch verbrannt werden.

Märchenhelden, denen jeder Wunsch in Erfüllung geht – mit oder ohne Zaubermittel –, werden ebenfalls als Glückskinder bezeichnet, so *Pervonto oder *Aladdin, zu dessen Nachfolgern auch Andersens »glückliche« Märchenhelden gehören (*Das Feuerzeug, *Galoschen des Glücks). Das Thema Glück im Märchen umgreift auch das Unglück. Den Helden fällt der Erfolg häufig erst nach harter Bewährung zu, ihr Glück ist durch Leiden erkauft und so auch beglaubigt. Zum Begriff des Märchenglücks gehören nicht nur Liebeserfüllung und Reichtum, sondern auch die Zufriedenheit. »So glücklich wie ich«, ruft *Hans im Glück aus, als er alle seine Sachen drangegeben hat, »gibt es keinen Menschen unter der Sonne.«

Gockel, Hinkel und Gackeleia

Clemens Brentanos Märchen trug anfangs den Titel ›Gockel und Hinkel‹, entstand schon 1815/16 und wurde, seiner italienisch-barocken Märchenmotive wegen, dem Zyklus ›Italienische Märchen‹ zugeordnet. Zum Zeitpunkt der Drucklegung (1847) lag die erweiterte Zweitfassung ›Gockel Hinkel Gakeleja – Mährchen, wieder erzählt‹ bereits vor (1838), mit 15 getönten Lithos nach Brentanos eigenen »mühseligen Erfindungen«. Es gilt als eines der schönsten Bücher deutscher Romantik.

Der bejahrte Gockel, Raugraf von Hanau und Exhühnerminister des Königs von Gelnhausen, lebt mit Frau Hinkel von Hennegau und Tochter Gackeleia im Hühnerstall des verfallenen Stammschlosses Gockelsruh. Von der Glucke Gallina abgesehen, ist ihr einziger Besitz der schwarze Hahn Alektryo, Nachfahre jenes Hahns, der bei Petrus' dreimaliger Verleugnung des Herrn dreimal krähte. Er trägt, was keiner weiß, in seinem Kropf den Siegelring *Salomos.

Drei alte Juden, ihres Zeichens Petschierstecher, wollen Graf Gockel den Stammhahn ablisten. Sie wissen um das Familienwappen und die dunklen Worte »Kopf, Kropf und Siegel« (in der Erstfassung weniger kryptisch: Kopfab, Kropfauf, Steinkauf), die auf Alektryo als familiären Glücksbringer hinweisen. Der Hahn erfährt von Gallinas schrecklichem Ende und bittet seinen Herrn um den Tod, nicht ohne ihm den Sinn des Spruchs zu deuten. Als das Grafenschwert ihn köpft, rollt aus seinem Kropf der smaragdene Stein. Des Nachts steckt Gockel den Wunschring an seinen Finger, dreht ihn: »Salomon, du weiser König, / Dem die Geister untertänig, / Mach mich und Frau Hinkel jung! / Trag uns dann mit einem Sprung / Nach Gelnhausen in ein Schloß . . .« All seine Wünsche gehen in Erfüllung.

Eine lebensechte Puppe bringt die Wende. Der alte Jude ködert mit jener »schönen Kunstfigur« die junge Gackeleia, der, aufgrund ihrer Mitschuld am Tod der Henne Gallina, verboten war, jemals eine Puppe zu besitzen. Im Tausch gegen die Puppe verschafft sie dem Juden den Ring; zwar nur für wenige Augenblicke, was diesem aber ausreicht, um ihr einen täuschend ähnlichen zurückzugeben. Nun sind die drei Alten im Besitz des Siegels und machen die ganze Schloßherrlichkeit wieder rückgängig. Vor den Augen der Gelnhauser Königsfamilie – König Eifraßius, Königin Eilegia und Prinz Kronovus – verwandeln sich Gockel, Hinkel und Gackeleia in eine alte, häßliche Bettlerfamilie. Die Sünde der Tochter wird offenbar. Vater Gockel züchtigt sie dafür, und sie läuft fort in den Wald, ihrer Puppe nach. In der schönen Kunstfigur ist jedoch die kleine, weiße Mäuseprinzessin Sissi gefangen. Gackeleia befreit sie, folgt ihr in die Residenz des Mäusekönigs. Mit Hilfe der Sissi und des Prinzen Pfiffi wird der Ring Salomos zurückerobert. Gackeleia übernimmt die Regie. Sie zaubert erneut das schöne Schloß herbei, macht den Hahn Alektryo wieder lebendig und verwandelt den kleinen Prinzen Kronovus in einen verständigen jungen Mann. Als sie mit ihm Hochzeit hält, fällt ihr nur noch ein Wunsch ein: »daß wir alle Kinder wären und die ganze Geschichte ein Märchen«.

Wesentliche Motive, so der in einem Hahnenkopf gefundene Stein, der jung und reich macht, oder die Zauberer, die ihn entwenden, und auch das Reich der Mäuse, aus dem Hilfe und Beistand erwächst, waren in Basiles barockem Märchen ›Der Hahnenstein‹ (›La preta de lo gallo‹, 1634) vorgebildet. Eine besondere Zutat zu Brentanos Märchen waren die szenischen Bildtafeln: kindlich, traumhaft, humorvoll, bizarr. Des Dichters Entwürfe wurden durch Kaspar Braun, später Mitbegründer der ›Fliegenden Blätter‹, sehr feinfühlig auf Stein übertragen. Erst in der Zeit des Jugendstil wagte man sich an neue Bebilderungen, so durch Franz Wacik (Gerlachs Jugendbücherei Nr. 20/1908), Marianne Hitschmann-Steinberger (Koegens Kinderbücher 15/16, 1912), später durch Felix Meseck (Obelisk-Druck 6/1922), Alexander Zick (1972).

Die goldene Gans

Held dieses Grimmschen Schwankmärchens (1812) ist der *Dummling, der sich beim Holzschlagen anstelliger zeigt als seine älteren Brüder. Mit dem hungrigen grauen Männlein, das allen dreien begegnet, teilt er als einziger sein Essen. Während den Brüdern die Axt in Arm und Bein fährt, legt sie ihm den Baum um, unter dessen Wurzeln er das versprochene Glück findet: eine goldene Gans.

Der Dummling übernachtet im Wirtshaus, wo es die drei Wirtstöchter nach den goldenen Federn gelüstet. Die erste faßt die Gans beim Flügel und bleibt daran hängen, die zweite kommt herbei, hängt an der ersten fest, und so auch die dritte an der zweiten. Am Morgen nimmt der Junge die Gans, alle drei Mädchen müssen ihm hinterherlaufen. Der Pfarrer, der den Aufzug wenig schicklich findet, bleibt an der Jüngsten hängen, und an ihm dann der Küster, und an diesem zwei Bauern, die die geistlichen Herren losmachen wollten. Nun sind es schon sieben, die an der Gans hängen, und die sonst so ernste Königstochter lacht über ihren Anblick.

Nach königlichem Gesetz hat Dummling sie sich damit als Braut verdient; doch dem König gefällt der Schwiegersohn nicht, und so stellt er ihn vor drei (unlösbare) Aufgaben. Die erste heißt, einer müsse ihm den Keller voll Wein austrinken – die zweite, einer müsse einen Berg voll Brot wegessen – die dritte, er müsse ein Schiff herbeischaffen, das zu Land und zu Wasser fährt. Jedes Mal hilft ihm das Graumännchen, zweimal in verwandelter, zum Schluß in seiner alten Gestalt. Der Hochzeit steht nichts mehr im Wege.

Populär wurde dieses Märchen unter dem griffigen Bechstein-Titel ›Schwan, kleb an‹ (1845). Die erotisch-komische Beimischung, im Sinne »Piephahn, kleb an«, war in mittelalterlichen Pfarrersschwänken noch offenkundig. In England, wo das Motiv seit ›The Tale of the Basyn‹ (15. Jh.) bekannt ist, wurde ›The Golden Goose‹ bald populär, und George Cruikshank (1823) ließ sich den Gänsemarsch zeichnerisch ebensowenig entgehen wie Walter Crane, nach dessen Entwurf William Morris einen Goose-Girl-Gobelin anfertigte. In neuerer Zeit gestalteten Josef Hegenbarth (1951) und Ruth Hürlimann (1983) Einzelausgaben des Grimm-Märchens. Im Londoner Exil schuf Lotte Reiniger einen anmutigen Silhouettenfilm (1945).

Der goldene Hahn

Alexander Puschkins Märchendichtung ›Der goldene Hahn‹ (›Skazka o zolotom petuske‹, 1835) gehört zu den Stücken, die seit der Jahrhundertwende musikalisch und bildlich Furore machten.

Der goldene Hahn, ein Geschenk des Hofastrologen, steht dem Zaren Dodon als treuer Wächter in Zeiten der Gefahr bei. Dodon ist dem Astrologen dafür einen Wunsch schuldig geblieben. Er träumt von der ebenso schönen wie bösen Zarewna von Schamachan. Er zieht gegen sie in den Krieg. Nach verlorener Schlacht steht er vor ihr, verspricht ihr sein Zarenreich und führt sie heim nach Moskau. Der Astrologe erscheint und beansprucht die Braut. Zar Dodon schlägt ihn nieder. Darauf hackt der goldene Hahn auf den Zaren ein und verschwindet mit der Braut aus Schamachan. Der Zar stirbt.

Die gleichnamige Oper von Nikolai Rimski-Korsakow wurde 1909 in Moskau uraufgeführt, nach Änderungen durch die zaristische Zensur. An der Bühnenausstattung hatte Iwan J.

Bilibin zwei Jahre lang gearbeitet; er schuf auch die Farblithographien zur Buchausgabe mit Puschkins Text (St. Petersburg 1910). Seiner Überzeugung nach brauchte das geschundene russische Volk Märchen – »Träume von fernen Königreichen mit exotischen Vögeln, hölzernen Kirchen und Tieren«. Polarfüchse, Riesen, Bojaren, orientalische Dickbäuche, Sklavinnen, für all diese Nebenfiguren kreierte er die Kostüme. Die neue folkloristisch-künstlerische wie auch politisch-satirische Qualität wurde durch Serge Diaghilews Ballets Russes vorangetrieben. In seiner Inszenierung an der Pariser Oper im Mai 1914 wurden alle Rollen und Chöre von Tänzern besetzt; die Sänger beschränkten sich auf das Singen ihrer Partien.

Weitere russische Künstler taten sich in der Illustrierung hervor: A. I. Kandaurow (1897/99), S. V. Maljutin (um 1899), B. V. Zvorykin (1903), B. M. Kustodiew (1919), J. L. Obolenskaja (20er Jahre). Für eine Bilibin-Neuausgabe hat Elisabeth Borchers das Märchen nacherzählt (1982).

Der goldene Schlüssel

Der Junge Moosy und das Mädchen Zasel sind die Helden in dem viktorianischen Dichtermärchen ›The Golden Key‹, das George MacDonald im Rahmen seiner Sammlung ›Dealing with Fairies‹ veröffentlichte (1867). Er war Übersetzer von Novalis und ein Freund Lewis Carrolls (*Alice im Wunderland).

Wozu dieser goldene Schlüssel ist und wohin die Reise geht, müssen die beiden Kinder selbst herausfinden. Mit ihm sind sie auf der Suche. Sie begegnen der schönen Großmutter-Fee und ihren Luftfischen, sie betreten die Reiche des Meeresalten, des Feuer- und des Erdalten, sie werden selber alt und wieder jung – bis sie am Ende das ersehnte Land finden, »woher die Schatten fallen«.

Zum 100jährigen Jubiläum hat Maurice Sendak dieses Feen- und Liebesmärchen mit zehn romantisch-hintergründigen Zeichnungen versehen (1967, dt. 1976). W. H. Auden warnte im Nachwort davor, die Figuren übermäßig auszudeuten und ihnen symbolisch beikommen zu wollen: »Sie bedeuten, was sie sind.«

Der goldene Vogel

›Vom goldnen Vogel‹ nannten die Brüder Grimm das Märchen im Erstdruck (1812) und auch in der veränderten Zweitauflage

(1819); den definitiven Titel hat erstmals die englische Ausgabe verwendet (›The Golden Bird‹, 1823). Dem Stoff nach war es bereits aus Chr. W. Günthers ›Kindermährchen, aus mündlichen Erzählungen gesammlet‹ (1787) bekannt, dort benannt nach dem Tierhelfer ›Der treue Fuchs‹. Die Grimms rügten zwar, Günther habe es im falschen Ton erzählt, was aber nicht hinderte, daß sie einige Wendungen übernahmen.

Held ist, wie auch im russischen *Feuervogel, der jüngste von drei Königssöhnen, der als letzter herausfinden soll, warum in jeder Nacht einer der – abgezählten – goldenen Äpfel am Baum seines Vaters abhanden kommt. Um Mitternacht bemerkt er einen goldgefiederten Vogel, der einen Apfel abpickt, und schießt ihm mit dem Pfeil eine Feder herunter. Die Räte des Königs befinden, diese eine Feder sei mehr wert als das gesamte Reich. Wieder ist der älteste Sohn zuerst an der Reihe, für den Vater den goldenen Vogel zu fangen. Ein Fuchs am Waldesrand bittet, ihn nicht zu erschießen und gibt ihm den Rat, abends eins der beiden Wirtshäuser im Dorf zu meiden. Doch der Königssohn erschießt ihn, kehrt prompt in das Wirtshaus ein, in dem es lustig hergeht, »vergißt den Vater, den Vogel und alle guten Lehren«.

Dem Zweitältesten ergeht es ebenso. Der Jüngste, dem der Vater wenig zutraut, begegnet dem Fuchs freundlich, nimmt seinen Rat an und auch das Angebot, hinten auf den Fuchsschwanz zu steigen. Windgeschwind kommt er so in das Dorf, übernachtet im schlichten Wirtshaus und findet anderntags im Feld den Fuchs, der ihm das Weitere weist: das Schloß, vor dem die schlafenden Soldaten liegen, die hinterste Schloßkammer, wo der goldene Vogel im hölzernen Käfig hängt, daneben ein leerer Käfig aus Gold. Er warnt ihn, den Vogel herauszunehmen und in den Goldkäfig zu setzen – der Jüngling tut es dennoch, weil es ihm angemessen erscheint. Der Vogel tut einen Schrei, die Soldaten erwachen und führen den Königssohn ab ins Gefängnis. Nur eine weitere Aufgabe kann ihm das Leben retten: Er muß dem König das goldene Pferd bringen, das schneller ist als der Wind. Wieder mißachtet er den Rat des Fuchses und legt dem Pferd den goldenen Sattel auf, und wieder wird er deswegen ertappt und bleibt nur am Leben, weil er sich dazu verpflichtet, dem König »die schöne Königstochter vom goldenen Schlosse« herbeizuschaffen. Trotz der Warnung des Fuchses gestattet er ihr, von den Eltern Abschied zu nehmen (Übertretung des Mitleidsverbots). Erneut landet der Jüngling im Gefängnis. Ihr Vater droht ihm ebenfalls mit dem Tod, es sei denn, er könne binnen acht Tagen den Berg vor seinem Fenster abtragen, der ihm ständig die Sicht nimmt; dann bekäme er sie auch zur Frau. Nach Ablauf von sieben Tagen besorgt das der Fuchs für ihn (»leg dich nur hier schlafen, ich will die Arbeit für dich tun«), und der König muß Wort halten.

All die Umwege erweisen sich für den Helden als glückbringend. Das Beste, die Jungfrau, hat er schon. Nun verrät ihm der Fuchs, wie er zum goldenen Pferd und auch zum goldenen Vogel kommen kann (und damit die Auftraggeber prellt). Als einzigen Lohn bittet sich der Fuchs aus, erschossen zu werden; Kopf und Pfoten solle er ihm abhacken. Dieser Bitte kommt der Held nicht nach (er weiß nichts von dessen Verwünschung in ein Tier), auch folgt er nicht dem letzten Rat des Fuchses, kein Galgenfleisch zu kaufen und sich an keinen Brunnen zu setzen. Er kauft vielmehr seine Brüder vom Galgen frei und rastet auf ihren Wunsch an einem Brunnenrand im Wald; übel, wie sie sind, werfen sie ihn rückwärts in den Brunnen, nehmen Jungfrau, Pferd und Vogel an sich, reiten heim und präsentieren sie dem Vater als ihr Mitbringsel. Doch das Pferd frißt nicht, der Vogel pfeift nicht, und die Jungfrau weint. Der jüngste Bruder ist jedoch am Leben. Noch einmal rettet ihn der Fuchs, zieht ihn mit seinem Schwanz aus dem Brunnen heraus und warnt ihn vor den Häschern seiner Brüder. Als er, vermummt in Lumpenkleidern, aufs Schloß kommt, fängt der Vogel an zu pfeifen, das Pferd an zu fressen, die Jungfrau wird fröhlich. Auf die mißratenen Brüder wartet nun die Hinrichtung, dem jüngsten aber winkt neben der schönen Jungfrau das Erbe des Reiches. Der neuerlichen Bitte des Fuchses, ihn zu erlösen, wird der Held gerecht und erlöst damit den verwunschenen Bruder seiner Frau. Nun fehlt nichts mehr zu ihrem Glück.

Nach der symbolisierenden Auslegung C. G. Jungs, die die verschiedenen Märchenfiguren als Teile ein und derselben Persönlichkeit auffaßt, wäre – so Max Lüthi (1975) – »das Versagen der beiden älteren Brüder ein Versagen des Helden selbst, ihre Wege wären noch deutlicher als Umwege des Helden erkennbar«.

Die Rolle des Fuchses gleicht, bis auf die Entzauberung am Schluß, der des grauen Wolfs im *Feuervogel. Er tut es ihm sogar als Reittier gleich – eine Szene, die sich George Cruikshank (1823) nicht entgehen ließ und ebensowenig Maurice Sendak (1973). Einer der ersten Erfolge Lilo Fromms war die Bebilderung dieses Märchens (1966); auch Lidia Postma hat es illustriert (1987).

Goldlöckchen *Die drei Bären

Goldmarie und Pechmarie *Frau Holle

Der goldne Topf *Anselmus

Gorbunok das Wunderpferdchen

Das Märchen vom zauberischen Pferd, scheinbar mit einem Makel behaftet, wurde zunächst in Versform niedergelegt (›Konek-Gorbunok‹, 1834). Ein kaum 20jähriger St. Petersburger Student sibirischer Herkunft, Pjotr Pawlowitsch Erschow, hatte es gedichtet. Sein Poem erschien erst 1856 vollständig und unzensiert und brachte es auf über 250 Auflagen. Es wirkte stark auf die ostslawische Folklore ein, diente als Vorlage für Dramen, Opern, Ballette, auch einen russischen Spielfilm (1941). In Deutschland kursiert es unter mehreren Titeln: Gorbunok das Wunderpferdchen (1949), Das bucklige Pferdchen (1964), Höckerrößlein (so in Scherfs ›Lexikon der Zaubermärchen‹, 1982).

Iwan, ein Bauernsohn, hält als letzter von drei Brüdern Wacht auf dem Weizenfeld seines Vaters. Er, der verachtete *Dummling, findet als einziger heraus, wer das Feld nachts so verwüstet: ein schneeweißes Pferd mit goldener Mähne. Er fängt es, versteckt es und erhält von ihm drei Fohlen, zwei goldmähnige und ein Langohr mit Buckel. Die älteren Brüder versuchen die Jungtiere zu stehlen, müssen den Jüngsten dann doch zum Markt mitnehmen. Wieder wollen sie ihn hereinlegen, vermuten hinter dem nächtlichen Lichtschein ein Räuberlager und schicken ihn dorthin. Iwan findet eine helleuchtende Goldfeder (*Feuervogel, *Der goldene Vogel). Gegen die Warnung seines Buckelpferdchens nimmt er sie an sich. Auf dem Markt verkauft Iwan die goldmähnigen Fohlen dem Zaren und überläßt das Geld seinen Brüdern. Weil nur er die kostbaren Pferde reiten kann, wird er Stallmeister beim Zaren. Ein mißgünstiger Vasall stiehlt ihm die Goldfeder und redet dem

Zaren ein, Iwan habe sich damit gebrüstet, er könne einen Goldvogel fangen. Der Zar befiehlt, er solle das unverzüglich tun, andernfalls drohe ihm die Todesstrafe. Mit Hilfe des Bukkelpferdchens gelingt ihm dies wie auch die nächste Aufgabe, dem alten Zaren zu seinem Traum – der goldenen Zarewna – zu verhelfen. Die Zarewna, nicht gewillt, den Alten zu heiraten, veranlaßt die dritte Aufgabe: Iwan soll vom Meeresgrund einen verlorenen Schlüssel holen, soll auch dem Mond (ihrer Mutter) und der Sonne (ihrem Bruder) von ihr Nachricht bringen. Wieder wird ihm geholfen, diesmal von einem großen Wal, der sich Iwan verpflichtet weiß. Die Mondkönigin hält den Entführer ihrer Tochter entschieden für den besseren Schwiegersohn; sie und ihre Tochter verbünden sich gegen den Zarengreis. Die Zarewna stellt eine letzte Bedingung: Der Zar möge sich verjüngen, und Iwan gleich mit ihm. Das Bad in den drei Kesseln, gefüllt mit siedend heißer Milch, mit heißem und mit kaltem Wasser übersteht der Bauernsohn gut, auch weil sein Pferdchen mit den Nüstern die Hitze reguliert. Doch der Zar überlebt die Wechselbäder nicht. Nun gewinnt Iwan beides, die Hand der Schönen und das Zarenreich.

In Rußland hat die Illustrierung dieses Märchens eine lange Tradition: M. S. Znamenskij (um 1845), R. K. Tschukowskij (1861), Volksbilderbogen (anonym, 1885), B. P. Bulgakow (1938), Jewgenij Sokolow (1943), Gennadij Spirin (1992).

Griseldis

Wie *Genovefa gehört auch Griselda – so nannte Boccaccio die Heldin der 100. und letzten Geschichte im ›Decamerone‹ (1348) – zu den Erzählungen von der unschuldig verstoßenen Ehefrau. Den Namen Griseldis hat ihr Petrarca gegeben, der die ihn tief berührende Novelle seines Freundes in die damalige Weltsprache Latein übertrug (›Die Sage von Gehorsam und Treue der Gattin‹, 1373).

Zumutungen des eigenen Ehemannes sind bei Griseldis das auslösende Motiv, nicht eine Verleumdung von seiten Dritter, wie im Falle Genovefas. Es sind Prüfungen unbedingten Gehorsams und aufopfernder Treue, die sich über ein halbes Eheleben erstrecken.

Von seinen Vasallen zur Wahl einer Gattin gedrängt, heiratet Markgraf Gualtieri von Saluzzo mit Bedacht die Tochter des armen Bauern Giannucolo. Vor der Eheschließung verlangt er von Griselda völlige Unterwerfung unter seinen Willen. Sie gebiert ihm ein Mädchen und einen Jungen. Beide Kinder nimmt er ihr weg, angeblich, um sie umbringen zu lassen; insgeheim schickt er sie zu seiner Schwester nach Bologna. Nach 13jähriger Ehe gibt der Graf vor, vom Papst die Erlaubnis erhalten zu haben zur Annullierung seiner Ehe. Er werde jetzt eine Ebenbürtige heiraten, sagt er und verstößt Griselda. Im bloßen Hemd muß sie zu ihrem Vater zurückkehren. Um die neue Braut bei der Hochzeitstafel zu bedienen, wird sie an den Hof bestellt. Als sie auch diese Demütigung willig hinnimmt, entdeckt ihr der Graf, daß die vermeintliche Braut und deren Bruder ihre eigenen Kinder sind, und nimmt sie als Gattin wieder auf. »Dich wollte ich lehren, wie man sich als Frau zu betragen, und jene, wie man eine Gattin zu wählen und zu behandeln habe; mir aber suchte ich einen lebenslangen ungestörten Ehefrieden zu verschaffen. Darum fügte ich dir bewußt diese Beleidigungen und Kränkungen zu . . .«

Petrarca wendete das befremdliche Gebaren ins Ethische. Er wollte den Mann als Werkzeug Gottes verstanden wissen, Griseldis' Prüfungen als Parabel für unbedingten Gottesgehorsam. Seine Humanisierung des Stoffes gab Anlaß für eine Reihe von Prosabearbeitungen, u.a. die ›Grisardis‹ des Erhart Grosz (1432), die ›Grisel‹ des Heinrich Steinhöwel (1471). Seine Dialogisierung des Stoffes gab dem Drama Impulse, bis hin zu Lope de Vega, Friedrich Halm, Gerhart Hauptmann. Parallel zur hochliterarischen wie zur Volksbuch-Tradition hat sich Griseldis als Märchenfigur entwickelt. Als Inbild geduldigen Leidens wurde sie auf Island genauso bekannt wie in Rußland. Zingerle hat das südtiroler Märchen vom fleißig-sittsamen ›Griseldele‹ überliefert, angetan im »grisleten Kittel«; weil sie keine Standesgemäße ist, dürfen ihr Vater und ihre älteren Schwestern nicht zur Hochzeit kommen, und dieser Makel hält auch her für Griseldeles Verstoßung; »das Volk murrt gegen mich«, sagt der Graf.

Der Psychoanalytiker Otto Rank brachte dessen Verhaltensweise auf einen simplen Nenner (1912); er sah darin den Wunsch des Mannes, seine für ihn reizlos gewordene Frau gegen die aufblühende Tochter einzutauschen.

Großmutter des Teufels *Des Teufels Großmutter

H

Hänsel und Gretel
In der Niederschrift des mündlich wohl vom Hause Wild mitgeteilten Märchens hatte Wilhelm Grimm es ›Das Brüderchen und das Schwesterchen‹ betitelt, und Jacob hatte hinzugefügt »alias: Hänsel u. Gretchen«. Im Erstdruck hieß es gleich ›Hänsel und Gretel‹ (1812), wurde im Englischen bald als ›Hansel and Gretel‹ bekannt und gilt bis heute als eines der beliebtesten und »deutschesten« aller Kindermärchen. Trotz der heimeligen Namen ist es jedoch woanders entstanden, zunächst in Italien dank Basiles ›Nennillo e Nennella‹ (1634), später in Frankreich – als Perraults Märchen vom *Kleinen Däumling (›Le petit poucet‹, 1697), dem die Grimms viele hübsche Details verdanken.

Hänsel und Gretel sind die Kinder eines armen Holzhackers. Teuerung kommt im Lande auf, die Familie leidet Hunger. Als die Stiefmutter den Vater abends im Bett dazu überredet, die Kinder im dichten Wald auszusetzen, hören diese es mit. Hänsel tröstet die Schwester, sammelt in der Mondnacht weiße Kiesel und bezeichnet damit anderntags den Weg. Mitten im Wald wird ein Feuer entfacht. Dort, sagt die Stiefmutter, sollen sich die Kinder ausruhen, derweil sie im Wald Holz hauen. Am Mittag essen beide ihr Stücklein Brot. Sie hören die Schläge einer Holzaxt, halten sie für die des Vaters; es ist aber ein im Winde hin- und herschlagender Zweig, mit Vorbedacht an einen Baum gebunden. Erst in der Nacht erwachen sie wieder. Gretel weint, und Hänsel tröstet sie. Mit Hilfe des Mondes und der schimmernden Kiesel finden sie den Weg zurück. Die Stiefmutter schilt sie aus, der Vater jedoch freut sich.

Die Not wird wieder groß, bis auf einen halben Laib Brot ist alles aufgezehrt, und erneut setzt sich die Frau dafür ein, daß die Kinder ausgesetzt werden.Wieder haben sie das Gespräch mit angehört. Hänsel kommt an die rettenden Kiesel nicht heran, da die Frau die Tür versperrt hat. Da bröckelt er morgens auf dem Gang in den Wald sein Brot ab und markiert so den Weg. Wieder werden beide am Feuer zurückgelassen. Gretel teilt ihr Brot mit Hänsel. Der kann nachts auf dem Rückweg seine Bröcklein nicht finden, Vögel haben sie weggepickt. Sie gehen die Nacht hindurch und noch zwei Tage, sehen mittags ein schneeweißes Vöglein, das betörend singt. Es fliegt vor ihnen her, sie gehen ihm nach, bis sie zu einem Häuschen gelangen, auf dessen Dach es sich setzt. Sie sehen, das Häuslein ist aus Brot und mit Kuchen gedeckt, die Fenster aus hellem Zucker. Sie kosten vom Süßen, bis eine Stimme von drinnen ertönt: »Knuper, knuper, Kneischen, wer knupert an meinem Häuschen?« – »Der Wind, der Wind, das himmlische Kind«, antworten sie und tun sich weiterhin gütlich – bis eine steinalte Frau herausgeschlichen kommt, sie zu sich einlädt, reichlich bewirtet und bettet. Erst am anderen Morgen erweist sie sich als böse *Hexe, die den Kindern auflauert, um sie totzumachen, zu kochen und zu essen. Sie sperrt Hänsel in einen kleinen vergitterten Stall und zwingt Gretel, ihr beim Mästen des Bruders zu helfen. Hänsel muß der Hexe jeden Morgen zum Befühlen die Finger herausstrecken; er streckt jedoch ein Knöchlein hervor und zögert so sein Schlachten hinaus. Mit ihren roten trüben Augen läßt sich die Hexe vier Wochen lang täuschen, dann reißt ihr die Geduld. Sie will Hänsel sieden, und Gretel muß ihr dazu das Wasser holen, den Kessel aufhängen, das Feuer anzünden. Die Alte hat den Backofen schon eingeheizt, will angeblich Brot, in Wirklichkeit Gretel backen. Diese soll die Wärme im Backofen prüfen und dafür hineinkriechen, stellt sich aber dumm und läßt sich von der Hexe zeigen, wie man den Kopf hineinbringt. Gretel stößt sie ganz in den Ofen und verriegelt die eiserne Tür. Unter gräßlichem Heulen muß die gottlose Hexe verbrennen.

Gretel befreit Hänsel, so schnell sie kann, aus seinem Stall, sie fallen einander um den Hals. Von den Schätzen der Alten stopft sich ein jeder – er in die Taschen, sie in das Schürzchen – Perlen und Edelsteine. Als sie aus dem Hexenwald flüchten, hält sie zunächst ein großes Wasser auf. Eine weiße Ente kommt auf Gretels Zuruf heran und trägt erst ihn, dann sie hinüber. Der Wald kommt ihnen immer bekannter vor, endlich erblicken sie ihres Vaters Haus. Die Frau ist ihm mittlerweile verstorben, und wegen der Kinder hat er keine frohe Stunde gehabt. Sie zeigen ihm ihre Reichtümer vor. Nun haben alle Sorgen ein Ende.

Die deutsche Textgeschichte hat eine kleine Pointe. August Stöbers Nachdichtung in elsässischer Mundart (›Das Eierkuchenhäuslein‹, 1842) gefiel Wilhelm Grimm so gut, daß er für die nächste Auflage einiges übernahm, so beim ersten Waldgang die Ausrede Hänsels, seine Katze wolle ihm Lebwohl sagen, oder die Schlußformel mit der Maus. Auch Ludwig Bechstein nahm sich Stöbers Version zum Vorbild, um seinerseits das Märchen zu präsentieren (1845). Bei ihm ist es die leibliche Mutter, die die Kinder aussetzen will; das Hexenhäuschen ist mit Eierkuchen gedeckt, die Fenster von durchsichtigem Kandiszucker, und die Hexe spricht von »knuspern«; das Holzhackerpaar hat längst Reue gepackt, als die Kinder heimkehren.

Der Malerbruder L. E. Grimm hat für die sogenannte Kleine Ausgabe (1825) das Märchen auf eine Bildformel gebracht: eine magisch-nächtliche Szene vor dem Hexenhaus, in der alles in Bedeutung getaucht war, die drei Hauptakteure in ihrem Zueinander, die Pflanzen, die Geräte, das Hell-Dunkel der Landschaft. Eine weiße Taube auf Hänsels Dach und vis-à-vis, wie zum Sprung ansetzend, eine schwarze Katze machten das Geschehen doppelt sinnfällig.

›Hänsel und Grethel, ein Märlein‹ hieß die von Franz Graf Pocci getextete und gezeichnete erste Einzelausgabe (1839). Bei ihm war Hänsel auf einer Schaukel zu sehen, und die Mutter hielt beide Kinder an Händen. Auch F. W. Gubitz gestaltete das Märchen für die Zwecke seines Deutschen Volkskalenders freier, gab ihm den Titel ›Die Kinder im Walde‹ (1844). Ähnlich verfuhr Gustav Kühn mit dem Neuruppiner Bilderbogen (Nr. 1136/um 1840), bei ihm wurde ›Das Pfefferkuchenhäuschen oder Lehrreiche Geschichte von Martin und Ilse‹ daraus. Kein Märchen erschien häufiger auf den populären Bilderbögen; für den Münchener zeichnete Ignaz Stölzle ›Hänsel und Grethel‹ (Nr. 31/1850), Theodor Hosemann zeichnete es für den Deutschen (Nr. 53/um 1868) und bebilderte außerdem den Serienband ›Deutsche Märchen‹ (Nr. 5/1871). Ludwig Richter, der sich schon mit vier Holzschnitten zu Bechsteins Text hervorgetan hatte (1853), schrieb und zeichnete das Märchen um (in: ›Es war einmal‹, 1862), und Wilhelm Busch nahm es in seine ›Bilderpossen‹ auf (1864). Für den Jugendstil standen Heinrich Leflers ›Bilderbogen für Schule und Haus‹ (Nr. 7/1897), Heinrich Vogeler (Farblithographie 1900, Federzeichnung 1902), Ernst Kreidolf (1903), Richard Scholz (1904) und Otto Ubbelohde mit hessischem Einschlag (1907). In den 20er Jahren setzten englische Illustratoren Akzente, Arthur Rackham, John Hassell, Kay Nielsen. Unter den Modernen ragt die Einzelausgabe Lisbeth Zwergers heraus (1979).

Wirksamer noch war ›Hänsel und Gretel‹ als Märchenoper, vor allem als anrührende Weihnachtsinszenierung. Engelbert Humperdinck (Musik) und seine Schwester Adelheid Wette (Text) setzten sie am 23. 12. 1893 in Weimar erstmals in Szene, unter Leitung von Richard Strauss. Neu daran war der pädagogische Einschlag – ungehorsame Kinder statt elterlicher Härte – und ein religiöser, angedeutet durch Himmelsleiter und 14 Engel. Das Tanzduett »Brüderchen, komm tanz mit mir« war ebenso eingängig wie das *Sandmännchen abends, das Taumännchen in der Früh. Hänsels Rosinen- und Mandelmast hatte fröhlich weihnachtlichen Bezug, selbst die verbrannte Hexe mutierte zu einem großen Lebkuchen.

Zu gleicher Zeit kam ein Kinderversspiel in Schwang, mit der Eingangsstrophe: »Hänsel und Gretel verliefen sich im Wald / Es war so finster und auch so bitter kalt / Sie kamen an ein Häuschen von Pfefferkuchen fein / Wer mag der Herr wohl in diesem Häuschen sein?« Diesen Ohrwurm parodierte später Michael Ende auf einprägsame Weise: »Hänsel und Knödel, die gingen in den Wald . . .«(1971). Bis 1895 gab es sechs Jugenddramen, und 1907–84 kam es zu mindestens sieben Verfilmungen des Stoffes, zumeist angelehnt an Humperdincks Oper. Lotte Reinigers englischer Silhouettenfilm (1955) legte den Grimmtext zugrunde, ebenso Hanns W. Kornblums Version (1921), der es besonders um den »deutschen Wald« ging.

Als Kriminalgeschichte wurde das Märchen aktualisiert, zunächst in einer archäologischen Studie ›Die Wahrheit über Hänsel und Gretel‹ (1963), in der Hans Traxler das historische Hexenhaus im Spessart ortete und recherchierte, daß eines Lebkuchenrezepts wegen dort einst ein Raubmord geschah. Was für die einen pfiffige Satire, nahmen andere märchengläubig hin: 18 Auflagen waren die Folge. Mehr als »präfaschistische Pogrom-Story« sah es, ebenso pseudowissenschaftlich unterfüttert, Iring Fetscher an (1974).

In den 70er Jahren entdeckten Entwicklungspsychologen die helfende Funktion des Märchens im seelischen Ablösungs- und Selbstfindungsprozeß. Hatte C. G. Jung die Mutter der Kinder in den Aspekten Stiefmutter und Hexe symbolisch verschlüsselt gesehen und sie als »Mörderin oder Menschenfresserin« benannt, so interpretierte jetzt Bruno Bettelheim das Haus, von dem die Kinder essen, im Unbewußten als »die gute Mutter«, die ihren Körper für die Ernährung ihrer Kinder hergebe. Hans Dieckmann wiederum sah den Backofen als entscheidend an, einerseits als ein Mutterleib-, andererseits als ein Wandlungssymbol, was bedeute, daß »die negativ-dämonische Seite des mütterlichen Triebgrundes reif für eine Wandlung wäre«; er stützte dies mit dem Hinweis, daß in dem Augenblick, als die Hexe verbrennt, auch die Stiefmutter fortfällt. – Zeichnungen von Kindern zeigten (1976), was für sie zentrale Motive sind: das Geschwisterpaar, die Hexe, das Hexenhaus, der Wald. »Das Haus als Zeichen für Geborgenheit und als kontrapunktische Entgegensetzung zu der Ur-Angst des Ausgesetztwerdens fehlt in keiner Kinderzeichnung«, stellte Regina Böhm-Korff in ihrer Monographie fest (›Deutung und Bedeutung von Hänsel und Gretel‹, 1991).

Das häßliche Entlein

Als Gleichnis vom jungen Geschöpf, das erst durch Erfahrung zu sich findet, schrieb Hans Christian Andersen das Märchen ›Den grimme Aelling‹ (1843).

Das jüngste Entenküken ist erst nach langem Brüten aus dem Ei gekrochen, ist groß und garstig anzuschauen. Die Mutter nimmt es in Schutz. Doch von den Geschwistern wird es beschimpft, von anderen Artgenossen gezwackt, selbst die Hühner hacken nach ihm. Da läuft der kleine Erpel davon. Er kommt erst zu den Wildenten, dann zu den Wildgänsen, alle finden ihn häßlich, selbst der Jagdhund dreht ab. Bei einer alten Frau, die mit Kater und Henne lebt, kommt das häßliche Entlein unter. Es kann weder Eier legen noch den Buckel machen und schnurren – und von dem, was es mag, nämlich auf dem Wasser schwimmen und auf den Grund tauchen, halten die anderen nichts. Im Herbst begegnet es Schwänen, die es seltsam beunruhigen. Im Winter, als das Entenjunge im Eis festfriert, rettet es ein Bauer. Von dessen Kindern fühlt es sich bedroht, läuft aus dem Haus, bleibt im Schnee wie tot liegen. Als es Frühling wird, sind ihm Schwingen gewachsen. Wieder begegnet es drei weißen Schwänen, will sich von ihnen töten lassen – und erkennt im Spiegelbild des Wassers, daß es selbst ein Schwan geworden ist.

An dieser Stelle, kurz vor dem glücklichen Ende, flicht Andersen einen Satz ein, der auf sein eigenes Leben schließen läßt: »Es macht nichts, in einem Entenhof geboren zu sein, wenn man nur in einem Schwanenei gelegen hat.« Das Anderssein als die anderen, das Emporkriechen vom unteren Rand der Gesellschaft her: das war auch seine Lebensmelodie.

Sergej Prokofjew hat das Märchen vertont, für Mezzosopran und Klavier (›Gadkij utenok‹, 1914). Walt Disney hat ihm einen frühen Zeichentrickfilm gewidmet (›The Ugly Duckling‹, 1938). Unter gleichem Titel wurde in den USA ein Trickfilm-Musical realisiert (1981, dt. ›Ich bin Stanley‹): Auch hier versuchte das Entlein, in den verschiedensten Tiergruppen seine Identität zu finden; schließlich hörte es auf den Rat des Fuchses, seine häßliche Gestalt hinzunehmen und sich zu lieben, so wie es sei.

Von den Illustratoren des Entleins sind vor allem Ludwig Richter (1845), Vilhelm Pedersen (1849), Otto Speckter (1849), Theodor Hosemann (1854) und Gustav Süs (Deutscher Bilderbogen Nr. 184/um 1871) zu nennen, aus jüngerer Zeit Maurice Sendak (1959), Jiri Trnka (1961), Svend Otto Sörensen (1975, dt. 1979), Josef Paletschek (1981) und Sabine Friedrichson (1982).

Hans im Glück

Der Titel machte die Geschichte vom Minus-Tauscher berühmt. Auch darin zeigte sich das sprachliche Geschick der Brüder Grimm, denn zuerst hatte sie, verfaßt von F. A. E. Wernicke, als ›Hans Wohlgemut‹ in der Zeitschrift ›Wünschelruthe‹ gestanden (1818). Wilhelm Grimm verfeinerte sie stilistisch und brachte sie in der Zweitausgabe von Grimms Märchen (1819); der Autor lebte da schon nicht mehr.

Nach üblichen Maßstäben ist Hans ein Einfaltspinsel und seine Tauschpraxis keineswegs eine vorteilhafte. Den ansehnlichen Goldklumpen, den er nach sieben Jahren Dienst als Lohn erhält, tauscht er in ein Pferd um, und das Pferd, das ihn abwirft, in eine Kuh, und die Kuh, als sie ihn tritt, in ein Schwein, und das Schwein, das ihn verdächtig machen könnte, in eine Gans, und die wiederum in einen Wetzstein. Damit werde er leicht zum Scherenschleifer, wird ihm suggeriert, und einen Feldstein bekommt er gratis dazu. Dem Hans plumpst beides in einen Brunnen. Nun fühlt er sich von aller Last befreit, ist der glücklichste Mensch unter der Sonne.

Im Sinne des Glücksmärchens ist er eher ein Antiheld. Daß es auch umgekehrt gehen kann, macht schon die altnordische ›Gautreks saga‹ (Ende 13. Jh.) deutlich. Zwar erhält dort der Bauernsohn Ref (»Fuchs«) für seinen Ochsen als Gegengeschenk nur einen Wetzstein, doch ab da geht es aufwärts: König Gautrek gibt ihm einen goldenen Ring dafür, und vom englischen, dänischen und dem Wikingerkönig erhält er immer größere Geschenke, so daß er endlich auch die Tochter Gautreks gewinnt. Für Hans im Glück trifft solches nicht zu. Arm kehrt er nach Hause zurück, er bleibt unbeweibt, will lieber daheim sein bei Mutter. Seine Fröhlichkeit ist ansteckend. So wie »der Narr« im Tarot nicht nur ein Narr ist, so ist der belächelte Tölpel Hans im Grunde das, was der Titel besagt: ein Glücklicher, zufrieden mit sich und der Welt.

Seine Kunst, die Dinge leicht zu nehmen, hat auch andere inspiriert. Adelbert von Chamisso bearbeitete das Märchen in Versen (1831), Bechstein erzählte es auf seine Weise (1845), Andersen schrieb danach ›Was Vater tut, ist immer richtig‹ (›Hvad fatter gör, er altid det rygtige‹, 1861). Die besten zeitgenössischen Illustratoren waren am Werke: George Cruikshank zeichnete ›Hans in Luck‹ (1823), Ludwig Richter gab drei Holzschnitte zu Bechsteins Text (1853) und weitere drei zur Ausgabe ›Es war einmal‹ (1862). Oscar Pletsch eröffnete den Deutschen Bilderbogen damit (Nr. 1/1866), einen anderen Bilderbogen füllte Paul Schmidt mit ›Der gute Handel‹; für die Serie ›Deutsche Märchen‹ schuf Theodor Hosemann sechs Farblithographien (Nr. 12/1872). Im 20. Jh. inspirierte es u.a. Max Slevogt (1918), Walter Trier (um 1930), Josef Hegenbarth (1969), Friedrich Hechelmann (1979). Farbig bebilderte Einzelausgaben des Märchens gestalteten Willi Harwerth (Inselbändchen 530, 1938), Herbert Leupin (1944), Felix Hoffmann (1975), Marlene Reidel (1975). Den »glücklichen Hansl« als Nachkriegshelden parodierte Janosch in Text und Bild (1972): ein Bein verloren, eine Schlampe geheiratet, aber immer kreuzfidel. Iring Fetscher überprüfte seinerseits ›Hans im Glück und Paul im Geschäft‹ (1972), und Herbert Heckmann stellte klar, daß mit Hansens lachendem Gesicht auf Anzeigen für Babynahrung sein unaufhaltsamer Aufstieg begann (1974).

Hans mein Igel

Held dieses Grimmschen Märchens (1815) ist ein *Tierbräutigam, vergleichbar dem dänischen *König Lindwurm. Auch seine Existenz geht auf den sehnlichen Wunsch eines kinderlosen Ehepaars zurück – »und sollt's ein Igel sein«. Die Brüder Grimm, denen das alte italienische Märchen von König Schwein bekannt war (Straparola, ›Il re porco‹, 1550/53), notierten dazu: »Leute, welche Gott zu ungestüm um Kindersegen anflehen, werden oft in den Märchen mit solchen Mißgeburten bestraft, die sich hernach, wenn die Eltern gedemütigt sind, noch in Menschen verwandeln.«

Oben ein Igel, unten ein Junge, so kommt Hans zur Welt. Er wird ohne Paten getauft, bekommt keine Muttermilch. Acht Jahre lang ist sein Platz hinter dem Ofen, auf Stroh. Als der Vater, ein reicher Bauer, jedem vom Markt etwas mitbringen will, bittet Hans um einen Dudelsack – und das nächste Mal bittet er den Vater inständig, ihm den Göckelhahn beschlagen zu lassen: dann werde er auch ausziehen und nimmer wiederkehren. Der Hahn wird sein Reittier. Hans nimmt Schweine und Esel mit und hütet sie im Wald vom hohen Baum aus. Rittlings auf seinem Hahn bläst er da oben den Dudelsack. Das geht jahrelang so, die Herde wird größer und größer. Zweimal hilft er verirrten Königen, aus dem Wald herauszufinden. Er bedingt sich das dafür aus, was dem Heimkehrenden bei Hofe zuerst begegnet; beide Male sind es die Töchter, die ihren Vätern entgegenlaufen. Doch nur der zweite König – es ist seine einzige Tochter und sie ist besonders schön – will zu seinem Wort stehen.

Hans mein Igel verläßt den Wald, treibt seine Riesenherde heimwärts. Sein Vater ist der vielen Schweine erst froh, als Hans sich erneut den Hahn beschlagen läßt, um auf immer fortzugehen. Er gelangt ins Reich des ersten Königs, wird von Bajonetten empfangen, fliegt auf seinem Hahn vor des Königs Fenster und droht Vater und Tochter mit dem Tod. Nun kommt sie mit ihm, ganz in Weiß, in einer Schimmelkutsche. Unterwegs zieht er ihr die Kleider aus und sticht sie mit seiner Igelhaut blutig, jagt sie dann nach Hause. Er reitet auf seinem Hahn weiter, in das zweite Königreich. Dort salutiert man vor ihm. Die Königstochter erschrickt vor ihm, will das ihrem Vater gegebene Versprechen dennoch wahrmachen. Sie wird mit Hans vermählt. Bevor es in die Schlafkammer geht, bestellt er vier Mann, die in der Nacht die abgestreifte Igelhaut verbrennen sollen. Erlöst von seiner Igelhaut, jedoch »kohlschwarz wie gebrannt« liegt er im Bett. Erst als ein Arzt ihn salbt, wird er weiß und schön, zur Freude der Königstochter. Ihre Vermählung wird nun richtig gefeiert. Jahre vergehen, dann besuchen sie seinen Vater. Auch er freut sich, daß »sein Igel« erlöst ist, und zieht mit ihnen an den Hof.

Der Poesie der Bildersprache folgte Sarah Kirsch in ihrer Wiedererzählung (1980); die Illustratorin Paula Schmidt hielt sich genau an den Grimmtext. Maurice Sendak machte sich an das grandiose Motiv: Hans im Baumwipfel auf dem Hahn reitend und den Dudelsack spielend (1976). Ein englischer Film (›Hans my Hedgehog‹, 1987) kombinierte das Grimmsche mit Josef Haltrichs siebenbürgischem Märchen ›Das Borstenkind‹ (1856) und machte so auf eine mögliche Tabuverletzung der Jungvermählten aufmerksam: die Verbrennung der Tierhaut. Sie hat Hans' Verwandlung in einen Vogel zur Folge. Auf der Suche nach ihm muß seine Braut drei Paar eiserne Schuhe durchlaufen, muß eine lange Geduldsprobe bestehen.

Entwicklungspsychologen konzentrierten sich mehr auf Hans und deuteten das Märchen als Zu-sich-selber-Finden eines jungen Mannes, dem Elternhaus fern und entfremdet. ›Wie ein abgelehntes Kind sein Glück findet‹ hieß der Untertitel zu einer monographischen Studie (Ingrid Riedel, ›Hans mein Igel‹, 1984), die u.a. seine Vaterfixierung untersuchte, das »Aufwachen zum Leben« durch den Hahn, die therapeutische Funktion des Dudelsacks, das »Angenommensein« durch die zweite Königstochter.

Hans Wunderlich

Den Helden, der aus der Wildnis kommt, hat Ulrich Jahn in seinen ›Volksmärchen aus Pommern und Rügen‹ (1891) vorgestellt. Er repräsentiert den sonst recht seltenen Zaubermärchentyp vom »Mißgeborenen«.

Hans ist ein seltsam bunter Junge, voller Federn und Haare, schwarz und weiß, gries und grau, rot und grün, gelb und blau. Seiner kaum 17jährigen Mutter, einem Prinzeßchen, hat man das Kind angezaubert. Die eifersüchtige Stiefmutter hatte einen alten Jäger und Hexenmeister losgeschickt, von jedem Tier im Wald drei Blutstropfen abzunehmen, das Gebräu bekam die Prinzessin in die Suppe, und nach drei Monaten mochte sie weder singen noch springen; da meldete die Stiefmutter dem König im Feld, sie habe schlechten Umgang. Nach weiteren drei Monaten wurde sie still und traurig, da erhielt der König Nachricht, sie sei die liederlichste Dirne. Die Stiefmutter bekam nun alle Vollmacht. Der Hofjäger sollte die Prinzessin erschießen, setzte sie aber im Wald aus, und dort lebte sie in einem Erdloch drei Monate, bis ihr eines Nachts so recht warm geworden.

Anderntags ist der muntere Junge da, nennt sie Mutter, führt sie vor ein Königsschloß und weiß, dort ist die Stelle der Küchenmagd frei. Sie bekommt die Stelle. Dem Königssohn gefällt der Junge, der so pfiffige Antwort gibt und sich Hans Wunderlich nennt, er nimmt ihn in Dienst und läßt ihn nachts unter seinem Bett schlafen. Als er allein zum Nachbarkönig auf Brautschau gehen will, setzt Hans durch, daß er mitkommt. In einem Wirtshaus im Wald bringt er seinen Herrn dazu, nachts die Plätze zu tauschen. Um Mitternacht erscheinen zwölf Kerle und stechen mit Messern auf das Bett ein, doch Hans knüppelt sie alle tot, und der Prinz dankt seinem Schutzgeist. Als sie zum Schloß kommen, sagt Hans ihm: »Vergiß mein nicht, sonst werde ich dein auch vergessen.« Doch der Prinz vergißt sein Versprechen, ihm mittags Essen und Trinken zu bringen. Er sucht sich die jüngere Prinzessin aus, feiert mit ihr Hochzeit. Hans wird Zeuge, wie die ältere sie nachts ersticht und das blutige Messer neben den Prinzen legt. Als sie sich schlafen legt, schreibt er ihr mit Kohle auf die bloße Brust: »Ich bin schuld am Tode meiner Schwester.« Der König hält seinen Schwiegersohn für den Mörder und läßt ihn einkerkern, am vierten Tag soll die Hinrichtung sein. Vor dem Kerkerfenster droben tanzt Hans Wunderlich, hält dem Prinzen seinen Wortbruch vor. Am dritten Tag endlich verspricht er ihm zu helfen, wenn er dafür seine Mutter heirate. Sie geben sich ihr Wort.

An der Galgenleiter wird dem Prinz als letzte Bitte gewährt, was Hans vorgeschlagen hat: Der König möchte nachsehen, was seiner älteren Tochter auf der Brust geschrieben steht. So kommt an den Tag, daß sie die Mörderin ist, und statt seiner wird sie gehängt. Auf der Rückreise prüft Hans dreimal, ob sein Herr auch Wort hält. Er kommt erst mit einem wilden Wolf, dann mit einem Zottelbär, dann mit wildem Löwen daher und behauptet jedesmal, das sei seine Mutter. Und jedesmal willigt der Prinz ein. Sie kommen an den Brunnen vorm

Schloß, dort holt die richtige Mutter gerade Wasser für den Koch. Ihr Sohn führt sie dem Prinzen zu. Dem hat sie schon längst gefallen, er gibt ihr einen Kuß, die Hochzeit ist gleich am Abend. Als sie sich morgens erheben, fragt ihr Gemahl, ob Hans Wunderlich wirklich ihr Sohn sei, und sie antwortet, er sage das zwar, es müsse aber durch Zauberei geschehen sein. Der Junge kommt hinzu. Er nennt den Prinzen »Vater«, läßt ihn das Schwert gürten und bringt ihn im Garten dazu, ihm den Kopf abzuschlagen. Das Haupt jedoch springt wieder an seinen Platz, und Hans, nun selbst ein stattlicher Königssohn, ist aus seiner Zaubergestalt erlöst.

Hanuman

Der Affenheld aus dem altindischen Epos ›Ramayana‹ ist die wohl bekannteste Märchenfigur Südostasiens, genauer, der hinduistisch beeinflußten Kulturen. Dem Ramayana zufolge ist er zunächst der kluge Minister des Affenkönigs Sugriva, ebenso heilkundig wie verwandlungsfähig. Er ist auch der Anführer des Affenheeres, das dem Prinzen Rama gegen den Dämonenkönig Rawana beisteht, begabt mit außergewöhnlichen Kräften. Schließlich ist Hanuman, als Affengottheit, eine Erscheinung oder Inkarnation des Windgottes Vaju.

Berühmt ist sein gewaltiger Sprung vom indischen Festland über das Meer, hinüber zu der Stadt Lanka, wo er die gefangene Prinzessin Sita von ihrer baldigen Befreiung benachrichtigt. Mit seiner Keule erschlägt er zahlreiche Dämonen, wird aber von Rawana gefangen genommen. Der will ihn zunächst töten, begnügt sich dann damit, seinen Affenschwanz in Brand zu setzen. Doch der Feuergott tut Hanuman, seinem Verwandten, nichts zuleide; er hilft ihm sogar, mit der Schwanzlunte die Paläste Rawanas in Brand zu stecken. Unversehrt kehrt er zu Rama aufs Festland zurück.

In Skulpturen, Reliefs und auf Bildern wird Hanuman oft mit fünf Köpfen dargestellt, gelegentlich auch mit zwölf Armen. Verbreitet ist er als Schattenspielfigur im Wayang Kulit (Java, Malaysia), als Marionette im Yakshagana-Puppenspiel (Indien), als beherrschende Figur im Ketchak-Affentanz (Bali). Dort, im heiligen Wald von Sangeh, soll er einst zu Rama gestoßen sein; Hunderte frei lebender grauer Affen bezeugen die balinesische Verehrung des Nothelfers und Schutzheiligen, der nicht zuletzt auch als großer Schelm gilt. Bereits Goethe kannte Teile des Ramayana und beschrieb im 12. Buch ›Dichtung und Wahrheit‹ (1813), wie ihm das Nacherzählen vorzüglich gelang. Jedoch – »ungeachtet der großen Mannigfaltigkeit der Personen dieses Märchens blieb doch der Affe Hannemann der Liebling meines Publikums«.

Harun ar-Raschid

Der fünfte abbasidische Kalif mit dem Ehrentitel ar-Raschid, »der Rechtgeleitete«, brachte während seiner Herrschaft (768 bis 809) das junge Kalifat von Bagdad zu politischer und kultureller Blüte. Die arabische Märchensammlung ›Alf Laila wa-Laila‹ (1001 Nacht) setzte ihm ein Denkmal: In über 60 Erzählungen spielt er, gelegentlich auch seine Gattin Zubaida (vgl. *Schwanjungfrau), eine Rolle. Viele Rahmengeschichten beginnen damit, daß er schlaf- und ruhelos ist, daß es ihn nach Unterhaltung verlangt und er deswegen nachts in Verkleidung ausgeht. So wie er *Abu el-Hasans Zechkumpan wird, ihm zu einem Triumph über seine Feinde verhilft und sich selbst zugleich einen köstlichen Spaß macht, so bekommt er auch anderwärts – inkognito – die Sorgen, Begierden und Freuden seiner Untertanen mit und mischt sich ein. Indem er Unrecht wiedergutmacht, Bedürftigen hilft, Liebende zusammenbringt, erweist er sich als der gute Geist Bagdads, Inbild des gerechten Herrschers. Daß Harun ar-Raschid jähzornig und auch grausam sein konnte, sobald er seine Macht gefährdet sah, steht auf einem anderen Blatt. So ging er erbarmungslos gegen die Barmakiden vor, unter deren Obhut er aufgewachsen war. Die Märchen wissen lediglich von Dscha'far dem Barmekiden als seinem Wesir und gelegentlichem nächtlichem Begleiter zu berichten.

Hasan von Basra *Schwanjungfrau

Der Hase und der Igel

Der ungleiche Wettlauf der Tiere, der in Deutschland zum Dutzend der bestbekannten Märchen gehört, ist plattdeutschen Ursprungs. Nach mündlicher Überlieferung soll sich der Wettlauf bei Bexhövede zugetragen haben. ›Dat Wettlopen twischen den Hasen un dem Swinegel up de lütje Haide bi Buxtehude‹ nannte Wilhelm Schröder seine Version, die er im Hannoverschen Volksblatt Nr. 51/Jg. 1840 abdruckte. Die

Grimms übernahmen sie für die 5.Ausgabe ihrer Märchen (1843), später auch Bechstein auf hochdeutsch (›Der Wettlauf zwischen dem Hasen und dem Igel‹, 1853).

Ganz der Hausvater, steht der Swinegel am Sonntagmorgen liedchenpfeifend vor der Tür, während seine Frau die Kinder wäscht und anzieht. Er geht ins Feld, sieht nach seinen Steckrüben und trifft auf den Hasen, der seinen Kohl besieht und den Gruß nicht erwidert. Er ist ein vornehmer, jedoch hochfahrender Herr. Daß Swinegel sagt, er ginge spazieren, führt zu einer anzüglichen Bemerkung über dessen Gehwerkzeug. Doch auf seine schiefen Beine läßt der Igel nichts kommen. Er äußert Zweifel, daß der Hase mit seinen langen Beinen besser dran sei. Ein Wettlauf soll entscheiden, aber erst nach dem Frühstück, wodurch der Igel Zeit hat, seine Frau einzuweihen. Es geht immerhin um einen goldenen Louisdor und eine Buddel Branntwein als Prämie, und sie soll mitkommen. Über sein Vorhaben klärt er sie unterwegs auf. Er will sich zunutze machen, daß jeder der Wettläufer in einer anderen Ackerfurche rennt, den Gegner also während des Rennens nicht sehen kann.

Als der Hase das Startzeichen gibt und losläuft, duckt sich der Swinegel nach drei Schritten und bleibt ruhig sitzen. Am unteren Ende des Ackers empfängt den Hasen die Swinegelfrau. »Ick bün all hier«, ruft sie, wie mit ihrem Mann verabredet. Der Hase hält sie für ihn. Er fordert Revanche, und so geht es im Wettlauf zurück. Am oberen Ende empfängt ihn der Swinegel: »Ick bün all hier.« Und so geht es noch 73 mal, doch beim 74. Rennen bricht der Hase mitten auf dem Acker nieder und ist tot. Die Wettprämie hat der Swinegel nun gewonnen, und vergnügt zieht das Paar heim. Zwei Lehren darf der Leser daraus ziehen: erstens, über einen geringen Mann, und wär's auch nur ein Swinegel, sollte sich keiner lustig machen; und zweitens, es ist ratsam, eine Frau aus gleichem Stand zu heiraten, die so aussieht wie man selber.

Der getrickste Wettlauf findet sich in der antiken Fabelliteratur vorgebildet – so als Sieg der Schildkröte über den Hasen, oder als Sieg des Igels (dank Verwandtenhilfe auf der Strecke) über den Hirsch. Auch die Variante, daß sich das langsame Tier an den Schwanz des schnellen anhängt, ist seit altersher belegt: in der Fabel von Krebs und Fuchs.

Die neue Qualität des deutschen Märchens lag in der offenkundigen Vermenschlichung. Der dankbaren Aufgabe, aus

Tieren charaktervolle Gestalten zu entwickeln, widmeten sich die Illustratoren des Biedermeier mit Hingabe. Erst Ludwig Richter mit zwei Holzschnitten zu Bechstein (1853), dann Johann Peter Lyser mit zehn Holzschnitten zu ›De Swinegel als Wettrenner‹ (1854), dann Gustav Süs, der nicht nur acht Farblithographien zu ›Het Wettlopen ...‹ lieferte (1855), sondern auch den Deutschen Bilderbogen ›Der Wettlauf ...‹ gestaltete (Nr. 29/um 1863).

Nachfahr der überaus populären Zeichenfigur war der neobiedermeierliche »Mecki«, Leitfigur der Familienzeitschrift ›Hör Zu‹ ab 1949, der auch in Werbespots eingesetzt wurde, in Comic strips auftauchte und als Puppe beliebt war.

Der Hasenhirt *Der Schweinehirt

Herr Korbes *Das Lumpengesindel

Hexe

Die Hexe (ahd. hagazuzza, »die in der Umzäunung Lebende«) ist im Zaubermärchen die meistgenannte Gegenspielerin des Helden oder der Heldin. Ihr Bild wird wesentlich durch Grimms ›Kinder- und Hausmärchen‹ bestimmt, wo sie in 50 Texten als Hexe vorkommt, in 20 weiteren als mit übernatürlichen Kräften begabte böse alte Frau: insgesamt in einem Drittel aller Grimm Märchen. Ihr bekanntestes Erscheinungsbild, das in *Hänsel und Gretel, zeigt sie in ihrer ganzen Mißgestalt, Boshaftigkeit und zudem mit kannibalischen Gelüsten ausgestattet. Eindeutig hexenhafte Züge tragen auch die *Zauberin in *Jorinde und Joringel, die Köchin in *Fundevogel, Frau Godele in *Rapunzel und *Frau Trude, die mit dem *Teufel im Bunde ist. Zu den Hexen zählen die in Zauberkünsten wohlbewanderten *Stiefmütter (*Brüderchen und Schwesterchen, *Schneewittchen, *Die schwarze und die weiße Braut, *Das weiße Entchen). Als Schwiegermutter agiert sie in den *Zwölf Brüdern und im französischen *Dornröschen. Auch in den Märchen von der *Schwanjungfrau spielt die Hexe ihre Rolle als böse Verzauberin (*Die Rabe, *Die sechs Schwäne, *Der Trommler). Doch wird sie nicht nur schwarz gezeichnet; dem Trommler tritt sie zunächst als bebrillte Oma gegenüber, die ihn gut versorgt. In ›Die Gänsehirtin am Brunnen‹ (*Prinzessin Mäusehaut) erweist sie sich sogar als glückbringende *Fee. Im

Unterschied zur Sagenhexe, einer rein zauberbegabten Frau, ist die Märchenhexe durch und durch ein Dämon. Ihr kommt man nicht mit Bleikugeln bei, allenfalls mit drei silbernen Knöpfen (*Die zwei Brüder).

Als dämonisches Wesen kann die Hexe ihre Gestalt verändern, das Aussehen einer anderen Frau annehmen, sich in ein Tier verwandeln (in eine schwarze Katze oder eine Nachteule, die ihre Tierattribute sind). Sie lebt meist tief im Wald, ihr Haus ist eher klein und unscheinbar. Das mißgestaltete Äußere, die düstere, abgeschiedene Behausung entsprechen ihrem bösen Charakter, ihrer Menschenfeindlichkeit. Sie bekämpft den Helden – nur in bezug auf ihn tritt sie in Erscheinung – mit Koch- und Backkünsten und allerlei magischem Zauber; das reicht von Giftmischerei (›Das Rätsel‹) bis zur Verwandlung in einen Baum (›Die Alte im Wald‹) oder in einen Stein (*Die zwei Brüder). Letztlich kann sie nur vom Helden/der Heldin bezwungen werden. Sie zu vernichten heißt, zum äußersten Mittel zu greifen, oder ihr mit ihrer eigenen »Waffe«, etwa dem Backofen, beizukommen. Bei den Grimms wird sie sechsmal verbrannt (so auch in *Marienkind), fünfmal aufgehängt, fünfmal in Faß oder Sack ertränkt – ein Widerschein der historisch verbürgten gnadenlosen Hexenverfolgungen –, außerdem dreimal von Tieren zerrissen, dreimal geblendet, zweimal geköpft.

Ein anderer Aspekt der »bösen Alten« ergibt sich, wenn man sie als Unterweiserin der Mädchen vor der Geschlechtsreife ausmacht – so in *Rapunzel, *Dornröschen, *Jungfrau Maleen. Hier scheinen noch, worauf Lutz Röhrich hinwies, Riten der Naturvölker durch: die abgesonderte Pubertätshütte, die Unterweisung durch eine alte Frau des Stammes.

Für das europäische Märchen ergibt sich noch ein weit komplexeres Hexenbild, vor allem weil ambivalente Züge stärker hervortreten. So finden sich bei den *Feen keltischen Ursprungs oder bei den südslawischen Vilen sowohl schöne als weniger schöne, gutartige als auch bösartige »Hexen«. Der ostslawische Dämon *Baba Jaga übernimmt Aufgaben der *Frau Holle wie Funktionen der Hexe. Extreme weibliche Dämonen, wahre Schreckfiguren, steuern die Finnen bei (die Riesin Blauvör), die Albaner (Kulshedra), die Bulgaren (Lamia). In einen erweiterten Horizont gehören auch Andersens »Meerhexe« (*Die kleine Meerjungfrau) und die Hexe im *Feuerzeug-Märchen, E.T.A. Hoffmanns Hökerweib alias

Elementargeist (*Anselmus), die vier Gebietshexen in Barries *Der Zauberer von Oz und andere mehr.

Die Hirtin und der Schornsteinfeger

Es handelt sich um Figurinen in einem altererbten, reich geschnitzten Wohnzimmerschrank, deren Geschichte Hans Christian Andersen niederschrieb (›Hyrdinen og skorstensfejeren‹, 1845).

Im Unterschied zu dem geschnitzten Soldat – grinsend, mit Ziegenbockbeinen und schier unaussprechlichem Namen – sind die Hauptakteure aus Porzellan: die kleine Hirtin mit dem Hirtenstab, goldenem Hut und goldenen Schuhen, das Kleid mit einer roten Rose gerafft; neben ihr der kleine Schornsteinfeger mit seiner Leiter, das Gesicht weiß und rot; und dazu ein alter Chinese, der nicken kann und dreimal so groß ist wie die beiden.

Der Großvater-Chinese will die Hirtin, die mit dem Schornsteinfeger verlobt ist, unbedingt mit dem Soldaten verheiraten. Das Pärchen entflieht, flüchtet über die Schublade, in der etliche Kartenspiele eine Puppenkomödie aufführen, durch den Schornstein bis ganz nach oben, wo die Welt weit ist, so weit, daß es die Hirtin nicht erträgt. So steigen sie wieder hinunter und finden den alten Chinesen unter dem Tisch liegen, in drei Stücke zerschellt. Zwar wird der Chinese wieder geleimt und genietet, doch als der Soldat ihn fragt: »Krieg ich sie, oder krieg ich sie nicht?« – da kann er nicht mehr nicken.

Bald nach der dänischen Erstausgabe kamen Andersens ›Neue Märchen‹ auf deutsch heraus, illustriert von Otto Speckter (1846). Im Rahmen solcher Sammlungen wurde ›Die Hirtin und der Schornsteinfeger‹ u.a. von Vilhelm Pedersen (1849), Hugo Steiner-Prag (1905) und Sabine Friedrichson (1982) illustriert; eine schöne Einzelausgabe bebilderte Monika Laimgruber (1977).

Der holzgeschnitzte Prinz

Die spätromantische Idee vom künstlichen Lebewesen (*Die Nachtigall, *Gockel, Hinkel und Gackeleia) wurde vom Textdichter Béla Balász und Komponisten Béla Bartók wiederbelebt. Beide hatten sich bereits mit einer Märchenoper (›Blaubarts Burg‹, 1911, Uraufführung 1918) einen Namen gemacht.

Das Tanzspiel ›Der holzgeschnitzte Prinz‹ (ungar. ›A fából faragott királyfi‹, 1916) erzählt vom leidenschaftlichen Werben eines Prinzen um eine Prinzessin. Erst stellen sich ihm – von einer Fee arrangiert – Wald und Fluß als belebte Figuren entgegen, dann weist ihn die eitle Prinzessin hochmütig ab. Wie Andersens verschmähter Prinz *Schweinehirt verfällt er darauf, ihr etwas Künstliches zu verschaffen, um sie zu beschämen. Als er aus hölzernen Stöcken eine Puppe anfertigt, sie mit einem prächtigen Mantel umkleidet und ihr eine Krone aufsetzt, verliebt sich die Prinzessin in der Tat sofort. Sie tanzt mit ihr, bis alles in ihrer Hand zerbricht. Beschämt erkennt sie, daß ihr Liebhaber nur aus Holz besteht – und nimmt sich endlich den Richtigen.

Daß gerade eine hölzerne Puppe auch zum aktiven, aufmüpfigen Helden werden kann, bewies Carlo Collodi mit seinem – bereits 1883 entstandenen – *Pinocchio.

I

Ilja Muromez
Die volkstümlichen ostslawischen Märchengestalten des Rekken Ilja Muromez und des Räubers Solovej (»Nachtigall«) gehen auf eine Byline des 14. Jhs., d.h. auf ein Heldenepos zurück. Der russische Forscher Vladimir Propp sah darin primär einen Märchenstoff, andere hielten die mythischen Lieder der Ostslawen für stoffbestimmend. Je nach »Bewahrungsmilieu« hat sich der Hauptheld im Lauf der Überlieferung verändert: vom fürstlichen Gefolgsmann zum Kosak (16. Jh.) und von diesem zum Bauernsohn (17./18. Jh.). Er wurde zur nationalen Identifikationsfigur, wie u.a. ein Sammelband ›Ilja Muromez, der größte Held der russischen Erde‹ zeigte (1890); dieser erlebte nicht nur viele Auflagen, sondern beeinflußte und belebte auch wieder die mündliche Tradition.

Von den zahlreichen epischen Episoden hat sich dem Märchen vor allem Iljas Kampf mit dem Räuber Nachtigall eingeprägt. Jener hat sein Räubernest schon 30 Jahre in den Wipfeln von Zwölfeichen. Er tötet jeden, der vorbeikommt, ob Reiter oder Wandersmann, mit seinem mächtigen Pfeifen. Bauernsohn Ilja, der Mann aus Murom, bezieht seine Kraft von daher, daß er 30 Jahre regungslos auf einer Stelle verharrt hat. Er läßt sich durch das Pfeifen nicht aufhalten, gelangt zu Pferd an die Stelle direkt unter dem Nest und schießt mit seinem Pfeil dem Räuber das rechte Auge aus. Als Nachtigall herunterfällt, bindet er ihn an seinen Steigbügel und reitet auf die ruhmreiche Stadt Kiew zu. Am Weg liegt der Palast des Räubers, und dessen drei Töchter beschließen, ihr Väterchen freizukämpfen. Der Räuber jedoch empfiehlt seinen Schwiegersöhnen, Ilja gastfreundlich zu behandeln. Die älteste Tochter, die den Recken mit dem Fallgatter des Hoftors erschlagen will, wird kurzerhand mit der Lanze aufgespießt. Nach Kiew gelangt, soll der Gefangene vor dem Fürsten seinen Räuberpfiff ertönen lassen – doch nur halblaut, wie Ilja ihm einschärft. Als Nachtigall mit vollem Pfiff die im Saal versammelten Recken zu Boden streckt, muß er von der Hand Iljas sterben.

Schon Blockbücher des 18. Jhs., zumeist mit acht Kupfern versehen, haben sich auf diese Episode konzentriert; auf den populären Bilderbogen (Lubok) ist sie häufig dargestellt, Künstler wie N. N. Karazin (1893) und E.A. Kibrik haben sie gezeichnet. Unter Wahrung des historischen Kolorits, der Namen- und Ortsangaben, hat sie A. N. Afanasjew seiner berühmten Märchensammlung einverleibt (1855/63). Mündliche Tradition kontaminierte den Bylinenstoff, machte zum Beispiel aus Ilja Muromez einen, der 30 Jahre lang nicht laufen kann, bis ein alter Mann es ihm befiehlt, oder aus dem Räuber auf Zwölfeichen einen Drachen mit zwölf Köpfen, der von Ilja-Drachentöter in kleine Stücke zerschlagen wird.

J

Jack und die Bohnenranke
Ursprünglich, in einer englischen Feengeschichte um 1730, hieß dieser Held Jack Spriggins und hatte mit einer Zauberbohne zu tun, die im Besitz seiner Großmutter war. Als Jack sie stahl und einpflanzte, schoß sie so rasch nach oben, daß er sich die Nase verletzte. Die alte *Zauberin wurde zur Kröte, scheuchte ihn den Bohnenstengel hoch. Jack kam an ein Wirtshaus, verlangte nach Bier, doch der Wirt konnte ihm keins geben. Dafür verwandelte er sich in eine wunderschöne Lady; zwölf Jünglinge jagten auf Schaukelpferdchen herein, wie Pagen in grünes Satin gekleidet ... und so ging es fort, bis zuletzt der Menschenfresser-Riese Gogmagog vernichtet und die vielen Ritter und Jungfrauen, die ihm zum Frühstück dienen sollten, befreit waren.

Anders das spätere Märchen, das auf Tabarts ›Popular Stories for the Nursery‹ (1807) fußt. Jack ist hier der einzige Sohn einer armen Witwe, sorglos und unbedacht. Als die Kuh, ihr einziger Besitz, keine Milch mehr gibt, soll er sie auf dem Markt verkaufen. Unterwegs tauscht er sie gegen fünf bunte Bohnen ein; »wenn du sie über Nacht einpflanzt«, sagt der sonderbare Tauschpartner, »sind sie am Morgen bis zum Himmel gewachsen, andernfalls bekommst du die Kuh zurück«.

Die Mutter ist aufgebracht, sie wirft die Bohnen aus dem Fenster und schickt ihren Jungen ohne Essen zu Bett. Anderntags sind sie im Garten zu einer himmelhohen Bohnenranke herangewachsen. Jack klettert an den Stengeln empor, bis er den Himmel erreicht. Hungrig kommt er vor das Haus eines Riesen. Die Frau vor der Tür warnt ihn: Du wirst bald selbst ein Frühstück sein, denn mein Mann ist ein Menschenfresser, und nichts mag er lieber als gebratene Jungen auf Toast. Von ihr allerdings bekommt Jack zu essen und wird, als der Mann lärmend heimkehrt, im Backofen versteckt. Zwar riecht dieser den Engländer, doch seine Frau sagt, da sei keiner. Weil der Riese nach dem Frühstück, vor dem Nickerchen, seine zwei Sack Gold durchzählt, weiß Jack, wo was zu holen sei. Den einen Goldsack nimmt er, wirft ihn hinunter in den Garten seiner Mutter und steigt geschwind die Bohnenranke hinab.

Als ihnen da unten das Gold ausgeht, versucht er die Sache ein zweites Mal. Wieder wird er oben von der gutmütigen Frau des Menschenfressers im Backofen versteckt. Diesmal läßt der Riese nach dem Frühstück seine Henne goldene Eier legen. Jack schnappt sie sich, ihr Gackern verrät ihn beinah. Goldene Eier haben sie jetzt die Fülle, doch der Junge will mehr. Das dritte Mal gelangt er unbemerkt in das Riesenhaus und verbirgt sich im kupfernen Wasserkessel. Der Menschenfresser riecht ihn, die einfältige Frau vermutet ihn wie gehabt im Backofen. Von seinem Versteck aus kann Jack zusehen, wie der Riese seine goldene Harfe singen läßt. Er packt sie, doch die Zauberharfe ruft laut nach ihrem Herrn. Der Menschenfresser ist Jack auf den Fersen, schwingt sich nach ihm auf die Bohnenranke. Wieder ruft die Harfe nach ihm, und Jacks Vorsprung wird knapp. Fast schon unten, läßt er seine Mutter eine Axt bringen; die sieht den Menschenfresser mit den Beinen durch die Wolken kommen, steht vor Schreck stockstill. Jack springt herunter, nimmt die Axt und haut mit ihr die Bohnenranke um. Sein Verfolger stürzt hinab und bricht sich den Schädel. Das Glück der beiden, mit goldener Harfe und goldenen Eiern, ist nun gemacht. Jack heiratet eine Prinzessin.

Neben dieser Version, die die Grimms im Kommentarband (1822) auszugsweise wiedergaben, existierten noch andere, wie ›The History of Mother Twaddle‹ (1807). Bereits die frühen Chapbooks (Volksdrucke) waren durchweg mit Holzschnitten versehen. George Cruikshank illustrierte die Ausgabe von 1853, Walter Crane ein Sixpenny Toybook 1874. Eine moderne Version, Text Christine Nöstlinger, schuf André Francois (›Jakob auf der Bohnenleiter‹, 1984).

Jacks Geschichte war einer der ersten Comics Walt Disneys in den 20er Jahren; seinen Part ließ er später Held Mickey Mouse übernehmen (1947). Eine Mischung aus Musical und Zeichentrickfilm (US-Produktion 1955) wurde mehrfach im ZDF gesendet. Einen englischen Silhouettenfilm schuf Lotte Reiniger (1955). Bruno Bettelheim maß den Initiativen Jacks große entwicklungspsychologische Bedeutung bei (›Kinder brauchen Märchen‹, dt. 1976). Den Schluß interpretierte er so, daß Jack sich von seinem Vater, der auf der oralen Ebene als ein eifersüchtiger Menschenfresser erlebt wird, befreit. Indem er die Axt an die Bohnenranke legt, schwört er zugleich »allen magischen Lösungen ab und wird sein eigener Herr«.

Ein Märchen von der jenseitigen Welt im Baum und von den Reisen dorthin wird auch in der *Prinzessin auf dem Baum erzählt; dort sind die schamanistischen Züge ausgeprägter.

Jack der Riesentöter

Jack war von jeher ein beliebter Heldenname in britischen Märchen, vor allem solchen aus Wales und Cornwall, in denen keltisches Erzählgut bewahrt wurde. Sie handelten von Feen oder von Riesen und knüpften gelegentlich an den Artus-Erzählzyklus an. Die älteste nachweisbare »Jack Tale« wurde 1711 in Newcastle gedruckt, ihr Titel war ›The History of Jack and the Giants‹, doch nur ihr zweiter Teil blieb erhalten – der erste ging im British Museum verloren. In den kindgerechten »Nursery Tales« seit Beginn des 19. Jhs. wurde aus dem Helden ein Giant-Killer, dessen Taten sich munter aneinanderreihten.

Jack, einziges Kind eines kornischen Bauern, zeichnet sich aus durch Witz und Verstand. Er errettet Cornwall vor dem Riesen Cormoran, indem er ihn in einer Grube fängt und mit einer Spitzhacke tötet. Dafür wird er vom rachedurstigen Riesen Blunderbore aufs Menschenfresserschloß verschleppt, doch Jack weiß sich zu helfen, er zieht ihm und seinem Bruder die Schlinge zu. Den doppelköpfigen walisischen Riesen, der ihn heimtückisch im Schlaf erschlagen will, bringt er andern Morgens dazu, sich selbst den Bauch aufzuschlitzen. Dann tritt er in den Dienst eines Prinzen und listet einem dreiköpfigen Riesen (seinem eigenen Onkel) vier kostbare Dinge ab: den Rock der Unsichtbarkeit, die Kappe des Wissens, das alles zerschneidende Schwert und die Schuhe der Geschwindigkeit. Damit gelingt es ihm, Luzifer zu töten und den Fluch von der prinzlichen Braut zu nehmen. Jack wird nun zum Ritter geschlagen. Er trägt weitere drei Riesenkämpfe aus – gegen den Waldriesen, gegen Thundernell, gegen Galligantus – und schickt deren Köpfe jedesmal an den Hof von König Artus, wie zum Beweis, daß er zu Recht ein Ritter der Tafelrunde geworden ist.

Die insgesamt sieben David-und-Goliath-Episoden waren für Kinder hochbefriedigend, und fast immer war auch von »Breakfast« die Rede, nicht anders als bei *Jack und die Bohnenranke. In Form von Penny-, Twopenny- und Shilling Toy Books, oft mit kolorierten Holzschnitten, waren Jacks Riesenabenteuer in der Zeit 1807–70 massenhaft verbreitet. Verwandte Helden wie Grimms *Tapferes Schneiderlein wurden in

England sogleich adaptiert (1823, illustriert von George Cruikshank), wie auch umgekehrt die Brüder Grimm mit Behagen das englische Märchen in Grundzügen bekanntmachten (im Kommentarband 1822).

Jorinde und Joringel

Der Verfasser des Märchens war Johann Heinrich Jung-Stilling. Er bezeichnete es selbst als »Historie« und nahm es in den – von Goethe geförderten – ersten Band seiner Lebenserinnerungen auf (›Henrich Stillings Jugend‹, 1777), 35 Jahre bevor es die Brüder Grimm dort herauslösten und ihrer eigenen Sammlung einverleibten.

Als erstes wird eine »Erzzauberin« vorgestellt, die mitten im dicken Wald in einem alten Schloß wohnt, sich tagsüber in eine Katze oder Nachteule verwandelt und abends wieder in ihre Menschengestalt schlüpft. Keusche Jungfrauen, die in ihren Bannkreis eindringen, pflegt sie in Vögel zu verzaubern, hat auch schon deren 7000 in Körben um sich. Einmal Gebannte werden erst durch ihren Losspruch wieder frei.

Dann tritt das Liebespaar Jorinde und Joringel auf. Während seines Spaziergangs gerät es immer tiefer in den Wald. Joringel warnt zwar die Braut, nicht zu nah an das Schloß zu kommen, doch eine unheimliche Stimmung erfaßt sie beide, sie stehen bereits in zauberischem Bann. Jorinde wird in eine Nachtigall verwandelt, Joringel auf der Stelle festgebannt. Aus der glühäugigen Nachteule wird jäh eine rotäugige Alte, gelb und mager, mit gewaltiger Krummnase. Die Nachtigall trägt sie fort, Joringel spricht sie wieder los. Jorinde, sagt sie, bekommt er nicht wieder. Lange Zeit ist er dann Schafhirt in einem Dorf. Eines Nachts träumt er von einer blutroten, perlbesetzten Blume, die er nimmt und sich aufmacht zum Schloß; alles, was er mit der Blume berührt, wird entzaubert: so auch seine Jorinde.

Als Joringel erwacht, sucht er nach dieser Blume und findet sie am neunten Tag. Ihre Perle ist ein Tautropfen. Alles, was er im Traum erlebt hat, trifft ein. Das Schloß springt auf; die Zauberin überrascht er beim Füttern ihrer 7000 Vögel, und als sie sich mit einem Vogelkorb davonmachen will, berührt er sie und den Korb mit der Blume. Ihre Zauberkraft ist dahin. Die Geliebte aber steht vor ihm, schön wie eh und je. Joringel entzaubert auch all die anderen Vögel und kehrt mit Jorinde glücklich nach Hause.

So ausgiebig eingangs von der Zauberin – physiognomisch eine *Hexe – die Rede war, so ungewiß bleibt ihr Schicksal am Ende. Frühromantisches Empfinden hatte vor allem die Liebesgeschichte in den Mittelpunkt gestellt, ohne die Gesetzmäßigkeiten des Genres – positive Handlungsträger gehören an den Anfang, Negativfiguren werden zum Schluß bestraft – sonderlich zu beachten. Folgerichtig ließ K. Bamberger in einer Neubearbeitung (1986) das Märchen mit dem Waldspaziergang beginnen.

Das Titelkupfer Chodowieckis zur Jung-Stilling-Ausgabe (1777) zeigte das engumschlungene Liebespaar, die Zeichnung Cruikshanks zur englischen Grimmausgabe (1823) Joringel mit der Zauberblume in dem Moment, als er den Käfig der flüchtenden Zauberin berührt. Eine weitere markante Szene fand das Interesse Heinrich Vogelers (1907): den festgebannten Joringel und die Zauberin, wie sie die Nachtigall fortträgt. Meisterlich illustriert wurde das Märchen auch von Max Slevogt (1918), Hans Baluschek (1925), Rie Cramer (1926), Ernst von Dombrowski (1958), Jiri Trnka (1969) und Paula Schmidt (1978). Bereits in den 20er Jahren entwarf Lotte Reiniger Scherenschnitte zu einem Stummfilm. Wolfgang Hübner realisierte 1986 einen DDR-Fernsehfilm, der die Love Story mit einer Antikriegsfabel verband: aus der bösen Waldhexe wurde eine schützende Fee.

Der Jude im Dorn

Grimms Märchen (1815), das einen ausgedienten Knecht zum Helden hat, einen Spitzbuben mosaischen Glaubens zum Antihelden und als Movens ein Musikinstrument, das alle zum Tanzen bringt, läßt sich bis ins englische 15. Jh. zurückverfolgen. Im Versmärchen ›Jack and his Step Dame‹ hatte der kleine Held gleich zwei Gegenüber: die feindselige Stiefmutter und den Mönch Tobias, der ihn abstrafen sollte. Mit seiner Pfeife ließ er den Mönch im Dornbusch bis zum Umfallen tanzen, gerade so, wie Jahrhunderte später der fiedelnde Knecht den Juden.

Der Grimmsche Knecht arbeitet drei Jahre ohne Lohn, ist ebenso fleißig wie in Gelddingen nachlässig. Zum Abschied gibt ihm sein Herr ganze drei Heller. Munter zieht er los und trifft ein kleines Männlein, das sich die Heller erbittet. Zum Dank gewährt es drei Wünsche: ein Vogelrohr, das jedes Ziel trifft, eine Fiedel, nach deren Tönen jeder tanzen muß, und das Bitten, das keiner abschlagen kann.

Als der Knecht einem Juden mit langem Ziegenbart begegnet, der auf den Gesang eines Vogels im Baumwipfel horcht – »Wenn's doch mein wäre! Wer ihm doch Salz auf den Schwanz streuen könnte!« – , probiert er die erste Gabe gleich aus. Er trifft den Vogel, der herab in die Dornhecken fällt, und der Jude soll ihn herausholen. Wie dieser nun mitten im Dorn steckt, plagt den andern der Mutwill, und er nimmt sich die Fiedel vor. Die Dornen setzen dem tanzenden Juden zu, zerfetzen ihm die Kleider, zerkratzen ihm den Leib. Erst als er dem Knecht einen Beutel mit Gold verspricht, hört dieser mit der Musik auf und geht mit dem Beutel davon. Der Jude schimpft ihm hinterher, läuft in die Stadt und verklagt ihn beim Richter wegen schweren Raubes. Er gibt eine Beschreibung des Täters, der auch bald gefaßt wird, aber die ihm zur Last gelegte Tat abstreitet; der Jude habe ihm das Geld aus freien Stücken angeboten, nur damit er aufhöre zu geigen. Der Jude bestreitet dies, und der Richter glaubt es auch nicht (»das tut kein Jude«). Wegen Raubes auf offener Straße wird der Knecht zum Tod am Galgen verurteilt. Er äußert eine Bitte, die ihm zwangsweise, trotz Einspruchs des Juden, gewährt wird: noch einmal zu fiedeln. Alles gerät ins Wanken, alle tanzen mit, der Richter, die Schreiber, die Gerichtsdiener, der Henker, sogar die Hunde hüpfen mit. Als der Richter ihn endlich begnadigt, setzt der Knecht die Geige ab. Er bringt den völlig atemlosen Juden zu dem Geständnis, das Geld sei gestohlen. Daraufhin läßt der Richter den »Spitzbuben«, als den ihn der Knecht schon zu Beginn ihrer Bekanntschaft bezeichnet hat, zum Galgen führen.

Keltische Märchen dieses Typs, die von Harfe oder von Flöte oder von Dudelsack handeln, kennen solche antijüdischen Invektiven (Büßen für die Dornenkrone Christi?) nicht. So konnte George Cruikshank das Tanzchaos unterm Galgen ganz unbefangen illustrieren (1823).

Der junge Riese *Starker Hans

Jungfrau Maleen

Einige Jahre, nachdem Karl Müllenhoff die Geschichte der Jungfrau Maleen – niederdeutsch, zusammengezogen aus Maria Magdalena – bekanntgemacht hatte (›Sagen, Märchen und

Lieder der Herzogthümer Schleswig, Holstein und Lauenburg‹, 1845), nahmen sie die Brüder Grimm in die eigene Märchensammlung auf (ab der 6. Aufl.1850). Wie in der *Gänsemagd spielen auch hier rechte und falsche Braut eine entscheidende Rolle, aber die Geschichte dieser schönen Königstochter entfaltet sich anders.

Jungfrau Maleen und der Königssohn lieben sich von Anbeginn, ihr Vater jedoch will sie einem anderen vermählen. Weil sie zu ihrem Prinzen hält, mauert er sie mitsamt ihrer Kammerjungfer für sieben Jahre in einen Turm ein (vgl. *Silberweiß und Lillwacker). Der Vater des Königssohnes bestimmt, wie sich später zeigt, für ihn gleichfalls eine andere Braut – »ebenso häßlich von Angesicht wie bös von Herzen«. Die beiden im finsteren Turm merken nur an ihren Vorräten, daß die sieben Jahre zur Neige gehen. Not und Verlassenheit bringen Jungfrau Maleen dazu, auszubrechen. Ihr Gefängnis erweist sich im nachhinein als Schutz: Das Land ist verwüstet, der König verjagt, alle Einwohner erschlagen.

Lange wandern die beiden Mädchen umher, stillen ihren Hunger mit Brennesseln, nehmen schließlich *Aschenputtel-Dienste an. Es ist aber die Küche »ihres« Königssohnes, in der Jungfrau Maleen dient. Ausgerechnet seiner Braut hat sie das Essen zu bringen, muß auf deren Geheiß (unter Todesandrohung) die prächtigen Brautkleider anziehen und sie beim Kirchgang vertreten – so sehr schämt sich die andere ihrer Häßlichkeit. Als der Königssohn nun mit ihr, die seiner früheren Geliebten seltsam gleicht, zur Kirche geht, spricht sie drei Reimrätsel. »Brenettelbusch so klene, wat steist du hier allene . . .« redet sie, eingedenk ihrer Hungersnot, am Wegrand die Brennesseln an. Und wie sie an den Kirchsteg kommen, spricht sie zu ihm (»bün de rechte Brut nich«) und wiederholt die Worte, als sie an die Kirchtür kommen, will damit einem Frevel vorbeugen. Vor dem Ehegelöbnis legt ihr der Königssohn ein Geschmeide um den Hals und hakt es fest. In der Kammer der Braut legt sie die prächtigen Kleider und den Schmuck wieder ab, bis auf das Geschmeide, und wird wieder zum Aschenputtel.

Die andere kommt nachts verschleiert ins Ehegemach. Dreimal fragt sie der Königssohn nach den Reimsprüchen, dreimal muß sie sich die Antwort von Jungfrau Maleen holen. Er wird immer skeptischer (»so bist du die rechte Braut nicht«), sie gegenüber ihrer Stellvertreterin immer bedrohlicher (»das bricht dir den Hals«). Als sie auch von dem Halsgeschmeide nichts weiß, entschleiert er sie und erschrickt vor ihrer Häßlichkeit. Er verlangt, ihr Double zu sehen, sie beauftragt ihre Diener, dem zuvorzukommen und Aschenputtel den Kopf abzuschlagen. Auf deren Hilfeschrei befiehlt er, sie loszulassen, entdeckt den Goldschmuck um ihren Hals und ist sich sicher: »Du bist die rechte Braut.« Daß sie auch Jungfrau Maleen ist, die um seinetwillen sieben Jahre in der Finsternis gesessen und viel Not erlitten hat, erfährt er jetzt. Der falschen Braut wird zuteil, was sie der rechten antun wollte: Ihr wird der Kopf abgeschlagen.

Das Motiv der eingeschlossenen Jungfrau im Turm geht auf Basiles Prinzessin Renza im Märchen ›Lo Viso‹ (1634) zurück. Später hat es Madame d'Aulnoy verwendet, im *Blauen Vogel und in der Weißen Katze (*Der arme Müllersbursch), und die Brüder Grimm bereits in *Rapunzel. ›Jungfrau Maleen‹ gehört allerdings einem mehr in Skandinavien ausgeprägten Typus an, dem der »Prinzessin in der Erdhöhle«, womit eine spezifisch dänische kreisförmige Fluchtkammer bezeichnet ist. Als Entstehungsort und -zeit des Typus ist wohl Nordjütland um 1200 anzusehen, als Umwandlung einer ätiologischen Sage des Saxo Grammaticus.

Fluchtkammer, Pubertätshütte, Metapher für eine Reifungsphase, Ort väterlicher Verbannung? Das Märchen ist vieldeutig. Maurice Maeterlinck ließ sich von Jungfrau Maleen zu seinem ersten Bühnenstück inspirieren, ›La princesse Maleine‹ (1889, dt. 1902), es endet in einer Katastrophe: Königin Anna von Jütland – die falsche Braut – bringt König Hjalmar durch magische Künste dazu, mit ihr zusammen Maleine – die rechte Braut – zu ermorden. Prinz Hjalmar – der Bräutigam – nimmt daraufhin Rache an Anna und tötet schließlich sich selbst. Eine ›Ballade vom Brennesselbusch‹ schrieb Börries Freiherr von Münchhausen, Schlüsselworte des Märchens aufgreifend: »Wo is myn Tyd 'eblewen, un wo is myn Maleen?«

Jungfrau im Turm ***Der blaue Vogel, *Jungfrau Maleen, *Rapunzel, *Silberweiß**

K

Der Kaiser und die Nachtigall *Die Nachtigall

Der Kaiser mit neuen Kleidern
Hans Christian Andersens Märchen ›Des Kaisers neue Kleider‹ (›Kajserens nye klaeder‹, 1837) gab einem ganzen Schwanktypus den Namen. Es ließ sich jederzeit auch als politisches Gleichnis lesen.

Der Kaiser, der schöne neue Kleider über alles liebt und all sein Geld dafür ausgibt, gerät an zwei Betrüger, die sich als Weber feinster Stoffe ausgeben. Ihre Kleider, sagen sie, blieben allerdings unsichtbar für jeden, der dumm oder für sein Amt nicht tauglich sei. Der Kaiser verspricht sich davon Einblicke in die Beschaffenheit seiner Beamten, gibt ihnen den Auftrag und dazu die feinste Seide, das prächtigste Gold. Beides wird von den Betrügern kassiert.

Alle in der Stadt wissen um die besondere Bewandtnis des Stoffes. Doch der alte Minister kann gegenüber dem Kaiser unmöglich zugeben, daß er nur leere Webstühle gesehen hat, ebensowenig ein zweiter braver Beamter. Der Kaiser sieht sich genötigt, das, was ihm selbst unsichtbar bleibt, zu »sehen«, und sein ganzes Gefolge mit ihm. Für die große Prozession wird er von beiden Webern eingekleidet. Er schreitet unter dem Thronhimmel, und keiner der Zuschauer will sich anmerken lassen, daß er des Kaisers neue Kleider nicht sehen kann. Nur ein kleines Kind sagt: »Aber er hat ja gar nichts an« – und schon weiß es jeder. Der Kaiser, um Haltung bemüht, steht die Prozession durch, ebenso die pantomimisch schleppetragenden Kammerherrn.

Das wunderbare Spiel mit der Fiktion hat die verschiedensten Illustratoren gereizt: Georg Osterwald (1839), Franz Graf Pocci (1846), Vilhelm Pedersen (1849), Olaf Gulbransson (1927), Max Whistler (1935), Richard Seewald (1961), Monika Laimgruber (1973). Maurice Sendak gestaltete das Poster zum International Children's Book Day (1971) mit einem suggestiven Bildfang: Kind und Kaiser. Sigmund Freud hat seinerzeit angemerkt, der Nacktheitstraum, »welcher auf Exhibition in der Kindheit zurückgeht, ist in einem bekannten Märchen mißverstanden und lehrhaft bearbeitet worden«. Erich Fromm wertete dies als exemplarisch für das Mißverstehen eines Märchens, vor allem, wenn man es auf »Äußerungen verdrängter Sexualwünsche« reduziere; die Geschichte handle doch offenkundig »von der Entlarvung der irrationalen Autorität«.

Kalif Storch
Kaum 23jährig, brachte Wilhelm Hauff dieses »orientalische Mährchen« innerhalb des Erzählzyklus ›Die Caravane‹ in seinem ersten Märchen-Almanach (1825) heraus. Zusammen mit dem *Kleinen Muck begründete es seinen erzählerischen Ruhm.

Dem Kalif Chasid von Bagdad und seinem Großwesir Mansor bietet ein Krämer eine geheimnisvolle Dose an, darin ein schwärzliches Pulver und ein Papier mit sonderbarer Schrift. Der Gelehrte Selim entziffert es als das lateinische Mutabor (»ich werde verwandelt«), er weiß auch um die Bedeutung von Schnupfpulver und Zauberwort: Wer sich ihrer bedient, kann sich in jedes beliebige Tier verwandeln und versteht die Sprache der Tiere; nur darf er niemals lachen. Die Entzauberung geschieht durch nochmaliges Sprechen des Worts und dreimalige Verneigung gen Osten.

Der Kalif und sein Wesir probieren dies am nächsten Tag aus, als sie an einem Storchenteich vorbeikommen. Sie verwandeln sich in Störche und stellen fest, daß sie »Storchtsch« können. Da ihnen das Zauberwort entfällt, bleiben sie Störche. Für ihre Verzauberung gibt es einen Grund, wie sie bald bemerken. Der mächtige Zauberer Kaschnur, des Kalifen Todfeind, hat sie bewirkt, damit sein Sohn Herrscher von Bagdad werde. Nachts in einer Ruine stoßen die beiden Störche auf eine große Eule, in Wahrheit Lusa, Prinzessin von Indien; auch sie hat Kaschnur verzaubert. Sie weiß, wie die Störche das erlösende Wort erfahren können, und auch, wie sie selbst erlöst werden kann: indem ein Storch sie zur Frau nimmt. Kalif Chasid scheut zunächst das Risiko (»wer sagt dir denn, daß sie jung und schön ist?«), willigt dann ein. In der gleichen Nacht noch erlauscht er, beim Gelage der Zauberer, wie das Wort heißt. Es ist der angebliche Krämer, der die Geschichte zum besten gibt.

Dank »Mutabor« sind alle drei ihres Zaubers ledig und machen sich auf nach Bagdad. Aus der Nachteule ist eine schöne Dame geworden, und der Kalifenhochzeit steht nichts mehr im Wege, zumal der Betrüger Mirza ins Storchendasein befördert und sein Vater, der Zauberer Kaschnur, aufgehängt wird.

Hauff bediente sich offensichtlich der legendären Figur *Harun ar-Raschid. »Mutabor« wurde hierzulande zu einem geflügelten Wort. Beliebt waren Bearbeitungen des ›Kalif Storch‹ fürs Kindertheater (P. Bendorf, Th. Overbeck), auch in Form von Ausschneidebögen, zum Beipiel Schreibers Bilderbogen (Nr. 518/1882). Ludwig Fulda dramatisierte den Stoff (›Der Sohn des Kalifen‹, 1896). An modernen Illustratoren sind vor allem Fritz Kredel (›Kalif Storch‹, 1940), Josef Hegenbarth (Hauff, ›Die Karawane‹, 1966) und Monika Laimgruber (1984) zu nennen. Stilsicher auch ein Silhouettenfilm von Lotte Reiniger (1934/36); im Zeichentrickfilm ›Kalif Storch‹ (dt.-chines. Koproduktion 1983) kam »Zauberer Mirza« zum Zuge, und es fehlte nicht an turbulenten Verfolgungsjagden.

Das kalte Herz

Das nach Hugo von Hofmannsthal »schönste deutsche Dichtermärchen« veröffentlichte Wilhelm Hauff im dritten Band seiner ›Mährchen-Almanache‹ (1827).

Der Schwarzwälder Peter Munk, Sohn der Kohlenbrennerswitwe Barbara und mit 16 Jahren bereits Köhler, will mehr aus sich machen. Seine Vorbilder sind Flözer und Holzherren – der dicke Ezechiel, der lange Schlurker, der Tanzbodenkönig. Ihren Geiz und ihre Gefühllosigkeit nimmt er hin. Mit Hilfe des legendären Glasmännleins hofft der »Kohlenmunk-Peter« zu Geld zu kommen, zumal er an einem Sonntag zur Mittagszeit geboren ist und zumindest den Anfang des Beschwörungsverses weiß: »Schatzhauser im grünen Tannenwald . . .« Doch das erste Treffen im Tannenbühl mißlingt. Bei Holzfällern erfährt er die Sage vom Holländer-Michel, einem mächtigen Flözer, und kommt durch Zufall auf den ihm fehlenden Versreim. Nun gewinnen beide konkurrierende Walddämonen Macht über sein Leben: der Flözerriese, der mit Hunderten von Talern winkt, das Glasmännlein, das ihm drei Wünsche gewährt. Die beiden ersten, sagt der »kleine Herr«, seien ihm freigestellt. Da wünscht sich Peter, so gut zu tanzen wie der Tanzbodenkönig und stets so viel Geld fürs Spielen im Wirtshaus zu haben wie der dicke Ezechiel. Als zweites wünscht er sich die reichste Glashütte im ganzen Schwarzwald. Vom Glasmännlein, das ihn töricht nennt, bekommt er 2000 Gulden Startkapital.

Bald ist unser Held als »Tanzkaiser« und als »Spielpeter« bekannt. Zu allen ist er freigebig, doch mit seiner Glashütte geht es bergab. Als sich im Spiel gegen Ezechiel der erste Wunsch buchstäblich – für Peter unglücklich – erfüllt, wird sie gepfändet und von der Obrigkeit kassiert. Er braucht nun dringend Geld und wendet sich an den Holländer-Michel. Der tauscht ihm das pochende, mitfühlende Herz gegen ein kühles, steinernes ein und gibt ihm fürs erste 100000 Gulden. Das reicht, um zwei Jahre lang die Welt zu bereisen, doch Peter spürt keine Freude mehr. Mittlerweile 25, kehrt er zurück, bekommt vom Michel nochmals Geld und führt zum Schein eine Holzhandlung. In Wirklichkeit geht es um überteuertes Korn für die Armen, um Zinswucher und brutale Pfändung. Selbst gegen das »alte Weib« (seine Mutter) ist Peter völlig gefühllos. Die schöne Lisbeth, eines armen Holzhauers Tochter, bringt durch ihre Warmherzigkeit ein Gegengewicht in sein Leben. Sie wird seine Frau, doch unterdrückt er ihr Mitgefühl. Als sie sich gegenüber einem alten Mann (dem Glasmännlein) mitleidig zeigt, tötet er sie voll Zorn mit einem Peitschenhieb gegen die Stirn. Peter spürt den Verlust; er ist am Ende. Nach und nach wird er reif für den dritten Wunsch: das Glasmännlein möge ihm den toten Stein herausnehmen und ihm das lebendige Herz verschaffen. Das Glasmännlein gibt ihm eine List ein und ein Kreuzlein aus Glas mit auf den Weg. Die Überlistung des Holländer-Michels gelingt, Peter erhält sein Herz wieder, und es läßt ihn weinen. Seine Reue bringt ihm auch Lisbeth und die Mutter zurück – und am Ende ein Bauernhaus, »alles darin einfach, aber gut und reinlich«.

Drei bedeutende Künstler haben ›Das kalte Herz‹ ausgestaltet: Alfred Kubin mit Federzeichnungen (1911), Karl Walser mit Aquarellen (1919), Karl Rössing mit Farblithographien (1920). Hofmannsthal schrieb einen Libretto-Entwurf, Opern komponierten Norbert Schultze (1943) und Klaus Hofmann (1969). Die Rolle des Peter Munk ließ sich Paul Wegener nicht entgehen (Stummfilm, ca. 1916). Paul Verhoevens Verfilmung baute die Begegnungen mit den Walddämonen und deren Attributen, Schlange und Auerhahn, weiter aus (Defa 1950). Freier mit der Vorlage ging ein ZDF-Sechsteiler um, bei dem Werner Reinhold Regie führte (1977).

Katerlieschen *Die kluge Else

Katrin Knack-die-Nuß
Eine ausgesprochen britische Heldin ist ›Kate Crackernuts‹. Joseph Jacobs nahm die keltische Geschichte der ursprünglich doppelten ›Kate‹, die auf den Orkneys erzählt wurde, in ›English Fairy Tales‹ auf (1890). Sie folgt dem Thema der *Zertanzten Schuhe.

Katrin/Kate entstammt einem Königshaus. Ihre Halbschwester Anne, die leibliche Tochter des Königs, ist weitaus schöner, doch das macht weniger ihr zu schaffen – sie liebt ihre Schwester – als vielmehr ihrer Mutter. Die Königin kungelt mit der Hühnerfrau, die in der Schlucht wohnt (*Zauberin). Anne soll anderen Morgens nüchtern zu ihr geschickt werden. Doch erst beim dritten Versuch, als ihre Stiefmutter mit ihr geht, kommt Anne nüchternen Magens dort an und bekommt einen Schafskopf aufgehext. Nun ist es die Königin zufrieden.

Katrin aber hält es nicht länger zu Hause. Sie wickelt ihrer armen Schwester feines Linnen um den Kopf und macht sich zusammen mit ihr auf. In dem Schloß, wo sie zur Nacht bleiben, sind zwei Königssöhne, von denen einer als todkrank gilt. Für die Nachtwache hat der König einen Viertelscheffel Silber ausgelobt (keinen der Wächter hat man je wiedergesehen). Kate nimmt sich der Sache beherzt an, entdeckt, daß sich der Prinz um Mitternacht ausgehfertig macht, und folgt ihm unbemerkt auf seinem Ritt ins Feenreich. Unterwegs pflückt sie Nüsse von den Bäumen und füllt ihre Schürze damit. Sie gelangen an den grünen Hügel. Seinem Einlaßspruch ruft sie geistesgegenwärtig hinterher, es möge auch für sie gelten, »die Lady hinter ihm«. In der großen lichterglänzenden Halle sieht sie den Prinzen mit den Feen bis zur Erschöpfung tanzen. Beim ersten Hahnenschrei geht es eilig nach Hause. Die Leute finden Katrin morgens am Feuer sitzen und Nüsse knacken. Der Prinz habe eine gute Nacht gehabt, sagt sie, und auch, daß sie es die nächste nur für einen Viertelscheffel Gold täte.

Die zweite Nacht verläuft genauso, bis zu dem Moment, wo sie beim Ball der Feen ein Kind mit einer Zauberrute spielen sieht und gesprächsweise hört, damit könne ihre kranke Schwester geheilt werden. Nun ködert sie das Feenkind mit ihren Nüssen und nimmt sich die Zauberrute. Kaum heimgekommen, eilt sie auf ihr Zimmer und berührt Anne (wie abgelauscht) dreimal mit der Gerte. Da fällt der häßliche Schafskopf von ihr ab, sie ist schöner als je zuvor.

Katrins Bedingung für die dritte Nacht ist die Heirat mit dem kranken Prinzen. Wieder hat sie Glück, daß das Feenkind mit einem Vöglein spielt, von dem es heißt, drei Bissen davon würden den Prinzen gesund machen. All ihre Nüsse müssen her, um sich das Vöglein zu verschaffen, das sie zu Hause im Morgengrauen rupft und brät. Beim ersten Bissen richtet sich ihr Prinz bis zum Ellenbogen auf, beim zweiten sitzt er schon aufrecht im Bett, beim dritten steht er auf, gesund und stark. Nun knakken sie zu zweit ihre Nüsse. Da sich sein Bruder inzwischen in die schöne Anne verliebt hatte, kommt es zur Doppelhochzeit.

Katscha und der Teufel

Das Teufelsweib Katscha, eine Gestalt, die schon in Niccolò Machiavellis Belphagor-Novelle vorkam (›La novella del diavolo che prese moglie‹, 1549), ist im westslawischen Märchen ausgesprochen populär, vor allem in der Version der Bozena Nemtschowa (›Tschert a Katscha‹, 1845).

Katscha, eine ältere Jungfer im Dorf, bösartig und mit einem Schandmaul gesegnet, bekommt beim Sonntagstanz nie einen Tänzer. Einmal wird es ihr zu bunt: »Heute würd' ich mit dem Teufel tanzen!« Der erscheint in Jägerkleidung, tanzt mit ihr, kauft ihr Marzipan und Likör. Sie ist selig. An seinen Hals geklammert, fliegt sie mit ihm zur Hölle, hält wie eine Klette an ihm fest. Wegen fehlender Gesinnungsprüfung schickt der Herr Antichrist seinen Teufel samt Katscha wieder zur Erde. Sie läßt sich nicht abschütteln, bis der Teufel einen Schäfer findet, der sich bereitfindet, sie ihm abzunehmen, und sie in einen Teich wirft.

Der Teufel verabredet mit dem Schäfer einen einträglichen Handel. Den beiden korrupten Verwesern des Landes, denen ein Sterndeuter bereits ihr schlimmes Ende prophezeit hat, solle er mit dem Teufel kommen, sich jeweils zwei Sack Gold geben lassen und ihn, den Teufel, dafür zum Schein fortjagen. Nur den jungen Fürsten, dem der Untergang ebenfalls prophezeit ist, müsse er ihm überlassen. Das Bubenstück funktioniert. Nur hat sich der junge Fürst inzwischen geläutert. Der Schäfer nimmt die Chance wahr, als letztes den Teufel auszutricksen: Er kommt ihm mit der Katscha. Der Teufel nimmt Reißaus, der Fürst bleibt ungeschoren.

Antonin Dvorak hat ›Tschert a Katscha‹ als Oper inszeniert (Prag 1899, opus 112). Die deutsche Fassung von Richard Batka und H. Reinmar trug den Titel ›Die Teufelskäthe‹.

Kay und Gerda *Die Schneekönigin

Der kleine Däumling

›Le petit poucet‹ von Charles Perrault (1697) wird im Deutschen auch unter ›Der kleine Däumerling‹ oder knapp *Däumling geführt. Trotz doppelter Betonung seines kleinen Wuchses ist dieser für seine Taten nicht ausschlaggebend. Dem Märchentypus nach handelt es sich um »Däumling und Menschenfresser (Oger)«, und implizit ist auch der Typus der im Wald ausgesetzten Kinder darin enthalten, will sagen die uns wohlvertraute Geschichte von *Hänsel und Gretel.

Däumling ist der jüngste von sieben Söhnen eines Holzfäller-Ehepaars und sieben Jahre alt. Im Gegensatz zu den drei älteren Zwillingspaaren (das älteste zehn) ist er allein geboren, ist daumengroß, zärtelnd und schweigsam und gilt zu Unrecht als dumm. Hungersnot verschärft die Armut der Familie. Der Vater überredet die Mutter, alle Kinder auf einmal auszusetzen. Vom Bett aus hat Däumling zugehört. Er macht sich einen Plan zurecht, steht frühmorgens auf, füllt am See seine Taschen mit weißen Kieseln. Den Brüdern erzählt er nichts, selbst als sie weinend und verlassen im tiefsten Wald stehen. Doch bietet er sich als Führer an und bringt sie auf dem Kieselstreuweg nach Hause. An der Türe horchend, erfahren sie, daß es für alle genug zu essen gibt: dank der zehn Taler, die der Dorfherr als Schuld endlich beglichen hat. Die Mutter freut sich über das Wiedersehen, besonders dem Ältesten gilt ihre Fürsorge.

Als das Geld verbraucht ist, werden sie ein zweites Mal ausgesetzt. Dem Jüngsten, der wieder zugehört hat, helfen diesmal keine Kieselsteine, denn die Haustür ist abgeschlossen. Auf dem Hinweg verwahrt er ihrer aller Brot und streut Brosamen aus. Dennoch finden sie aus dem Wald nicht wieder heraus: Vögel haben alles aufgepickt. Nachts, bei Sturm und Regen und Geheul wie von Wölfen, erspäht Däumling von einer Baumspitze aus ein Licht in der Ferne. Wieder wird er zum Wegführer, und als sie vor das Haus kommen, auch zum Sprecher seiner Brüder. Die Frau, die ihnen öffnet, zeigt Mitleid –

doch ihr Mann, den sie für morgen zurückerwartet, ist ein Oger, der kleine Kinder frißt. Däumling überlegt: entweder von den Wölfen draußen gefressen werden oder vom Hausherrn drinnen – dann doch lieber das letztere. Der Oger kommt früher zurück. Weder Hammelbraten noch Kalb halten ihn davon ab, das frische Menschenfleisch zu wittern. Ein Kind nach dem anderen zieht er unter dem Bett hervor, wetzt das Messer, folgt dann aber dem Rat seiner Frau, sie erst noch zu füttern. Die Buben bringen keinen Bissen herunter, er jedoch säuft und taumelt ins Bett.

Nun kommen die sieben Töchter des Oger ins Spiel, alle schlummernd in einem großen Bett liegend, jede mit einem Goldkrönchen auf dem Kopf: sieben kleine, vielversprechende Menschenfresserchen. Die sieben Jungen sind in einem gleichgroßen Bett im selben Zimmer untergebracht. Däumling, in kluger Vorausschau, vertauscht all ihre Mützen mit den Krönchen der Töchter. Um Mitternacht tappt der Oger, der nicht bis morgen warten will, in die dunkle Kammer, tastet erst die Krönchen ab, wendet sich dem anderen Bett zu und fühlt Mützen. Da schneidet er – irrtümlich – allen sieben Töchtern die Kehle durch. Däumling und seine Brüder nehmen Reißaus. Am Morgen folgt ihnen, rachebebend, der Oger in Siebenmeilenstiefeln. Däumling weist seinen Brüdern einen hohlen Felsen als Versteck zu. Just dort macht der Oger Rast und schläft ein. Däumling schickt die anderen ins nahe Elternhaus und probiert sich selbst die Wunderstiefel an, eilt damit zur Ogerfrau und läßt sich alle Schätze geben, angeblich, um ihren gefangenen Mann damit freizukaufen. Däumling wird dadurch zum Wohlstandsbringer für die Familie. Die Siebenmeilenstiefel behält er, wird Botenläufer für den König und letztlich, materiell wie auch familiär, vollkommen unabhängig.

Wie sehr Perrault auf alte Motive aufbaut, zeigt das Schlachten der Ogertöchter durch den eigenen Vater. Eine griechische Trinkschale (5. Jh.v. Chr.) hält die Szene bereits im Bild fest. Der französische Autor hat die Grausamkeiten des Märchens dank Situationskomik und Wortwitz gemildert. Frühe Illustratoren wie C. P. Marillier (1785) gaben genaue Porträts der Protagonisten. In der deutschen Überlieferung ist man mit Perraults Vorlage relativ freizügig umgegangen. Von Johann Heinrich Ramberg mit einem Kupferstich versehen, tauchte ›Der Däumling‹ zunächst in Löhrs ›Das Buch der Mährchen‹

(1819) auf. Zu Gustav Holtings zweisprachiger Berliner Ausgabe (1841) schuf Theodor Hosemann 16 Federzeichnungen. Weitere Popularität erreichte ein kolorierter Neu-Ruppiner Bilderbogen (Nr. 1572) und Bechsteins verkürzter ›Der kleine Däumling‹, dem die Abgaunerei des Oger-Vermögens gar nicht in den Sinn kam (1845; illustr. Einzelausgabe 1851). Es folgten der von Oswald Sickert gestaltete Münchener Bilderbogen ›Der kleine Däumerling‹ (Nr. 64/1851) und die gleichnamige Nacherzählung von Moritz Hartmann (1865), die den Oger zum *Riesen machte und mit einem pathetischen »Selbst ist der Mann!« abschloß; interessant geblieben ist sie vor allem wegen der elf großformatigen szenischen Darstellungen Gustave Dorés. Zeitgleich mit Ludwig Richter, der Bechsteins Version mit drei Holzschnitten versah, illustrierte George Cruikshank die engl. Fassung ›Hop o' my Thumb and the Seven-League Boots‹ (1853). Bild und Text variierten Wilhelm Simmlers Deutscher Bilderbogen für Jung und Alt (Nr. 108/um 1870), Gordon Browne (›Hop o' my Thumb‹, 1886), Arpad Schmidhammer (›Der verlorene Pfennig. Hans Däumlings seltsame Abenteuer‹, 1908). In jüngerer Zeit umspielte Klaus Ensikat die alte eigenwillige Übertragung Moritz Hartmanns (1977); Svend Otto S. (1980) und Lidia Postma (1983), in genauerem Sinne Perrault verpflichtet, komponierten eigene Bilderbücher.

Das kleine Mädchen mit den Schwefelhölzern

Als Hans Christian Andersen das anrührende Wintermärchen dichtete (›Den lille Pige med Svovlstikkerne‹, 1848), verbreitete es sich rasch in Mitteleuropa, führte zu sozialen Appellen, bestärkte die weihnachtliche Geberlaune.

Das arme kleine Mädchen, blondgelockt, barhäuptig, läuft am letzten Abend des Jahres bei Kälte und Dunkelheit durch die Straßen. Sie läuft mit bloßen Füßen; die übergroßen Pantoffeln hat sie verloren. In einer alten Schürze trägt sie Schwefelhölzchen mit sich. Ein Bund davon hält sie in der Hand. Keiner hat ihr etwas abgekauft, keiner eine Öre geschenkt. Sie sieht alle Fenster erleuchtet, es riecht nach Silvestergänsebraten. Sie kauert sich in einen Winkel, friert erbärmlich, wagt sich nicht nach Hause. An der Hauswand entzündet sie eins der Schwefelhölzchen und hält die Hände darüber. Sie beginnt zu träumen. Erst von einem großen wärmenden Eisenofen, dann, mit dem zweiten Hölzchen, von einem schneeweiß gedeckten

Tisch mit gebratener Gans, die sich anschickt, auf sie zuzuwatscheln. Mit dem dritten Hölzchen erlebt sie einen herrlich geputzten Weihnachtsbaum, mit Tausenden von Lichtern; sie werden zu den Lichtern der Sterne, einer fällt mit langem Feuerstreif hernieder.

Ihre Großmutter hat ihr erzählt, immer, wenn ein Stern fällt, kann eine Seele zu Gott emporsteigen. In ihrem nächsten Traum sieht sie die tote Großmutter in vollem Glanz vor sich, mild und liebevoll. Sie will nicht, daß dieser Traum wie die vorigen vergeht, und brennt die restlichen Hölzchen im Bund ab. Nun fliegt sie mit der Großmutter »in Glanz und Freude, so hoch, so hoch«. Am Neujahrsmorgen sitzt das kleine Mädchen mit roten Wangen und lächelndem Mund im Winkel des Hauses, noch immer an die Mauer gelehnt. Sie ist erfroren. Die Passanten sehen das abgebrannte Bund Schwefelhölzer und sagen: Sie hat sich wärmen wollen.

Besonders die Schlußszene hat manche Illustratoren gereizt, so den Norweger Olaf Gulbransson (1927) und den Slowaken Vincent Hloznik (1956) – ebenso das Straßentreiben an Silvester, so den Polen Jan Marcin Szancer (1958) und die Russin Anastasija Archipowa (1994). Einen ersten Stummfilm ›Das Mädchen mit den Schwefelhölzern‹ schuf Hans Kyser (1925). Der letzte Film zu dem kleinen Mädchen, ›Ein Wintertraum‹ (1987), verwendete durch Milchglasfenster verfremdete Farbillustrationen Friedrich Hechelmanns als Hintergrund. Übrigens hat der Frankfurter Chemiker R.Ch. Böttger im gleichen Jahr, als Andersen das Märchen schrieb, die Sicherheitszündhölzer – auch als Schwedenhölzer bekannt – erfunden.

Die kleine Meerjungfrau

Hans Christian Andersen schrieb sein wohl berühmtestes Märchen (›Den lille Havfrue‹, 1837) zu der Zeit, als sein enger Freund Edvard Collin heiratete; er hat darin einer unerfüllbaren Liebe verschlüsselt Ausdruck gegeben, wie Michael Maar in einer vergleichenden Studie – Andersens Märchenfiguren im Werk Thomas Manns – 1995 nachgewiesen hat. Edvard Eriksens Bronzestatue (1913) an der Seepromenade Kopenhagens machte die kleine Meer- oder Seejungfrau zu einem Wahrzeichen der Stadt.

Von den sechs Töchtern des Meerkönigs hat die jüngste tiefblaue Augen, sie ist die schönste von allen. Zugleich ist sie anders, still, nachdenklich und der Menschenwelt zugetan, die sie nur vom Hörensagen kennt. Sobald sie 15 ist, darf auch sie aus dem Meer auftauchen: auf ihrem Kopf ein Kranz lilienweißer Perlen, ihr Fischschwanz mit Austern geschmückt. Ein junger schwarzäugiger Prinz, kaum älter als 16, feiert auf einem Schiff seinen Geburtstag, sie sieht das prächtige Feuerwerk, hört Musik und Gesang. Sie verliebt sich in ihn. Als ein schreckliches Unwetter aufkommt und das Schiff auseinanderbricht, rettet sie ihn vor dem Ertrinken, legt den Sterbensmatten an einer Sandbucht nieder. Er hält die Augen geschlossen. Sie küßt seine hohe Stirn. Andern Morgens sieht sie, wie eins der jungen Mädchen, die im nahegelegenen Tempel Dienst tun, ihn am Strand findet, wie das Leben in ihn zurückkehrt und er die Umstehenden anlächelt. Er wird in das große, weiße Gebäude geführt, sie kehrt in des Vaters Schloß zurück. Ihr Schmerz geht tief. Immer wieder kehrt sie zu dem kleinen Garten, wo sie ihn verlassen hat, zurück. Von einer ihrer Freundinnen erfährt sie, wo sein Königreich liegt. Sie sucht das Schloß am Meer auf, wagt sich bis an den Marmorbalkon, sieht ihn allein im Mondschein oder des Abends bei Musik Boot fahren. Die Menschen gewinnt sie immer lieber, verspürt immer stärker den Wunsch, zu ihnen emporzusteigen.

Meeresleute, so weiß es ihre Großmutter, können 300 Jahre alt werden. Sie besitzen keine unsterbliche Seele, sie enden als Schaum auf dem Meer. Nur wenn ein Mensch sie so liebgewönne, daß sie ihm mehr bedeute als Vater und Mutter, mit all seinem Denken, all seiner Liebe an ihr hinge und der Priester das Treuegelöbnis besiegle, glitte seine Seele in ihren Leib hinüber, und sie hätte teil am Glück der Menschen.

Da wagt die kleine Meerjungfrau den Gang mitten durch die brausenden Strudel, durch das heiße Torfmoor und den Polypenwald, um sich von der Meerhexe Rat zu holen. Die warnt sie vor Unglück und Schmerz, wenn sie ihren Fischschwanz eintauscht gegen »zwei Stümpfe zum Gehen«. Sie bereitet ihr aber den Trunk, der dieses bewirkt; bezahlen muß sie ihn mit ihrer Zunge und verliert so ihre herrliche Stimme. Sie trinkt, ihr Schwanz teilt sich – »es war, als ginge ein zweischneidiges Schwert durch ihren Leib«. An der Marmortreppe seines Schlosses findet sie der Prinz, sie liegt da wie tot. Als sie erwacht, fühlt sie brennenden Schmerz. Sie sieht ihre hübschen weißen kleinen Beine, und weil sie nackt ist, hüllt sie sich in ihr dichtes, langes Haar. Auf die Fragen des Prinzen kann sie nicht antworten, nur ihre dunkelblauen Augen blicken ihn an. Sie darf, sie muß nun auf Füßen gehen, und jeder Schritt ist wie auf scharfen Messern. Dem Prinzen wird »das kleine Findelkind«, das so anmutig tanzen kann, von Tag zu Tag lieber. Er läßt ihr eine Männertracht nähen, damit sie mit ihm durch die Wälder reiten, auf die hohen Berge klettern kann. Doch hängt er im Grunde an jenem Mädchen am Strand, das er irrtümlich für seine Lebensretterin hält – »du gleichst ihr, du verdrängst fast das Bild aus meiner Seele«. In der Tochter des Nachbarkönigs erkennt er die Retterin wieder, nimmt sie zur Braut. Sein Glück ist der kleinen Meerjungfrau tiefster Schmerz. Der Hochzeitsmorgen wird ihr den Tod bringen.

Noch scheint Abhilfe möglich. Die Schwestern bringen ihr von der Hexe ein Messer, das sie dem Prinzen ins Herz stoßen muß. Sie aber nimmt von dem Schlafenden Abschied, küßt ihn auf seine Stirn, das Messer zittert in ihrer Hand. Sie wirft es weit in die Meereswogen, die rot aufglänzen, dann stürzt sie sich selbst hinab. Sie wird nicht zu Schaum. Ihr Körper erhebt sich, und mit ihm geht sie in einen neuen Zustand ein, in die Welt der Luftgeister. Gleich den »Töchtern der Luft« hat sie keine ewige Seele, kann sich durch gute Taten aber selbst eine schaffen – in 300 Jahren oder auch früher. Das liegt an den Kindern, denen man, durch die Häuser schwebend, begegnet: am Lächeln aus Freude, an Tränen der Trauer.

Oscar Wilde hat Andersens Motivik radikal umgebaut. In ›The Fisherman and His Soul‹ (1891, dt. ›Der Fischer und seine Seele‹, 1904, mit einer alles umschließenden Illustration Heinrich Vogelers) will der Fischer die schöne Meerjungfrau nur freilassen, wenn sie ihm von ihrer Welt singt. Die seine wird ihm bald fremd. Aus Liebe zu ihr müht er sich, die eigene Seele loszuwerden. Erst versucht er es beim Priester, dann beim Kaufmann, zuletzt bei der Hexe. Sie gibt ihm ein Messer, damit er die Seele (seinen Schatten) abtrennen kann. Da er ihr das Herz jedoch vorenthält, geht der Weg der Schatten-Seele ins Böse. Es bleibt ein Riß. Was unvereinbar im Leben, endet glücklich erst im Tod.

›Die kleine Meerjungfrau‹ gab vielen Lesergenerationen, vor allem jungen Mädchen, eine Möglichkeit der Identifizierung. Der Psychotherapeut Hans Dieckmann berichtete 1992 den erstaunlichen Fall einer Erwachsenen mit neurotischer Lähmung in den Beinen, die von der Ineinssetzung des Ich-Komplexes mit der kleinen Meerjungfrau herrührte: »Sie lebte mehr das Leben dieser Figur als ihr eigenes.«

Auch zeichnerisch gingen von diesem Märchen viele Impulse aus. Georg Osterwald zeichnete es zuerst (1839). Franz Graf Poccis Farblithographien zur Londoner Ausgabe (1846) setzten einen ersten Höhepunkt, zumal in der Gestaltung der Meerhexe. Ihm folgten u.a. Vilhelm Pedersen (1849), Fritz Hass (1902), Gudmund Hentze (1909), Edmund Dulac (1911), Charlotte Berend (1918), Alfred Kubin (1922), Rie Cramer (1925), Iwan J. Bilibin (1927), Gerhart Kraaz (1959), Monika Laimgruber (1985).

Der Stoff ist mehrfach verfilmt worden, so in den 70er Jahren als Zeichentrickfilm in Kanada, als 90minütiger Spielfilm in der CSSR – Karel Kachyna machte hier aus der kröten- und schlangenbehängten Meerhexe eine schöne Zauberin –, als Handpuppenspiel in deutsch-griechischer Koproduktion. Den größten Erfolg erzielte ›The Little Mermaid‹ (1989, dt. unter dem Titel ›Arielle‹), ein Zeichentrickfilm in bewährter Disneyscher Manier – animiert und positiv gestimmt, mit einer Heldin, die auf der Oberwelt alle Dinge erst einmal falsch anfaßt, mit einem grandiosen Ballett aller Meeresbewohner, die sich per Lied zu ihrem Leben »Unten im Meer« bekennen. Hier haben die Helden klare, eingängige Namen, Arielle und Erik, und sind für Kinder jedweder Herkunft ideale Identifikationsfiguren.

Der kleine Muck

›Die Geschichte vom kleinen Muck‹ dichtete der 22jährige Wilhelm Hauff für seinen ersten Märchen-Almanach, den Erzählzyklus ›Die Caravane‹ (1825). In der Rahmengeschichte erzählt sie der junge Kaufmann Mulev aus eigenem Erleben; später entpuppt er sich als der berüchtigte Räuber Orbasan, wiederum selbst eine Märchenfigur.

Muck in der Stadt Nizäa (dem antiken Nicaea) mißt nur drei bis vier Schuh. So zierlich der Leib, so groß ist sein Kopf, und noch größer sein Turban. Ihn kennzeichnen auch der lange Dolch am breiten Gürtel, das blaue Mäntelchen, die weiten Beinkleider, die übergroßen Pantoffeln. Bis auf die letztgenannten sind es Erbstücke seines Vaters. Er hatte sie schon an, als er mit 16 Jahren von zu Hause aufbrach. Am dritten Tag war Klein-Muck in eine Stadt gelangt, wo er gewiß war, sein Glück zu finden: dort oder nirgends.

Den Ruf einer alten Frau (»Herbei, herbei, gekocht ist der Brei«) bezieht er auf sich, findet sich in Gesellschaft von Hunden und Katzen, bekommt Katzenbrei zu essen und pflegt fortan die zwei Kater und vier Katzen der Frau Ahavzi. Er kämmt ihnen den Pelz, salbt sie, hüllt sie abends in samtene Decken ein. Als er in Abwesenheit der Alten ihrer immer weniger Herr wird, beschließt er fortzugehen und sich seinen Lohn zu nehmen. Ein Hündchen führt ihn in die Schlafkammer der Frau Ahavzi und von dort in ein geheimes Gemach. Er nimmt sich dort drei Dinge: ein figuratives Kristallgeschirr – doch der Deckel zerbricht ihm –, ein Paar mächtig große Pantoffeln und ein Spazierstöcklein mit einem schön geschnittenen Löwenkopf. In nunmehr kompletter Montur eilt er zur Stadt hinaus. Nachdem er die Schnelligkeit der Pantoffeln am eigenen Leib erfahren und zudem im Traum vernommen hat, daß sie, sofern er sich in ihnen dreimal auf dem Absatz herumdreht, auch zum Fliegen befähigen, und daß das Stöcklein als Wünschelrute dienen kann, die bei Goldschätzen dreimal, bei Silber zweimal ausschlägt, da beschließt er beides zu nutzen. Er bewirbt sich in der nächsten großen Stadt beim König als Schnelläufer, übertrumpft in Anwesenheit des Königs und der Prinzessin Amarza die übermächtige Konkurrenz – den Aufseher der Sklaven –, wird hochbezahlter Oberleibläufer, zieht sich aber die Mißgunst anderer Diener zu. Das Stöcklein hilft ihm, im Schloßgarten einen vergrabenen Goldschatz aufzuspüren. Er nimmt sich davon, teilt freigebig aus, was nicht hindert, daß ihn der Mundschenk beim König anschwärzt. Bei frischer Schatzgräberei ertappt, wird Muck von Schatzmeister Archaz fälschlich des Diebstahls bezichtigt, wird in Ketten gelegt und kommt in den Turm. Den sicheren Tod vor Augen, entdeckt er dem König den Stöckchenzauber – was zunächst dazu führt, daß man dem Schatzmeister eine seidene Schnur sendet, damit er sich selbst erdrossle. Muck soll gefangen bleiben, falls er seinem Herrn nicht auch das Pantoffelgeheimnis verrate. Dieser erfährt es aber nur zur Hälfte; er jagt wie unsinnig im Garten umher, bis er ohnmächtig niederfällt.

Die beiden Zaubergaben ist Muck nun los, überdies des Landes verwiesen. Er will sich zu Tode fasten, was aber köstlich reife Feigen verhindern. Von den Früchten des ersten Baumes wachsen ihm gewaltige Ohren, eine dicke lange Nase, und von denen des zweiten Baumes schrumpfen sie wieder. Muck pflückt sich je einen Korb voll. Als Händler verkleidet, verkauft er bei Hofe das eine Körbchen. Es bewirkt, daß die Ohren und Nasen aller nur so sprießen, voran die des Königs. Muck wechselt abermals die Gestalt und tritt als bärtiger Gelehrter auf. Der König verspricht dem fremden Arzt Schätze ganz nach Wahl, sofern er ihn heilt – worauf sich Muck die Pantoffeln und das Stöckchen nimmt und dem König, zur Strafe, die Langohren läßt.

Der gesamte Schlußteil ist eine Paraphrase des *Fortunatus-Romans. Die Figur des kleinen Muck zählt, auch dank seiner Illustratoren, zu den markantesten der Märchenliteratur. Als erster nahm ihn sich Theodor Hosemann vor (›Der neue Kinderfreund‹, 1844; Einzelausgabe des Kleinen Muck 1871). Alfred Kubins Phantasie war mehr von den Räumlichkeiten angezogen, der verheißungsvollen Stadt, dem Katzenzimmer. Die Nasen-Episoden ließ sich Friedrich Hechelmann (›Deutsche Märchen‹, 1979) ebensowenig entgehen wie Monika Laimgruber (›Der kleine Muck‹, 1974). Nicht weniger als 22 Federzeichnungen zum kleinen Helden schuf Josef Hegenbarth (im Rahmen des Hauff-Bandes ›Die Karawane‹, 1956). Das Drehbuch für einen längeren Spielfilm (1944) schrieb die Erzählerin Ruth Hoffmann. Für seinen Nachkriegsfilm (1953) nutzte Wolfgang Staudte die Zeitraffertechnik zur Animation: Die Pantoffelläufe Mucks und die des Königs sorgten für Turbulenz und komische Effekte.

Der kleine und der große Klaus

Das Märchen von den ungleichen Namensvettern gehört zu Hans Christian Andersens frühesten Geschichten (›Lille Claus og store Claus‹, 1835). Es ist dem Grimmschen *Das Bürle verwandt.

Beide Bauern wohnen im selben Dorf. Der eine besitzt vier Pferde, der andere bloß eins, doch muß der kleine Klaus dem großen noch sein Pferd ausleihen und ihm das Feld pflügen. Seine gutgelaunte Anfeuerung »Hü, alle meine Pferde!« machen den großen Klaus dermaßen wild, daß er ihm das Tier erschlägt. Kleiner Klaus will die Haut in der Stadt verkaufen, kriecht unterwegs in einen Heuschober und sieht die Bauersfrau, die ihn zuvor abgewiesen, sich mit dem Küster gütlich tun. Als unversehens ihr Mann kommt, werden Speisen und Küster versteckt. Kleiner Klaus, zu schlichter Grütze herzugebeten, läßt seinen Sack mit der Pferdehaut gehörig »zaubern«. Erst kommen Speisen und Wein zum Vorschein, dann, als vermeintlicher Teufel, der Küster. Diesen Zaubersack muß der Bauer unbedingt haben. Er gibt ihm einen Scheffel Geldes dafür, dazu den Karren und die Kiste mit dem Küster darin.

Kleiner Klaus bringt den Küster so weit, daß er ihm nochmals das gleiche zahlt. Vom Großen borgt er sich ein Scheffelmaß. Als dieser vom vorteilhaften Verkauf der Haut hört, tötet er seine vier Pferde und ruft in der Stadt deren Häute aus, das Stück für einen Scheffel Geldes. Man verlacht ihn, er wird aus der Stadt geprügelt. Er will Kleinen Klaus dafür totschlagen, trifft aber statt seiner die Großmutter; sie war bereits tot, Kleiner Klaus hatte sie in sein Bett gelegt. Ein reicher jähzorniger Wirt muß ihm die tote Großmutter bezahlen. Wieder will der Große es ihm gleichtun, er erschlägt kurzerhand seine Großmutter und bietet sie dem Apotheker feil. Auch dies wird ein Fehlschlag, das Rachegelüst wächst, diesmal will er Kleinen Klaus im Sack ertränken. Doch der beschwatzt einen alten lebensmüden Viehtreiber, ihn zu befreien und statt seiner in den Sack zu kriechen. Der totgeglaubte Kleine macht dem Großen weis, die von ihm geführte Herde sei »Seevieh«, das ihm eine schöne Meermaid drunten geschenkt habe. In seiner Habgier will es der andere ihm gleichtun, kriecht in einen Sack und plumpst in die Tiefe.

Illustratoren und später auch Filmemacher hat der schwankhafte Stoff mit den klar konturierten »Helden« gereizt – erst Ludwig Richter (1845) und Vilhelm Pedersen (1849), dann Arthur J. Gaskin (im Stil der Kelmscott Press, 1893), William Heath Robinson (1899), Ernst Ewerbeck (1902), Rudolf Großmann (1924), Arthur Rackham (1932), Gerhart Kraaz (1959). Besonderen Zeitgeist verraten die Filme. In der DDR-Version (1971) hatte der ausgebeutete Kleine Klaus eine siebenköpfige Familie zu ernähren. In einer slowakisch-deutschen Koproduktion (›Mikola a Mikolo‹, 1988) glaubte man die Grausamkeit des Ertrinkens entschärfen zu müssen, weshalb der Viehtreiber von einem Zigeunerjungen aus dem Sack befreit und der Große Klaus lediglich verjagt wurde.

Die kluge Bauerntochter
Heldin des Grimmschen Märchens (1815) ist eine ebenso scharfsinnige wie menschenkluge Bauerntochter, die es bis zur Königin bringt. Dank der Oper Carl Orffs ›Die Kluge‹ (1942) ist sie auch Freunden der Musik und des Marionettentheaters lebhaft im Gedächtnis.

Die Tochter, ein Einzelkind, rät ihrem armen, kreuzehrlichen Vater, den Goldmörser nicht dem König zu bringen – obgleich er ihn auf ebendem Acker fand, den ihm der König zuvor geschenkt hatte. Bekommt er den Mörser, so sieht sie voraus, müssen wir ihm dazu den goldenen Stößel herbeischaffen. Der Vater hält sich nicht an den Rat, wird vom König unter Druck gesetzt und sogar ins Gefängnis gesteckt. »Ach, hätt ich meiner Tochter gehört!« ruft er aus. (Orff wandelt dies leitmotivisch ab: »O, hätt ich meiner Tochter nur geglaubt!«)

Der König, gespannt auf die Tochter, will deren Klugheit testen. Wenn sie das Rätsel löst, das er ihr aufgibt, werde er sie heiraten. Auf seltsame Weise – weder bekleidet noch nackend, weder reitend noch fahrend, weder zu Wege noch außerhalb des Weges – solle sie zu ihm kommen. Da zieht sie sich nackt aus, hüllt sich in ein Fischnetz, bindet dies einem Esel an den Schwanz und läßt sich in der Gleisspur ziehen, so daß nur ihr großer Zeh auf der Erde schleift. Der König sieht, das Rätsel ist getroffen, die Bedingung erfüllt. Er nimmt sie zur Frau.

Nach einigen Jahren entsteht vor dem Schloß ein Streit zwischen zwei Bauern. Die Stute des einen hatte ein Füllen geworfen, das jedoch der andere beansprucht, weil es zwischen seinen Ochsen liegt. Der König schlichtet zu seinen Gunsten. Die Königin rät dem Pferdebauern, der sie an ihre Herkunft erinnert, er solle während der Wachtparade auf der Straße mit einem Fischnetz hantieren und so tun, als ob er fische. Als der König den Grund dafür erfragen läßt, wird ihm bedeutet: So gut wie zwei Ochsen ein Füllen kriegen, so gut kann ich auf dem Trocknen fischen (vgl. *Wahrheit und Lüge). Auf diese Frechheit läßt der König aus dem Bauern herausprügeln, woher er dies hat, und verstößt die Königin »wegen Falschheit«, erlaubt ihr aber, in ihr früheres Bauernhaus »das Liebste und Beste« mitzunehmen. Das tut sie denn auch und nimmt – wie in der Sage die Weiber von Weinsberg – ihren Mann mit. Zuvor hatte sie ihn schlaftrunken gemacht. In ihrem Häuschen versöhnen sie sich endlich.

Eine Rätselparallele erkannten die Brüder Grimm in der altisländischen ›Ragnars saga‹ (14. Jh.). König Ragnar wird auf die kluge Kraka aufmerksam gemacht und verlangt von ihr, sie solle zu ihm kommen »gekleidet und ungekleidet, gegessen und ungegessen, nicht einsam und doch ohne jemands Begleitung«. Auch sie kleidet sich in ein Fischnetz, beißt dazu in eine Zwiebel, so daß man den Geruch spürt, und läßt ihren Hund mitlaufen. Aus Kraka wird Königin Aslaug: eine Märchenfigur auch insofern, als sie geheimer königlicher Abkunft ist. In Schweden hat Johannes Messenius der artverwandten Königin ›Disa‹ ein Denkmal gesetzt (1611); durch Wanderkomödien kam sein Stück im 18. Jh. auch in Deutschland herum, so in Königsberg und Riga. Für Orffs Operndichtung war der Aufzug der rätsellösenden ›Klugen‹ ein Problem. Er löste es verbal, durch drei Rätselaufgaben, und erfand dazu drei Strolche Shakespearescher Art, die das Geschehen begleiten. Lange, so lästern sie, werde der König die Neue nicht behalten, *wenn* sie klug ist.

Die kluge Else

Das Schwankmärchen von der törichten ›klugen Else‹ kam den Brüdern Grimm »aus Zwehrn« zu, vermutlich also von Dorothea Viehmann. Sie fanden es gelungener als das bisher verwendete, von Dortchen Wild überlieferte ›Hansens Trine‹ und wechselten es in die Zweitausgabe ihrer Märchen ein (1819).

Else ist im heiratsfähigen Alter, und die Eltern machen sich Sorgen. Als ein Hans von weither kommt und sie heiraten will, aber nur, wenn sie recht gescheit sei, kann der Vater ihn beruhigen (»die hat Zwirn im Kopf«), und die Mutter weiß um ihre Sensibilität (»die hört die Fliegen husten«). Sie schickt Else aus, im Keller Bier zu zapfen. Während sie vorm Faß sitzt und das Bier in die Kanne laufen läßt, erblickt sie oben an der Wand eine Kreuzhacke. Unheil schwebt ihr vor: Ihr künftiges Kind könnte hier Bier zapfen und die Kreuzhacke ihm auf den Kopf fallen und es töten. Das macht sie untröstlich. Weil Else nicht wieder auftaucht, schickt die Frau die Magd hinab. Auch sie läßt sich von Elses vorsorglicher Phantasie anstecken und weint mit ihr. Der Mann schickt nun den Knecht, und als der nicht wiederkommt, seine Frau. Dann geht er selbst. Der Bräutigam findet alle fünf unten jammernd und schreiend vor, läßt sich aber von der Ehe mit Else nicht abhalten – »mehr Verstand ist für meinen Haushalt nicht nötig«.

In anderen Fassungen zieht sich der Bräutigam vorläufig aus der Affäre; er werde erst dann zurückkehren, sagt er, wenn er noch Dümmere fände, und er findet sie tatsächlich. In der schottischen Version ›Die drei weisen Männer‹ nimmt sich der Brautwerber vor, als er die Familie heulend hinter dem Torfstapel sieht, nicht wiederzukehren, ehe er nicht drei gefunden habe, die so weise seien wie jene drei dumm; es gelingt ihm.

Doch Grimms Märchen hat noch einen zweiten Teil. Ehemann Hans geht zur Arbeit und schickt Else aufs Feld, sie solle das Korn schneiden. Sie kocht sich erstmal einen guten Brei, nimmt ihn mit, entscheidet sich erst fürs Essen, dann fürs Schlafen. Abends findet Hans sie im Korn schlafend vor. Er hängt ihr ein Vogelgarn mit kleinen Schellen (ein Narrenzeichen) um. Als sie in der Dunkelheit erwacht und herumtappt, erschrickt sie vor dem Schellengeklingel: »Bin ich's oder bin ich's nicht?« Die Haustür findet sie verschlossen. Auf ihre Frage, ob Else darinnen, bejaht Hans. Da wird sie an sich selbst irre und läuft für immer davon.

Eine zweite Grimmsche Heldin, das Catherlieschen (›Der Frieder und das Catherlieschen‹, 1819), verliert ihre Selbstgewißheit auf ähnliche Weise: Sie geht aufs Feld, um Frucht zu schneiden; vor der Frage, erst essen oder schlafen, entscheidet sie sich für ersteres, wird darüber schläfrig und zerschneidet, fast wie im Traum, alle ihre Kleider. Sie weiß nun schon halb, »ach, ich bin's nicht«, holt sich im Dunkeln vor Frieders Haus die Bestätigung und läuft davon. Maurice Sendak hat, hübsch verfremdet, seinem Porträt der beiden (1973) die Züge Mao Tse-Tungs (Catherlieschen) und Adolf Hitlers (Frieder) verliehen.

Das kluge Schneiderlein

Grimms Märchen ›Vom klugen Schneiderlein‹ (1815) verschränkt drei Märchenfiguren: Der männliche Held ähnelt dem Hasen- oder *Schweinehirt, hat aber auch Züge des *Tapferen Schneiderleins, und die Prinzessin zeigt sich als gutmütige Ausgabe der *Rätselprinzessin.

Das Schneiderlein, »ein kleiner unnützer Springinsfeld, der nicht einmal sein Handwerk verstand, aber meinte, er müßte dabei Glück haben«, hat zwei ältere Berufskollegen. Alle drei bewerben sich um die stolze *Prinzessin, deren verborgenes Merkmal, zweierlei Haarfarbe, zu erraten ist. Die Antwort des Schneiderleins (»ein silbernes und ein goldenes Haar«) trifft zwar zu, doch um die Prinzessin endgültig zu gewinnen, muß er die Nacht über bei einem Bären zubringen, unter dessen Tatzen noch keiner lebendig geblieben ist. Er behilft sich mit einem Trick, beißt Nüsse auf, auf die der Bär ebenfalls Lust bekommt. Statt Nüssen gibt er ihm Wackersteine zu knacken, muß ihm – vergeblich – vormachen, wie man das knackt. Nächstes Lernprogramm wird das Geigenspiel. Das Schneiderlein spielt auf, daß der Bär gar nicht anders kann als tanzen. Er zeigt ihm, wie er mit den Tatzen greifen und den Bogen streichen muß. Die Nägel allerdings wird er ihm zuvor schneiden müssen, und so klemmt er die Tatzen in einen Schraubstock. Mit der Schere nimmt sich das Schneiderlein Zeit, schläft ein auf einem Bund Stroh, indes der Bär brummt.

Anderntags muß die Prinzessin, weil sie's doch öffentlich versprochen hatte, ihr Wort halten. Als sie mit dem Schneiderlein zur Kirche fährt, ist der Bär los. Die beiden abgehalfterten Mitbewerber haben ihn aus der Klemme befreit, nun schnaubt er hinter dem Hochzeitswagen her. Das Schneiderlein stellt sich auf den Kopf, streckt die Beine scherenförmig hinaus und beeindruckt mit diesem »Schraubstock« den Bär aufs neue. Einer vergnügten Ehe mit der Prinzessin steht nichts mehr im Wege.

Zur ersten englischen Grimm-Ausgabe (1823) hat George Cruikshank den Schneider gezeichnet, wie er unerschrocken dem Bär zum Tanz aufspielt. Erste deutsche Illustration war ein Kupferstich in der sogenannten Kleinen Ausgabe (Maclotscher Raubdruck,1826). Das Motiv des tanzenden Tierdämons hat es später auch Heinrich Vogeler angetan (1907).

König, Königin

Wenn auch selten der Held der Erzählung, so ist der König (Zar, Padischah) im Märchen doch eine zentrale, archetypische Figur. Das Motiv der Königserneuerung prägt die Zaubermärchen, hat C. G. Jung befunden. Der König ist der Inbegriff des Herrschers, repräsentiert das höchste Gut. Von Gold ist sein Thron und golden seine Krone; selbst bei der Jagd – seiner Lieblingsbeschäftigung – nimmt er sie nicht ab (*Brüderchen und Schwesterchen). Prächtige Kleider gehören ebenso zu seinem Habit wie vielspännige Kutschen und rauschende Feste im Schloß (*Aschenputtel, *König Drosselbart). Er regiert sein Land gerecht und in Frieden; Leitbilder in der Beziehung sind *Salomo, *Harun ar-Raschid, in gewisser Hinsicht auch König Artus. Sein vornehmstes Amt ist die Rechtsprechung; die Gerichtsbarkeit übt er selbst aus, häufig klug (*Die vier kunstreichen Brüder), gelegentlich unklug (*Die kluge Bauerntochter). Weise verhilft er verletztem Recht wieder zur Geltung (*Die Gänsemagd). Hat er die Normen verletzt und ungerecht gehandelt, kann es ihm übel ergehen (*Bruder Lustig). Als »der Edle« ist er seinem Wesen nach bedroht. Ist er krank, vermag ihn nur das Wasser des Lebens oder der Gesang des *Wundervogels zu heilen. Der Minister, der ihn um seine Position bringt, erweist sich als Nichtedler (*König Hirsch).

Zahlreiche Heldenlaufbahnen beschreiben den Weg zur Königsherrschaft, so die *Aladdins, der sich von einem Taugenichts zum gerechtigkeitsübenden Sultan emporentwickelt. Von Geburt oder Stand ist keiner so gering, daß er nicht den Aufstieg zum König – meist durch Einheirat – schaffen könnte. Andererseits ist der »alte König« durchaus standesbewußt, wenn es darum geht, eine Einheirat von unten zu verhindern oder zumindest zu verzögern (*Das tapfere Schneiderlein, *Die zwölf Jäger); den nicht genehmen Schwiegersohn bekämpft er mit allen Mitteln (*Der Teufel mit den drei goldenen Haaren).

Sein Nachfolgeproblem innerhalb der Familie regelt er durch Wettbewerb (*Die drei Federn), auch in der Weise, daß er die Brautsuche seiner Söhne fördert (*Die Froschzarin, *Prinz Ahmed). Häufiger noch beschäftigt ihn, seine Töchter an den Mann zu bringen oder einen Retter für seine einzige Tochter zu suchen (*Die vier kunstreichen Brüder, *Gevatter Tod).

Die absoluten Verbote, die er ausspricht, sei es bei der Partnerwahl der *Jungfrau Maleen oder der präventiven Beseitigung aller Spindeln im Falle *Dornröschens, fruchten nicht. Wenn es um Schickliches geht, ist er ein strenger Erzieher seiner Töchter (*Froschkönig, *Der gelernte Jäger, *König Drosselbart).

Fernab im Krieg ist der König gegen Hofintrigen schlecht gewappnet. Wie König Siegfried (*Genovefa) schenkt er der Verleumdung seiner Ehefrau Glauben (*Drei Königskinder) oder vertagt die Angelegenheit (*König Lindwurm), was ebenso eine Katastrophe heraufbeschwört. Sein Hauptlaster kann, wie schon an König Midas kenntlich, die Hybris sein (*Der König im Bade). Auch fatale Begehrlichkeit ist ihm nicht fremd (*Gorbunok, *Der kleine Muck, *Der Teufel mit den drei goldenen Haaren). Vaterschwäche zeigt er gegenüber den Ränken seiner zweiten Ehefrau (*Der blaue Vogel) oder den Kapricen der *Rätselprinzessin.

Die Königin ist in erster Linie Mutter oder *Stiefmutter. Das beginnt mit dem Problem der Kinderlosigkeit und dem der Erstgeborenen in Tiergestalt (*Hans mein Igel, *König Lindwurm). Auch Sorge um eine ebenbürtige Nachfolgerin kann sie umtreiben (*Allerleirauh). Sprichwörtlich ist ihre Eifersucht gegen die schöne Stieftochter (*Schneewittchen, *Katrin Knack-die-Nuß), was auch ihre *hexenhaften Züge hervortreten läßt. Sie ist ohne weiteres imstande, die eigene Tochter aus dem Nest zu werfen (*Die Rabe). Schwiegertöchtern und Enkeln gegenüber kann sie bis zum Äußersten gehen, vgl. die romanischen *Dornröschen-Versionen.

In Kontrast zu den an Feudalismus und Absolutismus orientierten Feenmärchen gewinnt das Volksmärchen – oder vielmehr deren Erzähler – vom König ein schlichteres, eher an dörfliche Lebensweise angelehntes Bild. Mehr als ein besserer Gutsherr ist er nicht und sein Königreich nicht größer als der Horizont reicht. Leicht kann der Held an einem Tag drei Königreiche durchwandern, und die Prinzessin, »weit über Feld an einen Königssohn versprochen«, heiratet im Grunde in ein entlegenes Nachbardorf (*Die Gänsemagd).

König Artus *Lanval, *Merlin, *Tom Thumb

Der König im Bade

Eine literarische Gegenfigur zum träumenden Bauern (*Abu el-Hasan) stellt ›Der König im Bade‹ dar, dessen Geschichte – überliefert aus Indien, der Türkei, den Gesta Romanorum – sich an der Mißachtung eines heiligen Wortes entzündet.

Nach westlich-christlicher Überlieferung irritiert den hochfahrenden Herrscher der Vers des Magnifikats »Er stößt die Gewaltigen vom Thron und erhebt die Niedrigen« (Lukas 1, 52). Kaiser Jovinian, so sein Name, erklärt ihn für falsch. Er verbietet seinen Gesang, läßt ihn auch aus sämtlichen Büchern tilgen. Als der Kaiser ein öffentliches Bad aufsucht, wird er von einem Fremden, der ihm täuschend ähnlich sieht, seiner Kleider beraubt. Damit ist auch seine Legitimation dahin; keiner kennt ihn, keiner kümmert sich um ihn. Als er nackt bei Hofe anlangt, jagt man ihn fort. An seiner Stelle herrscht bereits der Fremde. Es bedarf bitterster Reue über seinen Hochmut, daß er wieder zum Kaiser Jovinian wird. Nun erst gibt sich der Fremde als sein Schutzengel zu erkennen und räumt für ihn den Thron.

In orientalisch-islamischer Tradition reibt sich ein Padischah an dem Vers des Zebur (Psalter): »Der Herr macht arm und der Herr macht reich.« Auch er will Allah diese Befugnis nicht zuerkennen und verlangt die Tilgung der Versstelle. In das Badehaus geht er verkleidet, mit einer Reihe von Kammerherrn. Der von Allah gesandte Engel erscheint in Gestalt eines Straßenkehrers, der im gleichen Gewölbe badet; er nimmt die Gestalt des Padischah an und wird entsprechend hofiert. Der andere begehrt auf, wird verprügelt und gezwungen, sowohl die Kleider des Kehrichtmannes anzuziehen wie im Aschenraum nahe den Wasserbassins zu nächtigen (gleich den Obdachlosen). Drei Tage lang ist er der Niedrigste der Niedrigen. Dann läßt ihn der Engel in den Palast rufen. Erst im Gespräch mit ihm wird sich der Padischah seiner Sünde bewußt.

Ludwig Bechstein hat die Geschichte erbaulich-pathetisch gefaßt (›Der König im Bade‹, 1845) und Ludwig Richter dazu Passendes illustriert: den König, wie er aus dem Bad geprügelt wird, und den Schutzengel, wie er den zerknirschten Herrscher auf den Magnifikatvers hinweist. Auch Werner Bergengruen hat sich des Stoffes angenommen (›Der Kaiser im Elend‹, 1946).

König Drosselbart

Den Namen hat der Held des Grimmschen Märchens (1812, erweitert 1819) von der Prinzessin erhalten, um die er wirbt. Wie der Schnabel einer Drossel, so gekrümmt sei sein Kinn, sagt sie mit spitzer Zunge und verschmäht ihn, der in der Liste ganz oben gestanden, wie die übrigen auch. Da will er sie eines besseren belehren. Namentlich um sie, die gedemütigte Heldin, ging es den romanischen Vorläufern dieses Typus, etwa Luigi Alamannis ›Die Gräfin von Toulouse‹ (Mitte 16. Jh.) oder Basiles ›Der bestrafte Hochmut‹ (›La soperbia castecata‹, 1634).

Schönheit, Stolz und Übermut sind die Erkennungszeichen der Königstochter. Das ganze Märchen ist darauf aus, diesen Stolz zu demütigen, die Widerspenstige zu zähmen. Nachdem sie alle Freier von Rang verschmäht und abgewiesen hat, spricht der alte König ein Machtwort: den erstbesten Bettler, der vor seine Tür kommt, wird sie zum Mann nehmen müssen. König Drosselbart, als letzter von ihr abgefertigt, kehrt als Spielmann verkleidet bald darauf wieder. Seine schmutzigen, verlumpten Kleider weisen ihn als Bettler aus. Das Paar wird getraut und dann, als nicht standesgemäß, des Hofes verwiesen.

Auf dem Weg in sein Königreich demonstriert ihr der vermeintliche Spielmann, was ihr an König Drosselbart alles entgangen sei: der Wald, die grüne Wiese, die schöne große Stadt. Sie kommen an sein vorgetäuscht ärmliches Häuschen, dort beginnt das Exerzitium. Der Königstochter gehen die einfachsten Hausarbeiten nicht von der Hand; auch im Körbeflechten und Spinnen erweist sie sich als untalentiert. Ihr Mann richtet ihr einen Marktstand mit Töpferwaren ein, und anfangs hat sie Erfolg damit. Doch beim nächsten Markttag sprengt er als trunkener Husar daher und zerschlägt ihr alles Geschirr. Die nächste Schulung besteht darin, daß er ihr eine Stelle als Küchenmagd im Schloß verschafft und sie sich und ihn mit Essensresten versorgen muß. Angeblich steht die Prinzenhochzeit bevor. Sie schaut dem Fest von der Saaltür aus zu und läßt sich von den Dienern Speisen zustecken. Als herrlich gekleideter Prinz trifft König Drosselbart ein, ergreift ihre Hand, will mit ihr tanzen. »Da zerriß das Band, an welchem die Taschen hingen, und die Töpfe fielen heraus, daß die Suppe floß und die Brocken umhersprangen.« Es ist der Augenblick ihrer tiefsten Demütigung. Und zugleich ist der Moment nahe, an dem er, ihr erfindungsreicher Lehrmeister, sich zu erkennen gibt. Nun, wo sie nicht mehr hochmütig und er nicht mehr verspottet, feiern sie Hochzeit. Und die rechte Freude, sagt das Märchen, fängt jetzt erst an.

Auf höfische Mißachtung, damit auch auf Defekte des Helden, weisen frühe Versionen hin. In alter Spielmannsdichtung ißt der abgewiesene Ritter ungeschält ›Die halbe Birne‹ (um 1260), in der ›Clárus saga‹ (Anfang 14. Jh.) bekleckert er sich den Bart mit Ei. In Alamannis ›Novella‹ fällt ihm ein Granatapfelkern zu Boden, er ißt ihn trotzdem. Dieses Motiv, das zur

Ausbalancierung des Heldenpaares taugt, ist vor allem romanischen Fassungen des Märchens geläufig.

›König Drosselbart‹ wurde von Franz Graf Pocci als Münchener Bilderbogen gestaltet (Nr. 220/1858). Einzelausgaben illustrierten E. E. Sachsse (1876), Max Slevogt (9 Lithos, 1922), Felix Hoffmann (1969). Zumindest fünf Vertonungen sind nachweisbar und drei Verfilmungen. Das tschechische Filmmärchen ›Die stolze Prinzessin‹ (›Král drozdi brada‹, 1952), ein großer Kinoerfolg, ging auf eine Version der slowakischen Dichterin Bozena Nemtschowa zurück. Parodien wendeten den Stoff ins Zeitgemäße. So nahm sich bei Janosch (1972) die schöne reiche Tochter freiwillig einen Bettler, der sich als Drosselbarts Sohn herausstellt; sie hatten beide Grund, dem Wohlleben zu entsagen.

König für einen Tag *Abu el-Hasan

Der König vom goldenen Berge

Zu Beginn ist der Held dieses Grimmschen Märchens (1815) ein kleiner Junge, Sohn eines Kaufmanns, der mit einem Schlag verarmt und, um wieder zu Reichtum zu kommen, einen Pakt mit dem Bösen schließt. Dem schwarzen Männchen auf dem Acker gibt er Handschrift und Siegel, ihm in zwölf Jahren das zu übergeben, was ihm zu Hause als erstes ans Bein stößt. Es ist sein Sohn.

Erst kurz vor der Übergabe erfährt der Sohn, mittlerweile klug und gescheit, von jenem Vertrag. Er bleibt zuversichtlich (»der Schwarze hat keine Macht über mich«), ist zugleich umsichtig genug, sich geistlichen Segen zu holen und auf dem Acker einen Schutzkreis um sich und den Vater zu ziehen. Die Verhandlungen mit dem schwarzen Männchen führt er selbst. Ihr Rechtsdisput endet mit einem Vergleich: Weder dem Bösen noch seinem Vater wird der Sohn zugehören; er hat sich in ein Schiffchen zu setzen, nahe der Strömung, und der Vater wird es eigens vom Ufer fortstoßen. Vor den Augen des Vaters schlägt das Schiffchen um.

Der Jüngling, totgeglaubt, kommt dennoch zu Schiff in ein unbekanntes Land. Er legt an, betritt ein verwünschtes leeres Schloß und findet in der letzten Kammer eine Schlange. Zwölf Jahre, sagt sie, habe sie auf ihn, ihren Erlöser, gewartet. Er müsse nur drei Nächte lang durchhalten, ohne ein Wort zu sprechen: erst mit zwölf schwarzen Männern, die mit Ketten auf ihn einschlügen, dann mit weiteren zwölf, schließlich mit 24, die ihm sogar den Kopf abhackten – doch Punkt zwölf Uhr sei es mit deren Macht vorbei, sie sei erlöst und käme mit dem Wasser des Lebens, um ihn zu heilen. Der Jüngling hält all dies durch. Er erlöst die Schlange, eine schöne Königstochter, und das Reich mit ihr. Er heiratet sie, wird der König vom goldenen Berge.

Sie haben bereits einen siebenjährigen Sohn, als den König Sehnsucht nach seinem Vater erfaßt. Die Königin will ihn erst nicht gehen lassen, sieht Unglück voraus. Sie gibt ihm einen Ring mit, mit dem er sich überallhin wünschen könne; nur sie solle er nicht herbeiwünschen, wenn er bei seinem Vater sei. Der Flugring bringt ihn vor die Vaterstadt. Eingelassen wird er erst, als er seine prächtigen Kleider gegen die eines Schäfers getauscht hat. Den Eltern muß er ein Mal unter dem rechten Arm vorweisen, damit sie in ihm den Sohn erkennen. Daß er König ist, glaubt ihm sein Vater nicht. So wünscht er sich im Zorn seine Frau und sein Kind herbei und bricht damit sein Wort. Mit Hilfe des Flugrings entschwinden beide wieder. Er will ihnen zu Fuß nachwandern und begegnet unterwegs drei Riesen, deren Erbstreit er schlichten soll. Ihre drei wunderbaren Erbstücke, den Degen mit dem Spruch »Köpf alle runter, nur meiner nicht«, den Tarnmantel und die Wünschstiefel, nimmt er an sich. Dann denkt er sich auf den goldenen Berg, zu Frau und Kind, und ist schon dort: gerade rechtzeitig, um ihre Hochzeit mit einem anderen zu verhindern. Dank des Mantels steht er bei der Tafel unsichtbar hinter ihr und entwendet ihr Essen und Trinken. In der Kammer stellt er sie zur Rede, schlägt ihr ins Gesicht, nennt sie Betrügerin. Dann tritt er in den Saal und ruft: »Die Hochzeit ist aus, der wahre König ist gekommen!« Als die versammelten Edlen auf ihn losgehen, zieht er den unfehlbaren Degen und läßt ihre Köpfe rollen.

Die Turbulenzen der Hochzeitsgesellschaft haben sich spitze Federn wie die George Cruikshanks (in der schwedischen Grimm-Ausgabe) nicht entgehen lassen. Des Königs Taten wurden den Grimms von einem Soldaten erzählt, möglicherweise von Wachtmeister Krause, der nie von einer weiblichen Heldin positiv zu berichten wußte; das erzählerische Unbehagen an der Verhaltensweise der Königin und ihre grimmige Behandlung zum Schluß wird dadurch subjektiv verständlicher.

In anderen Fassungen dieses Märchentyps, wie J. W. Wolfs ›Die eisernen Stiefel‹ (1851) oder Ulrich Jahns ›Die Maränen‹ (1891), endet die Suchwanderung des Gatten versöhnlich.

König Hirsch

Das dritte seiner Fiabe oder szenischen Märchenspiele widmete Carlo Gozzi dem König Hirsch (›Il re cervo‹, 1762), einem Stoff, der auf das epische Sammelwerk ›Chamsé‹ (1302) des Indopersers Amir Chosrau zurückging. Das Märchenspiel wurde in Deutschland durch Johann Gottlieb Schummel bekannt (›Kinderspiele und Gespräche‹, Bd. 3, 1778). Die Brüder Grimm haben es nicht aufgegriffen, wiewohl laut Gozzi hier »der Beweis erbracht wird, daß selbst die kühnsten Zaubereien und Verwandlungskünste Lebenswahrheit vermitteln« (›Unnütze Memoiren‹, 1797).

Titelheld ist Deramo, König von Serendippo, den der Zauberer Durante für erwiesene Gastfreundschaft mit zwei Gaben beschenkt hat: einer Statue aus Gips, die lacht, wenn jemand im Zimmer die Unwahrheit sagt; und einem Zauberspruch, der bewirkt, daß die eigene Seele in den Körper eines Toten schlüpft, sei er Mensch oder Tier; statt seiner wird der »entseelte« Leib zum Leichnam. Mit Hilfe der Statue will Deramo herausfinden, welches Edelfräulein im Reich nicht bloß auf den Thron aus ist, sondern ihn aufrichtig liebt. 2748mal hat sie bereits, nur ihm erkennbar, gelacht, als er drei Bewerberinnen von Hofe zu sich bittet: Clarice, die Tochter des Ministers Tartaglia (doch sie liebt bereits Leandro), dann Smeraldina (doch ihr Gehabe ist eitel), dann Angela – und zum ersten Mal lacht die Statue nicht. Angela, Engelchen, ist in aller Unschuld in den König verliebt, er erwidert ihre Zuneigung, und so wird sie seine Frau. Tartaglia aber, den »Stotterer«, reizt solche Unschuld, außerdem will er für seine Tochter Genugtuung. Er entlockt dem König das Geheimnis der zweiten Zaubergabe.

Dies geschieht auf einer gemeinsamen Jagd. Tartaglia schlägt vor, die Wirksamkeit des Zauberspruchs gleich zu erproben. Jeder erlegt einen Hirsch, König Deramo schlüpft in den einen und springt in Hirschgestalt davon. Tartaglia benützt den Spruch für sich, um in den Leichnam des Königs zu schlüpfen. Er ist nun Herrscher – aber kein guter. Das Stottern ist ihm geblieben. Seine Vulgarität stößt die Höflinge und vor allem Gemahlin Angela ab. Immer will er alles auf der Stelle totschießen. Einen armen Alten tötet er wirklich, bloß weil der ihm nicht sagen konnte, wo König Hirsch ist. Jetzt aber hat dieser die Möglichkeit, sich in den (freilich abstoßenden) toten Alten zu verwandeln. Als solcher schleicht er ins Schloß, findet Angela, die ihn mit Abscheu betrachtet, will ihr alles berichten. Da seine Stimme immer noch die des Deramo ist, faßt sie allmählich Zutrauen, erkennt den Geliebten wieder. Den falschen König will sie mit dessen eigener Waffe schlagen, will ihm Zärtlichkeit erst dann zugestehen, wenn er ihr sein geheimes Kunststück zeige. Doch das verfängt bei Tartaglia nicht, er fällt über sie her. Da stürzt Deramo in Gestalt des Alten herbei, pocht darauf, er sei der wahre König. Der andere zieht schon das Schwert . . . da wird, unter Donnerknall, ein Papagei an der Wand zu Duarte: Mit einem Schlag seines Zauberstabes gibt er dem König die frühere Gestalt zurück und verwandelt den unedlen Tartaglia in ein Monstrum mit Hörnern. Bald soll es an Leid und Schande zugrunde gehen.

Gozzis Kunstgriff bestand darin, daß er die Personen dieser Tragikomödie jeweils auf ihrer Sprachebene sprechen ließ: Deramo und Angela in Versen, Tartaglia, Clarice und Leandro in Prosa, die Commedia dell'arte-Figuren in venezianischem Dialekt. Nach Gozzis Stück schrieb Heinz von Cramer das Libretto zu Hans Werner Henzes Oper ›Il re cervo oder Die Irrfahrten der Wahrheit‹ (komponiert 1952/55, uraufgeführt in Berlin 1956).

König Lindwurm

Eine eigenständige Version vom *Tierbräutigam ist ›Kong Lindorm‹, das wohl berühmteste dänische Märchen. Es ist in zwei Fassungen überliefert: in Svend Grundtvigs stilistischer Überarbeitung (1854) und in Niels Levinsens wortgetreuer jütländischer Aufzeichnung (1958, hg. von Laurits Bödker).

Den Lindwurm bringt eine Königin zur Welt, der auf dem Brautbett Kinderlosigkeit prophezeit war. Eine alte Frau hatte ihr jedoch geraten, einen Tontopf umgestülpt in die Nordwestecke des Gartens zu setzen, über Nacht würden darunter eine rote und eine weiße Rose erblühen: die rote zu essen bedeute, einen Knaben zu bekommen, die weiße, ein Mädchen; nur beide dürfe sie nicht essen – was die Königin dennoch tat.

Kaum geboren, gräbt sich der Lindwurm unter dem Bett in der königlichen Schlafkammer ein. Dem heimkehrenden König springt er auf die Kutsche und droht, ihn und das Schloß zu vernichten, falls er nicht sein Vater sein wolle. Dann bringt er ihn unter Todesandrohung dazu, ihm eine Braut zu besorgen, wie auch immer beschaffen. Er wird mit einer wunderschönen Prinzessin verheiratet und bringt sie in der ersten Nacht um. Ebenso ergeht es der nächsten Prinzessin. In seiner Not wendet sich der König an einen alten Schäfer und erreicht, daß dessen einzige Tochter die neue Braut wird. Sie ist verzweifelt. Im Wald trifft sie auf eine alte Frau (es ist dieselbe, die der Königin begegnet war) und befolgt ihre Ratschläge. Bevor es in die Schlafkammer geht, zieht sie über ihr Brauthemd neun weitere Hemden. Sie läßt ein Faß Salzlake hineinstellen, ein Faß Milch und ein großes Bündel Zweige. »Schöne Jungfer, legt ein Hemd ab«, fordert der Lindwurm sie auf. »König Lindwurm, legt eine Haut ab«, erwidert sie. Das geht so lange, bis sie die neun Überhemden ausgezogen hat und er seine neun Häute. Wie er nun blutend auf dem Boden liegt, peitscht sie ihn mit den in Salz getauchten Zweigen, wäscht ihn in der Milch, wikkelt ihn in die neun Hemden und nimmt ihn in ihre Arme. Als sie morgens erwacht, liegt sie in den Armen eines schönen Königssohnes.

Der zweite Teil des Märchens handelt von Verrat. Ritter Rot (in skandinavischen Märchen ein tückischer Neider, vergleichbar Grimms »Ferenand ungetrü«) soll König Lindwurm im Feld die Botschaft überbringen, seine Frau habe zwei Söhne zur Welt gebracht. Er fälscht den Brief, schreibt von zwei jungen Hunden. Der König befürchtet, es könnten irgendwie Lindwürmer sein, und ordnet an, sie leben zu lassen. Ritter Rot fälscht auch dieses um: man solle die Mutter samt den Kindern verbrennen. Die alte Königin hält sich nicht daran. Sie übergibt die Kinder zwei Ammen und verbannt die junge Königin in den Wald, solange, bis der König zurückgekehrt sei. Die nun kinderlose Mutter ersteigt einen Berg, setzt sich auf die mittlere von drei Bänken, preßt sich die Milch aus ihren Brüsten. Ein Schwan und ein Kranich kommen herbei, setzen sich ihr zur Seite, die Milch fließt in ihre Schnäbel. Da verwandeln sie sich in die schönsten Prinzen, in König Schwan (Kong Svan) und König Kranich (Kong Tran), und der Berg in ein Schloß. Dort leben sie zu dritt. Beide Könige wollen sie heiraten.

Inzwischen hat König Lindwurm den Verrat des Ritters Rot zu Hause aufgeklärt und ihn zu Tode schleifen lassen. Er begibt sich auf Suchwanderung und findet am dritten Tag das Bergschloß. Seine Frau jedoch flüchtet vor ihm, fühlt sich bedroht. Er freundet sich mit den jungen Königen an und schlägt ihnen vor, das Essen der schönen Jungfrau zu versalzen, um festzustellen, wem sie (als Zeichen besonderer Wertschätzung) zutrinke: der solle ihr Mann sein. Dieser gewinnt sie so wieder für sich.

Nach Bengt Holbeks tiefenpsychologischer Ausdeutung (1987) ist die Monstergestalt des Helden in einer inzestuösen Mutterbindung begründet, weshalb ihm erst die Schäferstochter zu sexueller Reife verhilft. Ihr unterschiedlicher sozialer Status führt zur Vertreibung der jungen Mutter. Die Vögel, die sie entzaubert und mit denen sie lebt, sind als ihre Söhne zu verstehen. Zuletzt jedoch entscheidet sie sich für ihren Mann und trifft damit, anders als ihre Schwiegermutter eingangs des Märchens, die »richtige« Wahl.

König Nußknacker und der arme Reinhold *Nußknacker

König Salomo *Salomo

Königin von Saba

Von jeher hat die legendäre Königin aus dem verschollenen Reich Saba (im Gebiet des heutigen Nordjemen) die Märchenphantasie beschäftigt – von Christen, Juden, Muslims, Kopten. Zahlreich sind ihre Namen: Königin von Sheba, Malke Schwa, Bilqis, Balkis, Makeda, Etiya Azieb, Sibilla, »Blüte des Jemen«, »Weiße Königin des Morgens«, »Schwarze Belakane«, »La reine pédauque«.

Die Bibel widmete der Gegenspielerin König *Salomos ganze elf Zeilen: »Und da das Gerücht von Salomo und von dem Namen des Herrn kam vor die Königin von Reicharabien, kam sie Salomo zu versuchen mit Rätseln . . .« (1.Kön 1–11). Die koranische Tradition befaßte sich ausgiebiger damit, stellte Bilqis' Begegnung mit Suleiman/Salomo und die Bekehrung dieser Sonnenanbeterin zum Islam in den Mittelpunkt (27. Sure des Koran). Später kam sie auf köstliche Details wie ihre drei Rätselfragen, ihr vieldeutiges Geschenk an Suleiman – ein undurchbohrter Edelstein –, ihre behaarten Waden, die der Glasfußboden seines Palastes sichtbar werden ließ; kam dann auf ihre Vermählung mit Suleiman, der bereits 1000 Frauen hatte. Erst al-Kisais ›Geschichten der Propheten‹ (1220) hat Bilqis' volle Lebensgeschichte enthüllt: Ihr Vater war Wesir des Herrn von Saba, ihre Mutter Umaira die Tochter des Dschinnen (Geister)-Königs. Im Dschinnenreich wuchs sie auf, und bevor sie sich emporschwang zur Herrscherin über Saba und Marib, mußte sie den tyrannischen Vorgänger enthaupten. Dem Suleiman gebar sie einen Sohn, Rahobeam. Sieben Jahre und sieben Monate lebte sie mit Suleiman. Unter den Wällen von Palmyra (in Syrien) begrub er sie.

Dämonischen Ursprungs ist die Königin von Sheba auch nach jüdischem Glauben. Im ›Targum Scheni‹ (7. Jh.) mißbilligt Schlomo/Salomo die Behaarung ihrer Beine: »Für Männer ist solches Haar eine Zierde, für Frauen häßlich.« Sie kontert mit drei Rätselfragen, die sich auf die Kunst des Schminkens beziehen, auf Naphta-Öl und den vielverwendbaren Flachs. Die spätere jüdisch-jemenitische Überlieferung kennt andere *hiddah* (Rätselproben) – insgesamt 22 –, die hauptsächlich um Geschlechtliches kreisen. Ein Beispiel: »7 gehen heraus und 9 gehen hinein. Zwei mischen und einer trinkt. Wer sind sie?« Schlomo bleibt die Antwort nicht schuldig: »Sieben gehen heraus, das sind die Tage der Absonderung (Menstruation). Neun gehen hinein: die neun Monate der Schwangerschaft. Zwei Brüste der Frau mischen (die Milch), und der eine, der trinkt, ist der Säugling.«

Einen intimen Umgang Salomos mit »Makeda, der Königin des Südens« unterstellt auch das äthiopische Nationalepos ›Kebra Nagast‹ (14. Jh.). Sie, die kam, »ihn mit Weisheit zu prüfen«, ist nur dann bereit, im gleichen Zelt zu nächtigen, wenn er sie nicht anrührt. Die Gegenbedingung Salomos lautet, von den Sachen im Zelt dürfe sie sich nichts aneignen. Er läßt die Speisen besonders scharf würzen. Als sie nachts, von Durst gepeinigt, zum Wasserkrug greift, hat er sie in seiner Gewalt. Diese Verführungskunst macht sie zur Mutter des Menelek, des Ahnherrn der äthiopischen Kaiser. Volkslegenden wissen, daß sie als Folge eines Schlangenkampfes einen Eselsfuß hatte. Von dort bis zur »Königin Gänsefuß«, wie sie sich auch als mittelalterliche Portalsfigur im Burgundischen zeigt, ist es nicht weit. Die christliche Ikonologie hält sich vor allem an die Kreuzauffindungslegende, wonach die Königin von Saba auf ihrer Reise zu Salomo in einer Brückenplanke das Kreuzesholz erkennt, an das später Jesus genagelt wird; sie überschreitet sie nicht, aus Ehrfurcht, und durchwatet das Wasser (vgl. Piero della Francescas Kirchenfresko ›Anbetung des Heiligen Holzes‹, 1452). Die Wasserdurchquerung mehr nach koranischer Tradition, mit geschürzten Beinen, zeigt bereits eine Miniatur in der Bibel von Roda (um 1000), wobei auch hier dem Wasser eine rituell vorbereitende, heilende Funktion zukommt.

Der Königssohn, der sich vor nichts fürchtet

Nur im Titel ähnelt der Held dieses Grimmschen Märchens (1819) jenem *Einen, der auszog das Fürchten zu lernen, doch der war niedriger Abkunft. Dieser hier geht aus Langeweile von zu Hause weg. Nach der Devise »Ich kann alles, wozu ich Lust habe« spielt er unterwegs mit Riesenkegeln. Dem Riesen imponiert das, er will, daß der Königssohn ihm bzw. seiner Braut, die dies von ihm begehrt, einen Apfel vom Baum des Lebens holt. Den Helden schrecken die wilden Tiere ebensowenig wie der Ring vor dem Apfel, durch den er die Hand strecken muß. Der Ring schließt sich fest um seinen Arm, und von Stund an spürt er eine gewaltige Kraft, der sich selbst der Löwe vor dem Gartentor beugt. Das Tier wird sein Gefährte. Die Braut sieht, daß ihrem Apfelholer der Armring fehlt, und verlangt danach. Als der Riese weder durch Bitten noch durch Ringkampf zum Ziel kommt, überlistet er den Ringträger beim Baden. Weil der Löwe ihm den Ring abspenstig macht, blendet er sogar den Königssohn; doch wieder verhindert das treue Tier, daß der Riese dem Hilflosen den Ring abzieht. Beim dritten Versuch tötet der Löwe ihn und führt seinen Herrn zu einem Wasser, das ihm sein Augenlicht wiedergibt.

Auf ihrer Wanderung durch die Welt kommen beide vor ein verwünschtes Schloß. Die schöne Jungfrau am Tor ist vollkommen schwarz. Drei Qualnächte muß der Königssohn aushalten, dann hat er sie erlöst. Stumm und furchtlos hat er die peinigenden Teufelchen zu ertragen; dafür kommt jeden Morgen die Jungfrau mit dem Wasser des Lebens und heilt ihn. Erst werden ihre Füße weiß, dann alles bis auf die Fingerspitzen, nach der dritten Nacht ist sie »schneeweiß und schön wie der helle Tag«. Ein dreimaliges Schwertschwingen macht, daß auch das Schloß vom Zauber befreit ist und alles heldische Wandern ein Ende hat.

Das Löwenhelfer- und das Brautmotiv weisen zurück auf die Hunde des *Drachentöters und dessen treulose Verwandte –

Schwester oder Mutter –, die dazu anstiftet, den Bruder (oder Sohn) zu ermorden, nachdem sie ihn erst vergeblich auf gefährliche Abenteuer ausgesandt hat (*Die drei Hunde). Der Stoff wurde als Handpuppenspiel verfilmt, in deutsch-griechischer Koproduktion (1984).

Der Königssohn und die Teufelstochter *Des Teufels Tochter

Kostschej der Unsterbliche

Nächst der *Baba Jaga ist Kostschej (Koschtschej, Kaschtschej) mit dem Beinamen Bessmertnyi, »der Unsterbliche«, die markanteste Dämonenfigur des russischen Märchens. Der Name umspielt die Wörter kostsch, »Knochen«, und pakostsch, »ekelhaft, schmutzig«. Drei Texte im achten und letzten Bändchen der Afanasjewschen Märchensammlung (1863) machten ihn bekannt: ›Kostschej der Unsterbliche‹, *Marja Morewna, *Die Froschzarin. Auch die weltberühmte Tanzgruppe Ballets Russes bediente sich seiner (*Feuervogel).

Der menschenfressende Unhold ist von vornherein Gegenspieler. Zumeist ist eine Frau (Gemahlin, Schwester oder Mutter des Helden) in seiner Gewalt, sie gilt es zu befreien. Gleich dem *Mann ohne Herz hat er seinen »Tod« an einem sicheren Platz versteckt, den der Held erst ausfindig machen muß. Der gefangenen Braut Wassilissa Kirbitjewna verrät Kostschej solch ein Versteck: »Mitten im Ozean ist eine Insel, mitten auf der Insel steht eine Eiche, unter der Eiche ist eine Truhe vergraben, in der Truhe ist ein Hase, in dem Hasen eine Ente, in der Ente ein Ei, und in diesem Ei ist mein Tod.« Held Iwan erlangt das Ei auf mühevolle Weise. Drei Tierhelfer (Hündin, Adler, Krebs), die sich in den drei Elementen bewegen, sind dafür unabdingbar, ebenso sein »treuer Johannes«, der Kühne Bulat. Kaum hat er das Ei, schlägt er es Kostschej gegen die Stirn, der fällt tot um, und die Befreiung der Braut ist (fürs erste) geglückt. Im Märchen von Marja Morewna wird der Dämon gleich dreifach getötet: Das Pferd des Iwan Zarewitsch zertrümmert ihm den Schädel, Iwan selbst macht ihm mit der Keule den Garaus und verbrennt ihn obendrein auf dem Scheiterhaufen. Auch am Schluß des Froschzarin-Märchens muß Kostschej, trotz seines Wütens, von Iwans Hand sterben, diesmal durch Abbrechen der Spitze der Nadel im Ei.

Den »unsterblichen Kostschej« verherrlichte ein in Gewändern und Dekor genau gearbeiteter Bilderbogen (Lubok) um 1900. Iwan J. Bilibins grandiose Darstellung des nackten Dämons auf jagendem Roß fiel zeitlich zusammen mit der Opernfassung des Märchens durch Nikolaj Rimskij-Korsakow (›Kaschtschej der Unsterbliche‹, Moskau 1902). Ein russischer Märchenfilm, dem diese Musik unterlegt war, entstand 1945. In jenem Jahr hat auch C. G. Jung den bösen Geist gewürdigt, er sah ihn als Gegenfigur zur Baba Jaga. Das artverwandte deutsche Märchen *Die Prinzessin auf dem Baum, in dem der dämonische Gegenspieler und Brauträuber ein Rabe ist, hat C. G. Jung an gleicher Stelle (Eranos-Jahrbuch 1945) detailliert abgehandelt.

Die Kristallkugel *Die drei Schwestern

Der Kuhhirt und die Weberin

In China ist dieses Mythenmärchen vom Typus *Schwanjungfrau eines der frühesten und bis heute besonders beliebten, da es mit dem Jahresfest der jungen Mädchen (dem siebten Tag des siebten Monats) zusammenfällt. Richard Wilhelm hat es unter der Rubrik »Göttersagen« überliefert (1914), Wolfram Eberhard hat es als mündliches Märchen aus Taiwan aufgezeichnet (1976).

Der Kuhhirt, der an einem See eine Schar junger Mädchen baden sieht, nimmt eins der Kleider heimlich an sich und erlebt, daß alle Mädchen in Federkleidern zum Himmel fliegen – nur die eine nicht, die ihr Kleid nicht mehr findet. Sie wird seine Frau, gebiert ihm einen Sohn und trägt durch ihr fleißiges Weben zum Unterhalt bei. Eines Tages findet das Kind beim Spielen das versteckte Federkleid. Seine Mutter streift es sich über und fliegt himmelwärts davon. Eine treue Kuh bedeutet dem Hirten, er solle sie schlachten und auf ihrem Fell gleichfalls zum Himmel fliegen. Er tut es und trifft tatsächlich dort seine Frau wieder. Ihr Eheglück (in China seit jeher ein höchstes Gut) scheint vollkommen. Doch beide Eheleute vergessen darüber, ihre Pflicht zu tun. Der Himmelskaiser beschließt, sie dürfen sich nur einmal im Monat treffen. Die Elster jedoch, die ihnen den Beschluß mitteilen soll, vergißt das Zeitmaß und sagt ihnen, sie dürften sich nur einmal im Jahr sehen. Dies eben ist die Nacht des siebten Tages im siebten Monat.

Die Mythe sagt, daß zu diesem Zeitpunkt alle Elstern auf Erden verschwinden. Sie werden im Himmel benötigt, wo sie aus ihren Körpern eine Brücke bilden, die über den Himmelsfluß (d.i. die Milchstraße) führt. Auf ihr entlang eilt der Kuhhirt zu seiner geliebten Weberin.

L

Labakan *Der falsche Prinz

Die lächerlichen Wünsche *Die drei Wünsche

Lanval
›Le lai de Lanval‹, eines der berühmten Versmärchen der Marie de France (um 1130–1200), einer gebürtigen Bretonin, die meist am Hofe des englischen Königs Heinrich II. gelebt haben soll, verbindet den Märchentyp »Mann auf der Suche nach der verschwundenen Gattin« mit dem Motiv der Übertretung einer auferlegten Schweigepflicht. Es handelt auch von dem legendären Land Avalon.

Lanval ist ein schöner bretonischer Königssohn, der seine ganze Habe verausgabt, um am Hof des König Artus leben zu können. Als einziger Ritter der Tafelrunde geht er bei der Belohnung für geleistete Kriegsdienste leer aus. Wie er eines Tages aus dem Schloß Carduel (Cornwall) in die Wiesen hinausreitet und sich am Ufer eines Flusses niederläßt, treten zwei Feenbotinnen zu ihm; ihre schöne Gebieterin wünsche ihn zu empfangen. Er findet die reizvolle Schöne, nur mit Hemd bekleidet, in ihrem Lustgezelt vor. Sie gibt ihm Seele und Leib hin und verleiht ihm als Gabe, daß alles, was er sich wünsche, sogleich zur Stelle sei. Nur eines muß er ihr versprechen: »Leugne unsere Liebe und bleib stumm.«

Von nun an lebt Lanval auf großem Fuße, steht allen Hilfsbedürftigen bei und genießt, wann immer er will, seine Liebste. Als Ritter Gawain mit 30 anderen ihn auffordert, bei Kurzweil und Spiel dabeizusein, erblickt ihn vom nahen Turm die Königin (Artus' Frau). Sie mischt sich mit ihrem Gefolge unter die Gesellschaft und folgt Lanval in den Garten, will ihm ihre Minne weihen (»mein ganzes Herz gehört Euch«). Er beharrt auf seiner Treue zum König, und als sie ihn schmäht, läßt er sich hinreißen und verrät sein Geheimnis (»mein ist das schönste Weib der Welt«). Die Königin verhält sich wie die biblische Potiphar, sie schwärzt ihn beim König an und berichtet – wahrheitsgemäß – seine kränkenden Worte: Er habe sich einer Freundin gerühmt, deren letzte Magd noch sie selbst an Schönheit und Tugend übertreffe. Der König schwört ihr, Lanval müsse sterben, wenn er sich nicht rechtfertigen könne. Der aber verwahrt sich hoch und teuer, daß er nach der Minne der Königin begehrt habe. Die Barone des Königs sehen sich außerstande, ein Urteil zu fällen.

Marie de France muß die um 1135 niedergelegte ›Historia regum Britanniae‹ des Geoffrey de Monmouth gekannt haben; dort wird der tödlich verwundete Artus auf die Insel Avalon, das Jenseitsland der Seligen, entrückt. Auch die anglo-normannische Version, Wace' ›Roman de Brut‹ (1155), wird der Verfasserin nicht entgangen sein: Avalon ist bei Wace eine Verheißung der Wiederkehr.

Lasse, mein Knecht

Der Helfergeist aus *Aladdins Märchen ist die Titelfigur des schwedischen ›Lasse, min dräng‹ (aus N. Gabriel Djurklou, ›Sagor och aefventyr berättade pa Svenska landsmal‹, 1883). Der Lampengeist ist hier ein »kleiner Alter in grauen Kleidern und mit einer Zipfelmütze auf dem Kopf«, der daherfährt mit sieben Wagen voll zerrissener Schuhe. Die Schweden lieben das Märchen; Klara Stroebe hat es früh übersetzt (›Nordische Volksmärchen‹, Bd. 1, 1915).

Die Position Aladdins nimmt ein vermögender Prinz oder Herzog ein, der in großem Stil in der Welt umherzieht, bis er keinen roten Heller mehr besitzt. Spätabends in einem dunklen Wald macht er Quartier in einer Hütte, völlig leer, nur eine große Kiste an der Wand. Er öffnet sie, findet darin Kiste um Kiste, bis er an ein kleines Kästchen kommt, darin ein Fetzen Papier. »Lasse, mein Knecht« steht darauf, und sobald er, das Stück Papier in der Hand, diese Worte ausspricht, gibt ein Unsichtbarer Antwort: »Was befiehlt der Herr?« Allmählich entdeckt er, wozu der Fetzen gut ist. Er bestellt sich einen gedeckten Tisch, ein bequemes Bett, ein feines Schloß (so wie er es aus besseren Tagen gewohnt war), und dazu Bedienstete und Lakaien, Mägde und Mamsellen aller Art. Der König von gegenüber ist nicht schlecht erstaunt, als er vis-à-vis das goldglänzende Schloß sieht, dazu noch auf seinem Grund und Boden. Die katzbuckelnden Hofschranzen wissen von nichts. Da ruft er seine Soldaten, sie sollen das Ganze einreißen und den Bauherrn aufhängen. Doch der Herzog, nicht faul, läßt sich von Lasse doppelt so viel Soldaten und Reiter beschaffen. Die der

Gegenseite bewirtet er artig und erfährt von der wunderschönen ledigen Tochter des Königs, so stolz, daß sie niemals einen Mann anschauen wolle. Er läßt sie sich schlafend bringen, besieht sie sich von allen Seiten und beschließt, anderntags um sie zu werben. Lasse expediert sie wieder nach Hause, doch sie behält einen »schönen, wunderlichen Traum« zurück; ihre Männerscheu hat sie nachts abgelegt. Es kommt zum Antrittsbesuch, der Herzog sitzt neben ihr, ein Gegenbesuch wird vereinbart. Der König und die Prinzessin sollten sein Hab und Gut besehen können, bevor die Heirat perfekt sei. Lasse bekommt nun viele Aufträge, die Hochzeit wird hüben und drüben gefeiert.

Eines Abends hört der Herzog die Worte: »Ist der Herr jetzt zufrieden?« Unbedacht geht er darauf ein, daß der andere das kleine Stückchen Papier in der Kiste haben will (damit des Dienstes ledig wird), und legt es ihm vor dem Schlafengehen hin. Gegen Morgen wacht der Herzog zähneklappernd auf, er selbst ist nackt, sein Bett die große Kiste, alles um ihn herum kahl; die Prinzessin hat wenigstens noch ihre Kleider und will auch weiterhin zu ihm halten.

Der König, auf der Suche nach dem verschwundenen Schloß vis-à-vis, entdeckt in der Hütte seinen nackten Schwiegersohn, der ihm jede Erklärung schuldig bleibt, und will ihn auf der Stelle hängen lassen. Die Prinzessin macht mit dem Henker aus, den Herzog vom Galgen wieder abzuschneiden – aber erst einmal hängt er dort, den Kopf in der Schlinge, die Beine baumelnd. Bei Sonnenuntergang kommt mit Hoiho! und erstmals sichtbar Knecht Lasse vorgefahren. Wie er direkt unter dem Galgen zum Herzog aufschaut, seine Dummheit schmäht, ihm den Fetzen Papier unter die Nase hält, da greift der Herzog zu und ist wieder Herr der Lage. Alles läßt er sich von Lasse herrichten wie zuvor. Zum vierten Mal wird der König an dem Schloß irre. Stand nicht gestern eine alte Hütte da, und der Schwiegersohn ganz nackt vor ihm? Der Herzog tut ahnungslos (»ich glaube, Trolle haben euch das Gesicht verwirrt«), und der katzbuckelnde Hofstaat sieht in ihm den kommenden König und hält es entsprechend mit ihm. Lasse aber bekommt nur noch wenig zu tun, das meiste besorgt sein Herr selbst. Am Ende kommen beide überein, daß er den Abschied erhält und der Herzog das Kästchen mit dem Papier sieben Ellen unter der Erde vergräbt, unter einen naturwüchsigen Stein, wo es bleiben soll.

Löwe *Der Königssohn, der sich vor nichts fürchtet, *Das singende springende Löweneckerchen, *Die zwölf Jäger

Das Lumpengesindel

Hähnchen und Hühnchen sind die Helden zweier Grimmscher Märchen, die foppfreudige »Tiere auf Wanderschaft« zeigen: ›Das Lumpengesindel‹ und ›Herr Korbes‹ (beide 1812). In den Umkreis dieses Märchentypus gehören auch *Die Bremer Stadtmusikanten. »Lumpengsind« (Schelme, Spitzbuben) kommt dem Begriff nach schon in einem Volkslied des 16. Jhs. vor, in der Gerichtssprache 100 Jahre später. »Herr Korbes« meint den Butzemann, eine Kinderschreckgestalt; so jedenfalls haben es die Brüder Grimm ihrem englischen Übersetzer, Edgar Taylor, im Juni 1823 mitgeteilt.

Im ersten Märchen animiert Hähnchen das Hühnchen, auf dem Berg die reifen Nüsse zu ernten. Weil sie abends nicht zu Fuß nach Hause wollen, baut Hähnchen einen kleinen Wagen von Nußschalen, weigert sich aber, sich davorspannen zu lassen. Eine Ente, der der Nußberg gehört, will Genugtuung, doch Hähnchen pariert ihren Angriff und bringt sie mit seinen Sporen dazu, daß sie sich vor den Wagen spannen läßt. Hühnchen sitzt in der Kutsche, er selbst auf dem Bock. Unterwegs nehmen sie zwei Fußgänger auf, eine Stecknadel und eine Nähnadel; die kommen von der Schneiderherberge her, haben sich aber beim Bier verspätet. Am späten Abend kehren alle fünf in ein Wirtshaus ein. Der Wirt wird beschwatzt, er bekäme das Ei, welches das Hühnchen unterwegs gelegt habe, und die Ente, die sowieso alle Tage eines lege, dürfe er behalten. Sie lassen sich auftragen und essen, was das Zeug hält. In aller Frühe weckt Hähnchen das Hühnchen, sie verzehren zusammen ihr Ei und werfen die Schalen auf den Herd. Die Nähnadel stecken sie in das Sesselkissen des Wirts, die Stecknadel in sein Handtuch, und machen sich davon. Die Ente hört sie fortfliegen und schwimmt ihrerseits einen Bach hinunter.

Dem Wirt ergeht es übel. Als er sich nach der Morgenwäsche abtrocknen will, zersticht er sich das Gesicht mit der Stecknadel. Als er sich am Küchenherd eine Pfeife anstecken will, springen ihm die Eierschalen in die Augen. Und wie er sich in seinen Großvaterstuhl setzt, wird er von der Nähnadel hinterrücks getroffen. Er ist von Stund an gefeit gegen solch

Lumpengesindel, »das viel verzehrt, nichts bezahlt und obendrein zum Dank Schabernack treibt«.

Auch in ›Herr Korbes‹ wollen unsere Helden verreisen, und Hähnchen baut einen schönen Wagen – diesmal mit vier roten Rädern, und vier Mäuschen davorgespannt. Die Katze, die nach dem Reiseziel fragt, bekommt Bescheid – »nach dem Herrn Korbes seinem Haus« – und darf hinten aufsitzen, und nach ihr ein Mühlstein, ein Ei, eine Ente, eine Stecknadel und eine Nähnadel. Herr Korbes ist nicht zu Hause. Auch ihm wird – ähnlich wie den Räubern durch die Bremer Stadtmusikanten – ein warmer Empfang zuteil: Als er am Kamin Feuer machen will, wirft ihm die Katze Asche ins Gesicht – und die Ente Wasser, als er sich waschen will – und das Ei im Handtuch klebt ihm die Augen zu – und im Stuhl sticht ihn die Stecknadel, und auf dem Bettkissen die Nähnadel – und wie es ihn aus dem Haus heraustreibt, da springt der Mühlstein, der sich über die Tür gelegt hatte, herunter und schlägt ihn tot.

Weil es die Tiere und die Dingwelt so anschaulich herzeigt, eignen sich beide Märchen für das erste Lesealter. Besonders ›Das Lumpengesindel‹ hat Bilderbuch-Karriere gemacht; Josef Hegenbarth versah es mit neun Farbzeichnungen (1950), Irma Zeidler gab ihm farbige Scherenschnitte bei (1956), Hans Fischer widmete sich ihm ausgiebig (1956); Werner Klemke zeigte die Protagonisten mit Hut und Kopftuch (1962), Hans Witzig schuf ein Bild für Schulen. Janosch dagegen ließ sich den Kinderschreck Korbes nicht entgehen (1972). Bei ihm fragen die Katze, der Autoreifen, der alte Soldatenstiefel, der Fliegenfänger, die Mistgabel und der grüne Hut nach dem Wohin, und sie bekommen Bescheid: »Den Herrn Korbes besuchen, bei ihm gibt es Kuchen.« Daß er dann keinen hat, gereicht ihm zum Schaden.

M

Machandelbaum
Das niederdeutsche ›Machandel‹ steht für Wacholder, hier in seiner Bedeutung als der immergrüne, lebensfrische Strauch. ›Von dem Machandelboom‹ ist ein Märchen in pommerschem Platt, dessen Held ein getötetes und wiedererstandenes Kind ist. Der Maler Philipp Otto Runge hatte es 1806 aufgezeichnet, und bevor die Brüder Grimm es in ihre Sammlung einfügten, stand es bereits in der ›Zeitung für Einsiedler‹ (Heft 29/30,1808) und – anders gefaßt – in J. G. Büschings ›Volks-Sagen, Märchen und Legenden‹ (1812). Wie schon bei der Einrichtung des Märchens vom *Fischer und seiner Frau widerfuhr den Grimms das Mißgeschick, daß sie es unwissentlich in bearbeiteten Fassungen übernahmen: erst in der des Verlegers G. A. Reimer (›Van den Machandel-Boom‹, 1812), dann in der des Malerbruders Daniel Runge (ab der 5. Auflage 1843). Bechstein nahm es seinerseits auf hochdeutsch (›Der Wachholderbaum‹) in sein Deutsches Märchenbuch auf (1853).

Ein Kind so rot wie Blut, so weiß wie Schnee hat sich die schöne, fromme Frau eines reichen Mannes gewünscht, als sie winters im Hof unter dem Machandelbaum einen Apfel schält und sich in den Finger schneidet. Sie bekommt einen Sohn, stirbt danach und wird unter dem Machandelbaum begraben. Der Vater heiratet wieder, hat mit der zweiten Frau eine Tochter: Marleenken. Die Frau liebt ihr Kind, das andere schubst und knufft sie herum, daß es ständig in Angst ist. Als Marleenken um einen Apfel aus der Vorratskiste bittet, bekommt sie ihn, kriegt ihn jedoch abgenommen, weil sie auch für den Bruder eintritt. Der Böse (Umschreibung für Teufel) gibt der *Stiefmutter ein, daß sie den Jungen in die Kiste greifen läßt, ihm mit dem schweren Deckel den Kopf abschlägt, so daß er unter die roten Äpfel fällt – ihn auf den Rumpf wieder aufsetzt, ihm ein weißes Halstuch umbindet und ihn dann, den Apfel in der Hand, auf einen Stuhl vor die Tür setzt.

Marleenken kommt und bittet den Bruder um den Apfel, doch er antwortet nicht. Die Mutter rät ihr, ihm eins hinter die Ohren zu geben. Davon fällt der Kopf herunter. Die Schwester ist untröstlich, gibt sich die Schuld. Die Mutter beruhigt sie, hackt den toten Jungen in Stücke, kocht ihn in Sauer und setzt die Speise dem Vater vor. Der nimmt alles für sich, es schmeckt ihm sehr (»dat is, as wenn dat all myn wör«); die Knochen wirft er unter den Tisch.

Marleenken sammelt das Gebein unter blutigen Tränen in ihr bestes Seidentuch, legt es unter den Machandelbaum ins grüne Gras. Ihr wird leichter zumute. Der Baum bewegt sich, als freue er sich. Nebel steigt von ihm auf, darin brennt ein Feuer, aus dem ein schöner Vogel sich in die Lüfte erhebt und herrlich zu singen beginnt. Das Tuch mit den Knochen ist verschwunden. Marleenken ist, als ob ihr Bruder noch lebe. Der Vogel setzt sich auf das Dach eines Goldschmieds. Er singt seine Lebensgeschichte: »Mein Mutter, der mich schlacht, / mein Vater, der mich aß . . .« (Dieses Lied ist vielerorts überliefert. Goethe läßt schon 1774, im ›Urfaust‹, das »gefallene« Gretchen im Kerker singen: »Meine Mutter, die Hur / Die mich umgebracht hat! / Mein Vater, der Schelm, / Der mich gessen hat! / Mein Schwesterlein klein / Hub auf die Bein . . .«)

Der Goldschmied läßt sich das Stück nochmals vorsingen und gibt dem Vogel die goldene Kette dafür, an der er arbeitet. Auch der Schuster, auf dessen Dach der Vogel nun fliegt, will das Lied nochmals hören und zahlt dafür mit einem Paar roten Schuhen. Und in der Mühle die 20 Mühlburschen, auch sie hören es sich zweimal an, geben einen Mühlstein dafür. Mit den drei Gaben in seinen Klauen und um den Hals fliegt der Vogel zu seines Vaters Haus. Als der Vogel zu singen beginnt, hält sich die Mutter die Ohren zu und bald ist ihr, als stünde das Haus in Flammen; für den Vater ist sein Gesang so herrlich wie der Sonnenschein; die Schwester aber weint. Als der Vater hinaustritt, wirft der Vogel ihm die Goldkette um den Hals – und Marleenken bekommt die roten Schuhe geschenkt – und der Frau wirft er den Mühlenstein auf den Kopf, »dat se ganz tomatscht«. Wieder erheben sich Dampf, Flammen und Feuer, dann steht der kleine Bruder vor ihr, und alle drei nehmen sich bei der Hand.

Michael Belgrader hat allein 500 Varianten dieses Märchentyps nachgewiesen (1980). Eine archaische Komponente liegt in der magischen Wiederbelebung der Knochen, in der Vorstellung eines singenden Totenvogels. Sie findet sich auch im Märchen vom ›Singenden Knochen‹, der lediglich als Mundstück für ein Hirtenhorn gedacht war und dessen schauriger Gesang einen Bruder als Mörder entlarvt.

Als erster hat Ludwig Richter das Machandelboom-Märchen gezeichnet, vier Holzschnitte zur Bechsteinschen Version (1853). Es folgte Moritz von Schwind mit einem Münchener Bilderbogen (Nr. 179/1856). Bibliophile Einzelausgaben gestalteten Erik Richter (1922) und Roswitha Quadflieg (1982). Maurice Sendak zeichnete die magische Entstehung des Vogels (›The Juniper Tree‹, 1973). Nach einer koreanischen Version entstand der deutsch-griechische Handpuppenfilm ›Lotosblume und der Junge vom Weidenbaum‹ (1983). Eine poetische Ausdeutung des Machandelboom gab Marie-Luise Kaschnitz (1974): »Und alle leben weiter in jenem glücklichen Vergessen, das nur das Märchen kennt. Eine grausige Geschichte, eine glückliche Geschichte, trotz allem.«

Das Mädchen mit den Schwefelhölzern *Das kleine Mädchen mit den Schwefelhölzern

Das Mädchen ohne Hände

Grimms Märchen, das im Titel einen europaweit verbreiteten Typus anspricht, wurde zunächst nach einer Version der Marie Hassenpflug wiedergegeben (1812). Für die Zweitausgabe (1819) wurde sie umgestaltet, unter teilweiser Berücksichtigung einer Erzählung der Dorothea Viehmann. Diese hatte das zugrundeliegende Motiv klar benannt: Ein Vater ist hinter seiner Tochter her.

Das Mädchen ohne Hände kommt ohne Namen aus. Sie ist schön und fromm. Ihr Vater, der Müller, besitzt nur noch die Mühle und dahinter einen Apfelbaum. Ein alter Mann im Wald will ihn reich machen, wenn er ihm dafür das verspricht, was hinter der Mühle steht, und zwar nach Ablauf von drei Jahren. Nachdem der Pakt geschlossen, muß der Müller feststellen, daß seine Tochter hinter der Mühle gestanden und den Hof gekehrt hat. Seine Frau weiß: das muß der Teufel gewesen sein. Die drei Jahre lebt das Mädchen ohne Sünde. Am Tag der Übergabe wäscht sie sich rein und macht mit Kreide einen Kranz um sich. Der Teufel hat keine Gewalt über sie. Er hält sich an den Müller: Tu ihr alles Wasser weg. Anderntags hat sie auf ihre Hände geweint, sie sind rein. Da nötigt er den Müller, ihr die

Hände abzuhauen – andernfalls hole er ihn selbst. In Kindesgehorsam überläßt die Tochter dem Vater, das Richtige zu tun. Er haut ihr beide Hände ab. (Wilhelm Grimm hält sich nicht an die schlüssige Version der »Viehmännin«, wonach der Vater der sich seinem Begehren widersetzenden Tochter die Hände und Brüste abschneidet.)

Der Teufel geht auch beim dritten Mal leer aus, denn ihre Tränen haben die Stümpfe rein werden lassen, und so hat er kein Recht mehr auf sie. Das Angebot des Vaters, sie zeitlebens aufs köstlichste zu halten, schlägt sie aus: »Hier kann ich nicht bleiben.« Sie läßt sich die Armstümpfe auf den Rücken binden und wandert in die Welt. Nachts gelangt sie hungrig zu eines Königs Garten, wasserumflossen, voll von Früchten. Auf ihr Beten hin kommt ein Engel, verschließt die Schleuse, geht mit ihr hinein. Mit dem Mund ißt sie eine Birne vom Baum ab. Ein Gärtner beobachtet sie und kann dem König, der am Morgen die Birnen abzählt, berichten, es sei ein Geist ohne Hände gewesen, und ein Engel dabei. Die nächste Nacht hält der König zusammen mit einem Priester Wache. Um Mitternacht kommt das Mädchen in Engelbegleitung und ißt wieder eine Birne. Auf Anruf des Priesters gibt sie sich als »von allen verlassen« zu erkennen, »nur von Gott nicht«. Das rührt den König, der sie mit auf sein Schloß nimmt. Weil sie so schön und fromm ist, liebt er sie von Herzen. Er läßt ihr silberne Hände machen und heiratet sie.

Nach einem Jahr muß der König ins Feld und trägt seiner Mutter auf, ihn von der Niederkunft seiner Frau zu verständigen. Sie bekommt einen schönen Sohn, die alte Königin schreibt es für einen Boten auf, der aber schläft unterwegs ein. Der Teufel, auf ihren Schaden bedacht, schiebt ihm einen Brief unter, wonach sie einen Wechselbalg geboren hätte. Besonnen (wie *König Lindwurm) schreibt der König zurück, bis zu seiner Ankunft solle man sie gut halten und pflegen. Wieder schreibt der Teufel den Brief um: man solle beide töten. Die alte Mutter, die es nicht glauben will, bekommt es nochmals zu lesen: zum Wahrzeichen seien Zunge und Augen der jungen Königin vorzuweisen. Da greift die betrübte Alte zu einem letzten Mittel, schneidet einer Hirschkuh Zunge und Augen aus und hebt sie auf. Die Königin und ihr Kind schickt sie fort, bindet es ihr noch auf den Rücken. Sie nimmt ihr das Versprechen ab, nie wieder zurückzukehren.

Wieder hilft im wilden Wald ein Gebet. Helfer ist auch diesmal ein Engel, eine schneeweiße Jungfrau, die sie in einem kleinen Haus aufnimmt. Es trägt außen ein Schild: »Hier wohnt ein jeder frei.« Sieben Jahre lang werden Mutter und Kind darin verpflegt, und ihre Frömmigkeit macht, daß ihr die abgehauenen Hände wieder anwachsen. Ebenfalls sieben Jahre irrt der König umher auf der Suche nach Frau und Kind; die schlimme Sache mit den gefälschten Briefen hatte sich aufgeklärt und seine Mutter ihm berichtet, daß beide noch leben. Auch ihn, der die ganze Zeit über nicht ißt und nicht trinkt, erhält Gott. Endlich findet er das Waldhäuschen, liest das Schild und bittet die weiße Jungfrau, die ihn hineinführt, sich ausruhen zu dürfen. Der Engel macht Mutter und Sohn – »Schmerzensreich« nennt sie ihn – mit der Ankunft bekannt, worauf sie vor sein Schlaflager treten. Das Schlummertuch fällt ihm vom Angesicht, sie läßt es ihr Kind aufheben und seines Vaters Gesicht damit bedecken. Der König läßt das Tuch nochmals – absichtlich – fallen, doch nun sagt der Junge, er habe auf der Welt keinen Vater; sie selbst habe ihn gelehrt, zum Vater im Himmel zu beten. Der König fragt, wer sie sei, und will die Antwort zunächst nicht glauben: Seine Frau habe doch silberne Hände gehabt. Der Engel holt diese zum Beweis her, das überzeugt ihn. Glücklich vereint kehren sie nach Hause zu seiner alten Mutter zurück und halten noch einmal Hochzeit.

Das Zentralthema von der unschuldig verfolgten Frau (*Genovefa, *Griseldis) war eines der beliebtesten Stoffe mittelalterlicher Volksliteratur, stets auch mit legendenhaftem Einschlag. Hier dient er allerdings dem Erzähler zur Verschleierung, daß es sich bei der Verstümmelung der Arme um eine Tabuverletzung handeln könnte, um die Folge eines Inzestversuchs. Das Motiv kam bereits um 1200 in der ›Vita Offae primi‹ auf; dort war es König Offa, der die von ihrem Vater (König von York) bedrängte und im Wald ausgesetzte Tochter aufnahm, und auch er fiel auf eine Briefvertauschung (seines Schwiegersohnes) herein; die Verstümmelung betraf nur die Kinder. Dagegen verstümmelte sich die »Manekine«, Titelheldin in Philippe de Beaumanoirs Versepos (um 1270), selbst, um nicht die Ehefrau ihres Vaters (des Königs von Ungarn) werden zu müssen. In ihrem Fall war die Königinmutter die Intrigantin.

Eugen Drewermann hat das Märchen theologisch-tiefenpsychologisch gedeutet (1981). Er kam zu dem Schluß, es läse sich »als die Beschreibung des schwierigen, jedoch überaus lohnenden Weges, den ein Mensch gehen muß, dem sein ganzes Leben als Schuld und nur als Schuld erscheinen mußte; vor einem Übermaß an Unbarmherzigkeit und Lebenseinschränkung spricht es von einem Übermaß auch an Gnade und an engelgleicher Führung«. – Eliminiert man den Teufel, läßt auch den Engel fort, so bleibt ein doppeltes Familiendrama.

Märchen von einem der auszog *Einer der auszog, das Fürchten zu lernen

Märchenfrau, Märchengroßmutter

Diese Figur gehört zum Mythos des »Buchmärchens«, ideal typisch die erzählende Alte aus dem Volk, ikonographisch bestimmbar als Märchenerzählerin, umringt von lauschenden Kindern. Ludwig Emil Grimm hat ihr in einem frühen Rahmenentwurf, mit Fug und Recht, die Züge der Erzählerin Dorothea Viehmann verliehen, der die älteren Brüder viele Märchen verdankten; eben »die Viehmännin«, von Ludwig als Porträt in Kupfer gestochen, bildete das Frontispiz der Zweitausgabe ihrer Märchen, Band 2 (1819). Ludwig Richter wählte eine ikonenhafte »Märchen Erzählerin« in lauschiger Laube als Titelbild zu Bechstein, ›Deutsches Märchenbuch‹ (1845), und beschrieb die Figur so: »Ein altes Märchenmütterchen sitzt unter dem Holunderbusch, von einem Kranze Kinderchen umgeben . . .« Auch für das Titelbild zu Colshorns ›Märchen und Sagen‹ (1854) steuerte er ein solch genrehaftes Märchenmütterchen bei. Mittlerweile hatte sich die idealtypische Alte selbst die Titel erobert: ›Der Großmutter Abenderzählungen‹ hieß es, oder ›Märchen meiner Großmutter‹. Gegenüber den früheren, pejorativ gewerteten »Ammenmärchen« drückte die Ahnenfigur eine neue Wertschätzung und Beglaubigung der Gattung Märchen aus.

Diese Entwicklung läßt sich auch in den Nachbarländern beobachten. Zeigte das Frontispiz der ersten englischen Grimm-Ausgabe (1823) eine turbulente Wirtshausszene, so wurde schon in der zweiten Folge (1826) eine erzählende Großmutter daraus, mit dem Flor andächtig lauschender Enkel. Weder George Cruikshank entzog sich diesem Sujet noch Grandville und Gustave Doré, der – witzig-scharf – die Alte als Vorleserin in bourgeoisem Milieu zeichnete, um sich die märchengebannten Kinder. Dorés Bildmotiv griff der Umschlag der ersten illustrierten russischen Grimm-Ausgabe, Band 1, auf (1870); im zweiten Band war das Porträt der Dorothea Viehmann enthalten, betitelt Skazotschnika, »Märchenerzählerin«.

Bereits die Erzählfrau, die als Frontispiz die Perraultsche Erstausgabe (1697) schmückte, kann als eine Bildpointe verstanden werden. Unter der Inschrift ›Contes de ma mère l'Oye‹ war eine (keineswegs ältliche) Erzählerin am Kamin zu sehen, den Spinnrocken in der Hand, vor sich drei höfische Zuhörer. Diese »Mutter Gans«, eine Mischung von Gouvernante und Amme, diente vermutlich als ironische Replik auf Kritiker der drei frühen Versmärchen Perraults, die ihm einen kindischen Märchenstil vorgeworfen hatten. Grandville machte sich später den Spaß, ›ma mère l'Oye‹ mit den ihr angedichteten Gänsefüßen zu zeichnen – was auf das mittelalterliche Epos ›Bertha mit den großen Füßen‹ zurückging. Aus der fabulösen »Mutter Gans« wurde eine populäre Redefigur, vor allem in der angelsächsischen Kinderliteratur. Schon 1812 trat sie als »Mother Goose« in Boston auf, und die erste holländische Ausgabe von Grimms Märchen (1820) fügte dem Titel hinzu: ›Uit de Nalatenschap van Moeder de Gans‹.

Maurice Sendak blieb es vorbehalten, die berühmte »Viehmännin« im schlichten bäuerlichen Habit als *Des Teufels Großmutter zu zeigen (1973) und damit, in der Form eines Bildzitats, das Abgründige allen Erzählens hervorzukehren.

Le Maître chat *Der gestiefelte Kater

Maleen *Jungfrau Maleen

Die Manekine *Allerleirauh, *Das Mädchen ohne Hände

Der Mann ohne Herz

Ludwig Bechstein übernahm das Märchen vom Unhold, der sich unbesiegbar und unsterblich glaubt, 1853 in sein ›Deutsches Märchenbuch‹. Erstveröffentlicht hatte es Karl Müllenhoff in seiner schleswig-holsteinischen Sagen- und Märchensammlung (1845) unter dem Titel ›Vom Mann ohne Herz‹.

Held ist der jüngste von sieben verwaisten Brüdern. Er hütet das Haus, solange die anderen in der Fremde auf Brautschau gehen; ihm wollen sie auch eine recht schöne Braut mitbringen. Unterwegs kommen sie an einem einsamen Waldhäuschen vorbei. Der alte Mann davor trägt ihnen auf, ihm ebenfalls eine junge Braut zu holen. Sie finden in einer Stadt praktischerweise sieben Schwestern und nehmen sie als Bräute gleich mit, die jüngste für ihren Bruder. Der Alte im Wald besteht auf die Seine; als er sie nicht bekommt, verwandelt er die sechs Paare mit einem weißen Stäbchen in graue Steine, und die jüngste Schwester nimmt er für sich selbst. Sie muß dem Dämon den Haushalt führen (daß sie seine Geliebte wird, kann vermutet werden); sie tut das auch gern und hat nur Angst, der Alte könne bald sterben und sie einsam zurückbleiben. Der aber beruhigt sie: er habe kein Herz. Für alle Fälle weist er sie in den Gebrauch des Zauberstäbchens ein. Dreimal fragt sie, wo sein Herz denn verborgen sei. Zweimal gebraucht er Ausflüchte: in der Bettdecke stecke es, in der Stubentür – und als die junge Frau dem Herz zuliebe erst die Decke, dann die Tür bekränzt, gibt er endlich das Versteck preis. Fernab in einer uralten, mit Eisentüren verwahrten und von einem Wallgraben umschlossenen Kirche fliegt ein Vogel, der ohne Essen und Trinken auskommt und nicht stirbt – in ihm schlägt sein Herz.

Bald wird ihr der Tag lang, der Alte ist fast nie zu Haus. Ein junger Wanderer kommt vorbei, es ist der jüngste Bruder auf der Suche nach den anderen. Sie bewirtet ihn, erzählt ihm alles, und er beschließt, den unsterblichen Vogel zu suchen. Über Nacht versteckt die Braut den Bräutigam (in dieser Wortwahl steckt, sie sehen sich füreinander bestimmt), andern Morgens zieht er wohlgemut los. Das Frühstück teilt er mit einem roten Ochsen, das Mittagessen mit einem wilden Schwein, die Abendvesper mit einem Vogel Greif. Mit diesen drei Tierhelfern, die kommen, wenn er sie ruft, gelingt es ihm am nächsten Morgen, zum Ziel zu kommen. Der Ochse säuft den Graben leer, das wilde Schwein reißt die Kirchenmauer nieder, der Vogel Greif holt sich den Herzvogel, den der Jüngling gut verwahrt. Noch vor dem Abend kehrt er zur jungen Braut zurück. Sie heißt ihn unter das Bett kriechen, mitsamt dem Vogel. Als der Alte heimkommt, klagt er über Beschwerden. Der Bräutigam unter dem Bett kneipt den Vogel, der Alte wimmert, wird ohnmächtig. Unversehens ist der Vogel totgedrückt, und mit dem Alten ist's aus. (Bei Müllenhoff ermuntert die Braut den Bräutigam unverhohlen: »Kneif ihn jetzt nur ganz tot.«) Das Mädchen erweist sich als anstellig; mit dem weißen Stäbchen schlägt sie an die zwölf grauen Steine und erlöst so die ganze Gesellschaft. Miteinander ziehen sie heim und halten, gleich siebenfach, Hochzeit.

Das Motiv vom außerhalb des Leibes verborgenen Herzen kennt schon die altägyptische Überlieferung (*Brüdermärchen). Auch die hilfreichen Tiere sind früh belegt, bei Straparola, Basile, später bei Musäus (*Die drei Schwestern). Auf der Suche nach einer passablen Fassung dieses Märchentyps wurden die Brüder Grimm bei Friedmund von Arnim (1844) fündig; sie entschieden sich für ›Die Kristallkugel‹. Der Stoff wurde als ›The Heartless Giant‹ (1987) in England verfilmt.

Der Mann im Mond

Diese halbmythische Figur gehört, ebenso wie das *Sandmännchen, zum Repertoire der Gutenachtgeschichten. Einer ihrer Ziehväter ist Hans Christian Andersen, der den Mond als Person 33 Geschichten erzählen ließ, in ›Bilderbuch ohne Bilder‹ (›Billedbog uden Billeder‹, 1840). Ein weiterer ist Ludwig Bechstein, der im ›Märchen vom Mann im Monde‹ (1845) von einem Mann berichtet, der am Sonntag Holz haut, das Reisigbündel schultert und so gegen das dritte Gebot verstößt. Er begegnet Gott in Gestalt eines Spaziergängers und wird von ihm auf ewig in den Mond gebannt – als Warnbild für alle Feiertagsschänder.

Hier scheint eine alte, nicht so sehr christlich gefärbte Entrückungssage durch. Dahinter stand der Versuch, die Mondflecken zu erklären. Das führte zu ganz unterschiedlichen Ergebnissen. Die Eskimos erzählten von männlichen Mondgeistern, andere Kulturen auch von weiblichen. Die Chinesen sahen im Mond den Mann auf dem Kassiabaum, wie er dessen Zweige mit einer Axt umhaut, dazu den Mondhasen, wie er den Mörser stampft. (Die Hasengestalt zählt zu den vorgeburtlichen Existenzen Buddhas.) Eine kambodschanische Mythe erklärte den Mondhasen anders: Gott Preas Eyn hat ihn als Bild auf die blanke Mondscheibe gemalt. Eine ebenfalls alte chinesische Mythe war die von Tschang O (Chang Ou), der Frau des Sonnenschützen Hou I (Hou Yi), die von der Droge »Kraut der

Unsterblichkeit« naschte, sogleich zu den Wolken und weiter zum Mond schwebte und seither dort im Schloß lebt: als Mondfee.

Mann und Frau im Essigkrug *Der Fischer und seine Frau

Mardschana *Ali Baba

Marienkind

›Marienkind‹ war eine der ersten Märchenaufzeichnungen der Brüder Grimm, fünf Jahre vor dem Erstdruck (1812); Gretchen Wild, 20jährig, hatte es dem damals 21jährigen Wilhelm Grimm erzählt. Zwei Jahre darauf schickte ihm Friederike Mannel eine andere Fassung, die als ›Das stumme Mädchen‹ notiert und – gekürzt – in die Anmerkungen aufgenommen wurde. Übernimmt im ›Marienkind‹ die Jungfrau Maria die Rolle der Behüterin und Bestraferin, so ist es beim ›Stummen Mädchen‹ eine schwarze Jungfrau.

Marienkind, einzige Tochter eines bitterarmen Holzhackerehepaars, kommt mit drei Jahren in die Obhut der Jungfrau Maria; sie war dem Vater im Wald erschienen und hatte versprochen, es zu halten wie eine Mutter. Im Himmel wird das Kind genährt mit Zuckerbrot und süßer Milch, es geht ihm gut – 14 Jahre lang. Die Jungfrau Maria hat eine große Reise vor und übergibt dem Mädchen die Schlüssel zu den Türen der 13 Himmelreiche; zwölf dürfe sie aufschließen, die 13., zu der der kleine Schlüssel paßt, nicht. Das Mädchen öffnet jeden Tag eine Tür, sie sieht die Wohnungen der zwölf Apostel. Als sie ihre Neugier nicht bezwingt und auch die verbotene Tür aufschließt, sieht sie »in Feuer und Glanz die Dreieinigkeit sitzen«. Sie rührt mit dem Finger an den Glanz, er wird golden davon. Nach kurzer Zeit kehrt die Jungfrau Maria zurück und fordert ihr die Himmelsschlüssel ab. Trotz ihres Leugnens verrät sie erst das Herzklopfen, dann der Finger. Wegen Ungehorsams und Lüge, sagt die Jungfrau, sei sie des Himmels nicht mehr würdig (Paradiesvertreibung wegen Übertretung des Verbots und dessen Leugnung).

Das Mädchen erwacht auf der Erde, eingeschlossen in dichtes Gebüsch. Der Mund ist ihr verschlossen, sie bringt kein Wort mehr heraus. Jahrelang lebt sie eine Waldexistenz: in einer Baumhöhle, sich von Wurzeln und Waldbeeren nährend, von langen Haaren wie von einem Mantel bedeckt. Ein König verirrt sich bei der Jagd, sieht das schöne Mädchen. Auf seine Frage, ob sie mit auf sein Schloß will, nickt sie. Er nimmt sie zur Frau, übers Jahr ist sie Mutter eines schönen Prinzen. Wieder kommt die Jungfrau Maria, sie zu prüfen: Sag die Wahrheit, daß du die verbotene Tür aufgeschlossen hast. Die Königin beharrt darauf, sie habe es nicht getan. Da nimmt die Jungfrau ihr kleines Kind fort – dann auch das zweite – dann das dritte, eine Prinzessin. Sie sei eine Menschenfresserin, sagen erst die Leute – dann die königlichen Räte – schließlich so laut, daß der König die Stumme, die sich nicht verteidigen kann, fallenläßt. Sie wird zum Tod auf dem Scheiterhaufen verurteilt. Als das Feuer rings um sie zu brennen beginnt, bereut sie ihr Leugnen, will der Jungfrau Maria alles gestehen.

In dem Augenblick tut sich der Himmel auf. Die beiden Söhne an ihrer Seite, das Jüngste auf dem Arm, so kommt die Jungfrau Maria herab. Deine Schuld ist dir vergeben, sagt sie, reicht ihr die Kinder und öffnet ihr den Mund.

Nach der zweiten Version will sich der Vater im Wald erhängen, als eine von vier Rappen gezogene schwarze Kutsche kommt, mit einer schwarzgekleideten Jungfrau darin. Er werde einen Sack Geld vorfinden, sagt sie, und will dafür das, was im Hause verborgen sei. Es ist sein noch ungeborenes Kind. Die Jungfrau läßt es den Eltern bis zum zwölften Lebensjahr, nimmt es dann auf ihr schwarzes Schloß. Lange ist das Mädchen gehorsam, bevor es – mittlerweile 16jährig – die verbotene Kammer öffnet und vier schwarze Jungfrauen darin sieht, darunter auch ihre Ziehmutter. Auf die Frage, was sie, als nun notwendigerweise Verstoßene, am liebsten verliere, sagt das Mädchen: die Sprache. »Da schlägt sie ihm auf den Mund, daß das Blut hervorquillt, und treibt es fort.«

Diese Version ist weitaus weniger von der christlichen Gehorsamsidee und Paradiesvorstellung bestimmt. Die Rolle der Kindsentwenderin übernimmt die böse Schwiegermutter, sie erleidet den Hexentod im Faß. Die schwarze Jungfrau geht in die Flammen, errettet so die Königin vor dem Feuertod. Sie gibt ihr durch einen Schlag auf den Mund auch die Sprache wieder. Die drei anderen Jungfrauen retten die drei totgeglaubten Kinder aus dem Wasser.

Als erster hat Ludwig Emil Grimm das Marienkind gezeichnet: mit herabwallendem Haar, die Hände schamhaft gekreuzt, vor sich den König mit Jagdgefolge (1825). Im Lineament des Jugendstils haben es Heinrich Lefler und Joseph Urban gestaltet, in 192 Farblithographien zu Scholz' Künstler-Bilderbüchern, Band 2 (1904).

Marja Morewna

Das Märchen von der Heldenjungfrau Marja Morewna und ihrem Liebsten, dem Iwan Zarewitsch, hat A. N. Afanasjew im achten und letzten Heft seiner ›Russischen Volksmärchen‹ (1863) publiziert. Auf andere Weise handelt es auch von *drei Schwestern und Tierschwägern, die dem bedrängten Helden zu Hilfe kommen.

Die Eltern haben Iwan Zarewitsch auferlegt, nach ihrem Tod die drei Schwestern demjenigen zur Frau zu geben, der als erster um sie wirbt. Zuerst kommt ein lichter Falke, wirft sich zu Boden, wird zum Jüngling. Er wirbt um Schwester Marja, und als sie einwilligt, bekommt er sie – so wie ein Jahr später der Adler, der um Olga wirbt – und ein Jahr darauf der Rabe, der Annas Mann wird. Als Iwan nach einem Jahr seine Schwestern besuchen will, stößt er auf ein erschlagenes Heer, besiegt von der schönen Zarentochter Marja Morewna. Er begegnet ihr selbst, sie gewinnt ihn lieb, sie heiraten. Bevor sie wieder in einen Krieg zieht, trägt sie Iwan auf, in eine bestimmte Kammer nicht hineinzusehen. Er tut es dennoch und sieht *Kostschej den Unsterblichen, an zwölf Ketten festgeschmiedet. Als der ihn darum bittet, gibt er ihm zu trinken (Übertretung des Mitleid-Tabus, analog *Die Prinzessin auf dem Baum). Er reicht ihm hintereinander drei Eimer Wasser, was bewirkt, daß Kostschej seine Kraft zurückerhält. Nun sprengt er die zwölf Ketten und entreißt seinem Retter die geliebte Marja Morewna.

Iwan Zarewitsch macht sich auf die Suche. Erst kommt er zu seinen Schwestern, im Abstand von je drei Tagen, wird überall herzlich empfangen und in seinem schwierigen Vorhaben bestärkt; auf Bitten der Vogelschwäger läßt er jedesmal Silberzeug zurück, Löffel, Gabel, Tabaksdose. Nach weiteren drei Tagen findet er zwar zu Marja Morewna – der Dämon ist gerade abwesend – und entflieht mit ihr, doch Kostschej auf seinem wissenden, sprechenden Pferd holt sie ein. Ein zweiter Versuch scheitert ebenso. Beim dritten Mal, sagt sein Gegenspieler, werde er ihn zerstückeln – und er tut es, nimmt die Stücke, wirft sie in ein Faß und dieses ins Meer. Als die drei Schwäger das Silber schwarz anlaufen sehen, eilen sie Iwan zu Hilfe. Der Adler zieht das Faß ans Ufer, der Falke holt das Wasser des Lebens und der Rabe das des Todes. Aus den gereinigten und besprengten Stücken wird wieder ein ganzer Held.

Und wieder ist Iwan bei Marja Morewna. Fliehen macht keinen Sinn mehr, also läßt er sie den Dämon nach dem Geheimnis seines schnellen Pferdes tragen und erfährt von ihr: Die Stute der *Baba Jaga, bei der Kostschej einst drei Tage als Pferdehirt diente, hat es geworfen. So macht sich Iwan zur Baba Jaga auf. Obwohl schon arg hungrig, verschont er das Küken des Niegesehenen Vogels, den Honigstock der Bienenkönigin und das Löwenjunge. Er gewinnt dadurch drei neue Freunde. Bei Baba Jaga angekommen, bietet er seine Dienste an und bittet sich als Lohn ein Heldenroß aus. Drei Tage lang soll er ihre Stuten hüten. Schafft er das nicht, wird sein Kopf auf den zwölften und letzten freien Pfahl gesteckt. Doch ihm wird Hilfe zuteil. Erst Vögel, dann wilde Tiere, dann Bienen aus aller Welt treiben abends die Stuten in den Stall. Ein Bienchen rät Iwan, er solle sich mitternachts mit dem räudigen Fohlen im Stall auf und davon machen. Es beginnt eine »magische Flucht«. Den Feuerfluß überbrückt Iwan mit Hilfe des Zaubertüchleins aus Kostschejs Besitz, das Marja ihm zugesteckt hatte. Baba Jaga jagt in ihrem Mörser hinter ihm her, bricht mit der Brücke ein, kommt im Feuerfluß um.

Iwan läßt zunächst das Fohlen weiden, bis ein starkes Pferd daraus wird, ebenbürtig dem des Kostschej. Auf ihm reitet er mit Marja Morewna davon. Als Kostschej ihnen nachsetzt und sie erreicht, keilt Iwans Pferd aus und zertrümmert ihm den Schädel; Iwan macht ihm dazu mit der Keule den Garaus und verbrennt den Leichnam. Nun steigt Marja Morewna um auf Kostschejs Pferd. Gemeinsam reiten sie zuerst zu dem Raben, dann zum Adler, dann zum Falken. Überall werden sie mit großer Freude empfangen. Schließlich reiten sie in ihr Reich zurück und leben dort herrlich und in Freuden.

Die Farbillustrationen Iwan J. Bilibins (St.Petersburg 1901) haben das mythisch angereicherte Märchen in aller Welt bekannt gemacht. C. G. Jung sah darin eine spezifisch russische Variante zur pommerschen *Prinzessin auf dem Baum, interpretierte die Vogelmenschen als »eine Art Engel«, die, anders als in der deutschen Fassung, eben »in jenem Moment rettend eingreifen, wo der Held in die Gewalt des bösen Geistes gerät und von diesem getötet und zerstückelt wird« (›Die Archetypen und das kollektive Unbewußte‹, 1945).

Marleenken *Machandelbaum

Mathilde *Die Nymphe des Brunnens

Das Meerhäschen

Das Meerhäschen, das auf das sächsische Miérhasken, »Kaninchen«, zurückgeht, haben sich die Brüder Grimm vom befreundeten Josef Haltrich quasi ausgeborgt (1857); es stand in dessen kurz zuvor erschienenen ›Deutschen Volksmärchen aus dem Sachsenlande in Siebenbürgen‹ als das Märchen ›Von der Königstochter, die aus ihrem Schlosse alles in ihrem Reich sah‹. Abgesehen von der prägnanten Titelgebung bearbeiteten sie es auch stilistisch.

Eine Königstochter kann aus den zwölf Fenstern ihres hochgelegenen Schloßsaals das ganze Reich überblicken. Dank der (magischen, in ihrer Sehschärfe sich steigernden) Fenster bleibt ihr nichts auf und unter der Erde verborgen. Ihr Stolz läßt es nicht zu, ihre Herrschaft zu teilen, sich einem Gemahl zu unterwerfen – außer er brächte es fertig, sich vor ihr zu verstekken. Jeder Bewerber geht das Risiko ein, im andern Fall enthauptet und gepfählt zu werden. Auf den (100) Pfählen vor dem Schloß stecken die Häupter der Getöteten, es sind bereits 97. Als lange niemand sich meldet, freut sie sich schon (»ich werde für mein Lebtag frei bleiben«), da erscheinen drei Brüder und wollen ihr Glück versuchen. Das Versteck des ältesten, ein Kalkloch, kann sie schon vom ersten Fenster aus ausfindig machen, ebenso das des zweiten, den Schloßkeller. Nun sind 99 Pfähle besetzt. Der jüngste Bruder bedingt sich zweierlei aus: einen Tag Bedenkzeit und drei Versuche. An jenem Tag sinnt er vergeblich nach, geht dann auf die Jagd. Doch wen immer er schießen will – einen Raben, einen großen Fisch am See, einen hinkenden Fuchs –, er läßt sich auf ihre Bitten ein und verschont sie. Dem Fuchs zieht er den Dorn aus dem Fuß. Jeder der drei sagt, »ich will dir's vergelten«.

Für den ersten Versuch holt sich der Jüngling Rat beim Raben. Der schließt ihn in eins seiner Rabeneier ein und hockt sich darauf. Von ihrem elften Fenster aus kann die Königstochter ihn sehen. Hart wie sie ist, läßt sie den Raben schießen und das Ei zerbrechen. Am folgenden Tag ruft der Jüngling den Fisch herbei. Der verschließt ihn in seinem Bauch und taucht auf den Grund des Sees. Erst von ihrem zwölften Fenster aus entdeckt ihn die Königstochter. Sie läßt den Fisch fangen und töten. Nun kann nur noch der Fuchs helfen, der alle Schlupfwinkel weiß. Er geht mit ihm zu einer Quelle, taucht ein, kommt als ein Marktkrämer und Tierhändler wieder zum Vorschein. Auch der Jüngling muß sich in das Wasser tauchen, er wird in ein Meerhäschen verwandelt. Sie ziehen zur Stadt, der Kaufmann zeigt das artige Tierchen vor und bekommt großen Zulauf. Die Königstochter findet am Meerhäschen Gefallen, kauft es gegen viel Geld. Vor der Übergabe gibt der Fuchs ihm den entscheidenden Rat: Sobald die Königstochter ans Fenster gehe, solle er schnell unter ihren Zopf kriechen.

Die Königstochter, die den Gesuchten auch im zwölften Fenster nicht erblicken kann, ist so voller Angst und Zorn, daß sie alle Fenster zerschlägt. Das Glas zerspringt in tausend Stükke, das ganze Schloß erzittert. Als sie das Meerhäschen unter ihrem Zopf fühlt, packt sie es und wirft es zu Boden (»fort, mir aus den Augen!«). Es läuft zum Kaufmann, und durch abermaliges Eintauchen in die Quelle bekommen beide ihre wahre Gestalt wieder. Sich ihrem Schicksal fügend, erwartet die Königstochter den Jüngling im Schloß. Er ist jetzt König und Herr des ganzen Reichs – und erzählt ihr niemals, wohin er sich beim dritten Mal versteckt hatte.

Bei diesem dritten Versteck unterscheidet die Märchenforschung zwei Formen des Typs: einmal die Verwandlung in ein kleines Tier am Körper (ob Meerhäschen, Ameise oder Floh), zum anderen das Graben eines Ganges bis unmittelbar unter ihren Spähersitz, was sie erst durch einen Nadelstich bemerkt. Die stolze *Rätselprinzessin hat mit *Turandot die gepfählten Freier gemeinsam. Daß sie auch schön ist, heben die Grimms nicht hervor, im Gegensatz zu Haltrich. Das hohe Schloß als Sinnbild ihrer omnipotenten Herrschaft hat manche Illustratoren beschäftigt, so Otto Ubbelohde (1909) oder Lilo Fromm, die es als Titelbild mit See, Fisch und Rabe herzeigt (1979).

Meister Pfriem

Der Legendenschwank vom Nörgler und Besserwisser, der sich auch im Himmel nicht halten kann, stand als ›Hans Pfriem‹ in Ludwig Aurbachers ›Volksbüchlein‹ (1827). Kurz bevor es in Grimms Märchen übernommen wurde (5. Auflage 1843), veröffentlichte es Wilhelm Grimm im ›Berliner Taschenbuch‹, und Theodor Hosemann nahm die Gelegenheit wahr, die Hauptfigur in ihrem Metier, als emsigen und geplagten Schuster zu zeichnen.

Meister Pfriem, klein, hager, zappelig, hat eine ausgeprägte Physiognomie: ein pockennarbiges blasses Gesicht, die Nase wie aufgestülpt, die Augen klein und flink, struppig-grau seine Haare. Der Mann selbst ist die Geschichte. Kein Geselle hält es länger als einen Monat bei ihm aus; ständig nörgelt er an ihrer Arbeit herum. Dem Lehrjungen gibt er den Riemen zu kosten. Ob Küchenfeuerung oder Waschen am Zuber, ob Zimmerleute am Bau oder Pferdebauer, überall geht es unsachgemäß zu, immer muß er selbst eingreifen. Doch wo er Verfehlungen anderer sieht, sind es oft seine eigenen. »Euch könnte es ein Engel vom Himmel nicht recht machen«, sagt ihm der Lehrjunge, als der Schuster ihn wegen des Zuschnitts – er ist von ihm selbst – anbrüllt. Nachts einmal träumt Meister Pfriem vom Himmel. Obwohl Petrus an der Pforte ihn gewarnt hat, kommt er nicht umhin, manches zu tadeln: den Transport des Balkens (den einer im Auge gehabt hatte, während er nach dem Splitter in den Augen anderer suchte); oder den mit frommen Wünschen beladenen, jedoch steckengebliebenen Wagen, der durch Gespanne vorn und hinten gehoben wird. Als er zu beckmessern beginnt (Flügelpferde kennt er nicht), wird es einem der Engel zu bunt. Kurzerhand wirft man ihn raus – und Meister Pfriem erwacht, froh, daß er noch am Leben ist und seiner so viel wartet: »lauter verkehrtes Zeug«, das nur er richten kann.

Der Meisterdieb

Der Meisterdieb, der als gerissenster seines Fachs alle Fallen, die man ihm stellt, überwindet, ist eine der ältesten und weltweit bekanntesten Märchenfiguren. Als Prototyp ist sie bei Herodot (5. Jh.v. Chr.), in ›Das Schatzhaus des Rhampsinit‹ zu finden und augenscheinlich ägyptischen Ursprungs. Das altägyptische Ramses-sa-Neith, »Ramses, Sohn der (Göttin)

Neith«, bezieht sich auf Ramses II. (13. Jh.v. Chr.) oder Ramses III. (12. Jh.v. Chr.).

Auf dem Sterbebett offenbart der Baumeister des Schatzhauses seinen beiden Söhnen, er habe es so eingerichtet, daß man einen der Steinblöcke herauslösen könne, und bezeichnet dessen Lage. Ungesäumt machen sich die Brüder ans Werk. Der König stellt fest, daß in den Krügen Gold fehlt, und fordert den oder die Diebe dreimal heraus. Erst stellt er Schlingen auf, was einem der beiden den Kopf kostet: Der in der Schlinge Gefangene fordert den Bruder auf, ihn zu köpfen und so jeden Hinweis auf den Täter zu beseitigen. Im Gegenzug läßt der König den Rumpf des Toten an der Stadtmauer aufhängen und bewachen; wenn einer um den Toten weine oder klage, solle man ihn festnehmen. Dessen Mutter heißt ihren Sohn, den Leichnam abzunehmen und zu ihr zu bringen. Er belädt seine Esel mit Weinschläuchen, treibt sie bei den Wächtern vorbei und lockert einige Verschlüsse, so daß Wein herausläuft. Die Wächter fangen ihn mit Krügen auf und tun sich gütlich. Nachts kehrt er wieder, nimmt den Leichnam herunter und rasiert den Wächtern im Schlafrausch den rechten Backenbart ab.

Der König, dadurch lächerlich gemacht, greift zum letzten Mittel. Er gibt seine Tochter öffentlich preis, heißt sie, sich jedem ohne Unterschied hinzugeben. Doch vor dem Beilager solle sie sich von jedem »die schlaueste und verruchteste Tat, die er in seinem Leben begangen«, erzählen lassen. Wenn ihr dann einer diese Tat erzähle, solle sie ihn festhalten. Der Dieb bekommt spitz, was es mit dem Befehl des Königs auf sich hat, will ihn an List übertreffen. Er kommt zum Beilager mit dem Arm einer frischen Leiche, erzählt der Tochter freimütig seine Streiche – und wie sie im Dunkeln nach ihm greift, hält er ihr den fremden Arm hin und entkommt. Der König, des Staunens voll, sichert dem Dieb öffentlich Straflosigkeit zu und verheißt ihm hohe Belohnung. Da zeigt sich der Dieb und bekommt – die Pharaotochter zur Frau.

Besonders kunstvoll erweiterte und steigerte man in Indien und Persien die Streiche des Meisterdiebes, ersichtlich auch aus europäischen Versionen des ›Sindbad-name‹ (›Buch der sieben weisen Meister‹, ab 12. Jh.). Bei Straparola (1550/53) wird er zum Gauner Cassandrio, der dem Stadtrichter von Perugia dreimal das Nachsehen gibt: Erst stiehlt er ihm mittels Leichnam das Bett, dann entführt er ihm den Schimmel, indem er dem schlafenden Stallknecht ein Gestell unter den Sattel schiebt, schließlich bringt er als Engel verkleidet den Pfarrer im Sack daher, während dieser glaubt, in den Himmel zu kommen. – Bei Basile (1634) ist er der verleumdete Diener Corvetto, der dem König beweisen muß, daß er dem Wilden Mann das Pferd, die Bettdecke und den Palast zu rauben imstande ist.

Auch in Grimms ›Der Meisterdieb‹ (1843), einer Übernahme aus der ›Zeitschrift für deutsches Alterthum‹, wird von vornherein mit offenen Karten gespielt. Ein ungeratener Sohn, seinen armen Eltern entlaufen, kehrt als stattlicher Herr zurück, rühmt sich seiner Diebeskünste und legt vor dem Grafen, seinem alten Paten, drei Proben davon ab. Als alte Frau verkleidet, macht er die Knechte trunken und stiehlt des Grafen Pferd. Diesen bringt er dazu, einen Toten statt seiner zu erschießen und zu begraben, indes er der Gräfin Bettuch und Trauring stiehlt (eine Szene, die Maurice Sendak drastisch ins Bild gesetzt hat). Als Petrus beschwatzt er Pfarrer und Küster, sich in den Himmel tragen zu lassen, und schafft sie im Sack herbei. – Nach dieser Vorlage entstand ein Spielfilm des DDR-Fernsehens (1978, Regie Wolfgang Hübner).

Melusine

Die schöne Meerfee mit dem Dämonschweif, der *Undine verwandt, der *Rusalka und auch Andersens *Kleiner Meerjungfrau, begründete laut Jean d'Arras (›Histoire de Lusignan‹, um 1400) das berühmte Adelsgeschlecht. Sie heiratete Ritter Raimund, schenkte ihm zehn Söhne, ließ das Stammschloß erbauen – und wird seither im Wappen der Lusignans geführt.

Die Fee hat für die Ehe mit einem Sterblichen eine einzige Vorbedingung (sie wird ihr von der Mutter Persine diktiert): Nie darf er sie samstags sehen, nie ihr Geheimnis preisgeben. Doch Raimund bricht sein Gelübde. Von Gerüchten beunruhigt, sucht er sie am verbotenen Tag auf, sieht, ihr Gemach ist eine Grotte und sie selbst »bis zur Leibesmitte ein überaus schönes blühendes Weib, von da an aber in einen garstigen Schlangen- oder Drachenschwanz auslaufend, welcher in azurblauer Farbe mit weißen Silberfäden besprengt glänzte« (G. O. Marbachs Volksbuch, 1838). Als zur Überschreitung des Sehverbots noch die Schmähung kommt, muß sich Melusine von ihm lossagen. Sobald sie ihr Vermächtnis gesprochen,

»sanken ihre Gewänder von ihr hernieder, und nur ein langer weißer Schleier umflatterte und trug sie wie Fittiche durch das Fenster fort in die Luft, und zugleich verwandelte sich von den Hüften abwärts ihr Körper in einen unheimlichen Wurm ... Hoch in der Luft umfuhr sie das Schloß dreimal und stieß jedesmal ein herzzerreißendes Wehgeschrei aus; danach aber verschwand sie.«

Dieses Bild vor allem hat Illustratoren beschäftigt, schon den Holzschneider der Inkunabel ›Von einer Frowen genant Melusina‹ (1476), in Romantikerzeit Ludwig Richter (Titelblatt zum Volksbuch, 1838) und Moritz von Schwind (Melusinen-Zyklus, 1873), später Heinrich Mücke (Deutscher Bilderbogen Nr. 121/1869). Der Melusinenstoff ist auch vielfach vertont worden, die Spannweite reicht von Felix Mendelssohn-Bartholdy (Ouvertüre ›Die schöne Melusine‹, 1833) bis zu Aribert Reimann (Oper ›Melusine‹, 1971).

Die »gestörte Martenehe« (Friedrich Panzer), die Trennung des ungleichen Paares: eines der großen Themen der Erzählliteratur. Am Anfang standen Apuleius' *Amor und Psyche sowie das altfranzösische Versepos von Parthonopeus und Meliur. Goethes ›Neue Melusine‹ (1816), das Märchen einer Zwergenprinzessin, deren Wohnung in einer Schatulle Platz hat, wendet den Stoff ins Heitere: Es ist ihr Liebhaber, der die Bindung an die Dämonenwelt aufkündigt.

Merlin

Die Kenntnis Merlins, des Zauberers und Propheten, speist sich zum einen aus der Geschichtsschreibung des 12. Jhs., vor allem Geoffrey von Monmouth' ›Historia regum Britanniae‹ (mit den dunklen Weissagungen des Sehers) und dessen späterer ›Vita Merlini‹; zum anderen durch die ›Matière de Bretagne‹ des 13. Jhs., die den Artusstoff ausbreitete, so Robert de Borons Versroman ›L'Estoire de Merlin‹. Dritter Überlieferungsstrang ist die walisisch-kymrische Dichtung um die Sänger Myrddin/Merlin und Aliesin – aufbewahrt in den »Four Ancient Books of Wales« – und die schottisch-gälische Mythe vom Wilden Waldmenschen (Lailoçen). Aus Boron und anderen Vorlagen formte Dorothea Veit-Schlegel eine mythopoetische ›Geschichte des Zauberers Merlin‹ (1804).

Merlin ist gezeugt von einem dämonischen Inkubus und einer frommen Jungfrau (im Schlaf). Ihn hat der Teufel begabt, alles Gegenwärtige zu wissen, und Gott, die Zukunft vorher zu wissen. Groß und behaart kommt er zur Welt, kann mit 18 Monaten sprechen, weiß alles. Als erstes verhindert er die Hinrichtung seiner Mutter. Als er selbst Blutopfer werden soll, um König Vortigers wankenden Turm zu retten, offenbart er dem König die beiden Drachen, die unter den Fundamenten der Burg einander bekämpfen, einer davon weiß (die Angelsachsen), der andere rot (die keltischen Briten, die letztlich siegreich sein werden). Merlin kann jede Gestalt annehmen. Er zaubert von der irischen Insel die Steine für Stonehenge herbei. Er nimmt den jungen König Artus in seine Obhut. Er wird im druidischen Sinn der Seher, Zauberer und Rat des Königs. Er kreiert Artus' Tafelrunde, bestimmt einen goldenen Kelch (Gral) als deren Sinnbild.

Für den alten Merlin ergibt sich, daß die frühere Figur eines wahnsinnig gewordenen Sängers, der in den caledonischen Wäldern Südschottlands haust, einer anderen Vorstellung Platz machte – eben zu der Zeit, als die Merlinsage über den Ärmelkanal in die Bretagne gelangte. Nun ist es der Wald von Brocéliande, in dem der Magier der schönen Fee Viviane (Niniane, Nimue) begegnet und ihr verfällt. »Lehre mich«, beschwört sie ihn, »wie ich einen Mann fessle, ohne Ketten, ohne Turm, rein durch Kraft des Zaubers, so daß er nie mehr entweichen kann, wenn ich ihn nicht freigebe«. Da seufzt er und senkt sein Haupt. Dann lehrt er sie rückhaltlos alles, was zu solcher Verzauberung gehört – wissend, daß es ihn treffen wird. Unter einer Weißdornhecke legt er seinen Kopf in den Schoß der Freundin, schläft ein. Sie aber »nahm ihren langen Schleier, umgab damit die Weißdornhecke, unter welcher Merlin schlief, und vollendete die Bezauberung, ganz so, wie er solche sie gelehrt; neunmal ging sie um den geschlossenen Kreis und neunmal wiederholte sie die Zauberworte, bis er unauflöslich war« – und selbst sie nicht mehr Macht besaß, diesen Zauber zu lösen.

Diese Szene vor allem wurde ins Bild gesetzt, u.a. von Gustave Doré (zu Tennysons ›Merlin and Vivien‹, 1859), Edward Burne-Jones (Ölgemälde ›The Enchanted Merlin‹, 1891/92), Aubrey Beardsley (in ›Le morte d'Arthur‹, 1893/94). Disneys Zeichentrickfilm ›Merlin the Sorcerer‹ (1963) wurde, was den Dauererfolg angeht, übertroffen durch das Touristencenter Brocéliande, das seit 25 Jahren sowohl Vivianes Geburtsschloß wie Merlins Grab zeigt.

Mister Fox *Räuber

Mohr, Mohrin

Als »dunkelhäutiger Afrikaner« ist er im Duden bestimmt, und ältere Sprachlexika führen aus, daß der Begriff Mohr von lateinisch Maurus, »Mauretanier«, herrührt. Daß damit auch der andersgläubige Maure gemeint ist und »Mohr«, althochdeutsch môr, auf einen religiös motivierten Abwehrreflex hindeutet, wird oft vernachlässigt. Es gab einen tiefsitzenden christlichen Argwohn gegen den Mohren, was nicht dadurch widerlegt wird, daß Caspar, einer der Heiligen drei Könige, ein Mohr ist. Erst relativ spät, im 12. Jh., hat man ihn ikonographisch als schwarzen König installiert, damit auch der dritte – noch zu missionierende – Erdteil Afrika repräsentiert sei. Die mittelalterliche Legende kennt vor allem den »häßlichen Mohren«, und Hartmann von Aue sagt vom Wilden Mann, er sei »eim Môre gleich« (›Iwein‹, um 1200).

»Die Mohrin« taucht in den mediterranen Märchen vom *Pomeranzenfräulein auf und ist dort die dämonische Gegenspielerin der Heldin. Der maurische Magier (*Aladdin) ist ein Schwarzkünstler. Da Spanien bis ins 13. Jh. von arabisch-maurischer Kultur und muslimischer Herrschaft bestimmt war, ist es denkbar, daß der Märchenmohr eine Abwehrfigur ist, vergleichbar dem türkisch-griechischen Riesendämon Arápis, »der Araber«. Dieser Begriff ist abgeleitet von türkisch aráb, »der Schwarze«, in ähnlich negativer Bedeutung.

Mutter Gans *Märchenfrau

N

Die Nachtigall
Der Kaiser von China und die kleine Nachtigall, die so göttlich singt, sind die Hauptfiguren des berühmten Hans Christian Andersen-Märchens (›Nattergallen‹, 1843).

Weitab vom Kaiserpalast (»ganz und gar aus feinem Porzellan, sehr kostbar, aber sehr zerbrechlich«) wohnt die Nachtigall in einem Wald am Meer. Nachts lauschen die Fischer ihrem Gesang. Reisende halten sie für das Beste im Land. Dichter schreiben über sie die schönsten Gedichte. Nur der Kaiser weiß nichts von ihr. Er erfährt es erst aus einem Buch, das ihm der Kaiser von Japan geschickt hat, läßt sogleich nach ihr forschen, will sich am Abend noch vorsingen lassen. Mit Hilfe einer kleinen, armen Magd macht der Kaiserliche Kavalier, ein ignoranter Hofbeamter, die Nachtigall ausfindig. Große Stücke hält er nicht auf sie, findet sie gewöhnlich und stimmlich etwas angestrengt. Doch dem Kaiser treten bei ihrem Gesang Tränen in die Augen, und ihr ist dies Lohn genug. Sie bleibt bei Hofe, hat ihren eigenen Käfig und dazu die Freiheit, zweimal bei Tag und einmal nachts spazierenzugehen; dabei sind ihr Seidenbänder, die zwölf Diener halten, hübsch ans Bein gebunden.

Der Kaiser von China erhält von dem aus Japan ein Paket, diesmal kein Buch, sondern ein kleines Kunstwerk: eine künstliche Nachtigall, übersät mit Diamanten, Rubinen, Saphiren, und jederzeit aufziehbar. Diesem Vogel gibt der Spielmeister vor dem lebendigen entschieden den Vorzug: er könne den Takt so gut halten, sei so klar und berechenbar. 33mal singt sie dasselbe Stück, ohne zu ermüden. Der Hofstaat ist entzückt. Als der Kaiser nach der echten Nachtigall fragt, ist sie verschwunden. Die andere wird der erste Hochkaiserliche Nachttischsänger, und der Spielmeister verfaßt 25 Bände darüber. Nach einem Jahr bekommt das Laufwerk schweren Schaden, es wird notdürftig repariert. Einmal im Jahr kann der Vogel nur noch singen. Darüber erkrankt der Kaiser. Er liegt darnieder auf Leben und Tod. Die Köpfe seiner bösen und guten Taten tauchen auf, es verlangt ihn nach Musik. Aus größter Not errettet ihn der Gesang der kleinen Nachtigall. Sie ist gekommen, ihm zu helfen, und sie will das auch künftig tun. »Laß mich kommen, wenn ich selber Lust habe ... Ich werde dir von den Glücklichen singen und von denen, die leiden ... Erzähle nur niemandem, daß du einen kleinen Vogel besitzt, der dir alles sagt.«

Andersen hat in diesem Märchen seine Idee vom Gegensatz des Natürlichen und des Künstlich-Verbildeten entwickelt, die er schon im *Schweinehirt anklingen ließ. Die Nachtigall war für ihn das Inbild der verehrten schwedischen Sängerin Jenny Lind (die 1843 auch in Kopenhagen auftrat). Mit der Figur des Spielmeisters zielte er auf Kopenhagens Literaturpapst Johan Ludvig Heiberg und dessen »künstliche« Vorlieben.

Viele Illustratoren ließen sich von der Gegensätzlichkeit der beiden Nachtigallen und auch von dem chinesischen Dekor inspirieren: Franz Graf Pocci (1846) und Derancourt (1848), Alfred Kubin (1922) und Walter Preisser (1923), Janusz Grabianski (1965) und Fulvio Testa (1973), Lisbeth Zwerger (1984) und Beni Montresor (1985).

Igor Strawinsky komponierte eine Oper ›Le rossignol‹ (1914). Einen Puppentrickfilm ohne Sprache schuf Jiri Trnka mit ›Der Kaiser und die Nachtigall‹ (›Cisarum slavik‹, 1947). Mit noch anderen filmischen Formen wurde experimentiert, so einem Mix von Realfilm und Schattenspiel (1985), einer erzählerisch unterlegten Bilderfolge (1988).

Nußknacker

Mit E.T.A. Hoffmanns weihnachtlichem »Kinder-Mährchen«, in das nochmals ein »Märchen von der harten Nuß« versteckt war, wurden vordem leblose Spielzeuge zu aktiven Märchenfiguren (›Nußknacker und Mäusekönig‹, 1816). Dies blieb kein Einzelfall, wie Andersens *Der standhafte Zinnsoldat und *Die Hirtin und der Schornsteinfeger beweisen. Der »Struwwelpeter«-Hoffmann schloß mit einem gereimten Bilderbuch an; er ließ Held Reinhold unter Begleitung des Nußknackers alle erdenklichen Spielzeugträume durchleben, nach der Devise, man solle die jungen Gemüter nicht länger in ein fremdes, unbegreifliches Land der Feen, der Zauberer und der Ungeheuer führen, sondern die Märchenwelt versuchsweise herunterbringen in die mittlerweile vertrautere »Spielsachenwelt der Kinderstube« (›König Nußknacker und der arme Reinhold‹, 1851). Daß auch hier Dämonen lauern, zeigte E.T.A. Hoffmanns Märchen ebenso geheimnishaft wie selbstverständlich.

Sein Nußknacker ist ein seltsamwüchsiger kleiner Mann, der Kopf übergroß, der Oberkörper stark und dünn die Beinchen; nicht eben schön von Gesicht, mit hellgrünen, hervorstehenden Augen, hochrotem Mund, weißem Baumwollbart – doch mit einem Lächeln, das Marie gleich für ihn einnimmt. Seine Kleidung ist proper: ein violettglänzendes Husarenjäckchen mit weißen Schnüren und Knöpfchen, ein Bergmannsmützchen, schöne blanke Stiefelchen.

Der Nußknacker wird Maries besonderer Schützling, um so mehr, als Bruder Fritz das Gebiß übermäßig strapaziert hat und dem Kleinen jetzt drei Zähne fehlen. Sie vergleicht ihn mit Pate Droßelmeier (einem ironischen alter ego des Verfassers), was nicht zu dessen Gunsten ausfällt. Schlag Mitternacht werden alle Spielzeuge lebendig. Gegen das Mausepack, das aus dem Fußboden kriecht, schwingt der Nußknacker sein kleines Schwert und reißt die Spielsoldaten mit. Als in der großen Schlacht der Feldherr, ihr Liebling, gegen die Übermacht des siebenköpfigen Mausekönigs zu unterliegen droht, sinkt Marie in Ohnmacht. Am Krankenbett erklärt ihr Pate Droßelmeier, der die Zähne des Nußknackers inzwischen gerichtet hat, dessen Häßlichkeit – mit einem Märchen. Aus seiner Erzählung ergibt sich, daß »ihr« Nußknacker der Neffe Droßelmeiers ist, der die Prinzessin Pirlipat, verhext vom Mausekönig, mittels der Nuß Krakatuk erlöst hatte; bloß daß die Prinzessin ihn verschmähte, weil er in einen häßlichen Krüppel verzaubert worden war. – Der doppelbödige Spuk endet damit, daß der Nußknacker den Mausekönig ersticht und alles eine Wendung ins Gute und Schöne nimmt.

E.T.A. Hoffmann selbst hat die Erstechungsszene farbig dargestellt (auf dem Titelblatt des Erstdrucks). Peter Carl Geissler illuminierte die Einzelausgabe 1841 mit zehn Kupferstichen, Theodor Hosemann versah den Text mit zwei Federzeichnungen (Bd. 1 der ›Gesammelten Schriften‹, 1844). Zur französischen Ausgabe ›Histoire d'un cassenoisette‹ (1845) schuf Bertall allein 240 Holzstiche, aus besonderem Grund: Alexandre Dumas persönlich hatte Hoffmanns Erzählung zu einem Kolportagewerk, das heißt zu Heftchen verarbeitet, und die mußten attraktiv gestaltet werden. Der freche Geistesraub hatte zur Folge, daß Hoffmanns Nußknacker ohne Nennung des Urhebers in halb Europa herumgeisterte. Peter Tschaikowsky freilich hat nie ein Hehl daraus gemacht, daß sein Ballett

›Nußknacker‹ (›Schelkuntschik‹, 1892) sich dem deutschen Dichter verdankt. – Im 20. Jh. reicht die illustrative Spannweite von Otto Bauriedl und Ernst Kutzer (für Gerlachs Jugendbücherei Bd. 23/1909) bis zu Lisbeth Zwerger (1987).

Die Nymphe des Brunnens

Diese Brunnenfee, Taufpatin, Ersatzmutter und Erretterin der Heldin, ist eine Figur aus J. K. A. Musäus' ›Volksmährchen der Deutschen‹ (2. Band, 1783). Die jugendliche Heldin namens Mathilde trägt ihrerseits Züge von *Allerleirauh und *Aschenputtel. Ihrer beider Geschichte ist überlagert von Spracharchaismen, Lokal- und historischem Kolorit.

Die Nymphe erscheint der Schloßherrin als weiße Frau an der Felsenquelle, bekannt auch als Nixenbrunnen. Sie weissagt ihr die Geburt eines dritten Kindes und ihren alsbaldigen Tod. Sie bietet sich als Taufpatin an, sofern man ihr den Bachkiesel (Waschpfennig) wiederbringt. Als dies geschieht, erscheint sie im Schloß, »herrlich gekleidet in ein fliegendes Gewand von wasserblauer Seide«; die Enden des Schleiers sind naß. Über ihrem Erscheinen vergißt die Taufgesellschaft, dem Neugeborenen einen Namen zu geben; schließlich tauft es der Priester auf den Namen der Mutter: Mathilde. Der fremden Dame Patengeschenk, ein holzgedrechselter Bisamapfel (Salbbüchse), enttäuscht allgemein. Über ihre Herkunft bewahrt die Mutter Stillschweigen, bis in den Tod. Die neue Stiefmutter macht sich wenig aus den drei Kleinen; im Schatzkästchen ihrer Vorgängerin findet sie den Bisamapfel und wirft ihn, da sie ihn nicht aufschrauben kann, aus dem Fenster – der spielenden Klein-Mathilde direkt vor die Füße. Als ihr eines Tages der geliebte »Fangball« in den Felsenbrunnen fällt, erscheint die schöne Nymphe, nimmt die Mutterstelle ein und rät, den Bisamapfel sorgfältig zu verwahren: drei Wünsche werde er ihr erfüllen. Den Raubritter-Vater, die verschwendungssüchtige Stiefmutter nebst Kinder und Gesinde metzelt der Schwäbische Bund nieder. Mathilde benutzt den Bisamapfel als Tarngerät, gelangt ins Freie und vermummt sich. Als nußbraunes Zigeunermädchen verdingt sie sich in der Küche des Grafen Konrad. Mittels der Feengabe zaubert sie sich zweimal Kleider herbei, erst ein prächtig seidenes, dann eines aus Rosaatlas, und becirct ihn; als er liebeskrank wird, kocht sie ihm ein Süpplein mit dem Diamantring darin, dem Unterpfand der Treue. Den dritten

Wunsch hebt sie sich auf. Erst in Todesnot, als sie, schon beider Söhne beraubt, als vermeindliche Kindesfresserin angeschwärzt wird, schraubt sie den Bisamapfel auf und fleht ihre Patin um Beistand. Die liebevolle Nymphe, im Arm den Säugling, an der Hand den älteren Jungen, erscheint – ein letztes Mal. Alles wird gut.

Rudolf Jordan hat ›Die Nymphe‹ zuerst illustriert (14 Holzschnitte, 1842). Jugendstil und Deutsche Renaissance entdeckten den Stoff neu. Einzelausgaben bebilderten Franz-Müller-Münster-Münster (1902) und Ignaz Taschner (Gerlachs Jugendbücherei, Bd. 11, 1913).

O

Östlich von der Sonne, westlich vom Mond *Das singende springende Löweneckerchen

Oger *Riese

L'oiseau bleu *Der blaue Vogel

Der Okerlo *Riese

Ole Luköje *Sandmännchen

Osiris und Seth *Wahrheit und Lüge

P

Parizade *Drei Königskinder

Peau d'asne, peau d'âne *Allerleirauh, *Prinzessin Mäusehaut

Peri Banu *Prinz Ahmed und die Fee Peri Banu

Persinette *Rapunzel

Pervonto

Basiles Märchenheld ›Pervonto‹ (1634) ist der Inbegriff des faulen und dummen Jungen, der durch bloßes Wünschen macht, daß eine Prinzessin von ihm schwanger wird. Die Geschichte, die auch an *Die drei Wünsche erinnert, ist überall in Europa verbreitet, als dänische ›Drömmene‹ (Die Wünsche) wie als deutsche ›Hans Dumm‹ oder als bulgarische ›Lengo und Sawe und das Meer‹.

Bei Basile erhält der Holzsammler Pervonto für eine Wohltat, die er drei in sengender Sonne schlafenden Feensöhnen erweist, die Gabe, daß all seine Wünsche, kaum ausgesprochen, schon in Erfüllung gehen. Er wünscht als erstes, sein Reisigbündel möge ihn heimtragen. Als die sonst umwölkte Prinzessin Vastolla beim Anblick der fliegenden Fuhre lacht, kränkt dies Pervonto, der nun wünscht, sie solle von ihm schwanger werden. Und sie wird es. Dem König ist, als habe man ihm selber Hörner aufgesetzt. Als seine Tochter zwei hübsche Knaben bekommt, wartet er auf Anraten seiner Räte sieben Jahre zu und veranstaltet dann Gastmähler: erst für die Leute von hohem, dann für die von niedrigem Stand. Und richtig, die Jungen klammern sich an einen häßlichen zerlumpten Mann, mit struppigem Kopf, Triefaugen, Papageiennase – Pervonto.

Zu viert steckt man sie in ein Faß und wirft es ins Meer. Pervonto läßt sich von der Prinzessin mit Rosinen und trockenen Feigen füttern. Dank seiner Zauberkraft wird aus dem Faß ein schmuckes Schiff und aus diesem ein prachtvoller Palast. Noch einmal läßt er sich füttern, bevor er sich zu einem schönen edlen Mann macht. Damit sind alle Voraussetzungen erfüllt, um auch den König, der, bei der Jagd von der Nacht überrascht, eben in dem Palast Quartier findet, zu versöhnen.

Als erster hat Christoph Martin Wieland die Geschichte dieser Liaison übersetzt und ihr den Titel ›Prevonte oder die Wünsche‹ gegeben (1778/79). Die Brüder Grimm nahmen in die Erstausgabe ihrer Märchen – nur dort – eine knappe Version ›Hans Dumm‹ auf, die mit der Vaterprobe beginnt; bei ihnen ist der Held ein »kleiner, schiefer und buckelichter Bursch«. In den Anmerkungen verwiesen sie auf die früheste bekannte Fassung, die von Straparola (1550/53). Sie handelt vom Fischerjungen Pietro Pazzo, vom wunschgewährenden großen Thunfisch und von der Prinzessin Luciana, die sich von Pietro die Wünschgewalt übertragen läßt. Zum Schluß ist sie es, die ihrem Vater vor Augen führt, daß der Anschein von Schuld und Unschuld (ihr scheinbarer Fehltritt, sein fingierter Diebstahl eines goldenen Apfels) trügerisch ist.

An Illustrationen sind vor allem die sieben Federzeichnungen Josef Hegenbarths zu nennen (G. Basile, ›Das Pentameron‹, 1954).

Peter Munk *Das kalte Herz

Peter Pan

Als der Junge, der nicht erwachsen werden wollte, tauchte die Figur in einer Kindergeschichte ›The Little White Bird‹ (1902) auf. Ihr Erfinder, der Schotte James M. Barrie, machte sie zum Helden in dem fünfaktigen Märchenspiel ›Peter Pan, or the Boy Who Would not Grow Up‹ (1904). Ermutigt durch den riesigen Erfolg der Weihnachtsuraufführung am Londoner Duke of York's Theatre, baute er das ältere Prosastück aus zu ›Peter Pan in Kensington Gardens‹ (1906, dt. ›Peter Pan im Waldpark‹, 1911) und formte dann auch das Bühnenstück zu einem Buch um: ›Peter and Wendy‹ (1911); es wurde u.a. von Erich Kästner übersetzt.

Peter Pan macht seinem Namen Ehre. Er spielt Flöte, ist mit Blättern und Spinnweben angetan und hübsch von Gestalt. Er hat noch seine ersten Zähne – kann dafür fliegen, sich von seinem Schatten trennen (*Peter Schlemihl) und die Glöckchensprache der Feen verstehen. Auf »Niemalsland« (Neverneverland) ist er Anführer der »verlorenen Jungen«: das sind solche, die den Kindermädchen aus dem Wagen gefallen sind und nicht binnen einer Woche abgeholt werden. In dieses Land fliegt er mit der Winzigfee Tinker Bell und (dank ihres Feenstaubs) den Kindern Wendy, John und Michael Darling, deren Eltern das Nachsehen haben. In das Traumland haben Erwachsene keinen Zutritt. Dort lebt die Piratenbande des Kapitän James Hook, genannt nach dem eisernen Haken, den er anstatt des rechten Armes trägt; den richtigen hat Peter Pan ihm abgesäbelt und einem Krokodil vermacht, das seitdem Käptn Hook verfolgt und mehr will; doch die tickende Uhr im Bauch verrät es vorzeitig. Feinde der Piraten sind auch die Rothäute unter Führung der Häuptlingstochter Tiger Lily. Als sie deren Schiff zu entern versucht, wird sie gefangen, kann jedoch von Peter Pan und Wendy – inzwischen die »Mutter« der verlorenen Jungen – befreit werden, was neue Abenteuer und phantastische Erlebnisse (»von denen andere Kinder nur träumen können«) nach sich zieht. Peter Pan ist so sehr im Bann dieser imaginären Welt, daß er Wendy und ihren Brüdern, nachdem er sie den Eltern zurückgebracht, ungerührt den Abschied gibt. So wie die sechs verlorenen Jungs läßt er sich nicht adoptieren. Daß Wendy, wie versprochen, einmal im Jahr zum Frühjahrsputz nach Niemalsland kommt, klappt bloß zweimal. »Erwachsen und verloren«, das ist das Schicksal der anderen.

Zum internationalen Erfolg der ersten beiden Peter Pan-Bände trugen Arthur Rackhams farbige Illustrationen wesentlich bei. Auch der phantasievolle F. D. Bedford und Edward Ardizzone, ein Meister im Entwerfen von Kindergestalten, zeichneten die Figuren. Buch und Bühnenstück wurden auf Anhieb zu weihnachtlichen Evergreens.

Barrie schrieb noch einen Einakter ›When Wendy Grew Up. An Afterthought‹ (1908) und schrieb 1920 das Drehbuch zu einem (nichtrealisierten) englischen Stummfilm. Wie schon das Land von Oz (*Der Zauberer von Oz) eroberte sich auch »Nowhereland« – lange vor den Beatles – in den USA ein weites Terrain. Erst verfilmte H. Brennon den Stoff (1924), dann kam Disneys Zeichentrickfilm über ›Peter Pans heitere Abenteuer‹ (1952/53), schließlich nahm sich Steven Spielberg des ›Hook‹ an, mit Dustin Hoffman in der Titelrolle (1992). Die Botschaft hatte sich verändert: Peter Pan ist nun erwachsen, hat all seine Magie verloren; nur durch den alten Widersacher kann er dazu gebracht werden, das Kind in sich wiederzufinden. – Musicals schufen Leonard Bernstein (1949), Sammy Fain (1953) und Styne/Charlap (Uraufführung in San Francisco 1954).

Peter Schlemihl

Schlemihl kommt von jüdisch schlemáselnik, »Unglücksrabe«. Adelbert von Chamissos Erstling ›Peter Schlemihls wundersame Geschichte‹, ohne sein Wissen durch de la Motte-Fouqué (*Undine) zum Druck befördert (1814), hat die Phantasie der Zeitgenossen mächtig entzündet. »Selten hat ein Buch so eingegriffen«, schrieb der Verfasser 1818 an einen Freund, »man liest es, die Kinder laufen mir nach dem Schatten – in Kopenhagen, Petersburg, Reval ist unberufen Schlemihl da, so bei den Deutschen am Kap – aus Leihbibliotheken wird es regelmäßig gestohlen.« Das Unerhörte war nicht so sehr, daß hier ein »Mann im grauen Rock« dem Helden unermeßlichen Reichtum verschafft und dafür seinen Schatten nimmt. Chamisso gelang es vielmehr, den Schatten, der sich vom Boden lösen, aufheben, zusammenlegen, falten und einstecken läßt, als das Natürlichste von der Welt erscheinen zu lassen.

Sobald Peter Schlemihl ein Mann ohne Schatten ist, verändert sich sein Leben radikal. Trotz seines Geldsäckels (*Fortunat) verfällt er der gesellschaftlichen Ächtung. Auch die geliebte Försterstochter Mina geht ihm verloren. Der graue Unbekannte schlägt ihm, es ist genau ein Jahr darauf, ein neues Geschäft vor. Er ist bereit, den Schatten wieder einzutauschen, diesmal gegen die Verschreibung seiner Seele. Und er lockt ihn, indem er den Schatten vor ihn hinbreitet, ihm die Geliebte zeigt, mit einem Schatten »auf Probe« winkt. Als er ihn später die Gestalt eines Verdammten sehen läßt, wirft Peter Schlemihl das »Glückssäckel« weit von sich in einen Abgrund. Sein Leben geht weiter. Zwei alte Schuhe, auf einer Kirmes erstanden, erweisen sich als Siebenmeilenstiefel. Mit ihrer Hilfe bereist er die Welt und entkommt seiner Schattenlosigkeit; einsam zwar, doch der Naturerforschung gänzlich hingegeben.

Chamissos »verkaufter Schatten«, ein romantisches Motiv par excellence, breitete sich rasch literarisch aus. E.T.A. Hoffmann wandelte es ab in der ›Geschichte vom verlornen Spiegelbild‹ (1815); Contessa ließ das Spiegelbild umgehend lebendig werden und sein Urbild knechten (›Das Schwert und die Schlange‹, 1816). Als ›Der Mann ohne Schatten‹ (1827) schlug es S. W. Schiessler der Legende zu, Wilhelm Hauff nahm anstelle des Schattens das *Kalte Herz.

Sehr originell erzählte Hans Christian Andersen vom Schatten (›Skyggen‹, 1847): Ein Gelehrter erlaubt seinem Schatten, in der fremden Stadt in das Haus gegenüber zu gehen – nicht ahnend, daß dieser sich selbständig macht und nach Jahren, als ihm selbst längst ein junger Schatten nachgewachsen, zurückkehrt – ein hagerer, schwarzgekleideter Elegant, der ihm diabolisch zusetzt. Erst nimmt er ihm die Identität, dann das Leben. Andersens Märchen ließ sich vorzüglich dramatisieren, so durch Jewgenij Schwarz (1940, Gründgens-Inszenierung 1947) und durch Hans Reinhart (1948).

Abgesehen von dem Stummfilm ›Peter Schlemihl‹ (1915) von und mit Paul Wegener, war die Wirkungsgeschichte der Chamisso-Dichtung künstlerisch vor allem durch »schöne Ausgaben« bestimmt, so durch George Cruikshanks acht Kupfer der englischen Ausgabe (1823), von denen sechs in die zweite deutsche Auflage gelangten (1827), und Peter Carl Geisslers Ergänzungen (ab der dritten Auflage, 1835). Dann die 16 Zeichnungen Adolf Menzels zur Ausgabe »nach des Dichters Tod« (1839) und ein Geniestreich des Emil Preetorius, der in seinem Erstlingswerk das Schattenmotiv virtuos handhabte (elf Vollbilder, 23 Vignetten – 1907). Zu sieben Farbholzschnitten wurde Ernst Ludwig Kirchner inspiriert (1915), und Imre Reiner verdankt sich ein bibliophiler Druck (mit neun Holzstichen, 1964).

Peter und der Wolf

Nicht ein Text, sondern Sergej Prokofjews symphonische Dichtung ›Petja i volk‹ (1936) prägte dieses durch und durch musikalische Märchen, eingerichtet für Sprecher und Orchester. Nach großem Erfolg an der Moskauer Philharmonie wurde es für das amerikanische Ballett Theatre eingerichtet (1940) und hat seither zahlreiche Theater- und Ballettaufführungen wie auch Schallplatten erlebt – mit ganz unvergleichlichen Sprechern: Matthias Wieman, Alec Guinness, Peter Ustinow.

Der Reiz des Märchens ›Peter und der Wolf‹ besteht aus vorbereitender Erzählung und musikalischer Wiedergabe, wobei die jeweiligen Akteure durch »ihr« Instrument ausgedrückt werden. Der Wolf, Gegenspieler des jungen Helden, erinnert von ferne an den Wilderwolf oder grauen Wolf aus russischen Märchen (›Iwan Zarewitsch und der graue Wolf‹). Im *Feuervogel) reißt der »große, graue Wolf« Iwans Pferd zwar den Bauch auf, wird jedoch bald Iwans beständiger Helfer; als Dämon ist er nicht übermäßig negativ gezeichnet. – Sobald bei Prokofjew der Wolf auftritt (dumpfe Hörner), jagt die Katze den Baum hoch (Klarinette), wird die Ente im See unruhig (Oboe), läßt der kleine Vogel sein Zwitschern (Flöte). Peter, eingeführt durch lebhaftes Geigenspiel, vom Fagott des Großvaters ins Haus zurückbeordert, kann nicht verhindern, daß der Wolf die Ente verschlingt. Dafür schlingt er geschickt ein Seil um den Ast, der über die Gartenmauer reicht, klettert zum kleinen Vogel hin und hilft ihm, dem Wolf zu entkommen. Mit der Schlinge fängt er den Wolf am Schwanz, befestigt das andere Ende am Baum, so daß sie sich durch sein Zerren immer mehr zuzieht. Die Jäger aus dem Wald müssen ihn nur noch in den Zoo bringen. Peter vorneweg, dahinter die Jäger mit dem grauen Wolf, am Schluß der Großvater und die Katze, so ziehen sie dahin. Der Großvater grummelt, was wäre gewesen – der Vogel zwitschert, seht nur, was Peter und ich gefangen haben – die Ente im Bauch des Wolfes schnattert: ja, auch sie ist noch am Leben.

›Peter und der Wolf‹ gibt es seit kurzem auch als Buch. Loriot hat das Märchen frei erzählt und Jörg Müller dazu farbige Bilder gemacht (mit CD – 1989); als Kinderbuch haben es auch Josef Palecek (1987) und Frans Halsken (1988) illustriert.

Le petit chaperon rouge *Rotkäppchen

Le petit poucet *Der kleine Däumling

Pferd *Eisenhans, *Die Gänsemagd, *Gorbunok, *Marja Morewna, *Prinz Bajaja

Pinocchio

Der Märchenfigur der »lebendigen Puppe« gab der Toskaner Carlo Collodi (Künstlername für Carlo Lorenzini) mit der Geschichte eines schlaksigen Hampelmanns neues literarisches Ansehen. ›Le Avventure di Pinocchio. Storia di un burattino‹ nannte er sein Buch (1883), das er zuvor in Episodenform im

›Giornale dei Bambini‹ veröffentlicht hatte. »Es war einmal«, ließ er die Geschichte beginnen – »Ein König! – Nein, Kinder. Es war einmal ein Stück Holz.«

Pinocchio, ital. das Wort für »Pinienkern«, wurde im Deutschen zunächst als »Zäpfelkern«, »Hippeltitsch«, »hölzernes Bengele« wiedergegeben. Im Originalnamen steckte das lustige Bild der vom Kaminfeuer erhitzten Pinienzapfen, deren Kerne wie von selbst herausspringen.

Eine freche lange Nase hat dieser Pinocchio, sie wächst fortwährend und wächst sogar nach, wenn man sie abhaut. Ungelenke Beine hat er, ist spittelig, zappelig, bleibt nicht zwei Minuten auf dem gleichen Fleck. Er trägt einen Anzug aus geblümtem Papier, Schuhe aus Baumrinde und einen Hut aus geknetetem Brot. Dem Tischlermeister Gepetto, der ihn geschnitzt hat, streckt er die Zunge heraus, reißt ihm die gelbe Perücke vom Kopf, läuft ihm davon. Pinocchio hört nicht auf das, was ihm verständige Wesen wie die Sprechende Grille oder Erwachsene einreden wollen. Er faßt immer gute Vorsätze, sieht nie die Folgen seines Handelns voraus. Er ist Prahlhans, Hasenfuß, Lügen- und Raufbold. Im Marionettentheater, wo er auf seine Brüder Harlekin und Kasperle trifft, stiftet er Unruhe; der cholerische Puppenspieler will ihn verfeuern, muß niesen und wird davon so mitleidig, daß er ihm fünf Goldstükke gibt. Die gaunern ihm der »lahme« Fuchs und die »blinde« Katze ab. Vom Galgen rettet ihn die Fee mit dem türkisblauen Haar (toskanische Märchenfigur, ältere Schwester und Mamma). Beim Traubenstehlen gerät er in ein Fangeisen und muß dafür den Hühnerwachhund spielen. Er wird auf die »Insel der fleißigen Bienen« verschlagen und um ein Haar vom grünen Fischer in Öl gebraten. Er läßt sich von seinem spindeldürren Freund Lucignolo zu einer Fahrt nach »Spielzeugland« verleiten, wo immer Ferien, wo nie Arbeit oder Lernen angesagt sind; allmählich bekommen die Kinder dort lange Ohren und laufen auf allen Vieren, spätestens nach fünf Monaten sind sie ausgemachte Esel. So kommt es, daß Pinocchio an einen Händler verkauft wird, der ihm das Fell abziehen will, um daraus eine Trommel zu machen . . .

Märchenmotive spielen immer wieder hinein. So wird Pinocchio später von einem Riesenhai verschlungen (Jonas im Bauch des Wals), wo er prompt Vater Gepetto wiedertrifft. So wird er von der Fee, ironischerweise als Abschluß des pädagogischen Programms – er kann nun brav lesen und schreiben –, in einen Menschenjungen verwandelt.

Pinocchio hatte vielfältige Wirkungen. Gleich die Federzeichnungen E. Mazzantis prägten sich ein, Illustrationen von E. Chiostri, Attilio Mussino, Bernardino, Maraja folgten, ganz Italien erkannte darin seinen Kinderhelden. O. J. Bierbaums freizügiger Übersetzung (›Zäpfel Kerns Abenteuer, eine deutsche Kasperlegeschichte‹, 1905) gab Arpad Schmidhammer 65 hübsche Zeichnungen bei; spätere Ausgaben trugen die Handschrift von Alfred Zacharias (30 Holzschnitte zu ›Purzels Abenteuer‹, 1949) und Werner Klemke (37 Holzstiche zu ›Pinocchios Abenteuer‹, 1954). – Einen ersten Stummfilm drehte E. Pasquali (1911), Walt Disney folgte mit einem farbigen Zeichentrickfilm (1939), der immer wieder aufgefrischt wurde. Gina Lollobrigida spielte die blaue Fee in einer italienisch-französisch-deutschen Koproduktion (1972). – Das Märchen noch einmal erzählten Giorgio Manganelli (›Pinocchio. Ein Parallelbuch‹, 1977), Christine Nöstlinger (1988) und Robert Coover (›Pinocchio in Venedig‹, dt. 1994).

Das Pomeranzenfräulein

Das von Ignaz Vinzenz Zingerle in Tirol vorgefundene Märchen (1870) entspricht einem aus Deutschland kaum bekannten, in romanischen Ländern um so häufigeren Märchentyp. Bekannter noch als durch Buchmärchen ist er durch Carlo Gozzis erste *fiaba theatrale*, durch das Märchenspiel ›Die Liebe zu den drei Orangen‹ (›L'amore delle tre melarance‹, 1761), wie auch durch Sergej Prokofjews gleichnamiges Ballett (›Ljubov'k trem apel'sinam‹, 1921). Doch schon Gozzi bezog sich, unter anderem, auf Basiles altberühmtes Märchen von den drei Zitronen (›Le tre cetra‹, 1634). Sie gilt als die Leitfassung.

Ein Prinz, heiratsfeindlich und störrisch, wann immer das Gespräch auf Frauen kommt, verletzt sich beim Käseschneiden und weiß endlich, wen er heiraten will: eine Frau so weiß und so rot wie der von seinem Blut gefärbte Käse. Er wandert in der Welt umher, immer auf der Suche nach dieser Schönen. Auf der Feeninsel erhält er von der Mutter dreier Hexlein drei Zitronen und den Rat, gleich bei der ersten Quelle, die ihm auf der Rückfahrt begegne, eine davon aufzuschneiden; eine Fee käme heraus und werde zu trinken verlangen – dann müsse er sehr schnell mit Wasser zur Hand sein, sonst werde sie davonlaufen. Zweimal reicht der Prinz das Wasser nicht rasch genug, zweimal enteilt die Schöne. Erst bei der dritten Zitrone gelingt es ihm rechtzeitig, und vor sich sieht er eine Jungfrau »weiß und zart wie ein frischer Käse mit roten Streifen«. Er schließt sie in seine Arme, macht mit ihr Liebe und läßt sie die Eiche nahe der Quelle besteigen; dort soll sie seine baldige Rückkehr – mit Kleidern und Gefolge – erwarten.

Eine Mohrensklavin, die Wasser schöpfen kommt, erblickt in der Quelle ihr vermeintliches Spiegelbild. Das Wasserholen ist nicht länger ihre Sache. Sie kommt ins Gespräch mit der Fee auf dem Baum, kämmt sie, nimmt eine Nadel und sticht ihr in die Schläfe. Die Schöne wird zur Taube. Splitternackt erwartet nun die Mohrin die Rückkehr des Prinzen. Sie sagt ihm, sie sei verzaubert worden. Statt einer weißen Taube bringt er eine schwarze Krähe seinen Eltern ins Haus. Das Täubchen kommt ans Fenster der Küche und fragt den Koch, wie es dem König und der Mohrin geht. Beim dritten Mal meldet er dies Wunder, worauf ihm die Mohrin befiehlt, die Taube zu schlachten und zu rupfen. Aus den weggeworfenen Federn wächst ein Zitronenbaum. Der König sieht ihn, befragt den Koch, schöpft Verdacht. Nach einigen Tagen zeigen sich am Baum drei leuchtend schöne Zitronen. Er pflückt sie, schließt sich mit einer großen Schale Wasser in ein Zimmer ein und beginnt, die Zitronen durchzuschneiden. Wieder gelingt es ihm erst bei der letzten, der Jungfrau zu trinken zu geben, ehe sie enteilt – es ist die Seine. Er führt sie mit auf sein Hochzeitsfest. Die schwarze Königin, befragt, wie der Peiniger des schönen Mädchens zu bestrafen sei, spricht ihr eigenes Urteil: Sie wird verbrannt und die Asche in alle Winde verstreut.

Das Märchen von der schönen Fruchtfee wird sehr variantenreich erzählt. Oft verbindet es sich mit dem Typus »Die vergessene Braut«. Das Lebenselixier ist nicht nur auf Wasser beschränkt, in Galicien zum Beispiel verlangt es die Fräulein nach dreierlei: Wasser zum Waschen, Kämme zum Kämmen und Spiegel, um sich zu bespiegeln. Auf Korsika macht der Held gleich »Liebe auf dem Orangenbaum«. In den rauheren Abruzzen übernehmen Walnuß, Haselnuß, Kastanie das (dreifache) Frucht- und Baummotiv. Fast immer ist eine *Mohrin die Gegenspielerin. Als schwarze Smeralda ist sie auch in Gozzis Commedia dell'arte eine feste Größe – ebenso der melancholische Prinz Tartaglia, seine Pomeranzenprinzessin

Ninetta, der Koch Truffaldino. Jenseitige spinnen ihre Fäden: So steht die böse Fee Morgana der Smeralda bei, während der Zauberer Celio im Bund mit der Königsfamilie ist.

Basiles klassisches Märchen hat Josef Hegenbarth mit acht Federzeichnungen versehen (›Das Pentameron‹, 1954). Der spanischen Version ›Drei Apfelsinen auf einen einzigen Sprung‹ gab Gottfried Helnwein eine Farblithographie bei (›Der Zaubertopf‹, Bd. 1, o.J.).

Prinz, Prinzessin

»Wer Märchen sagt, der denkt zuallererst an Prinz und Prinzessin« (Max Lüthi). Sie sind zentrale Leitfiguren, dabei oft ohne eigene Namen – wie *Aschenputtels Prinz, *Dornröschens und *Schneewittchens Retter oder die Heldinnen im *Froschkönig- und *König Drosselbart-Märchen.

Der Prinz ist als Jüngling an der Schwelle zum Mannesalter gekennzeichnet, die Prinzessin ist entweder noch ein Kind, etwa siebenjährig, oder im heiratsfähigen Alter (15–16). Die Brüder Grimm erzählen (ab der Zweitausgabe 1819) durchweg von Königssohn und Königstochter, in Abgrenzung gegen die ältere Tradition der Feenmärchen. Andersen hält es mehr mit Prinz und Prinzessin. Doch ob männlich oder weiblich, 1001 Nacht oder Volksmärchen, stets ist von ihrer – nicht näher beschriebenen – Schönheit die Rede. Allenfalls heißt es »mondschön«, »schön wie der helle Tag«. Schönheit ist hier zu verstehen als etwas Umfassendes, als *Tugend, edles Wesen*. Sie scheint selbst hinter niedrigen Mägdediensten auf (*Gänsemagd, *Jungfrau Maleen). Schön meint aber auch äußere Attraktivität und erotische Anziehungskraft. Die herausgehobene Stellung als Königskind wird durch die Farbe Gold ausgedrückt: goldenes Haar, goldenes Mal auf der Stirn, Spielen mit goldenem Ball.

Das vorrangige Ziel des Prinzen ist die Brautgewinnung, so wie die Bestimmung der Prinzessin ist, für sich den Tapfersten, Klügsten und Besten herauszufinden (es muß kein Prinz sein). Sie gehört nach hartem Wettstreit dem Sieger, und wer sie aus hohem Turm befreit oder aus den Fängen des Dämons errettet, dem verbindet sie sich auf immer. Das gilt auch für die stolze, unabhängige *Rätselprinzessin (*Meerhäschen, *Turandot). Gerade das Hohe, das Edle ist ständig gefährdet (vgl. *Der gelernte Jäger). Doch der Unhold, der die Prinzessin in seine

Gewalt bekommt (*Kostschej, *Die Prinzessin auf dem Baum), der *Drache oder *Troll, der sie zu vernichten droht, ist nicht nur als extremer Feind anzusehen, sondern oftmals als ihr Liebhaber, und sie retten heißt, sie erlösen – auch von sich selbst. Eine ausgesprochene Erlösungsfunktion hat die Prinzessin, wenn sie dem *Tierbräutigam zur wahren Gestalt verhilft (*Hans mein Igel). Parallel zur Suchwanderung nach dem verlorenen Bräutigam geht die Suche nach der verschwundenen Gattin, oft einer Jenseitigen (*Schwanjungfrau).

Prinz und Prinzessin repräsentieren keine feudale Kaste, die streng unter sich bleibt. Als Märchenhelden sind sie allseits beziehungsfähig und damit – weitaus mehr als der alte *König – Mittler zwischen den sozialen Schichten; auch in dem Sinn, daß ihr Weg von »ganz unten« nach »ganz oben« führen kann. Die Zuneigung der Kinder ist ihnen von jeher sicher. Ihr hoher Identifikationswert hält, wie schon Freuds Traumuntersuchungen gezeigt haben, bis ins Erwachsenenalter an. Bei der Auswertung von mehr als 12000 Bildern einer Aktion »Kinder malen Märchen« (Lutz Röhrich, 1976) hat sich die Präferenz für die Prinzessinnenrolle bestätigt. Neuere Statistiken über »die beliebtesten Märchen« in Buch, Film und Fernsehen erhärten den Befund. Auch in den ostdeutschen Bundesländern dominieren, laut Umfrage Kristin Wardetzky 1994, als weibliche Lieblingsmärchen Aschenputtel, Schneewittchen, Dornröschen.

Prinz Ahmed und die Fee Peri Banu

Das Märchen aus 1001 Nacht hat Enno Littmann 1924 nach der Kalkuttaer Ausgabe (1838) übersetzt. Es ist die Geschichte der 271. Nacht, und sie erzählt von der Verbindung eines irdischen Mannes mit einem überirdischen Wesen, vergleichbar der russischen *Froschzarin; Peri Banu bedeutet im Persischen »Fee-Herrin«.

Prinz Ahmed ist der jüngste der drei Söhne des Sultans von Indien. Sie lieben alle drei ihre Cousine Nur en-Nahar, die mit ihnen aufwächst; wer mit dem seltensten Kleinod von seiner Reise heimkehrt, soll ihr Gemahl werden. Prinz Husain, der älteste, bringt aus Bidschnagar einen fliegenden Teppich mit, der einen augenblicklich dorthin bringt, wohin man sich wünscht; Prinz Ali hat in Schiras ein elfenbeinernes Fernrohr erstanden, das jeden Sehwunsch sofort erfüllt; Prinz Ahmed kehrt aus Samarkand mit einem Zauberapfel heim, er heilt von jeder Krankheit. Von der väterlichen Karawanserei aus sehen sie durch das Fernrohr, daß Nur sterbenskrank ist, besteigen zu dritt den fliegenden Teppich, und an Ort und Stelle heilt der Duft des Apfels die Kranke. Der Sultan spricht den Söhnen den gleichen Anteil an der Genesung zu.

Er stellt sie auf eine neue Probe: Wessen Pfeil fliegt am weitesten? Ali gewinnt sie, denn von Ahmeds Pfeil fehlt jede Spur; der unterlegene Husain geht als Fakir in die Einsamkeit. Ahmed zieht aus, seinen Pfeil zu suchen, und findet ihn neben einem unterirdischen Gang. Mühelos stößt er eine eiserne Tür auf. Ihm öffnet sich das Palastreich der Peri Banu, Tochter eines Geisterfürsten. Sie hat den Pfeil gelenkt. Es kommt zu beider Treuegelöbnis, zu hochzeitlichem Beilager, zu sechs Monaten ungetrübter Liebe. Als Ahmed Sehnsucht nach dem Vater befällt, gibt sie ihm Urlaub; nur solle er rasch zurückkehren und weder von ihr noch ihrer Palastwelt berichten. Indessen hat der Sultan nach ihm forschen lassen und sein Großwesir eine Magierin eingeschaltet. Mit einem Troß von Geisterrittern kommt Ahmed auf edlem Roß daher. Er bewahrt sein Geheimnis, bleibt drei Tage und verspricht, an jedem Monatsbeginn für drei Tage wiederzukommen. Er kehrt in immer besserer Ausrüstung wieder. Dies neidet ihm der zweite Wesir, er intrigiert gegen ihn, schickt ihm die Schwarzkünstlerin hinterher. Diese macht zwar die Abstiegsstelle ausfindig, vermag aber nicht die eiserne Tür zu erkennen. Beim nächsten Ausritt Ahmeds täuscht sie einen Fieberanfall vor und läßt sich von ihm in sein Palastgemach schaffen. Peri Banu durchschaut die Spionin und läßt sie dennoch gehen. Durch sie bekommt der intrigante Minister neue Argumente an die Hand: Ist nicht des Sultans Herrschaft bedroht? Beherrscht die Fee nicht völlig seinen Sohn?

Prinz Ahmed und sein Geistergefolge sollen sachte zermürbt werden. Der Sultan sagt ihm, er wisse von seiner Heirat mit einer mächtigen Dämonin, und stellt ihm nacheinander drei (unmögliche) Aufgaben. Erst soll er ihm ein Königszelt bringen, in das der ganze Hofstaat hineinpaßt und das sich in einer hohlen Hand tragen läßt. Peri Banu verschafft ihrem Prinzen das Zelt mühelos. (Sie sieht voraus, der Sultan, immer gefühlskälter, nähert sich seinem Ende.) Die nächste Aufgabe folgt sogleich: der Sohn möge ihm aus dem Löwenquell das Wasser verschaffen, das von tödlicher Krankheit heilt. Diesmal zeigt Peri Banu, wie er die Bewacher der Quelle, vier reißende Löwen, sich gefügig machen kann. Die dritte Aufgabe des Sultans wird ihm zugleich – ungewollt – zum Todesgeschenk. Denn der von ihm gewünschte Zwerg mit dem 260 Pfund schweren Stab, den er um den Kopf wirbelt, ist Schabbar, der Bruder der Peri Banu. Als der Sultan die grausige Gestalt erblickt, hält er sich die Hände vor Augen – was Schabbar so ergrimmt, daß er seine stählerne Keule schwingt und sie alle, den Sultan, den falschen Minister, die Magierin umbringt und als einzigen den Ahmed stets gewogenen Großwesir verschont. Jetzt wird aus Peri Banu die Schar Banu (»Landesherrin«).

›Die Abenteuer des Prinzen Achmed‹ führten zu Lotte Reinigers erstem abendfüllenden Silhouettenfilm, an dem sie jahrelang arbeitete, bevor er 1926 an der Freien Volksbühne, Berlin, uraufgeführt wurde: ihr berühmtestes Werk. Eine Buchausgabe mit 32 ihrer Bilder erschien 1972.

Prinz Bajaja

Die böhmische Märchenfigur, dank der Erzählkunst der Bozena Nemtschova (›Princ Bajaja‹, 1847) bei Tschechen und Slowaken gleichermaßen populär, wurde weithin bekannt durch Jiri Trnkas phantasievollen Puppentrickfilm (1950; Kinostart 1955). Vieles kommt hier zusammen: der *Drachentöter, der unbekannte Ritter à la Robert der Teufel, der vermeintlich Stumme, der nur mit »bajaja« antwortet; dann das helfende sprechende Pferd, die *love story* mit der schönen Slavena.

Er ist der ältere von zwei Zwillingssöhnen eines jungen Königs im Feld, und sein Gefährte ein gleichaltriges Pferdchen. Als der Vater nach sieben Jahren die Söhne zum ersten Mal sieht, gibt die Mutter den jüngeren, ihren Lieblingssohn, als den älteren aus und verschiebt so die Thronfolge. Den Prinzen hält es nicht mehr zu Hause, sein Pferdchen beginnt zu sprechen, bestärkt ihn. Ohne Gefolge ziehen sie los. Vom magischen Felsversteck aus weist Pferdchen ihn an, was er tun soll: als erstes, beim König der nahen Stadt in Dienst treten und sich für stumm ausgeben. Die drei Töchter des Königs sind von ebenso vielen Drachen bedroht, solchen mit 9, 18 und 27 Köpfen. Die Schwestern haben den dunkelgesichtigen »Bajaja« mit der Augenbinde recht gern; am liebsten jedoch hält er sich bei Slavena, der jüngsten, auf. Das Pferdchen weist ihm die Truhe, aus der er drei Rüstungen zieht, eine rote, eine weiße, eine himmelblaue, doch nur ein Schwert. Mit ihm und dem Pferdchen als Reittier besiegt er in drei Tagen, jeweils in anderer Kleidung, die Drachen. Als Slavena vor dem fast ohnmächtigen Helden niederkniet, sprengt das Pferd mit ihm davon.

Ein mächtiger Nachbarkönig erklärt seinem Herrn den Krieg, und dieser lobt seine drei Töchter aus, für die, die ihm beistehen. Das Pferdchen rät Bajaja, der sich bei Hofe krank meldet, die weißen Kleider anzuziehen, einmal um das Schwert herumzugehen und dann den Kampf aufzunehmen. Als weißer Ritter mit goldenem Helm erschlägt er den Anführer der Feinde und wendet, wiewohl am Bein blutend, die Schlacht. Der König selbst verbindet ihn mit einem Teil seines Mantels. Er kann nicht hindern, daß der Ritter davonjagt. Unschlüssig, wen er nun mit den Töchtern belohnen soll, läßt er vor den versammelten Fürsten alle drei einen goldenen Apfel werfen. Die ersten beiden rollen vor Bajaja den Stummen, der ihnen geschickt ausweicht. Den dritten, den Slavena wirft, hebt er auf. Sie weint, weil sie einen Stummen zum Mann nehmen muß. Auf dem Turnierplatz stellt sich wieder der Ritter in blausilberner Rüstung ein. Er gewinnt das Turnier, beugt vor Slavena das Knie, sie legt ihm ein goldenes Band um. Das Pferdchen nimmt nun für immer Abschied von Bajaja. Er aber bleibt nicht länger stumm, gibt sich seiner Slavena als Retter und wahrer Bräutigam zu erkennen. Nach der Hochzeit besuchen sie seine Eltern und finden die Stadt mit schwarzem Tuch verhangen. Der junge König, sein Bruder, ist gestorben. Bald prangt die Stadt in Rot. Bajaja wird König im eigenen Reich.

Der Stoff diente einem tschechischen Spielfilm (1971, Regie Antonin Kachlik) zum Beweis, daß man auch mit einem dreiköpfigen Drachen und mit nur einer bedrohten Prinzessin auskommen kann, dazu einem andersfarbigen – schwarzen – Ritter als Gegenspieler des Prinzen.

Die Prinzessin auf dem Baum

Ein Märchen dieses Typs – Ulrich Jahn hat es in seinen ›Volksmärchen aus Pommern und Rügen‹ (1891) erzählt – kam bei den Brüdern Grimm nicht vor, wohl aber in der Sammlung Afanasjews (*Marja Morewna). Jahns Version ist vielschichtig. Paul Zaunert stellte sie im ersten Band der Diederichs-Märchenreihe obenan (›Deutsche Märchen seit Grimm‹, 1912), und C. G. Jung interpretierte sie ausgiebig (Eranos-Jahrbuch 1945).

Das Märchen kennt zwei Helden, einen armen jungen Schweinehüter, eine hübsche Prinzessin aus reichem Haus, und dazu zwei Widersacher: einen Unhold in Raben- bzw. Jägergestalt, in vielem vergleichbar dem russischen Dämon *Kostschej, und eine arge Hexe, welche Züge der *Baba Jaga hat. An dem im Wald entdeckten himmelhohen Baum klettert der Junge empor, trifft nach zwei Tagen im Geäst ein großes Dorf und am dritten Tag im Wipfel eine Jungfrau, die allein im großen Schloß lebt. Ein böser Zauberer, soviel erfährt er, hat sie hierher verwünscht. Sie bleiben beisammen und führen ein lustiges Leben. Nur eines behagt dem Jungen nicht: Die Prinzessin hat ihm ein bestimmtes Zimmer verboten, es brächte sie beide sonst ins Unglück. Er schließt es auf, sieht einen kohlschwarzen großen Raben, mit drei Nägeln an die Wand geheftet. Der Rabe schreit, er sei fast verschmachtet. Nach drei Tropfen Wasser, die er ihm nach und nach einflößt (Übertretung des Mitleidverbots), fallen die Nägel zu Boden, und krächzend entfliegt der Schwarze. Die Prinzessin, als sie es vernimmt, wird kreidebleich. Der Raben-Unhold, ihr Verzauberer, holt sie nun bald. Als sie drei Tage lang nicht zurückkehrt, macht sich der Junge auf den Weg nach unten – und auf lange Suchwanderung.

Nach dreitägigem Umherirren im Wald begegnet er einem Wolf, in gleichen Zeitabständen einem Bären, einem Löwen. Die Tiere rufen, er solle sich nicht fürchten, und geben ihm jeweils von sich drei Haarspitzen mit, als Rufmittel in der Not. Nun ist er der Prinzessin schon sehr nahe. Er kommt zu ihr ins Jägerhaus, will mit ihr fliehen. Sie hält dies für aussichtslos. Der alte Jäger hat einen dreibeinigen Schimmel im Stall (Geisterroß, vgl. *Eisenhans), der alles weiß und ihm sagen wird; man wird sie bald einholen. So geschieht es in der Tat, doch der Jäger-Unhold verschont den Jungen für diesmal, weil er ihn mit Wasser getränkt hatte. Sobald der Jäger in den Wald gegangen, kommt der Junge mit neuem Plan: »Wenn ihr im Bett seid, fragst du ihn, wie er den dreibeinigen Schimmel erworben hat.« So erfährt er von der hexischen Bauersfrau, bei der man für drei Tage Fohlenhüten sich ein Pferd aussuchen kann, und wie man es anstellen muß, daß die zwölf Wölfe dem Tier nicht den Fuß ausreißen. Bevor es auf die Fohlenweide geht, gibt die Hexe dem Jungen eine halbe Flasche Branntwein mit, dann eine dreiviertel, dann eine volle Flasche. Während er trunken schläft, rennen die Fohlen erst zehn, dann 20, dann 30 Meilen fort. Am ersten Abend hilft der Wolf ihm, sie einzufangen (»schlag mit den drei Zäumen drei Kreuze vor ihnen«), am zweiten der Bär, am dritten der Löwe. Die kleine Tochter der Hexe zeigt ihm das schnellste Pferd, einen mageren Schimmel. Trotz aller Versuche der Hexe, das Reittier untauglich zu machen, gelingt der Ritt; die Wölfe bekommen die (zusätzlich ausbedungenen) Lämmer zu fressen, das Pferd bleibt heil.

Nun gelingt auch die Flucht des Liebespaares vor dem alten Jäger. Zwar holt er sie mit dem dreibeinigen Schimmel noch ein, doch der vierbeinige ruft ihm zu: »Schwesterchen, wirf ihn ab«, und gemeinsam zertreten sie ihn. Dann bitten sie ihrerseits den Jungen um Hilfe: »Schlag uns das Haupt ab.« Und da zeigt sich, auch sie, ein Prinz und eine Prinzessin, waren verzaubert und sind jetzt erlöst.

C. G. Jung sah den alten Zauberer und die Hexe als »negative Elternimagines in der magischen Welt des Unbewußten«. Die dreifache Kreuzigung des Rabens interpretierte er als Bannung dessen, der verflucht, und zog einen kühnen Vergleich mit Christus: »Der Retter, der die Menschheitsseele von der Herrschaft des Herrn dieser Welt befreit hat, ist unten in der sublunaren Welt ans Kreuz geheftet, wie der diebische Rabe im himmlischen Wipfel des Weltbaumes für seinen Übergriff an die Wand genagelt wurde.«

Die Prinzessin auf der Erbse

Hans Christian Andersens hochsensible, ihrem Urheber gewiß seelenverwandte Märchenfigur (›Prindsessen paa Aerten‹, 1835) ist als geflügeltes Wort in den Sprachgebrauch eingegangen und hat auch den Namen eines Märchentypus geprägt.

Auf der Suche nach einer »richtigen« Prinzessin bereist ein Prinz die ganze Welt und findet sie nicht. Eines Abends, es tobt draußen ein schlimmes Unwetter, kommt eine völlig durchnäßte Prinzessin zum Schloß und bittet um Unterkunft. Sie sei eine wirkliche Prinzessin, sagt sie, und die Königin beschließt, sie heimlich auf die Probe zu stellen. Auf den Boden der Bettstelle legt sie eine Erbse, darüber 20 Matratzen und 20 Eiderdaunenbetten. Des Morgens befragt, wie sie geschlafen habe, sagt die Prinzessin, entsetzlich schlecht; sie habe auf etwas Hartem gelegen, ihr Körper sei ganz braun und blau davon. Die Probe hat sie damit bestanden – denn so empfindlich kann nur eine wirkliche Prinzessin sein.

Schwedische Volksüberlieferung kennt dieses Märchen auch, nur ist dort von sieben Matratzen die Rede, zwischen jede wird das winzige Ding gelegt. Die Probandin durchläuft meistens drei Tests – erst Nuß, dann Körnchen, dann Stecknadelkopf oder Strohhalm, was eben das bäuerliche Ambiente so hergibt. Aristokratischer kennt es der Orient. In Somadevas berühmtem ›Ozean der Märchenströme‹ (›Kathasaritsagara‹, 11. Jh.) geht ein vornehmer Brahmane mit seinen drei Söhnen auf Schildkrötenfang. Keiner von ihnen will das Tier anfassen, jeder sagt, er sei zu empfindlich – der eine vor allem in bezug auf Speisen, der andere mehr, was Frauen betrifft, und der dritte ist heikel, was Bett und Schlaf angeht. All das läßt der Vater nachprüfen. Der Bettempfindliche wird auf sieben Matratzen gelegt, nachts bricht ihm der Angstschweiß aus, an seinem Körper findet sich morgens eine gerötete Vertiefung. Man untersucht sein Bett, und siehe, zuunterst findet sich ein einzelnes Haar.

Die hochgetürmten Decken mit der Prinzessin obendrauf waren ein Lieblingsmotiv der Andersen-Illustratoren, u.a. von Edmund Dulac (1911), Hedvig Collin (20er Jahre), Rex Whistler (1935), Janusz Grabianski (1963), Annegert Fuchshuber (1985).

Die Prinzessin auf dem Glasberg

Das besonders in skandinavischen Märchen häufige Glasbergmotiv – es gehört zu den »unlösbaren Aufgaben« des Helden – verbindet sich im Norwegischen mit der populären Figur des *Askeladden*, des männlichen *Aschenputtels. Ein richtiges Glasbergmärchen wie ›Prinsessen pa glasbjerget‹ von Asbjörnsen/Moe (1847) findet sich bei den Grimms nicht. Zwar benennen auch sie den Glasberg (als verwunschenen Ort der *Sieben Raben oder den der Heldin in *Die Rabe und *Der Trommler), doch das Motiv kommt dort kaum zur Entfaltung.

Askeladden/Aschenbrödel ist der jüngste von drei Söhnen eines Bergbauern, dem jedes Jahr in der Johannisnacht die Wiese kahlgefressen wird, keiner weiß wodurch. Der älteste wird auf Wache geschickt und erlebt nachts im Heuschober ein solches Getöse und Erdbeben, daß er entflieht. Ebenso ergeht es im nächsten Jahr dem zweitältesten. Als Aschenbrödel an der Reihe ist, verspotten ihn beide. Er macht sich so wenig daraus wie nachts aus dem dreifachen Donnern und Krachen. Danach ist es still, und er sieht ein stattliches, ganz in Kupfer aufgezäumtes Pferd samt Rüstung. Er wirft seinen Funkstahl darüber, bekommt es so in seine Gewalt und führt es an einen geheimen Ort. Diesmal bleibt die Wiese grün.

In der nächsten Johannisnacht bezieht er freiwillig dort Posten, erlebt drei stärkere Erdbeben und gewinnt ein Pferd samt Rüstung aus blankem Silber für sich – und im Jahr darauf eins aus Gold.

Der König des Landes will seine schöne Tochter verheiraten. Sie sitzt mit drei goldenen Äpfeln im Schoß auf einem hohen gläsernen Berg, so glatt wie Eis und so blank wie ein Spiegel. Wer zu ihr hinaufgelangt und ihr die Äpfel nimmt, bekommt sie und das halbe Königreich. Am vorbestimmten Tag sind Prinzen und Ritter um den Glasberg versammelt, auch Aschenbrödels Brüder versuchen ihr Glück. Doch keiner schafft mehr als ein paar Ellen, so glatt ist der Berg. Da kommt ein Ritter in kupferner Rüstung daher, sprengt mit seinem Pferd hinauf, kehrt nach einem Drittel der Strecke wieder um. Die Prinzessin wirft ihm von oben einen Apfel nach, der rollt in seinen Schuh – fort ist der Mann. Am nächsten Tag ist es ein Ritter in silberner Rüstung, der die anderen beschämt. Er kehrt nach zwei Drittel der Strecke um, und die Prinzessin, die diesen noch lieber mag, rollt ihm den anderen Apfel zu. Der Ritter des dritten Tages sprengt in goldener Rüstung den Berg hinauf und nimmt der Prinzessin den letzten Apfel aus dem Schoß. Wie schon an den Tagen zuvor, berichten die Brüder ihrem »schwarzen Biest« von dem glanzvollen Ritt. Tags darauf soll sich der Besitzer des goldenen Apfels melden, doch der König wartet vergeblich. Er gibt Befehl, jedermann im Reich solle aufs Schloß kommen und sich nach dem Apfel befragen lassen. Zuletzt kommen auch beide Brüder dorthin, und als sie noch den jüngsten benennen (»der hat die Zeit über im Aschhaufen gelegen«), kommt der als allerletzter vor den König. Er weist alle drei Äpfel vor, wirft seine rußigen Kleider ab und steht goldgerüstet da. Die Prinzessin und das halbe Reich habe er sich ehrlich verdient, sagt der König und gibt sie ihm.

Der Glasberg gehörte ursprünglich zu den Vorstellungen vom Totenreich, worauf I. M. Boberg in einer Studie aufmerksam gemacht hat (1928). Der Glasbergritt mit seinen Hindernissen und Gefahren ist daher – auf der mythischen Ebene – als Jenseitsreise zu verstehen (vgl. *Die sieben Raben). Erstaunliche Ähnlichkeit mit dem norwegischen Märchen zeigt das von Wilhelm Wisser gesammelte holsteinische ›Berg Sinai, tu dich auf!‹ (1905, gezeichnet von Bernhard Winter). Dort luchst ein *Dummling zwei haferstehlenden Riesen ihre drei kostbar aufgezäumten Pferde (Rappe, Schimmel, Fuchs) ab, indem er sich den Spruch merkt, der zu ihrem Bergversteck führt. Dieses Märchen gewinnt noch durch das drastisch-humorvolle Zurschaustellen des Vater-Sohn-Konflikts.

Prinzessin Mäusehaut

Ihr schönes, schlichtes Märchen von der ›Prinzessin Mäusehaut‹ haben die Brüder Grimm nur ein einziges Mal publiziert (1812). »Ist bei Perrault das Märchen von der Eselshaut«, merkten sie an (*Allerleirauh) und verwiesen auch auf Shakespeares König Lear, der seine Töchter das gleiche fragt: Sagt mir, welche von euch liebt uns wohl am meisten? – Das Märchen gehört zu ihren frühesten Aufzeichnungen; vermutlich stammt es von der Kasseler Familie Wild.

Ein König also, Vater von drei Töchtern, will von jeder wissen, wie sehr sie ihn liebe. Lieber als das ganze Königreich, sagt die älteste. Mehr als alle Edelsteine und Perlen auf der Welt, sagt die mittlere. Die jüngste sagt, sie habe ihn lieber als das Salz. Der König ist sehr aufgebracht über diesen Vergleich und befiehlt einem Diener, sie im Wald zu töten. Dieser aber ist ihr treu ergeben, will an ihrer Seite bleiben. Sie verlangt nichts weiter als »ein Kleid von Mausehaut«, und als er ihr das geholt, wickelt sie sich hinein und geht fort.

Im Unterschied zu Allerleirauh gibt sie sich bei dem jungen König, in dessen Dienste sie tritt, als Mann aus. Sie muß ihm persönlich aufwarten und so auch abends die Stiefel ausziehen, die er ihr allemal an den Kopf wirft. Einmal fragt er sie, woher sie sei. »Aus dem Land, wo man den Leuten die Stiefel nicht um den Kopf wirft.« Das macht den König aufmerksam. Als ihm die anderen Diener einen kostbaren Ring bringen, den »Mausehaut« verloren habe (»den müsse er gestohlen haben«), stellt der König ihn zur Rede. Da wickelt sich die Prinzessin von der Mausehaut los, daß ihre goldgelben Haare hervorquellen und sie in ihrer ganzen Schönheit heraustritt. Der König setzt ihr sogleich die eigene Krone aufs Haupt und erklärt sie zu seiner Gemahlin.

Bei der Hochzeitstafel, zu der auch ihr Vater eingeladen wird, sind alle Speisen ungesalzen. Aus Ärger ruft er aus: »Ich will lieber nicht leben als solche Speise essen.« Die junge Königin gibt sich als seine Tochter zu erkennen, die er wegen ihres Salzvergleichs verstoßen habe. Er bittet sie um Verzeihung – und daß er sie wiedergefunden, ist ihm lieber als sein Königreich und alle Edelsteine der Welt.

Das Salzmotiv findet sich in dem späten Grimm-Märchen ›Die Gänsehirtin am Brunnen‹ (1843) wieder, allerdings unvollständig und ohne rechte Pointe. Die jüngste Königstochter, 15jährig, druckst erst verlegen herum, als sie der Vater fragt, dann sagt sie: »Die beste Speise schmeckt mir nicht ohne Salz, darum habe ich den Vater so lieb wie Salz.« Da schickt er sie, passenderweise mit einem Sack Salz auf dem Rücken, hinaus in den wilden Wald. Sie verdingt sich bei einer Alten, halb *Hexe, halb Feenpatin, und trägt beim Gänsehüten auf ihrem Gesicht eine »alte Haut«, die sie beim Baden im Brunnen abstreift. Nach drei Jahren Hütedienst erhalten die reuigen Eltern sie wieder, und das Geschenk der Alten ist, daß sie deren Tränen in Perlen verwandelt.

Eine Auswahl rarer Grimmscher Märchen gab Max Lüthi unter dem Titel ›Prinzessin Mäusehaut‹ heraus (1988).

R

Der Rabe

Das Vorbild zum Helferhelden ›Der treue Johannes‹ in Grimms Märchen (1819) war Giambattista Basiles ›Lo cuorvo‹ (1637), der auch die Vorlage abgab zu Carlo Gozzis *fiaba theatrale* ›Il corvo‹ (1761 in Venedig uraufgeführt). Die berühmte Farbformel, die auch eins der frühen Feenmärchen prägte (›Incarnat, blanc et noir‹, 1718), haben die Brüder Grimm freilich ihrem *Schneewittchen vorbehalten.

Bei Basile findet König Milluccio, der die Jagd über alles liebt, im Wald auf einem weißen Marmorstein einen frischgetöteten Raben. Das Bild prägt sich ihm tief ein. »Hätte ich doch eine Frau«, ruft er, »so weiß wie der Stein, so rot wie das Blut, und wären ihre Haare so schwarz wie die Federn dieses Raben.« Starr bleibt er stehen. Sein Bruder Jennariello löst ihn aus der Starre: er verspricht, die ganze Welt zu befahren, bis er eine solche Frau für ihn gefunden habe.

Unterwegs kauft er für den Bruder einen edlen Falken und ein kostbares Pferd, bekommt den Weg zur Tochter eines Zauberers gewiesen und sieht, Liviella ist eben die, die er sucht. Als Kaufmann verkleidet, lockt er sie aus dem Haus. Während sie seine Schiffswaren besichtigt, läßt er die Anker lichten. Auf hoher See kommt Sturm auf, und Jennariello belauscht ein Taubenpärchen, das ihn beklagt: Bringe er die drei Kostbarkeiten dem Bruder, so werde der Falke diesem die Augen aushakken, das Pferd ihm den Hals brechen und ein Drache noch in der Brautnacht die schöne Jungfrau verschlingen; bringe er sie ihm aber nicht, oder teile er ihm dies alles mit, so werde er, Jennariello, zu Stein.

Milluccio erwartet schon sehnlich das Schiff. Wie er den Falken auf die Hand nehmen will, schneidet sein Bruder diesem den Hals ab. Als er das Pferd besteigt, durchtrennt sein Bruder diesem die Fesseln. Noch hält sich Milluccio, aus Freude über die schöne Jungfrau, zurück. Doch als Jennariello nachts mit dem Drachen kämpft, sein Schwert den Bettpfosten trifft und er davon erwacht, ist er überzeugt, der Bruder trachte ihm nach dem Leben. Andern Morgens verurteilt der königliche Rat ihn zum Tode. Jetzt erst spricht er. Als er Milluccio vom Falken berichtet, werden seine Füße zu Stein – als er vom Pferd berichtet, versteinert der halbe Körper – als er von Liviellas Gefahr spricht, wird er völlig zu Stein. Der König ist untröstlich.

Übers Jahr bekommt seine Frau Zwillinge. Als der König eines Tages, sie ist außer Hause, mit den beiden Söhnen vor der steinernen Statue steht, tritt ein Greis in den Saal. Wenn er die Statue mit dem Blut seiner Kinder bestreiche, sagt er, werde sein Bruder wieder lebendig. Da opfert Milluccio beide Söhne, und Jennariello steht vor ihm. Die Königin ist vom Anblick ihrer toten Kleinen tief getroffen. Sie will sich aus dem Fenster stürzen. Doch nun kommt ihr Vater, der Zauberer, auf einer Wolke hereingeschwebt. Seine Rache an Jennariello, an ihr und am König hat er gestillt. Nun gibt er den Kleinen das Leben wieder und macht alle glücklich.

Bei Gozzi verläuft der Schlußteil aus dramaturgischen Gründen anders. Er spart die Kinder aus und läßt den Zauberer (Norand) mit einem Dolch auftreten. Solle Jennaro, der Bruder, wieder lebendig werden, müsse jemand der jungen Königin den Dolch ins Herz stoßen, daß ihr Blut auf den Marmor spritzt. Die Königin (Armilla) vernimmts und erdolcht sich selbst. König Millo freut nur wenig, daß der Bruder lebt; er will sich selbst den Tod geben. In dem Augenblick erscheint Norand und zaubert wieder alles in Ordnung.

Grimms ›Treuer Johannes‹ ist kein brüderlicher Brautwerber, sondern Diener schon des alten Königs, der dem jungen König zur Seite steht. Ein Zauberer, ein *deus ex machina* fehlt. Doch auch hier löst ein Bild die Liebessehnsüchte aus: das Bildnis der »Königstochter vom goldenen Dache« in der verschlossenen Kammer. Alles Gold im Reich muß aufgeboten werden, damit die Brautwerbung gelingen kann. Der junge König ist mit auf dem Schiff und erklärt sich der Schönen. Was ihnen für Gefahren drohen, erfährt der treue Johannes von drei Raben. An Land wird ein feuerrotes Pferd den König entführen – das muß er töten. Das goldschimmernde Brauthemd verbrennt den, der es anzieht – ins Feuer damit. Und beim Hochzeitstanz wird die junge Königin wie tot hinfallen – ihr muß er drei Blutstropfen aus der Brust saugen, soll sie am Leben bleiben. Auch für ihn ist dieses Wissen mit einem absoluten Schweigegebot verknüpft, und auch ihn ereilt die gleiche Strafe. Zu Stein geworden, weist er seinem König selbst den Ausweg: Wenn du dein Liebstes daran wenden willst, kannst du mich wieder lebendig machen. Nach dem Zwillingsopfer geht er selbst daran, den Kindern die Köpfe wieder aufzusetzen, die Bruchstelle mit ihrem Blut zu bestreichen und sie zu heilen.

Das Brautwerber-Motiv hat in allen drei Fassungen, mehr oder minder verdeckt, eine erotische Komponente. Jennariello verschafft sich, um mit dem Drachen zu kämpfen, Zugang zum ehelichen Schlafgemach. Für Jennaro opfert die junge Königin ihr Herzblut. Johannes trägt die Braut in eine Kammer und saugt ihr die drei Blutstropfen aus der Brust. Der König sieht, sie erholt sich danach, doch mag er an Erste Hilfe nicht glauben: »Werft ihn ins Gefängnis.«

Solch subtileres psychologisches Spiel griff auch der Märchenfilm auf. In der deutsch-tschechischen Koproduktion ›Der treue Johannes / Very Ján‹ (1988) machte Slavo Luther die Rettungshandlungen des Dieners einem Liebesakt ähnlich; erst Umarmung, dann Entblößung, schließlich ein Kuß. Entsprechend ließ sich die Eifersucht des Prinzen schüren und steigern.

Hans Christian Andersen hat den Stoff in ›Raven‹ (1832) aufgegriffen. Das klassische Märchen aus Basiles ›Pentameron‹ hat u.a. Josef Hegenbarth illustriert (9 Federzeichnungen, 1954) und Max Slevogt den ›Treuen Johannes‹ (1922).

Die Rabe

Grimms Märchen von der kleinen Königstochter, die auf der Mutter Arm so unruhig ist, daß diese sie voller Ungeduld in eine Rabe verwünscht (1815), weist eingangs eine Parallele auf zu Grimms Märchen *Die sieben Raben (1812): dort ist es ein Vater, der seine Söhne in Raben verwünscht.

Lange Zeit lebt die Rabe in einem dunklen Wald. Die Eltern hören nichts von ihr. Einmal kommt ein Mann des Wegs, er hört ihr Rufen. Sie sagt ihm: »Ich bin eine Königstochter von Geburt und bin verwünscht worden, du aber kannst mich erlösen.« Nach welchem Programm, sagt sie ihm auch: Tiefer im Wald werde er ein Haus finden und darin eine Alte, die ihm Essen und Trinken reichen werde, er dürfe nichts davon nehmen, sonst schlafe er ein; an drei Tagen solle er sie im Garten dahinter erwarten, auf der Lohhucke, pünktlich zwei Uhr mittags.

Doch der Mann trinkt an allen drei Tagen vom Wein der Alten, wird müde und schläft auf der Lohhucke ein. Die Rabe kommt, wie sie ihm vorhergesagt, erst mit vier weißen Hengsten daher gefahren, dann mit vier braunen (roten), dann mit vier schwarzen – immer schon in Trauer, weil sie weiß, daß er schläft. Zuletzt legt sie ihm Lebensmittel hin, die nie alle werden, Brot, Fleisch und Wein, streift ihm ihren goldenen Ring über den Finger und hinterläßt einen Brief: Willst du mich dennoch erlösen, so komm auf das goldene Schloß von Stromberg.

Auf seiner Suchwanderung stillt der Mann den Hunger eines Menschenfresser-Riesen und wird dafür von dessen Bruder (dank alter Landkarten) bis nahe an den gläsernen Berg getragen. Er sieht die verwünschte Jungfrau oben um das Schloß herumfahren, kommt aber nicht herauf, da er an dem Glas immer wieder abrutscht. Da wartet er unten auf sie, in einer selbstgebauten Hütte, ein ganzes Jahr über. Er sieht, wie sich drei Räuber um Zauberdinge streiten, und listet alle drei ihnen ab: einen türöffnenden Stock, einen Tarnmantel und ein Pferd, das überall hinführt. Mit ihm besteigt er den Glasberg, und der Stock öffnet ihm das Schloß. Oben im Saal sitzt die Jungfrau, vor sich einen weingefüllten Goldkelch. Er macht sich unsichtbar, wirft ihr den Ring in den Kelch, daß es klingt. Sie weiß: Das ist mein Ring, so muß auch mein Erlöser da sein. Wie sie sich von Angesicht sehen, schreien sie vor Freude.

Auffällig sind die Parallelen zwischen diesem Märchen und dem *Trommler – das Gefangensein auf einem Glasberg, das Erlangen der Zaubermittel durch Streitschlichtung. Beide gehören, so Helge Holmström, einer Untergruppe des *Schwanjungfrau-Märchens an.

Die Rätselprinzessin

Ein Feld, auf dem die *Prinzessin eigene Klugheit und geistige Unabhängigkeit unter Beweis stellen kann, ist das Rätselraten. Schon die *Königin von Saba erwies sich – als Rätselstellerin – dem ratenden *Salomo ebenbürtig. Signifikant für die Rätselprinzessin ist die übersteigerte Form der Brautwerbung: Alle Bewerber, die das oder die Rätsel nicht lösen können, werden in abschreckender Weise hingerichtet; sinnfälliges Bild dafür ist der Pfahlzaun mit den Köpfen der toten Freier, auf dem kaum mehr Platz ist, wenn der rätsellösende Held erscheint. Prototyp einer Rätselprinzessin ist *Turandot. Auch die hexische, dem Trollkönig hörige Prinzessin aus Andersens *Der

Reisekamerad gehört zu dieser Spezies. Die Brüder Grimm zeigen sie in *Meerhäschen als unabhängig, hart und grausam, ein andermal als lediglich stolze Prinzessin, die erfolglose Freier mit Spott fortschickt (*Das kluge Schneiderlein). Ihre dritte Variante ist ›Das Rätsel‹ (1819), dort muß der Freier die Rätselfrage selbst vorlegen; beim Königssohn ergibt sie sich aus eigenem Erleben und ist vertrackt genug: Einer (ein Rabe) schlug keinen (das vergiftete Pferd) und schlug doch zwölfe (nämlich zwölf Raubmörder).

Die gleiche Motivik, einschließlich des treuen Dieners, enthält das bretonische Volksmärchen ›Petit-Jean et la princesse devineresse‹ (1887), nur wird dort der gewitzte Helfer zur Titel- und Hauptfigur. Zwar bekommt der junge, etwas begriffsstutzige Edelmann Fanch de Kerbrinic seine Prinzessin, doch der Soldat Petit-Jean ist es, der das unlösbare Rätsel kreiert (und dem Edelmann mühevoll eintrichtert), der die Prinzessin splitternackt zu sehen bekommt. Immerhin wird er Erster Minister. Die spielerisch leichte Handhabung des Stoffes zeigt sich auch in der Zelebrierung typischer Posen: »Die Prinzessin stand auf hohem Balkon, ganz in Rot gekleidet, sie trug eine Goldkrone auf dem Kopf und einen diamantenen Stern auf der Stirn; in der Hand hielt sie einen weißen Stab und blickte so hochmütig und grausam wie eine Tyrannin.«

Räuber, Räuberbräutigam

Platz der Räuber ist der Wald. Dort haben sie ihr Haus (*Bremer Stadtmusikanten, *Der Teufel mit den drei goldenen Haaren) oder, wie Räuber Nachtigall, ihren Hochsitz (*Ilja Muromez). Dort verbergen sie ihre Schätze, wie im Felsversteck die 40 Räuber (*Ali Baba).

»Räuber heißt im Märchen, das alles auf die Spitze zu treiben liebt, immer auch gleich Mörder« (Max Lüthi). Im Gegensatz zum gelittenen Dieb (*Der Meisterdieb) stehen sie außerhalb der Gesellschaft. Der Räuberhauptmann ist auf Vernichtung des Helden aus (*Ali Baba). Doch können Räuber auch zu Rettern werden. Anstatt *Glückskind umzubringen, brechen sie erst den Begleitbrief auf, und als sie des Königs Todesbefehl lesen, haben sie Mitleid, fälschen ihn um: Gleich nach seiner Ankunft solle der Knabe mit der Königstochter vermählt werden. Die Unbarmherzigkeit eines anderen, zumal eines *Königs, fordert ihren Widerspruch heraus.

Grimms Märchen ›Der Räuberbräutigam‹ (1812) zeigt die Figur des Räubers in dämonisch-mörderischer Steigerung (*Blaubart, *Fitchers Vogel). Der Bräutigam drängt die schöne Müllerstochter, die vor ihm Grauen verspürt, ihn zu Hause im dunklen Wald zu besuchen. Es erscheint ihr finster und unheimlich. Zweimal wird sie von einem Vogel im Bauer gewarnt (»du bist in einem Mörderhaus«), auch die steinalte Frau im Keller spricht von Mördergrube und Menschenfressern; ihre Hochzeit werde sie mit dem Tode halten. Aus ihrem Versteck hinter dem Faß sieht die arme Braut, wie die Räuber einer anderen Jungfrau dreierlei Wein einflößen, daß ihr das Herz zerspringt, sie dann zerstückeln und einsalzen. Der abgehackte Finger mit dem Goldring, der über das Faß hinwegspringt und ihr in den Schoß, wird am Hochzeitstag zum rettenden Einfall. Sie erzählt bei Tisch ihre Erlebnisse, als habe sie alles geträumt, und wie zur Beschwichtigung flicht sie nach jeder Episode ein: »Mein Schatz, das träumte mir nur.« Doch als sie zum Finger mit dem Ring kommt, zieht sie diesen hervor, und der Räuberhauptmann ist überführt. – Noch makabrer wird im englischen Märchen ›Mister Fox‹ entlarvt: Lady Mary weist mit der abgehauenen Hand seines letzten Opfers direkt auf ihn, und ihre Brüder und Freunde, nicht faul, schlagen ihn in tausend Stücke.

Rapunzel

Der Name der Heldin hat mit dem Gelüst der Mutter zu tun, als sie mit ihr schwanger war. Die Salatpflanze *campanula rapunculus* war Friedrich Schulz, dem frühen deutschen Erzähler des Märchens (1790), durchaus bekannt. Ihm war bewußt, daß das zugrundeliegende Feenmärchen der Hofdame Charlotte-Rose de La Force ›Persinette‹ hieß (1698), nach der exotischen Persil-Pflanze, vulgo »Petersilchen«. Als Jacob Grimm aus Schulzens »kleinem Roman« das ›Rapunzel‹ abpflückte, ahnte er die französische Provenienz nicht. Sein Bruder Wilhelm mühte sich von Auflage zu Auflage, Rapunzels eigene – ungehörige – Schwangerschaft stilistisch zu dämpfen. Hieß es im Erstdruck (1812) noch, »meine Kleiderchen werden mir so eng und wollen mir nicht mehr passen«, so wurde in der Zweitausgabe (1819) daraus der Seufzer: »Sie wird mir viel schwerer heraufzuziehen als der junge König«, und seit der Auflage letzter Hand (1857) kommt es im Turm zur förmlichen Trauung.

Rapunzel ist das Kind einer lange kinderlos gebliebenen Ehe. Das Paar lebt eingeschränkt in einem Hinterhaus. Der Garten nebenan gehört einer Zauberin (einer Fee, hieß es 1812 noch). Als die Frau schwanger wird, sieht sie vom Fenster aus ein Beet mit schönsten Rapunzeln und verlangt danach; sonst müsse sie sterben. Der Mann holt ihr eine Handvoll. Beim zweiten Mal stellt ihn die Zauberin zur Rede. Er muß ihr das Neugeborene versprechen, jedoch – »Es soll ihm gutgehen, und ich will für es sorgen wie eine Mutter« (spätere Textzutat). Die Zauberin holt es gleich ab und gibt ihm den Namen Rapunzel.

Mit zwölf Jahren wird das Mädchen in einen hohen Turm im Wald eingeschlossen, der hat weder Treppe noch Tür, nur oben ein kleines Fensterchen. Rapunzels Haare sind fein wie gesponnenes Gold, und wenn sie ihre Zöpfe losbindet, fällt das Haar 20 Ellen tief. Jedesmal, wenn unten die Zauberin ruft: »Rapunzel, Rapunzel, laß dein Haar herunter«, wickelt sie die Flechten erst um den Fensterhaken, so daß die Alte hinaufsteigen kann. Nach einigen Jahren kommt ein Königssohn vorbei und hört Rapunzel oben im Turm singen. Er findet keinen Zugang, hört ihr aber nun jeden Tag zu. Als er sieht, wie die Zauberin hinauffindet, benutzt er abends den gleichen Ruf. Oben angelangt, redet er freundlich mit ihr, beschwichtigt die Angst – und hält gleich um ihre Hand an. Sie denkt, er wird sie lieber haben als »die alte Frau Gothel« (womit auch der Name der Zauberin fällt), und sagt ja. Sie plant auch gleich eine Seidenleiter, damit sie mit ihm gehen kann. Bis es soweit ist, soll er allabendlich zu ihr kommen. Unbedacht verrät sie der Frau Gothel vom Umgang mit dem Königssohn. Diese, zornig über den Betrug, schneidet ihr zur Strafe die schönen Haare ab und verbannt sie in eine Wüstenei. Als er abends auf den abgeschnittenen, am Fensterhaken festgemachten Flechten nach oben gelangt, empfängt ihn die Zauberin mit giftigen Blicken: »Die Katze hat den Vogel geholt und wird dir auch noch die Augen auskratzen.« Tatsächlich stürzt er sich in seiner Verzweiflung vom Turm, fällt in ein Dornengestrüpp und verliert beide Augen. Nach Jahren blinden Umherirrens gerät er in die Wüstenei, in der Rapunzel mit einem Zwillingspärchen lebt. An ihrer Stimme erkennt er sie, und näherkommend erkennt sie auch ihn. »Zwei von ihren Tränen benetzten seine Augen, da wurden sie wieder klar.«

Max Lüthi hat dieses Märchen mit vielen romanischen Fassungen verglichen, darunter auch Basiles ›Petrosinella‹ (1634), und fand den Schluß überall anders erzählt als bei Schulz und bei Grimm, vor allem nicht so sentimental. Echte Volksmärchen, so sein Befund, enden mit der »magischen Flucht«, wo die Verfolgerin dreimal durch ein magisches Hindernis gehemmt oder irregeführt und schließlich unschädlich gemacht wird. – Will man dem Turmverlies und der mutterähnlichen Rolle der Zauberin (*Fee, *Hexe) atavistisch nachspüren, bieten sich die Riten der Naturvölker an; sie kannten nicht nur »den Turm«, die abgesonderte Pubertätshütte, sondern auch die Stammesalte, die die pubertierenden Mädchen erzog.

Daß Rapunzel eines der meistillustrierten Märchen ist, machte eine Monographie mit dem Untertitel ›Traditionen eines europäischen Märchenstoffes in Dichtung und Kunst‹ deutlich (1993). Das häufigste Bildmotiv, der Turm mit dem Mädchen oben, dem Prinzen unten, findet sich schon in der Erstausgabe der »Persinette« (1698), und die erste deutsche Übersetzung (1765) übernahm sowohl Titel wie Turm. Otto Speckter schuf ein mittelalterlich-deutsches Panorama (Münchener Bilderbogen Nr. 216/1857). Edward H. Wehnert (1853), Johann B. Sonderland (1867) und Walter Crane (1882) zeigten das Paar im traulichen Tête-à-tête. Bald wallte Rapunzels Haar herab und wollte kein Ende nehmen (Heinrich Leflers und Josef Urbans Kalenderblatt, 1905; Otto Ubbelohdes Zeichnung von »Burg Runkel«, 1907, Arthur Rackhams Farblithographie, 1914, und Ernst Liebermanns motivgleicher Zopf, 1921). Einzelausgaben bebilderten Felix Hoffmann (1949), Jutta Ash (1982), Marlene Reidel (1984). Für David Hockney (1969) und Maurice Sendak (1973) konzentrierte sich das Märchen in einem Bild. Janosch erfand das ›Rapunzeln‹ (1972), das Gebären einer Rapunzel nach exzessivem Genuß.

Reinold das Wunderkind *Die drei Schwestern

Reineke Fuchs
Die Fuchsgestalt hat sich Generationen von Lesern in Text und Bild eingeprägt: als Tierheld Reinhart (»der wegen seiner Schlauheit Unüberwindliche«), wie er in drei frühen Dichtungen als Titelfigur erscheint. Im ›Roman de Renart‹ (vor 1200) tritt er als der liebenswürdige triumphierende Schelm auf. Im

mittelhochdeutschen Tierepos von Heinrich der Glichezaere (um 1200) ist er der ränkereiche Bösewicht, der Wolf Ysengrims Frau verführt und alle Tiere zu überlisten trachtet, am Ende aber doch als der betrogene Betrüger dasteht. Satirisch-didaktisch geprägt ist der niederdeutsche ›Reinke de Vos‹ (1498), der den schlauen Fuchs über alle Tiere obsiegen und ihn am Ende Reichskanzler werden läßt. Dieses Versepos wurde auch als deutsches Volksbuch populär und häufiger »märchenhaft« bebildert, etwa durch Johann Heinrich Ramberg (30 Tafeln zu ›Reineke Fuchs‹, 1826), Ludwig Richter (12 Holzschnitte zu Marbachs Volksbuch, 1840), Heinrich Leutemann (36 Tafeln zu Julius Ed. Hartmanns Bearbeitung, 1855), Conrad L. Beckmann (9 Farblithos zur Kinderbuchausgabe, 1856). Ganz abgesehen von Goethes vielbebildertem Epos ›Reineke Fuchs‹ (1794), kam es zu bedeutenden bibliophilen Ausgaben wie denen von Friedrich W. Kleukens (niederdeutsch 1913, hochdeutsch 1929) und Max Slevogt (1928).

Im Zusammenhang mit dem ›Roman de Renart‹ stehen der alte Fuchs mit neun Schwänzen und die untreue Frau Füchsin, Figuren aus Grimms Doppelmärchen ›Von der Frau Füchsin‹ (1812). Der alte Fuchs will die Treue seiner Frau prüfen und stellt sich tot; junge Füchse freien um sie, doch erst, als einer mit neun Schwänzen kommt, will sie mit ihm Hochzeit machen. Die Sache endet mit ihrem Hinauswurf – während in der zweiten Geschichte einer das Rennen macht, der »rote Höslein hat und ein spitz Mäulchen«. – Auf Einlassung Achim von Arnims änderten die Brüder Grimm den Titel, er heißt seither ›Die Hochzeit der Frau Füchsin‹. Die erotische Komponente der »neun Schwänze«, wie sie in der japanischen *Frau Füchsin evident ist, haben die Grimms stets bestritten.

Der Reisekamerad

Andersens Märchen ›Reisekammeraten‹ (1835) ist im Deutschen auch als ›Der Wandergefährte‹ bekannt. Es erfüllt einen Typus, wie ihn die Brüder Grimm zwar gekannt, nicht aber in ihre Sammlung aufgenommen haben. In ihrem Nachlaß fand sich, die Figuren genau benennend, ›Der dankbare Tote und die aus der Sklaverei erlöste Königstochter‹ (Erstdruck 1915).

Andersens Held Johannes träumt in der Sterbenacht seines Vaters von einer Schönen »mit einer Goldkrone auf ihrem langen, prächtigen Haar«. Am nächsten Morgen schnürt er sein

Bündel, steckt die 50 Taler Erbteil zu sich und wandert hinaus in die Welt. Mit dem Geld kauft er den Leichnam eines Mannes frei, der seine Schulden nicht bezahlen konnte. Alsbald spricht ihn ein Fremder an, er wird Johannes' Reisekamerad und beeindruckt ihn, einmal durch weitläufige Kenntnisse, dann durch seine Salbbüchse. Mit ihr heilt er eine alte Frau und wird mit drei von ihr erbetenen Ruten belohnt. Mit der Salbe macht er auch Puppen ganz und bringt sie zum Tanzen, wofür der Puppentheaterbesitzer ihm seinen Säbel schenkt. Auf der Weiterreise stoßen sie auf einen toten Schwan; der Kamerad säbelt ihm die Flügel ab, nimmt sie ebenfalls mit. Sie gelangen vor eine Stadt mit prächtigem Marmorschloß und erfahren, dort residiert ein guter König und seine schöne, gefährliche Tochter, eine rechte Hexe, schuld am Tode vieler Prinzen. Auf die drei von ihr gestellten Rätselfragen, was sie gerade denke, habe noch kein Freier auch nur eine Antwort gewußt; er sei dann wahlweise aufgehängt oder geköpft worden.

Wie Johannes die Prinzessin sieht, da ist sie sein Traum. Er verliebt sich auf der Stelle. Der alte König kann ihn nicht davon abhalten, um sie zu werben. Solch sorglose Einstellung vermag der Kamerad nicht zu teilen; an ihm ist es, zu handeln. Nachdem er abends Johannes mit Punsch traktiert und schläfrig gemacht hat, bindet er sich die Schwanflügel an und steckt eine der drei Ruten ein. Eine viertel Stunde vor Mitternacht macht sich die Prinzessin mit schwarzen Flügeln auf, sie steuert einen großen Berg an – er unsichtbar hinter ihr her. Mit seiner Rute peitscht er sie, daß es ihr wie Hagelwetter erscheint. Dann sind sie im Berg, beim Trollkönig. Die (ihm hörige) Prinzessin berichtet von ihrem neuen Freier, worauf er ihr aufträgt (erstes Rätsel), an einen ihrer Schuhe zu denken. Dann geht es wieder zurück. Der Reisekamerad gibt es an Johannes weiter, als hätte er's geträumt. Johannes rät das Rätsel richtig. Dank des nächsten Nachtflugs seines Helfers errät er auch das zweite Mal, woran die Prinzessin denkt: an ihren Handschuh. Beim letzten Nachtflug peitscht der Kamerad die Prinzessin mit allen drei Ruten, selbst dann noch, als der Trollkönig sie zurückbegleitet und ihr erst beim Abschied das dritte Rätsel eingibt: »Denk an meinen Kopf!« Kaum ist sie im Schloß, säbelt er dem Unhold den Kopf ab. Johannes beantwortet das letzte Rätsel, indem er den Kopf des Trolls vorweist. Da gehört die Prinzessin ihm. Doch noch ist sie eine Hexe, und so gibt ihm der Kamerad für die Brautnacht genaue Anweisung, dazu drei Schwanfedern und ein Fläschchen mit Flüssigkeit. In den damit präparierten Wasserbottich taucht Johannes die schreiende Prinzessin dreimal ein: Erst wird sie zu einem kohlschwarzen Schwan, dann nur noch schwarzberingt, dann zur makellosen Prinzessin, schöner als zuvor. Nun gibt sich der Kamerad und Helfer als eben jener Tote zu erkennen, für dessen Seelenruhe Johannes all sein Geld gegeben hatte. Was er ihm schuldig war, hat er abgegolten. Jetzt kann er gehen und hat Frieden.

Andersen hat das Motiv des Dankbaren Toten einem norwegischen Volksmärchen entnommen, das von der Sühne eines Weinpanschers zu berichten weiß. Von einer *Prinzessin, die einem Berggeist hörig ist, handelt auch ›Die verwünschte Prinzessin‹ August Eys (1862). Hier ist es Held Peter, der auf Anraten des Dankbaren Toten die drei Flüge zum Harzgebirge unternimmt und sie mit eisernen Ruten schlägt, erst einer, dann zwei; in der dritten Nacht erhält er dazu ein zweischneidiges Schwert. Im monderleuchteten Bergsaal liegt ein Stachelfisch auf dem Altar, daneben ein Feuerrad, und der Dämon tröstet die vor Blut triefende Prinzessin. Nachdem er sie draußen verabschiedet hat, haut Peter ihm das Haupt ab, faßt es an den Haaren und fliegt der Prinzessin nach. Auch sie muß gereinigt, schrittweise entzaubert werden. Das erste Mal unter Wasser getaucht, kommt sie als Rabe daraus hervor, dann als Taube, zum Schluß als sie selbst. Peter küßt sie dreimal, wie ihm geheißen, und wird mit ihr glücklich.

Der Dankbare Tote steht dem Helden stets auch in der Brautnacht bei, bewahrt ihn vor den Schlangen, die im Körper der Braut wohnen. Friedrich von der Leyen hielt es für sicher (1958), daß sich darin der Glaube an die Gefährlichkeit der Defloration widerspiegelt. Andererseits ist die Braut zunächst dem Unhold hörig, trägt daher Dunkles in sich. – Die Figur des Dankbaren Toten taucht zuerst in der ›Histoire de Jean de Calais‹ auf, 1723 verfaßt von Madeleine Angélique de Gomez, später als Volksbuch bearbeitet und auch als Epinal-Bilderbogen weit verbreitet. Zwölf Federzeichnungen Alfred Kubins (1922) gaben Andersens Märchen Kontur. Verfilmt hat es der Russe Boris Ryzarew (1976), der die *Prinzessin auf der Erbse einbezog, den *Schweinehirt mit dazu und fürs Ganze einen neuen Filmtitel fand: ›Prinzessin gesucht!‹

Ricdin-Ricdon

Die Figur des bösen Kobolds *Rumpelstilzchen findet sich zum erstenmal im französischen Feenmärchen ›L'histoire de Ricdin-Ricdon‹ der Madame L'Heritier de Villandon (1705). Dort tritt er allerdings als großer, dunkelblickender Mann auf, seinen Namen gibt er gleich bekannt, und anstatt sich dreimal abzumühen, überläßt er der Heldin einen Zauberstab, der alle Arbeit elegant verrichtet. Der Namensklang und auch die Verseinlagen deuten darauf hin, daß das Märchen mit einem alten Kinderspiel zu tun hat.

Prinz Aymant-joye, einziger Sohn des Königs Prud'homme und der »Fleißigen Königin«, sieht, wie eine Bäuerin ein junges schönes Mädchen, das Spinnrocken und Flachs bei sich hat, in ein Haus zerrt. Sie spinnt zuviel, sagt ihm die Alte (vgl. *Die drei Spinnerinnen). Der Prinz stellt seiner Mutter die junge Rosanie vor als die begabteste und fleißigste Spinnerin im Land (dabei haßt sie das Spinnen). Sie ist bezaubernd: blond ihr Haar, alabastern die Stirn, große blaue Augen, feine und hübsche Taille, leichter Gang. Auf die Spinnprobe gestellt, sieht sie Düsteres vor sich: entweder man jagt sie aus dem Palast, oder sie gibt sich selbst den Tod. Im Garten sich ergehend, stößt sie im Pavillon auf einen großen, braunen, gutgekleideten Mann, der nach dem Grund ihrer Tränen fragt. Er überläßt ihr ein graubraunes Stäbchen, mittels dessen sich Hanf und Flachs zu schönsten Fäden spinnen lassen. In drei Monaten soll sie es zurückgeben und ihn dabei mit Namen anreden, dann hätte sie weiter keine Verpflichtung. Rosanie scheint, sein Name »Ricdin-Ricdon« läßt sich leicht behalten, und willigt ein. Das Stäbchen bewirkt all das, was sie sich ausbedungen hat, es webt feinste Tücher und Teppiche, es veredelt Kleider und Frisur. Die Liebe zwischen Rosanie und dem Prinzen wächst von Tag zu Tag. Zugleich nimmt ihre Furcht vor dem Tag der Übergabe zu, denn den wunderlichen Namen hat sie vergessen. Als ihr jedoch der Prinz von seinem Abenteuer mit dem »dunklen Teufel« im öden, verfallenen Palast berichtet und dessen wüstes Tanzlied noch auswendig weiß, da hat sie ihn wieder, den Namen. Es naht der Moment, wo sie von ihrer vornehmen Abkunft erfährt, und daß Königin Riante-image, ihre wahre Mutter, auf dem Weg zu ihr ist. Nachdem sich alle bekanntgemacht und schon der Hochzeitstag anberaumt ist, wünscht ein schwarzgekleideter Mann Rosanie zu sprechen.

Sie erkennt ihn sofort als »Herrn des Stäbchens«, und sobald sie es ihm unter Nennung seines Namens überreicht hat, verschwindet er – unter gräßlichem Geheul.

Das lautmalerische Ricdin-Ricdon-Lied ist samt Noten überliefert. Die Vorstellung, daß die Kenntnis des Namens Macht über die Person verleiht, entspricht altem Volksglauben.

Richilde *Schneewittchen

Riese, Riesin

Die mythische Gestalt des Riesen – die Personifizierung gewaltiger Naturkräfte bei den Griechen, die Göttergegner bei den Germanen – tritt im Märchen in unterschiedlicher Bedeutung auf. Der signifikanteste Zug ist der eines Oger oder Menschenfressers. Den *Uorco* kennt schon das italienische Barockmärchen, dem *Ogre* begegnet man im französischen Feenmärchen, er steckt auch im Namen ›Okerlo‹, einem frühen Märchen der Grimms (1812), das sie dann eliminierten. Schaut man sich dessen prominente Vorlage an, Madame d'Aulnoys ›Der Orangenbaum und die Biene‹, so fällt die Verbindung mit dem Polyphem der Antike auf: »Sie hatten nur ein schielendes Auge, das mitten auf der Stirn saß, ein Maul so groß wie ein Backofen«, etc. Das dort geschilderte Menschenfresserreich ähnelt der insularen Riesenburg, wie sie *Sindbad auf seiner dritten Reise erlebt: »Das gewaltige Wesen glich einem Menschen, aber es war schwarz von Farbe und hoch von Wuchs, so lang wie eine große Dattelpalme; und es hatte Augen, die wie Feuerscheite glühten, Zähne gleich den Hauern eines Ebers, ein Maul so weit wie die Öffnung eines Brunnens . . .« Sindbad blendet den Riesen, flieht und wird von der gräßlichen Riesenfrau nach Kyklopenmanier mit Felsbrocken bombardiert.

Der menschenfressende Riese hat es meist auf Kinderfleisch abgesehen (ebenso die *Hexe, die sich die junge Lebenskraft aneignen will). Anders seine gutartige Ehefrau, die den Helden versteckt, etwa in den britisch-keltischen »Jack Tales« (*Jack und die Bohnenranke) und im französischen *Kleinen Däumling. In den *Däumlings-Geschichten spielt das David-Goliath-Motiv herein, so auch bei *Tom Thumb. Ein kannibalisches Mahl, dem Tom durch das Schornsteinloch mit Wonne und Entsetzen zusieht (»er kochte, brutzelte und briet die menschlichen Keulen und Bratenstücke, verschlang sie alle hintereinander weg, Arme, Beine und Köpfe«), hat durchaus nicht gehindert, daß dies seit jeher das populärste englische Kindermärchen ist.

Häufig ist der Riese im Besitz von Zaubermitteln, etwa Siebenmeilenstiefeln, die ihm aber abgeluchst werden (*Der kleine Däumling). Oder zwei bis drei Riesen streiten sich um solche magischen Dinge, und der Held bringt sie gegeneinander auf oder spielt sie aus, wie im *Schwanjungfrau-Märchen *Der Trommler. Wenn der Held den Hunger eines Riesen stillt, wird ihm Hilfe zuteil (*Die Rabe). Der kegelspielende Riese kann voller Arglist und Tücke sein, ist aber auch dumm (*Der Königssohn, der sich vor nichts fürchtet). Riesen, die eine junge Königstochter rauben wollen, sind für den *Gelernten Jäger leicht auszuschalten. Kräftemessen mit einem dummen Riesen ist als Märchenschwank sehr beliebt (*Das tapfere Schneiderlein, ›Der Riese und der Schneider‹). Als positive Kraftgestalt zeigt sich ›Der junge Riese‹ (*Starker Hans).

Besonders ausgeprägt sind nordische Riesen wie der lappische Stallo – Zauberer, Schatzhüter, Menschenfresser in einem – oder der *Troll, insbesondere die isländischen Trollweiber, zottig, blaugesichtig, übermäßig stark und ringkampffreudig.

Rip van Winkle

Der Mann, der aus 20jährigem Schlaf erwacht und feststellt, alles ist ihm fremd, die Zeitläufte sind völlig andere, ist eine quasi mythische Figur – aber auch eine ironische. Der amerikanische Autor Washington Irving hat sie in einer einzigen Nacht aufs Papier geworfen und publiziert als ›A Posthumous Writing of Diedrich Knickerbocker‹ (1819).

Rip, Kolonialist in den Jahren vor der amerikanischen Revolution, ein umgänglicher Mann, der unter dem Regiment seiner Frau leidet, sucht dem täglichen Frust zu entkommen, indem er zu Jagd und Fischfang in die Catskill-Berge zieht. Hier trifft er Jenseitige, altmodisch gekleidet, beim Kegelspiel. Er trinkt von ihrem Bier und fällt in tiefen Schlaf. Als er erwacht und ins Dorf hinabsteigt, ist es sehr verändert, ihn erkennt niemand; die Frau tot, die Tochter verheiratet, Amerika längst unabhängig.

In einer »Anmerkung« des fiktiven Autors Knickerbocker wird auf eine mögliche Verbindung mit der magischen Entrükkung Barbarossas in den Kyffhäuser verwiesen. Tatsächlich hat der seit 1815 in Europa lebende Autor, der hier den Anmerkungsteil von Grimms ›Kinder- und Hausmärchen‹ parodiert, seinerseits die Erzählung vom Peter Klaus aus Otmars ›Volcks-Sagen‹ (1800) zum Vorbild genommen.

Der Stoff wurde sowohl dramatisiert (durch Jefferson/Boucicault, London 1865), als Operette vertont (R. Planquette, London 1882) und als Oper (DeKoven, Chicago 1920), wie auch als Märchenbuch illustriert (Arthur Rackham, London 1905).

Riquet mit dem Schopf
Von allen Märchen des Charles Perrault war ›Riquet à la houppe‹ (1697) dasjenige, das dem Stoff und Erzählduktus nach kein tradiertes Märchen, vielmehr pure Erfindung des Autors schien – wenigstens für Wilhelm Grimm. Diese Einschätzung bezog sich auch auf die Funktion der *Feen, die hier »als eigentliche Repräsentanten des Wunderbaren von einer rein psychologisierenden Einstellung verdrängt werden« (Lutz Röhrich). Deutsche Übersetzer machten aus dem Helden, der von Geburt an mitten auf dem Kopf einen kleinen Haarschopf hat, u.a. »Riquet mit dem Büschel«, »Heini mit dem Schopf«.

Riquet, Sohn einer Königin, kommt so häßlich und mißgestalt auf die Welt, daß die Geburtsfee dem entgegensteuert: Sein Esprit werde ihn liebenswert machen, und diese Gabe reiche hin, die Dame seines Herzens ebenfalls geistreich zu machen. Kaum kann das Kind sprechen, suchen seine Eloquenz und geistvolle Art ihresgleichen. Nach sieben oder acht Jahren bekommt eine Nachbarkönigin zwei Töchter, die erste schön und dumm, die zweite häßlich und vor Geist sprühend. Auch hierbei hat die Geburtsfee mitgewirkt. Mit dem Heranwachsen nehmen die Negativeigenschaften der Prinzessinnen zu, doch sieht sich die Schöne-Dumme gesellschaftlich zunehmend isoliert, im Gegensatz zu ihrer jüngeren Schwester. Im Wald begegnet sie Prinz Riquet, der sich von zu Hause aufgemacht hatte, sie zu sehen und zu sprechen – er hatte sich in ihr Bild verliebt. Nach längerem Disput macht Riquet, seiner Feengabe sicher, ihr das Angebot, ihn nach Ablauf eines Jahres zu heiraten. Sie akzeptiert, und schon entwickelt sich bei ihr ein Talent zu glänzender Konversation. Auch bei Hofe bemerkt man die Wandlung, und alle jungen Prinzen der benachbarten Königreiche bewerben sich um sie. Vor allem einer – mächtig, reich, geistvoll und wohlgestalt – hat es ihr angetan, doch wie sie im Wald darüber sinniert, stößt sie auf eine unterirdische Küche voller Köche und Bediensteter. Sie arbeiten für Riquet, denn morgen – sagt der Küchenmeister zu ihr – soll die Hochzeit sein. Da erinnert sie sich an ihr Versprechen vor einem Jahr. Als sie Riquet nun begegnet, ist sie sehr zögerlich, doch überzeugt er sie mit einem frappierenden Argument: Die gleiche Fee, die ihm die Gabe verliehen, sie geistreich zu machen, habe ihr die Macht gegeben, »daß Sie, wen Sie lieben, schön machen können«. Kaum spricht sie aus, daß sie ihm dies von Herzen wünscht, verwandelt sich der Prinz vor ihren Augen »in den schönsten und wohlgestaltetsten und liebenswertesten Mann von der Welt«, und die Hochzeit wird noch pünktlich gefeiert.

Ein Anflug von Märchenstimmung findet sich nur in der Waldbankett-Szene, die Gustave Doré (1862) und Karl-Georg Hirsch (1969) zeichnerisch einfingen. Und nicht wie im »richtigen« Märchen wird der Held, kaum ist das erlösende Wort gefallen oder das Entscheidende getan, in einen schönen Mann verwandelt; er erscheint ihr nur verwandelt, ihr allein. Psychologie und Rationalismus bestimmen dieses Märchen, das im Grunde kein »Zaubermärchen« sein will; eben das »macht aber auch die Feinheit der Erzählung aus und gibt ihr Tiefe« (W.Th. Elwert).

Ritter Rot *König Lindwurm

Die roten Schuhe

Von der dämonischen Kraft der tanzenden Schuhe haben bereits die Brüder Grimm erzählt (*Die zertanzten Schuhe). In seinem Märchen ›De rode Sko‹ (1845) verband Hans Christian Andersen dieses Motiv mit der Lebensgeschichte der kleinen Karen.

Sie ist so arm, daß sie sommers barfuß geht, winters mit großen Holzschuhen. Die alte Schuhmachersfrau im Dorf will ihr ein Paar einfache Schuhe machen. Sie sind aus alten roten Tuchstreifen, und ausgerechnet an dem Tag, als man Karens Mutter zu Grabe trägt, hat sie sie das erstemal an. Eine Dame, die in der Kutsche vorbeifährt, hat Mitleid mit der Waise und laßt sich das kleine Mädchen vom Prediger mitgeben; sie werde gut zu ihm sein. Karen denkt, das tue sie ihrer roten Schuhe wegen, doch die werden gleich verbrannt. Einmal, als die Königin auf Durchreise ist, erblickt Karen die kleine Prinzessin – in weißen Kleidern und roten Saffianschuhen.

Als Karens Einsegnung bevorsteht, soll sie eigene Schuhe bekommen; mit ihrer vornehmen Ziehmutter geht sie zum Schuhmacher, der bei ihr Maß nimmt. Er sucht in seinem Laden ein Paar rote Schuhe aus – genau wie die der Prinzessin –, und sie passen ihr. Daß sie rot sind, sieht die alte Dame nicht. Bei der feierlichen Einsegnung hat Karen nur ihre Schuhe im Kopf. Erst danach erfährt die Ziehmutter von allen Seiten, Karens Schuhe seien rot gewesen, ist bestürzt und trägt ihr auf, nur mit schwarzen Schuhen zur Kirche zu gehen. Doch sonntags, vor dem Abendmahl, zieht Karen wieder ihre roten an. Ein alter Soldat vor der Kirchtür, einer mit rötlichem Bart, sagt: »Sieh, was für schöne Tanzschuhe«, und er sagt zu den Schuhen: »Sitzt fest, wenn ihr tanzt«, und dann schlägt er mit der Hand gegen die Sohlen. Karen, die beim Abendmahl wieder nur an ihre Schuhe denken kann, vergißt den Psalm und das Vaterunser. Gerade als sie in die Kutsche steigen will, spricht der Soldat wieder von ihren schönen Tanzschuhen, und nun haben sie plötzlich Macht über sie, ihre Beine tanzen und tanzen, nur mit Mühe kann man ihr die Schuhe ausziehen. Als ihre Ziehmutter krank darnieder liegt, geht Karen mit ihren Schuhen zum Ball, tanzt durchs Stadttor, und ein drittes Mal begegnet ihr der alte Rotbart mit seinem Spruch. Da tanzt sie über Feld und Wiese, bei Tag und bei Nacht, und auf den offenen Kirchhof hinaus. »Tanzen sollst du, tanzen . . .«, ruft der Engel mit dem scharfen Schwert streng, und es wird ihr zur Qual. Den Scharfrichter bittet sie, daß er ihr die Füße abschlägt. Doch sogar mit den Stümpfen tanzen die Schuhe weiter, während Karen in Holzfüßen und auf Krücken geht. In ihrer Kammer bittet sie, Gott möge ihr helfen. Da kommt sein Engel mit einem Zweig roter Rosen, und was immer er damit berührt, Dekke, Wände, alles wird weit, die Kirche selbst kommt zu ihr . . . Karen bricht das Herz.

Der englische Ballettfilm ›The Red Shoes‹ (1948) mit Moira Shearer als Primaballerina hat dieses Märchen weithin bekannt gemacht. Es inspirierte Salvador Dali zu einem surrealen Bild. Illustrationen schufen u.a. A. Ségur (›Les souliers rouges‹, 1960) und Chihiro Iwasaki (›Akai kutsu‹, 1968).

Rotkäppchen

Rotkäppchen, Le petit chaperon rouge, Little Red Riding Hood, Cappuccetto rosso, Den lille rödhaette, Krasnaja schapotschka etc. ist als Märchenfigur so signifikant und weitverbreitet wie kaum eine zweite. Sie ist das einzige Bauernmädchen, das sich auf der Beliebtheitsskala neben berühmten *Prinzessinnen behaupten kann, und so häufig analysiert, variiert, parodiert und karikiert wie sonst nur *Der Froschkönig, wozu die besondere Partnerdialektik beiträgt. Daß sie eine typisch deutsche Figur sei, ist ein Mißverständnis. Eindeutig sind Name und Figur aus Perraults ›Le petit chaperon rouge‹ (1697) entlehnt, einem Warn- und Schreckmärchen, das zugleich den Schauder des Entsetzens genießt. Die Grimms fanden ihr ›Rothkäppchen‹ (1812) vom Namen her vorgeprägt in Ludwig Tiecks dramatischer Märchensatire ›Leben und Tod des kleinen Rothkäppchens‹ (1800), auch was die Farbsymbolik (»es geht doch keine Farbe über Roth«) und den durch Tieck neueingeführten Jäger betraf. Die Brüder Grimm erzählten ihr Märchen zweimal hintereinander: erst in der schriftlich durch Perrault und Tieck, mündlich durch Jeanette Hassenpflug tradierten Version, und im Anschluß daran in einer rein oralen, gewissermaßen volksliterarischen Version, die ihnen Marie Hassenpflug mitgeteilt hatte.

Die kleine süße Dirn wird besonders von ihrer Großmutter geliebt, die ihr das Käppchen von rotem Sammet geschenkt hat, das sie seither immer trägt – von daher auch ihr Name. Die Mutter schickt Rotkäppchen mit Kuchen und Wein (bei Perrault: Kuchen und Topf mit Butter) zur kranken Großmutter in den Wald. Sie warnt sie, nicht vom Wege abzukommen; »sei hübsch artig«, heißt es erst, später: »geh hübsch sittsam«. Im Wald begegnet sie dem Wolf, weiß nicht, daß er böse ist, fürchtet sich nicht. Er holt von ihr drei Informationen ein: wohin des Wegs – was trägst du unter der Schürze – wo wohnt die Großmutter. Und er suggeriert ihr dreierlei: Sie möge sich umgucken (nach den schönen Blumen), umhören (nach dem Gesang der Vögel) und aufnehmen, was »so lustig haußen«. Rotkäppchen kommt, blumenpflückend, immer mehr vom Wege ab und immer tiefer in den Wald. Der Wolf dagegen geht geradewegs zum Haus der Großmutter, klopft an die Tür, gibt sich als sie verpflegende Enkelin zu erkennen, erhält Einlaß, geht zielstrebig auf ihr Bett zu und verschluckt sie. Dann zieht er ihre Kleider an, setzt sich ihre Haube auf, legt sich ins Bett und zieht dessen Vorhänge zu. Als Rotkäppchen zum Haus kommt, mit soviel Blumen, wie sie nur tragen kann (hat sie noch ihre Mitbringsel?), da steht die Tür offen. Sie wundert sich und, nähertretend, ängstigt sich auch. Auf ihren Guten-Morgen-Gruß erhält sie keine Antwort. Als sie die Vorhänge zurückzieht und die Großmutter mit tiefsitzender Haube so wunderlich liegen sieht, beginnt das berühmte, sich zuspitzende Rederitual. Was hast du für große Ohren – und Augen – und Hände – und was für ein entsetzlich großes Maul? Und die Antwort: Daß ich dich besser hören kann – und sehen – und packen – und fressen. Wort und Handlung gehen ineinander über: Der Wolf springt aus dem Bett und verschlingt Rotkäppchen.

Der Jäger, der vorübergeht, hört überlautes Schnarchen und will nach dem Rechten sehen. Vor dem Bett sieht er, der Wolf liegt darin; er will ihn schießen, da fällt ihm die möglicherweise zu rettende Großmutter ein, also greift er zur Schere und beginnt ihm den Bauch aufzuschneiden (vgl. *Der Wolf und die sieben Geißlein). Erst sieht er das rote Käppchen leuchten, noch ein paar Schnitte, und das Mädchen springt unversehrt heraus. Auch die Großmutter, wiewohl knapp an Atem, kommt lebendig hervor. Mit den großen Steinen im Bauch, die Rotkäppchen geholt und den Wolf damit gefüllt hat, ist kein Fortspringen möglich; er fällt sich zu Tode. Jeder kommt zu dem seinigen: der Jäger zum Pelz, die Großmutter zu Kuchen und Wein und Rotkäppchen zu der Einsicht, ihr Lebtag nicht mehr vom Wege ab in den Wald zu laufen.

Perraults Märchen verläuft anders, ab dem Moment, als das Mädchen die – dort verriegelte – Haustür vorfindet. Es ist die rauhe Stimme des Wolfes, die ihr angst macht. Unzimperlich fordert er sie auf, beide Mitbringsel auf den Backtrog zu stellen und sich zu ihm zu legen (»viens te coucher avec moi«). Sie zieht sich aus, sieht hautnah, wie »die Großmutter« ohne Kleider beschaffen ist. Ihr Dialog beginnt mit den großen Armen – daß ich dich besser umfangen kann – und endet bei den großen Zähnen – daß ich dich fressen kann. Mit der Freßtat endet das Märchen. Eine abschließende gereimte »Moral« macht noch einmal die erotischen Facetten des Wolfswesens deutlich, seine raffinierten, oftmals subtilen Strategien.

Anthropophagische Züge, die Perraults Märchen beiseite läßt, kommen in älteren Volksmärchen vor, wie im provenzalischen ›Le petit chaperon rouge‹, wo der Wolf die Überreste der Großmutter beiseite tut, das Fleisch in den Schrank, das Blut in eine Schüssel, und das hungrig einkehrende Rotkäppchen damit bewirtet. Französische Folklore kennt auch seit jeher den »Villain« oder Werwolf als Schreckbild. Im Zuge der Zivilisierung wurde diese Wolfsfigur immer mehr verharmlost, wie auch Rotkäppchen zunehmend braver, kleiner, unerotischer gehandelt wurde. Romanisten wie Felix Karlinger sahen im Argotausdruck »rotes Käppchen« die Monatsblutung gekennzeichnet, Psychoanalytiker wie Erich Fromm interpretierten es analog, als Erreichen der weiblichen Reife, und deuteten das wölfische Hinunterschlingen als kannibalisch sich vollziehenden Geschlechtsakt, die Steine hingegen (Symbole der Sterilität) als vergeltende Bestrafung. Sigmund Freud äußerte sich zu den erotischen Fixpunkten: »Dieses Märchen gibt nur Anlaß zu zwei Illustrationen, zur Begegnung des Rotkäppchens mit dem Wolf im Walde und zur Szene, wo der Wolf mit der Haube der Großmutter im Bette liegt.« Gleich die erste Illustration des Märchens, eine Vignette in der Ausgabe 1697, zeigt aber anderes: die Großmutter im Bett, vor ihr der freßgierige Wolf. Die besondere Grimm-Ikone (Ludwig Emil Grimms Kupfer zur Kleinen Ausgabe, 1825) stellt zwar das Tête-à-Tête zwischen dem – voll erblühten – Rotkäppchen und der vorgeblichen Großmutter dar, doch ist diese aller wölfisch-aggressiven Züge beraubt. Zeichnerisch ist die Perrault-Linie von der Grimm-Linie zu trennen. Für erstere stehen große Teile der englischen Rezeption, von Tabarts bebilderter Versversion (1808) bis zu Walter Crane (1873, dt. 1882), einbezogen auch Theodor Hosemann (12 Bilder zu G. Holtings Bearbeitung, 1840) und natürlich die klassische französische Tradition: Grandville, Gavarni, Bertall, Doré etc. Für die Grimm-Bechstein-Linie stehen Zeichner des Biedermeier wie Ludwig Richter, Ausgaben populärer und Jugendstil-künstlerischer Bilderbogen, dann moderne Illustratoren wie Svend Otto Sörensen (1970), Edward Gorey (22 Farbzeichnungen, 1974), Friedrich Hechelmann (1979), Lisbeth Zwerger (1983). Eine eigene Bild-Text-Linie entwickelten Janosch (›Das elektrische Rotkäppchen‹, 1972), Tomi Ungerer mit Herzog Wolf (1975), Friedrich Karl Waechter mit Mitmach-Märchen (1976).

Einübung eines kritisch-selbstbewußten Verhaltens, das galt schon für James Thurbers Fabel ›The Girl and the Wolf‹ (1939), für die Antinazi-Rotkäppchen Walter Mehrings (1935) und Alfred Polgars (1940), später für Iring Fetschers ›Rotschöpfchen und der Wolf‹ (1972) und Peter Rühmkorfs ›Das Rotkäppchen und der Wolfspelz‹, 1981. Experimentiert wurde auch mit »Goldkäppchen«, »Blaukäppchen«, es mehrten sich Juxversionen und Cartoons.

Rotkäppchens dramaturgische Bearbeitungen reichen von Franz Graf Poccis Kasperlkomödie (1855) bis zum russischen Märchendrama des Jewgenij Schwarz (1937, dt. 1953). Es gab mindestens acht Vertonungen des Stoffes, u.a. durch Peter Tschaikowsky (1888) und Zesar A. Cui (1911). Zu Verfilmungen kam es relativ spät. Ein Kurzfilm Walt Disneys ›The Big Bad Wolf‹ entstand 1934; Walter Janssen realisierte einen Kinderfilm (1954), Götz Friedrich verfilmte das Märchendrama von Jewgenij Schwarz (Defa 1962), und Angela Carters Fantasy-Version, die sexuellen Sehnsüchte einer 13jährigen, setzte Neil Jordan in ›Die Zeit der Wölfe‹ (1984) filmisch um.

Touristisch wurde Rotkäppchen für die hessische Schwalm reklamiert, aufgrund der historischen Betzel-Tracht, einer roten Haube, die von unverheirateten Frauen getragen wird. Das führte u.a. zur Inszenierung eines ›Schwalmstädter Rotkäppchen‹ (1992). Zur weitverzweigten Geschichte Rotkäppchens liegen eine Reihe Materialsammlungen vor: von Hans Ritz (1981, 11. Aufl. 1993), von Jack Zipes (1982), von Elisabeth und Richard Waldmann (Bilddokumentation 1985) und von Marianne Rumpf (1989).

Rübezahl

Der Berggeist des Riesengebirges, von Tschechen »Krakonosch«, von Polen »Liczyrzepa« genannt, soll seinem ersten Chronisten zufolge am allerwenigsten vertragen haben, wenn er mit Rübezahl tituliert wurde – vermutlich, weil im Namen mittelhochdeutsch ribe, »Hure«, und zagel, »Schwanz«, steckt. Aus Johannes Praetorius' dreibändiger ›Daemonologia Rubinzalii Silesii‹ (1662–65) und seinem ›Satyrus Etymologicus‹ (1672) schöpfte Musäus, als er fünf Rübezahl-Legenden in seine ›Volksmährchen der Deutschen‹ aufnahm (1783). Nun war zwar der mächtige Nachtjäger, Zauberer, Schatzhüter, Tierherr, Wetterhexer mehr eine naturmythische Sagengestalt, doch das 19. Jh. vereinnahmte ihn, textlich wie bildlich, auch als Märchenfigur.

Zu ›Das Buch von Rübezahl – Eine vollständige Sammlung aller Volks-Mährchen aus dem Riesengebirge‹ (1834) gab J. P.

Lyser sechs Kupferstiche bei, und Peter Carl Geissler zu ›Mährchen vom Rübezahl‹ (1843) deren zehn. Stilbildend wirkten vier Ölgemälde Moritz von Schwinds (1836/51), die Rübezahl mit vorschießendem Bart, dunkelgewandet, knüppelbewehrt als einen ruhelosen Wanderer zeigen, als Immergleichen und jeweils Anderen. Wirksam auch Ludwig Richters Illustrationen zu Musäus (1842), speziell »Rübezahl 1848« für den sächsischen Kunstverein, denen die Theodor Hosemanns (1871), Georg A. Stroedels (1900), Max Slevogts (1909) und Alfred Kubins (32 Zeichnungen zu Praetorius' ›Rübezahl‹, 1927) folgten.

Vertont wurde der Stoff von Spohr (›Der Berggeist‹, 1824), dramatisiert durch W. Menzel (›Rübezahl‹, 1829), verfilmt von und mit Paul Wegener (›Rübezahls Hochzeit‹, 1916).

Rumpelstilzchen

Grimms Wörterbuch weist unter Rumpelstilz »lärmender, spukender Kobold« aus. Schon in Fischarts ›Gargantua‹ (1575) kam ein »Rumpele stilt oder der Poppart« vor – als Spiel. Auch *Ricdin-Ricdon, die älteste Märchenfassung, bezog Spielelemente ein. Das Teufelskerlchen bei Grimm hörte zunächst auf »Rumpenstünzchen«, ritt auf einem Kochlöffel ums Feuer und flog, statt sich mitten entzweizureißen, auf selbigem Löffel zum Fenster hinaus. Im Erstdruck (1812) lief das Männchen bloß zornig fort (erzählt nach Dortchen Wild), und erst ab dem Zweitdruck (1819) wurde sein Abgang so drastisch-dramatisch, wie wir ihn kennen (erzählt nach Lisette Wild).

Die Heldin ist eine schöne Müllerstochter, deren Vater, arm wie er ist, dem König weismacht, sie könne spinnenderweise Stroh in Gold verwandeln. Der König läßt sie zu sich aufs Schloß bringen und führt sie in eine Kammer voll Stroh, gibt ihr Rad, Haspel und genaue Anweisung und verschließt dann die Kammer. Die ihr gestellte Aufgabe ist aussichtslos: Bis morgen soll sie alles Stroh zu Gold spinnen, andernfalls muß sie sterben. Das Mädchen sitzt da und weint, sie »wußte um ihr Leben keinen Rat«. Ein kleines Männchen tritt zur (verschlossenen) Tür herein, spricht sie an, will für sie die Arbeit erledigen und läßt sich dafür ihr Halsband geben. Tatsächlich verarbeitet er bis zum Morgen alle Spulen zu Gold. Der König wird bei diesem Anblick noch goldgieriger, er erhöht von Mal zu Mal die Spinnmenge. In der zweiten Nacht nimmt das Männchen für seine Dienste ihren Fingerring; in der dritten – wenn sie die Nacht noch bewältigt, will der König sie heiraten – hat sie rein nichts mehr, was sie hergeben kann, und so läßt sich der Dämon ihr erstes Kind versprechen. Der König sieht, auch die dritte Aufgabe ist erfüllt, und heiratet sie. Übers Jahr bringt die Königin ein schönes Kind zur Welt. Das Männlein erscheint und pocht auf ihre Zusage. Sie bietet ihm alle Reichtümer des Königreichs, wenn er ihr das Kind läßt – vergebens. Das Männlein gibt ihr nur eine Chance und dafür drei Tage Zeit. Bis dahin muß sie seinen Namen wissen.

Bisher haben Vater, König, Dämon sie in verheerender Weise »fremdbestimmt«; jetzt, wo es um ihr Kind geht, nimmt sie ihr Schicksal selbst in die Hand. Sie läßt nach sämtlichen Namen im Land forschen. Am ersten Ratetag nennt sie dem Männchen alle bekannten Namen, am zweiten alle seltsamen und ausgefallenen. Am dritten Tag kommt ihr Bote ohne neue Funde zurück; nur erzählt er von einem entlegenen Waldhäuschen, davor ein Feuer und ein lächerliches Männchen, das auf einem Bein ums Feuer sprang. Was es schrie, hat er behalten: ». . . ach, wie gut ist, daß niemand weiß, daß ich Rumpelstilzchen heiß«. Nun foppt die Heldin ihren Gegenspieler, sie nennt ihm erst zwei falsche Namen – dann sagt sie ihm seinen auf den Kopf zu. »Das hat dir der Teufel gesagt«, ist seine zornige Reaktion. Mit dem rechten Fuß stößt er leibestief in die Erde, dann nimmt er den linken mit beiden Händen und reißt sich selbst mitten entzwei.

Das englische Pendant zu Rumpelstilzchen ist Tom Tit Tot, ein kleiner schwarzer Kobold, der unverschämt grinst und mit seinem langen Schwanz herumwirbelt. Der dänische Trillevip ist ein rotbemützter Berggeist, der sich als Liebespartner aufdrängt, dem Mädchen nach der Namenspreisgabe aber noch zum Eheglück verhilft, indem er die alten *drei Spinnerinnen anheuert. In der Tat erscheinen jene drei dämonischen Spinnhelferinnen, die durchweg gutmütig sind, wie eine ins Schwankhafte gekehrte Rumpelstilzchen-Variante; aus ihren Namen machen sie nie einen Hehl.

Angelsächsische Illustratoren hatten von jeher Spaß an ›Rumpelstiltskin‹, angefangen von George Cruikshank (1823) bis zu Evaline Ness (1965), David Hockney (1969) und Edward Gorey, der es zum Schluß tief in die Erde versinken ließ (48 Zeichnungen, 1973). Es wurde mehrmals dramatisiert und vertont; ein deutscher Spielfilm (1955) ließ den Kobold mittels Stopptrick auftauchen und verschwinden.

Rusalka

Diese Wassernymphe, vergleichbar *Melusine und *Undine, gilt den Ostslawen als Geist einer auf unnatürliche Weise ums Leben gekommenen Frau. Die Rusalki sind schöne Mädchen mit langem, grünbekränztem Haar. In Neumondnächten tanzen sie auf Waldlichtungen, verlocken Neugierige; werden sie eines Menschen habhaft, so lachen sie, bis ihn das Lachen tötet.

Ein »lyrisches Märchen« Jaroslav Kvapils bezog Motive aus Andersens *Kleiner Meerjungfrau; zum Schluß umarmte Rusalka den wiedergefundenen Prinz und gab ihm den Todeskuß. Diese Vorlage diente Antonin Dvorak zur Gestaltung eines Musikdramas nach Wagnerschem Vorbild: der Oper ›Rusalka‹ (Uraufführung 1901 am Tschechischen Nationaltheater in Prag). Für ihr feministisches Märchen ›Russalka oder Die Meeresküste von Böhmen‹ (1978) fand die Amerikanerin Joanna Russ einen anderen Plot. Das zauberische Meerwesen, an dem ständig herumexperimentiert wurde, öffnet seinen Froschmund, bevor es stirbt, zu einem einzigen Wort: »Narr.«

S

Salomo

Mit König Salomo, Sohn Davids und der Batseba, sind einige alte Märchenmotive verbunden: die sprichwörtlich weise Urteilsfindung, der zauberische Siegelring, die Rätselproben der *Königin von Saba, ihrer beider Weisheitsturnier. Dem Koran nach kennt Salomo, arabisch Sulaiman, die Sprache der Tiere und den Gesang der Vögel, er gebietet den Dämonen und Dschinnen, also den Luft- und Feuergeistern. Die 27. Sure, auch Ameisen-Sure genannt, macht ihn zum Märchenhelden.

Salomo versammelt all seine Heere, darunter das der Vögel, um sich und bemerkt, daß der Wiedehopf fehlt. Als er eintrifft, gibt er zu seiner Entschuldigung an, er habe sich in dem unbekannten Land Saba aufgehalten, und schildert dessen eindrucksvolle Herrscherin; wie ihr Volk bete sie allerdings die Sonne an. Salomo sendet den Wiedehopf nun als Boten aus: Die Königin von Saba möge zu ihm kommen und rechtgläubig werden. Die Königin erwidert die Einladung zunächst mit Geschenken, die Salomo indes verschmäht. Durch einen Ifrit (Dschinn) läßt er ihren Thron augenblicklich herbeischaffen. Als sie in Salomos Schloß eintritt, erliegt sie einer Sinnestäuschung. Den spiegelglatten Glasboden hält sie für tiefes Wasser und schürzt ihre Beine. Er macht sie auf den Irrtum aufmerksam, und sie bekennt sich zum rechten Glauben.

Von solcher »Wasserprobe« weiß die Bibel nichts, wohl aber, weshalb sie kommt: um »Salomo zu versuchen mit Rätseln« (1. Kön 1–11). Dort steht auch die Parabel von Salomos weisem Schiedsspruch im Mütterstreit. Das verbliebene Kind soll mit dem Schwert geteilt werden, damit beide Frauen die Hälfte erhalten, lautet sein Urteil. Die leibliche Mutter verzichtet auf ihren Anspruch und bekommt gerade deshalb das Kind zugesprochen (vgl. Brechts Drama ›Der kaukasische Kreidekreis‹).

Eine Reihe solcher Chochmes (Weisheiten) oder kluger Ratschläge (Ejzess) sind in jüdischen Geschichtensammlungen des Mittelalters enthalten. So rät Salomo einem bestohlenen Kaufmann, sein übriges Geld an derselben Stelle zu vergraben, und richtet es so ein, daß der Dieb das gestohlene dort wieder deponiert. Oder er stellt drei Brüder nach langen Dienstjahren vor die Wahl, je 100 Gulden anzunehmen oder aber drei gute Ratschläge. Alle nehmen das Geld, doch der jüngste bereut und tauscht das Geld in Ratschläge um. Die Brüder erfrieren, er selbst kommt zu Reichtum – doch dann in schwere Bedrängnis, weil er den dritten Rat, sein Geheimnis auch vor der Ehefrau geheim zu halten, mißachtet hat. Schlaume hamelech (König Salomo) sorgt für ein gutes Ende.

Die Weisheiten wechseln. Das katalanische Märchen ›Die Ratschläge des Königs Salomo‹ (1932) kennt folgende: Verlasse niemals deinen Weg, auch wenn du einen neuen siehst – Misch dich nicht ungebeten in die Angelegenheiten anderer – Tu niemals eine Sache, bevor du sie nicht dreimal überlegt hast. Jener dritte Rat bewahrt Salomos Diener Toniello davor, seinen eigenen Sohn zu töten. Das in Ratschlägen angelegte Geld, ganze 3000 Pfund, findet er in der Pastete wieder, die ihm Salomo mitgegeben hatte (auch dieser Zug ist typisch).

Salomos Siegelring kennt schon das koptische Märchen ›Der Zauberring und die Wundersäule‹ (10. Jh.). Den Becher Wein, in dem er liegt, trinkt die kluge Königin von Saba nicht. Sie will überwunden werden, dann beuge sie sich. Salomo solle die »Säule der Allwissenheit« erhalten, wenn seine Dschinnen sie ihm rasch herschafften. Da ruft er die Flügelgeister zusammen. Erst der dritte stellt ihn zufrieden: »Vom Einatmen bis zum Ausatmen werde ich dir die Säule bringen.«

Wer den Siegelring trägt – so steht es in 1001 Nacht, in ›Die Abenteuer Bulûkijas‹ –, dem werden alle Menschen und Geister, Vögel und wilden Tiere, alle erschaffenen Wesen untertan (vgl. *Hinkel, Gockel und Gackeleia).

Sandmännchen

Die Figur des Sandmännchens galt schon zu Grimms Zeiten als freundlicher Kinderschreck. »Wenn der Sandmann dem schläfrigen Kind Sand in die Augen streut«, hieß es in Grimms Dt. Wörterbuch, »ist es Zeit zu Bett zu gehen.« Ihr jüngerer Bruder Ludwig Emil Grimm schuf ein Blatt »Das Sandmännchen kommt« (1838), spätromantisch gesehen als eine Art Naturgeist, angetan mit langer spitzer Kapuze, ein Füllhorn in der Linken, das Nachtkäuzchen auf seiner Schulter. Wenig später kreierte Hans Christian Andersen seinen Sandmann ›Ole Luköje‹ (1842), der für jeden Tag in der Woche eine Geschichte parat hielt – »Es gibt niemand auf der Welt, der so viele Geschichten erzählen kann wie Ole Luköje.« Er besitzt einen seidenen Rock, der, je nachdem er sich wendet, grün, rot und blau schimmert. Unter jedem Arm hält er einen Regenschirm; den mit Bildern spannt er über die guten Kinder auf, dann träumen sie die ganze Nacht die herrlichsten Geschichten; den anderen, wo gar nichts darauf ist, spannt er über die unartigen Kinder.

Grimms Sandmännchen wirkte fort in Humperdincks Oper ›Hänsel und Gretel‹, wo er als sackbeschwertes Männlein sich abends den Geschwistern freundlich nähert. Andersens Ole Luköje errang dauerhaften Ruhm als Held der täglichen Vorabendserie ›Der Sandmann‹ im DDR-Fernsehen 1959 bis 1991, mit einem Sandmannlied als Ohrwurm, mit Puppenstars wie Pittiplatsch und Schnatterinchen, Herr Fuchs und Frau Elster, Brummelchen und Struppi. Das Sandmännchen hatte die besondere Funktion, sich Märchenfiguren (aber nicht nur solche) in die Gegenwart zu holen. Es war die ostdeutsche Kultfigur schlechthin. Uwe Johnson beschrieb sie (1964) als »kleine Puppe mit einem hölzernen Rundkopf, daran ist ein spitzer Kinnbart, sie trägt weite Joppen, weite Umhänge, eine Mütze mit einer am Hinterkopf aufsteigenden Spitze; das Sandmännchen kann sich bewegen, sprechen kann es nicht«.

Der Schatten *Peter Schlemihl

Scheherezade

Die Märchenerzählerin in der Sammlung ›Alf Laila wa-Laila‹, gemeinhin als 1001 Nacht bekannt, wird auch mit Schehrezad, Schahrazad bezeichnet; ihr Name geht zurück auf persisch tschihr-asad, »von edlem Antlitz«. Sie ist nicht nur die berühmteste (freilich eine fiktive) *Märchenfrau, sondern nächst Apuleius' alter Haushälterin (*Amor und Psyche) auch die erste Erzähltherapeutin.

In der ursprünglichen, buddhistisch intendierten Rahmenhandlung erzählt die kluge und belesene Wesirstochter um ihr Leben – und um die Gunst ihres Herrn. König Schehrijar hat die traumatische Angewohnheit, aus Rache über den Treubruch seiner ersten Ehefrau jede Nacht eine Jungfrau zu sich zu nehmen, um sie des Morgens zu töten. Als sein Wesir ihm keine neuen Jungfrauen mehr zuführen kann, fürchtet er für sich das Schlimmste. Scheherezade, eine seiner beiden Töchter, bietet sich an, Opfer zu werden oder aber Werkzeug der Befreiung. Der Wesir will sie umstimmen, doch sie läßt sich nicht abhalten, schmückt sich bräutlich für den König. Von ihm bedingt sie sich (um ihn von seiner Gewohnheit abzubringen) die Anwesenheit ihrer jüngeren Schwester Dinazade aus. Nachdem der König mit Scheherezade das Lager geteilt hat, ermuntert die Schwester sie (wie verabredet), eine Geschichte zu erzählen – »damit wir uns die wachen Stunden der Nacht verkürzen«. So geht es nun jede Nacht, drei Jahre lang. Scheherezade erzählt und erzählt, bis der König von seinem Tötungstrieb geheilt ist. In den letzten Nächten nennt sie ihm verschlüsselt seine eigene Geschichte, er erkennt sein Unrecht und bereut. Am Ende heiratet er sie. – In späteren islamischen Fassungen schenkt Schehrijar der Scheherezade lediglich das Leben. Er tut dies nicht allein zu Ehren ihrer Erzählkunst, sondern weil sie ihm plötzlich die drei Knaben vorweist, die sie während der 1001 Nächte geboren hatte.

Nikolai Rimskij-Korsakow schuf eine Sinfonische Suite ›Scheherezade‹ (1888); diese Musik instrumentierte Sergej Diaghilew für eine glanzvolle Inszenierung des Russischen Balletts (Pariser Opéra, Paris 1910). Das Libretto basierte auf der ersten Erzählung aus 1001 Nacht, dem Treubruch der Gattin Schehrijars, die während seiner Abwesenheit das Lager mit einem »hergelaufenen schwarzen Sklaven« geteilt hat, worauf er beide erschlug. Daraus wurde ein leidenschaftlicher Liebestanz der Zobeide (Ida Rubinstein) und des Sklaven (W. F. Nijinsky); der konsternierte Schehrijar tötete die beiden nicht selber, sondern überließ den Sklaven seiner Wache, während Zobeide, die Geliebte des Königs, Selbstmord beging.

Die Schlangenfrau

Von der Liebe der Fee Cherestani zu König Farruscad handelt die ›Geschichte des Königs Ruswanschad und der Prinzessin Schahristani‹, niedergelegt in der persischen Sammlung ›1001 Tag‹, die durch Pétis de la Croix und Lesages Bearbeitung nach Europa gelangte (1710/12, dt. 1909). Carlo Gozzi entnahm daraus zwei seiner *fiabe*, *Turandot und diesen Stoff, dem er den Titel ›La donna serpente‹ gab (Uraufführung Venedig 1762). Richard Wagner griff ihn in seinem Erstlingswerk ›Die

Feen‹ auf (1834), Alfredo Casella schuf ein Jahrhundert später ebenfalls eine Oper (›La donna serpente‹, 1932).

Wie *Melusine ist Cherestani mütterlicherseits eine Jenseitige. Um ihrer Liebe willen hat sie das Feenreich verlassen und ist die Frau des jungen Königs von Tiflis geworden. Mensch kann sie aber nur bleiben, wenn zwei Bedingungen erfüllt sind: Der Mann, der sie liebt, darf sie nicht nach ihrer Herkunft fragen, und er darf sie in acht Jahren kein einziges Mal verfluchen. Diese Zeit verbringen sie fernab der Hauptstadt in einem Schloß. Farruscad quält das Frageverbot so sehr, daß er Cherestanis Schlafzimmer durchsucht; sie überrascht ihn dabei und geht mit beiden Kindern fort. Trotz Krieg und Stadtbelagerung macht er sich auf, sucht die Verschwundene überall. Als er sie findet, beschwört sie ihn, er müsse ihr um jeden Preis vertrauen – dann werde sie anderntags ihr Geheimnis enthüllen. An jenem Tag befiehlt Cherestani den Soldaten, ihre Kinder lebend ins Feuer zu werfen. Farruscad verflucht sie nicht. Doch als er erfährt, auf ihre Veranlassung seien alle Lebensmittel in den Fluß geworfen, und die Soldaten, welche die Stadt verteidigen, litten furchtbar an Hunger, da schreit er auf: »Verflucht sei der Tag, an dem ich dir begegnet bin!« Unter tiefem Schmerz übergibt sie ihm die Kinder, die erst das Feuer zu Menschen geläutert hat. Wehklagend klärt sie ihn auf, daß die Verpflegung seiner Soldaten vom Feind vergiftet worden war. Sie kann nicht länger bei ihm bleiben. Vor seinen Augen verwandelt sie sich in die schuppige Schlangenfrau. Erst eine mitleidige Fee wendet alles zum Guten. Dem König bleibt eine letzte Chance, wenn er drei Proben besteht. Er nützt sie und darf die erlöste, menschgewordene Schlangenfrau für immer in die Arme schließen.

Zu einem auch kulturgeschichtlich aufschlußreichen Vergleich bietet sich das japanische Dämonenmärchen *Frau Füchsin an.

Schlaraffen

Den Schlaraffen definiert Adelungs deutsches Wörterbuch (1780), deutlich mißbilligend, als »eine Person, welche ihr Leben in einem hohen Grade des trägen Müßigganges zubringet, welche sich einer wollüstigen und üppigen Muße widmet«. Solche »Schluraffen« kennt schon Sebastian Brants ›Narrenschiff‹ (1494), denn mittelhochdeutsch slur bedeutet »faulenzen« und affe »Tölpel«. Die Vorstellung vom ›Schlauraffen Landt‹, wie Hans Sachs eines seiner Fastnachtsspiele nannte, verband sich mit der in Krisen und Hungersnöten geborenen Vorstellung vom »Kuchenland« (mittellateinisch Cucania, altfranzösisch Coquaigne), das schon zweihundert Jahre früher aufkam. Ihr verdanken wir die üppigen, allzeit gedeckten Tafeln (*Tischchendeckdich), die Milch- und Weinbäche, die fliegenden gebratenen Tauben; auch die Wunschmühle, die unaufhörlich Mehl mahlt, oder die Öfen, die beständig frische Brote backen.

Die Lügenmäre ›Aus der Affenzeit‹ (14. Jh.) diente den Brüdern Grimm als Vorlage für ›Das Märchen vom Schlauraffenland‹ (1815), das keineswegs ein Schlemmerparadies ausmalt: »In der Schlauraffenzeit da ging ich und sah an einem kleinen Seidenfaden hing Rom und der Lateran, und ein fußloser Mann der überlief ein schnelles Pferd . . .« Es endet mit dem Kickeriki des Huhns, denn der alte Schluß war ihnen zu grobianisch: »Da sprach ein Huhn: es ist auserzählt, ein Tölpel schiß in die Hose.«

Dem süßen Schlaraffenland widmete E.T.A. Hoffmann zwei Kapitel seines *Nußknacker-Märchens, und Heinrich Hoffmann von Fallersleben variierte die Idee vom Berg aus Hirsebrei: »Nie gelangt ihr bis ans Thor, / Denn es liegt ein breiter Hügel / Ganz von Pflaumenmus davor« (›Vom Schlaraffenlande‹, 1853). Den schönen Traum, ohne Arbeit die Früchte des Lebens zu genießen, griff Paul Wegener in einem frühen Märchenfilm ›Hans Trutz im Schlaraffenland‹ auf (1917); er selbst mimte den Titelhelden, Ernst Lubitsch den Teufel. ›Schlaraffenland – Die Geschichte einer populären Phantasie‹ hat der Germanist Dieter Richter beschrieben (1984).

Schneeflöckchen *Snegurotschka

Die Schneekönigin

›Snedroningen‹ (1844) ist Hans Christian Andersens umfänglichstes Märchen, reich an Phantasmagorischem und Philosophischem; er hat es siebenteilig, wie einen kleinen Roman, aufgebaut. Seine Helden sind zwei Nachbarskinder: Gerda und Kay. Die Schneekönigin in feinstem weißen Flor, die aus einer Schneeflocke (vgl. *Snegurotschka) erwachsen kann – hoch im Norden liegt ihr Eispalast, ein Polarreich der eisig-klaren Vernunft –, ist eine der poetischsten, eindringlichsten Gestalten des dänischen Dichters.

In der ersten Geschichte werden die Prämissen gesetzt. Ein Troll (der Teufel) hat einen Spiegel erschaffen, der alles Gute und Schöne schwinden, alles Böse und Häßliche übergroß erscheinen läßt. Kein Mensch, der nicht verdreht darin erscheint. Übermütig fliegen die Teufelskobolde mit dem Spiegel so hoch in den Himmel, daß er in Abermillionen sandkorngroßer Stücke zerbirst. Ein jedes dieser Körnchen trägt die unheilvollen Eigenschaften des Ganzen in sich. Einige bekommen sie ins Auge, andere als Splitter ins Herz, dort klumpt es zu Eis.

Der kleine Kay und die gleichaltrige Gerda sind einander zärtlich-freundschaftlich zugetan. Sie treffen sich zumeist dort, wo ihre Dachkammern aneinander stoßen: in ihrem Gärtchen, unter Rosen. Als es im Winter dichte Flocken schneit, hat Kay eine erste Begegnung mit der eisig-schönen Schneekönigin. An einem Sommertag bekommt Kay einen jener Spiegelsplitter ins Auge und einen ins Herz. Er rupft die Rosen heraus, fängt an, mit Gerda zu streiten. Sein Verhalten verändert sich. Winters findet er an einer kunstvollen Schneeblume mehr Gefallen als an jeder anderen. Als er seinen kleinen Schlitten an einen großen weißen anbindet, kommt er davon nicht mehr los; die Schneekönigin sitzt darin, sie küßt ihn einmal, zweimal, dann hat er die kleine Gerda vergessen. Nun fliegt die Eisig-Schöne mit ihm, der ihr völlig ergeben, in die Mondnacht hinaus. Es geht nach Norden, zu ihrem Eispalast.

In den folgenden Geschichten ist Gerda, die Heim und Großmutter verlassen hat, auf der Suche nach dem verschwundenen Kay. Ein Fluß bringt sie zum Kirschgarten einer alten Zauberin; als sie mit dem Goldkamm gekämmt wird, vergißt sie ihren Kay, aber eine Rose bringt ihn ihr ins Gedächtnis zurück. Tot ist er nicht, sagen die Rosen. Die Krähe und ihre Freundin bringen sie auf eine falsche Fährte: Der Junge mit dem Ränzel, der durch seine Klugheit die junge Prinzessin für sich eingenommen hat, ist nicht Kay; mitleidig schenkt er Gerda eine prächtige Kutsche. In der Kutsche reisend, wird sie von Räubern überfallen. Das kleine Räubermädchen befreundet sich mit ihr, läßt sie bei sich und den Tieren schlafen. Die Waldtauben verraten Gerda, Kay sei mit der Schneekönigin nach Lappland davon. Nun geht es mit dem Rentier weiter, zu einer alten Lappin. Von ihr wird Gerda nach Finnmarken gewiesen, zu der Finnin, die endlich weiß, wo Kay aufzufinden ist. Jetzt können auch ganze Regimenter Schneeflocken Gerda nicht vom Ziel abbringen. Sie kommt vor das Schloß der Schneekönigin.

Kay, blaugefroren, spielt im Schloß das »Eisspiel des Verstandes« und müht sich vergeblich, aus Eisstücken das Wort »Ewigkeit« zu bilden; wenn ihm das gelänge, hat die Schneekönigin vor ihrer Abreise gesagt, sei er sein eigener Herr, die Erde sei sein und auch ein Paar neue Schlittschuhe. Gerda betritt den weiten leeren kalten Saal, sieht Kay und umarmt ihn. Ihre heißen Tränen fallen auf seine Brust, dringen ihm ins eisige Herz. Sie singt für ihn das alte Rosenlied, da muß er weinen, und auch das zweite Spiegelsplitterchen zerschmilzt. Er erkennt Gerda wieder. Ihrer beider Freude steckt die Eisstücke an, und sie bilden von selbst das Wort, das ihn freigibt.

Der gefühlsstarken und gläubigen Gerda kommt die Rolle der Erlöserin zu. Mensch, Tier und Naturerscheinungen werden zu ihren Helfern. Die Schneekönigin verkörpert für Andersen das Kalte (den Intellekt) und, da Vollstreckerin des Bösen, auch ein menschenfeindliches Prinzip (die reine Vernunft). Diese polaren Spannungen und auch die atmosphärische Dichte des Textes haben Illustratoren immer wieder herausgefordert. So hat das trauliche Dachgärtchen und das Räuberquartier mit den Tieren Otto Speckter (1846) und Vilhelm Pedersen (1849) auf Anhieb gereizt; gerade die Tiere wurden ein beliebtes Bildmotiv, so auch bei Edmund Dulac (1911) und Arthur Rackham (1932). Eine schöne frühe Einzelausgabe ist ›The Snow Queen‹ (1883) von T. Pym alias Clara Creed; als moderne hervorzuheben sind die von Lars Bo (1967) und Jindra Capek (1993), aber auch die textlich gekürzten von Errol Le Cain (1979), Toma Bogdanowitsch (1979), Angela Barrett (1988) und Anastasija Archipowa (1988). Die Phantasmagorie des Schnees und der Eiskristalle hat vor allem japanische Trickfilmkünstler inspiriert. Jewgenij Schwarz schrieb ein Märchendrama ›Snetschnaja koroleva‹ (1938); ihm fiel die Figur eines reichen Kommerzienrats ein, der im Bunde steht mit der kalten Königin.

Schneeweißchen und Rosenrot

Ihr Märchen ›Schneeweißchen und Rosenroth‹ (1837) übernahmen die Brüder Grimm aus Caroline Stahls ›Fabeln und

Erzählungen für Kinder‹ (1818), dort benannt als ›Der undankbare Zwerg‹. Wilhelm Grimm hat es zunächst für Hauffs zweiten Märchenalmanach ›Der Scheikh von Alessandria und seine Sclaven‹ (1827) ausgestaltet, ihm war sehr bewußt, daß es sich um ein – betont erzieherisches – Kunstmärchen handelte. Dennoch hat er gebilligt, daß Ludwig Pietsch, der neue Illustrator der »Kleinen Ausgabe« (ab der 10. Auflage 1858), das Bild *Dornröschens im Schlaf durch eine Szene aus Schneeweißchen und Rosenrot ersetzte; sie zeigte die Mädchen und den Bär beim Spiel vor dem Feuer. Nach wie vor gehört das Märchen in Deutschland zu den 20 beliebtesten.

Die beiden Töchter einer armen Witwe gleichen den zwei Rosenbäumchen im Garten, von denen das eine weiße, das andere rote Rosen trägt. Schneeweißchen ist stiller und sanfter als die herumtollende Rosenrot, aber »fromm und gut«, »arbeitsam und unverdrossen« sind beide. Sooft sie miteinander ausgehen, fassen sie sich an den Händen. Keine will die andere je verlassen. Die Tiere im Wald zeigen sich zutraulich, keines tut ihnen etwas. Als sie wieder einmal im Wald übernachten, sehen sie morgens ein weißgekleidetes Kind: ihr guter Engel wohl, der sie vor dem Abgrund beschützt hat. Im Sommer besorgt Rosenrot das Haus, winters tut es Schneeweißchen; verriegelt die eine die Tür, so öffnet die andere sie. Eines Abends steht ein Bär mit dickem schwarzem Kopf draußen und bittet darum, sich bei ihnen zu wärmen. Bald treiben sie ihren Mutwill mit ihm, und der Bär läßt sichs gern gefallen. Nur wenn sie ihn zu arg zausen, ruft er: »Schneeweißchen, Rosenrot, schlägst dir den Freier tot.« (Spätestens hier zeigt sich die Identität beider Mädchen.) Tagsüber geht er fort, des Abends legt er sich an den Herd und erlaubt, daß die Kinder »Kurzweil mit ihm treiben«. Im Frühjahr verabschiedet er sich von Schneeweißchen: er müsse seine Schätze im Wald vor diebischen Zwergen hüten. Ein Stück seiner Haut reißt am Türhaken auf, und dem Mädchen ist, als schimmere Gold hindurch. Dreimal (beim Reisigsammeln, beim Fische angeln, beim Gang nach Kurzwaren) treffen sie auf einen unverschämten Zwerg, dem sie dreimal aus der Klemme helfen, und jedesmal trägt er einen Sack mit Schätzen davon (Gold unter Baumwurzeln, Perlen im Schilf, Edelsteine aus der Felsenhöhle). Das erste Mal ist sein ellenlanger Bart in einer Baumspalte eingeklemmt – das behebt ihre kleine Schere. Beim zweiten Mal hat sich sein Bart mit der Angelschnur verflochten, ein Fisch droht ihn ins Wasser zu ziehen – wieder muß ein Stück Bart dran glauben. Beim dritten Mal hält ihn ein Adler in Fängen; als die Mädchen ihn fortzerren, reißt sein Röckchen. Sie ernten stets nur Schelte. Schließlich, als sie ihn inmitten seiner Edelsteine überraschen, will er sie dem jäh auftauchenden Bären als Lekkerbissen empfehlen, doch der tötet den Zwerg mit einem Tatzenhieb. Da fällt ihm plötzlich die Bärenhaut ab, und er steht vor ihnen als schöner, goldgekleideter Königssohn. Niemand anders als der räuberische Zwerg hatte ihn verwünscht. Die eine der am Erlösungswerk Beteiligten, es ist Schneeweißchen, erhält ihn zum Mann, die andere, Rosenrot, seinen (bisher unerwähnten) Bruder. – Im sardinischen Volksmärchen ›Bianca e Orrosa‹, das Felix Karlinger 1953 aufzeichnete, heiratet der Bärenprinz die mutigere Orrosa und gibt Bianca einem seiner Brüder zur Frau.

Bruno Bettelheim sah den Märchentypus *Tierbräutigam für gegeben an und die Protagonisten in je zwei Figuren gespalten: einmal die rettenden Mädchen, zum anderen der freundliche Bär, der garstige Zwerg (anziehende und abstoßende Natur des Sexualpartners).

›Das Märlein von Schneeweißchen und Rosenrot‹ bebilderte Franz Graf Pocci ausgiebig (1839). Ludwig Pietsch visualisierte es in der »Kleinen Ausgabe« (ab der 10. Auflage, 1858). Heinrich Vogeler schuf Zeichnungen zu A. Goetzes Märchenspiel (1910). Einzelausgaben illustrierten u.a. Lilo Fromm (1983) und Roland Topor (1984). Eine Oper komponierte Carl Reinecke (1890), ein weiteres Märchenspiel mit Gesang und Tanz Heinrich Martens. In ihrem Silhouettenfilm ›Snowwhite and Red Rose‹ (1953) verlagerte Lotte Reiniger den Zwerg nach vorn, zeigte seine, weil im Bart steckend, schwindende Zauberkraft. Ein Spielfilm der Defa (1979) machte aus ihm einen habgierigen Berggeist.

Schneewittchen

Schneewittchen, weltweit bekannt als Snow Drop, Snow White, Blanche-neige, Blanca Nieve, heißt bei den Grimms beharrlich ›Sneewittchen‹ (1812). In der Handschrift war noch von »Schneeweißchen« die Rede, und Jacob Grimm notierte dazu: »Schneewitchen. Unglückskind.« Mit der Wahl des plattdeutschen Namens, der ihnen als Anklang an die schöne Snäfrid (aus der altnordischen Königschronik ›Heimskringla‹) wohl auch gelegen kam, konnten sie eine Verwechslung mit der Märchenfigur des ungeliebten Namensvetters Adalbert Ludwig Grimm vermeiden. Dieser hatte als Nr. 1 seiner ›Kindermährchen‹ (1809) Schneewittchen als Dramolett vorgestellt: komplett mit Zwergenkönig und sieben Zwergen, Königin-Stiefmutter und Stiefschwester.

Zwischen der ersten Niederschrift und dem Zweitdruck (1819) veränderte sich einiges. Schwarz, zunächst die Farbe der Augen Schneewittchens, wurde die ihrer Haare, und aus der leiblichen Mutter eine Stiefmutter. Erst von 1819 an beweinen auch die Tiere das Mädchen im Sarg – das nicht mehr durch einen Stoß in den Rücken erwacht, sondern weil die Sargträger ins Stolpern kommen.

»So weiß wie Schnee, so rot wie Blut und so schwarz wie Ebenholz«, das sind ihre Farben (vgl. *Der Rabe), und genau so hat die Königin beim Anblick der drei Blutstropfen, die ihr vom Finger in den Schnee fielen, sie sich gewünscht. Die Mutter stirbt. Die neue Frau des Königs besitzt einen Zauberspiegel, der ihr sagt, daß sie die Schönste sei – bis Schneewittchen sieben Jahre alt ist. Auf die gewohnte Frage: »Spieglein, Spieglein an der Wand, wer ist die Schönste im ganzen Land?« sagt er ihr jetzt, Schneewittchen überträfe sie tausendmal. Das läßt ihr keine Ruhe. Ein Jäger wird gedungen, er soll sie im wilden Wald töten und zum Beweis Lunge und Leber mitbringen. Doch der läßt sie mitleidig laufen und weist die Innereien eines Frischlings vor; die Königin kocht und verspeist sie.

Schneewittchen läuft durch den Wald, die wilden Tiere tun ihr nichts. Abends kommt sie an ein Häuschen, entdeckt einen für Sieben gedeckten Tisch und sieben schneeweiß überzogene Betten. Sie ißt von jedem Teller, trinkt von jedem Becher. Als es dunkelt und die Hausherren, sieben Zwerge, von der Schürfarbeit kommen, nimmt jeder wahr, was von seinen Dingen benutzt wurde (vgl. *Die drei Bären, *Die sieben Raben). Der siebte Zwerg sieht das Mädchen in seinem Bett schlafen. Sie alle holen ihre Lichter und beleuchten ihre Schönheit. Fortan hat Schneewittchen hier ihre Zuflucht und besorgt ihnen das Haus. Tagsüber, während die Zwerge in den Bergen nach Erz und Gold suchen, ist sie allein. Vor ihrer Stiefmutter wird sie gewarnt, und tatsächlich erfährt diese durch ihren Spiegel, daß die Totgeglaubte lebt (». . . aber Schneewittchen über den

Bergen / bei den sieben Zwergen / ist noch tausendmal schöner als Ihr«). Dreimal kommt die böse Königin vor das Zwergenhaus. Erst erscheint sie als Krämerin, die Schneewittchen einen buntseidenen Schnürriemen verkauft und ihn ihr so fest schnürt, daß sie wie tot hinfällt – die Zwerge zerschneiden den Riemen wieder. Dann als arme Alte, die einen schönen, giftigen Kamm feilhält – die Zwerge ziehen ihn der Besinnungslosen aus dem Haar. Das dritte Mal kreuzt sie (»und wenn es mein Leben koste!«) als Bauersfrau auf und schenkt Schneewittchen einen sorgfältig präparierten Giftapfel, beißt selbst in die weiße Hälfte hinein, reicht ihr dann die rote – nun hat sie endlich vor ihr Ruhe, denn was immer die Zwerge versuchen, Schneewittchen bleibt tot. Sie legen sie auf eine Bahre und beweinen sie drei Tage lang. Ihrer roten Backen und ihres blühenden Aussehens wegen wird sie in einen Glassarg umgebettet, darauf in goldenen Lettern ihr Name steht und der Hinweis: Königstochter. Der Sarg hat seinen Platz auf einer Waldeshöhe. Eule, Rabe und Täubchen kommen und beweinen sie.

Nach langer Zeit kommt ein Königssohn, liest die Inschrift und erbittet von den Zwergen den Sarg (»ich kann nicht leben, ohne Schneewittchen zu sehen«) und erhält ihn. Als die Sargträger stolpern, da fährt ihr die giftige Apfelgrütze aus dem Hals, und sie wird wieder lebendig. Der Königssohn überzeugt Schneewittchen davon, seine Frau zu werden (»ich habe dich lieber als alles auf der Welt«). Sie richten die Hochzeit aus, die Stiefmutter ist ebenfalls eingeladen. Diese erfährt vom Spiegel, die junge Königin sei tausendmal schöner, und will erst nicht hingehen. Doch es läßt ihr keine Ruhe. Als sie eintritt, erkennt sie mit Schrecken Schneewittchen – aber schon muß sie auf glüheisernen feuerroten Schuhen tanzen, bis sie zu Tode kommt.

›Schneewittchen hat viele Schwestern‹ – so eine Sammlung der Märchenphilologinnen Ines Köhler-Zülch und Christine Shojae Kawan (1988). Das italienische Volksmärchen etwa kennt die Heldin als »Weiß-wie-Milch-und-rot-wie-Blut«. In Basiles napolitanischem Barockmärchen von der Küchenmagd (›La schiavottella‹, 1634) stirbt die junge Lisa beim Kämmen, was ein Feenfluch bewirkt hat; auch sie wird in einen Glassarg gelegt, dann jedoch nach sieben Jahren von einer eifersüchtigen Tante erweckt und regelrecht versklavt. Auf Sardinien lebt die Heldin »Granadina« passenderweise mit 13 Banditen zusammen, ihr wird ein goldgestickter Pantoffel zum Verhängnis. Anders ergeht es »Gold-Tree« im schottischen Hochland, denn ihre leibliche Mutter »Silver-Tree« sticht sie in den Finger mit einer vergifteten Nadel. Hieran erkennt man, daß der Typus »Schneewittchen« sich mit dem Typus *Dornröschen verbinden kann (ebenso mit dem *Mädchen ohne Hände). Der Zauberspiegel findet sich, wenn auch nicht sprechend, schon bei Musäus, dort ist es die junge schöne Witwe ›Richilde‹, die ihn befragt: »Spiegel blink, Spiegel blank, / Goldner Spiegel an der Wand, / Zeig mir an die schönste Dirn in Brabant«, worauf sie zunächst ihre eigene Gestalt erblickt. Beim zweiten Anruf zeigt er ihr den schönsten Mann in Brabant, Graf Gombold, und beim dritten eine fremde Unschuldsgestalt – ihre Stieftochter Blanca.

Das szenisch reiche »Schneewittchen« bot sich zur Illustrierung geradezu an. Eine frühe Ikone, die sie im Sarg zeigt, mit Prinz und Zwergen und den drei Tierwächtern dazu, schuf Ludwig Emil Grimm (1825). Franz Graf Pocci textete und zeichnete ›Das Märlein von Sneewittchen, ein Bilderbuch den Kindern gewidmet zu Ostern 1837‹, und als dieses bald ausverkauft war, widmete er die zweite Auflage hurtig um: den Kindern ›zu Weihnachten 1837‹. Theodor Hosemann illustrierte das Märchen gleich dreimal: zuerst 17 Bilder zu G. Holting (alias Winckelmann), ›Sneewittchen‹ (1847), dann als szenisches Tableau (Deutscher Bilderbogen Nr. 43/1868), dann sechs Aquarelle zu Franz Wiedemanns ›Schneewittchen‹ (1872). Zu Bechsteins Version ›Schneeweißchen‹ schuf Ludwig Richter fünf Holzschnitte (1853). Populär waren auch J. H. Hoffs Versmärchen ›Schneewittchen bei den sieben Zwergen‹, mit Zeichnungen von Wilhelm Steinhausen (1886), und zwei attraktive Bilderbogen: der von Hermann Vogel gestaltete Münchener (Nr. 1000/1890) und der von Heinrich Lefler in bestem Wiener Jugendstil kreierte ›Bilderbogen für Schule und Haus‹ (Nr. 53/1899). In dekorativem Jugendstil glänzte auch die farbige Bilderbuch-Ausgabe des Berliners Franz Jüttner (1905). Der Engländer H. L. Shindler ließ die Gnome großohrig, grell und wüst erscheinen (ca. 1915), der Russe Petrov eher väterlich-sittsam (1917).

Verfilmt wurde der Stoff bereits 1907 (›Schneewittchen und die sieben Zwerge‹) und 1916/17 zweimal als ›Snow White‹. Es waren Kurzfilme, und kostümierte Kinder spielten die

Zwerge. Erster Tonfilm war A. A. Zengerlings ›Schneewittchen‹ (1928), gefolgt von Hubert Schongers ›Schneewittchen und die sieben Zwerge‹ (1939), in dem Liliputaner als Zwerge auftraten; in der ersten Nachkriegsverfilmung unter gleichem Titel (Regie Erich Kobler, 1955) wurden die Zwerge durch eine Kindertanzgruppe dargestellt. All dies überbot und überstrahlte Walt Disneys erster abendfüllender Zeichentrickfilm, der an Weihnachten 1937 Premiere hatte: ›Snow White and the Seven Dwarfs‹. Zwerge und Tiere entwickelten hier ein Eigenleben, die Zwerge erhielten Namen und »persönliche« Züge (was dazu führte, daß jeweils ein Zeichner für eine bestimmte Figur zuständig wurde, vgl. *Aladdin). An Animation, man denke an die hübsch herbeigezogenen Hexengruselszenen, wurde bei Disney nicht gespart. Humoristische und parodistische Elemente mengte er ebenso bei wie sentimentale, weihnachtsbezogene. Der auf seine Weise epochale Walt Disney-Film, 1938 auch auf der Biennale präsentiert, hatte in den USA allein 90 Grimm-Ausgaben zur Folge, ein eigenes »Sketchbook« und darüber hinaus Puppen, Posters, Bilder, Schallplatten.

Die propere, sanftmütige, eher passive »Snow White« entwickelte sich zum weiblichen Idol. In der Nachkriegszeit nahm diese mediengestützte Entwicklung zu – was wiederum Psychologen und Kulturanthropologen beschäftigte. Hedwig von Beit sah die Vergiftungsepisode in neuem Licht: »Diese Vergiftung geschieht mit Gegenständen weltlicher Eitelkeit und Putzsucht und hierin, besonders aber in dem Umstand, daß sich Sneewittchen davon verlocken läßt, liegt der Beweis ihrer Zusammengehörigkeit mit der eitlen Stiefmutter. Es ist ihre eigene weltlich-ehrgeizige Schattenseite, von der sie eingeschnürt wird« (›Symbolik des Märchens‹, 1952). Bruno Bettelheim untersuchte später die verschiedenen Bedeutungsebenen, etwa die sexuelle Beimischung der Farbsymbole, die im vorödipalen Bereich anzusiedelnden Zwerge, das Sargstadium als Vorbereitung zur Reife (›Kinder brauchen Märchen‹, dt. 1977).

Die Aura der Reinheit, die Schneewittchen umgab, evozierte Gegenentwürfe, Parodien und Travestien, auf der Anspielungsebene meist unter Verwendung des berühmten Spiegel-Dialogs. Martin Walser etwa trällerte ein Professoren-Liedchen (»Büchlein Büchlein an der Wand, wer ist der Klügste im ganzen Land?«). Donald Barthelme hatte seinen ersten Romanerfolg mit ›Snow White‹ (1967), die sieben Männern den Haushalt führt und sich, während sie vom Prinzen träumt, sexuell an ihnen schadlos hält. Anne Sexton erfaßte in ›Transformations‹ (1971) die »phallische Natur der Zwerge«. Iring Fetscher sah Schneewittchen zeitgemäß als Heldin der Befreiung und die Zwerge als Partisanen (1972).

Je mehr dieses Märchen zum Bestandteil der Alltagskultur wurde, desto munterer wurde damit spekuliert. »War Schneewittchen eine Lohrerin?« fragte Karlheinz Bartels auf fabulogische Art (in ›Schönere Heimat‹, Jg. 1986), und schon sah sich Lohr am Main als Schneewittchen-Stadt beglaubigt. Mit Bierernst führte Eckard Sander 1993 den Nachweis, die ganze Sache sei bei Bad Wildungen passiert: Die Zwerge hätten mit Kinderarbeit in den nahen Bergwerken zu tun, drei sogenannte Blutsteine gäbe es auch, und die schöne Grafentochter, die als Elfjährige einst zu Tode gestürzt, sei niemand anders als Schneewittchen gewesen. – Die Unversehrtheit der Märchenfigur bezeugen die Arbeiten moderner Illustratoren: Arthur Rackham etwa (1920) oder Mitsumasa Anno (1972), Nancy Ekholm Burkert (1972), Maurice Sendak (1973), Friedrich Hechelmann (1979), Chihiro Iwasaki, Marlene Reidel.

Schneiderlein *Bartloser, *Das kluge Schneiderlein, *Das tapfere Schneiderlein, *Der falsche Prinz

Die schlafende Schöne *Dornröschen

Die Schöne und das Tier

Das Märchen vom *Tierbräutigam in wilder, untierhafter Gestalt, dessen lichtes Wesen sich erst offenbart, als die Braut ihre Abneigung überwindet und ihm ihre Liebe zuwendet, kulminiert in ›La belle et la bête‹. Manchen gilt es als »das symbolträchtigste Märchen nach Cinderella und das befriedigendste« (Opie, 1974). Es gibt zwei Prototypen, die umfängliche ›Histoire de la bête‹ der Madame de Villeneuve, eingebettet in ein fünfbändiges Erzählwerk ›La jeune Amériquaine et Le contes marins‹ (1740), und die wesentlich straffere Fassung ›La belle et la bête‹ der Madame Leprince de Beaumont (1756). Die Alliterationsformel ließ sich auch im Englischen bilden (›Beauty and the Beast‹, 1804), nicht aber im Deutschen, weshalb es bei einer wörtlichen Übersetzung blieb – bis 1991, als der Welterfolg des Disney-Films den Titel ›Die Schöne und das Biest‹ erzwang.

Die kürzere Fassung der Mme Leprince dient zumeist als Leitfassung. Ausgangspunkt ist hier wie dort die plötzliche Verarmung eines reichen Kaufmanns, der drei schöne Töchter hat (bei Mme de Villeneuve sind es fünf): die beiden älteren hochmütig, vom Reichtum verwöhnt, die jüngste dagegen gut, sanft und lauter, von klein auf »die Schöne« genannt. Mit dem sozialen Abstieg kommt sie viel besser zurecht als ihre Schwestern, die sich langweilen und ihren Chancen nachtrauern. Sie besorgt schon frühmorgens den Haushalt, vernachlässigt auch das Musische nicht; so mancher Edelmann würde sie heiraten, doch will sie ihren armen Vater nicht verlassen. Als der Vater nach einem Jahr Geschäfte halber in die Hafenstadt reist, stellen die Schwestern gleich wieder die gewohnten Ansprüche, Kleider, Pelerinen, Kopfputz. Die jüngste bittet ihn nur um eine Rose. Er bekommt jedoch seine Waren nicht frei und tritt genauso arm wie zuvor den Rückweg an. Er verirrt sich in Wald und Schnee, glaubt sein Ende nahe. In der Ferne sieht er Licht und kommt bald an ein hell erleuchtetes, menschenleeres Schloß, wo sein Pferd und er reichlich zu essen vorfinden und gute Nachtbleibe. Anderntags ist der Schnee verschwunden, Blumenbeete breiten sich aus. Sich des Wunsches seiner »Schönen« erinnernd, pflückt der Vater einen Rosenzweig – auf einmal stürzt ein schreckliches Tier auf ihn zu und ruft mit furchtbarer Stimme, nun, da er sich an seinen Rosen vergriffen, habe er das Leben verwirkt. Im Gespräch lenkt »das Tier«, das als solches bezeichnet werden will, ein: Falls eine seiner Töchter freiwillig herkäme, um statt seiner zu sterben, wäre er frei. Andernfalls, so muß der Vater schwören, soll er in drei Monaten zur Stelle sein. Das Tier weist ihm eine große Truhe, die er mit Gold füllt und nach Hause mitnimmt. Dort erzählt er von seinem Unglück. Die Schwestern bezichtigen die jüngste, an seinem Tod die Schuld zu tragen. Sie beschließt, sich dem Ungeheuer zu opfern, will ihrem Vater beweisen, wie sehr sie ihn liebt. Seine Einwände läßt sie nicht gelten.

Beide machen sich auf den Weg zum Schloß. Beim Anblick des Tieres erzittert sie, sagt, sie sei freiwillig gekommen. Nachts im Schlaf erscheint ihr eine Dame (Fee), die sie zu belohnen verspricht. Ihr Vater geht. Sie findet alles wohnlich und für sich vorbereitet vor. Ein Spiegel in ihrem Kabinett zeigt ihr die Ankunft des Vaters zu Hause. Das Tier erweist sich als höflich und rücksichtsvoll; wenn sie sein gutes Herz bedenkt, erscheint es ihr nicht gar so häßlich. Dennoch erschrickt sie zutiefst, als es sie fragt: »Schöne, wollt Ihr meine Frau werden?« (Bei Mme de Villeneuve heißt es unverblümt: »Es fragte sie ohne Umschweife, ob sie willens sei, mit ihm zu schlafen.«) Die Schöne schlägt das Ansinnen aus. Drei Monate verbringt sie im Schloß. Jeden Abend neun Uhr leistet das Tier ihr beim Essen Gesellschaft, jedes Mal wiederholt es seine Frage, und immer ist die Antwort: Nein. Aber ihre Anhänglichkeit wächst. Als sie im Spiegel sieht, ihr Vater ist vor Kummer über ihren Verlust krank geworden, bittet sie um Urlaub und verspricht, in acht Tagen zurückzukehren. Erwachend, befindet sie sich zu Hause. Ihre Schwestern haben geheiratet, die eine einen narzißtischen Edelmann, die andere einen erlesen geistreichen. Sie heucheln Verzweiflung und halten sie so davon ab, die Frist einzuhalten. In der zehnten Nacht sieht die Schöne im Traum, wie das Tier stirbt. Sofort legt sie ihren Ring auf den Tisch – zum Zeichen, daß sie zurückkehrt – und erwacht im Palast des Tieres. Was sie im Traum gesehen, passiert. Sie findet es im Garten bewußtlos vor. Da sagt sie ihm dreierlei: daß es leben solle, um ihr Gatte zu werden – daß sie nur ihm gehören werde – daß sie ohne ihn nicht leben könne. Mit einem Mal wird aus dem Tier ein schöner Prinz. Mit ihrer Liebe hat sie ihn, der von einer bösen Fee verwünscht war, aus der Dunkelgestalt erlöst.

Die Brüder Grimm erwogen eine Übernahme des Märchens à la Villeneuve, Jacob Grimm gab ihm handschriftlich den Titel ›Der Drache‹ (1810) und notierte dazu: »Der Drache stellt sich plump und dann aber guthmütig an, des Nachts hat sie Traumerscheinungen von einem schönen Jüngling, Tags alle möglichen Vergnügungen in ihrer Einsamkeit. Frage des Drachen, ob sie bei ihm schlafen wolle? erst Abschlagen, hernach Gewöhnen an ihn, Dankbarkeit, nach und nach Liebe.« Daraus wurde das Märchen ›Von dem Sommer- und Wintergarten‹ (1812) – was die Grimms jedoch bald fallenließen und durch eine andere Version ersetzten (*Das singende springende Löweneckerchen). Der Stoff wirkte auch auf Volksmärchen ein, so auf das polnisch-masurische (›Die Rose‹, 1867) und auf das englische (›The Small-tooth Dog‹, 1895); dort geschieht die Verwandlung in dem Augenblick, wo die Schöne das Tier nicht mehr »den großen häßlichen Hund mit den kleinen Zähnen« nennt, sondern ihn liebevoll mit »Süßer als eine Honigwabe« anredet.

Marmontel lieferte das Libretto zu Grétrys Oper ›Zémire et Azor‹ (1771, dt. 1773). Nach dem gängigen Motto »rauhe Schale, weiches Herz« entstand eine Charles Lamb zugeschriebene Dichtung ›Beauty and the Beast‹ (1811). Es folgten Jugenddramen wie ›Beauty and the Beast, or The Magic Rose‹, das in Coburg uraufgeführt wurde (1819). An Illustrationen zu nennen sind die von Huot zum ›Magasin des enfants‹ (1808), Walter Cranes Toy Book ›The Beauty and the Beast‹ (1874), das als ›Der verwunschene Prinz‹ auf deutsch erschien; dann die von Gordon Browne zu Laura E. Richards Nacherzählung (1886), die von William Heath Robinson (1921), Karl-Georg Hirschs Radierung (das Tier fällt den Vater an, 1969), Bilderbuchausgaben von Etienne Delessert (1984) und Binette Schroeder (1986).

Die stärksten Eindrücke erzielten Filme: Jean Cocteaus ›La belle et la bête‹ (1946) mit Jean Marais in der Hauptrolle, Walt Disneys ›The Beauty and the Beast‹ (1991), das zwei Oscars erhielt, dann Mike Nichols' und Jack Nicholsons ›Wolf‹ (1994), der der Attraktivität des Animalischen einen neuen Kick gab: Die Schöne wird zum wölfischen Wesen.

Nach Bruno Bettelheims sexualsymbolischen Befunden (1976) liegt eine ödipale Bindung der Schönen an ihren Vater vor; der Raub der Rose deute auf die Vorwegnahme des Verlustes der Jungfernschaft; der Dominanz des Vaters entspräche die nichtsexuelle Bindung an das Tier, damit auch eine »narzißtische Nichtexistenz«; erst Fürsorge ermögliche Ablösung, ein Sich-lockern der Vaterbindung und letztlich die Übertragung der Liebe auf das Tier.

Die Schöne der Welt

Die Schöne der Welt ist eine mediterrane Märchenfigur, auf der Schnittstelle zwischen Orient und Europa, antikischem Mythos und neuzeitlichem Volksmärchen. Dem Wortsinn nach ist sie eine gesteigerte, ja optimale Schönheit, vergleichbar dem Mädchen *Siebenschön oder Tausendschön. Auf ihren möglicherweise arabischen Ursprung weist die Verwendung des Positivs statt des Superlativs hin; der arabischen Literatur sind Ausdrucksweisen wie »der Gute der Männer« statt »der Beste der Männer« geläufig.

Im italienischen Märchen heißt die Schöne »la Bella del mondo«, auf Mallorca »S'Hermosura del mon«, in Albanien »Bukura e dheut«, in Griechenland »i Pentamorphé, die Fünfmalschöne« und bei den Syrern »die, deren Anblick tausend wert ist«. Frühere Märchenforscher wie J. G. von Hahn haben in ihr »die gute, keusche Fee von übermenschlicher Schönheit« gesehen, doch hat man inzwischen auch ihre dämonisch-gefährlichen Züge herausgearbeitet, vor allem ihre Beziehung zu Unterweltsgottheiten.

Schwan, kleb an *Die goldene Gans

Schwanjungfrau
Das weibliche Jenseitswesen im Federkleid, das mit seinen Schwestern im See (Fluß, Becken) badet, dann sein Gewand nicht vorfindet und von Stund an mit dem irdischen Mann, der es an sich genommen, verbunden ist, gehört zu den frühesten Figuren der Erzählliteratur.

So ergreift in 1001 Nacht der Juwelier Hasan von Basra (dessen Geschichte Enno Littmann 1927, nach der Ausgabe Calcutta 1839, übersetzt hat) am Wasserbecken das Federkleid des schönsten und vornehmsten Mädchens, wartet solange, bis die anderen neun Vogeljungfrauen auffliegen, bringt sie vom Schloßdach herunter und heiratet sie augenblicklich. Nach 40 Tagen voller Seligkeit zieht er mit ihr nach Bagdad, sie schenkt ihm zwei Söhne. Das Federkleid hält er in einer Truhe versteckt, seine Mutter soll es, während er auf Reisen ist, verwahren, jedoch nie davon sprechen – in der Hinsicht hält er die Gattin, Tochter eines mächtigen Geisterfürsten, für hochgefährdet. Hasans Mutter kann sie nicht daran hindern, ein Badehaus aufzusuchen. Dort bewundern sie alle Frauen, was Zubaida, die Gemahlin *Harun ar-Raschids, auf sie aufmerksam macht. Nun hilft ihr Zubaida, Druck auszuüben auf die alte Mutter, daß sie ihr das Federkleid aushändige, um sich in voller Schönheit zu zeigen. Kaum hat sie es angetan, drückt sie beide Kinder an sich und wird zu einem Vogel – »sie begann sich zu biegen und zu wiegen und schritt dahin, tanzend und spielend, während alle auf sie schauten, ganz bezaubert durch ihre Bewegungen«.

Bevor sie entfliegt, läßt sie eine Botschaft zurück: Hasan solle ihr nachkommen auf die Inseln von Wak (Wakwak, arabischer Name für die japanischen Inseln). Hasan bringt ein Jahr voller Schmerz bei seinen Prinzessinnen-Schwestern zu, bis er von einem Oheim erfährt: Zwischen ihm und den Inseln von Wak liegen sieben Täler, sieben Meere, sieben gewaltige Gebirge. Obwohl es aussichtslos scheint, macht er sich auf die Suche nach der verschwundenen Gattin. (Auf diesem Motiv beruht das Schwanjungfrau-Märchen.) Erst als er zwei Knaben, die er zu einem Wettlauf verleitet, eine Messingrute und eine Lederkappe abspenstig macht, zeichnet sich ein Erfolg ab: Die eine macht ihn unsichtbar, mit der anderen befehligt er sieben Geisterstämme. Hasan kann damit seine Gattin Manâr es-Sanâ aus der Folter einer Königin befreien; es ist ihre eigene Schwester, die sie unrechtmäßiger Buhlschaft bezichtigt hat. Mit Hilfe der sieben Dämonenkönige gelingt der vierköpfigen Familie die Flucht, gelingt auch der Sieg über die sie verfolgenden Heere von Wak. Es endet in Reichtum und Familienglück.

Anders als die Sage, in der die Ehe zwischen Dies- und Jenseitigen niemals von Dauer ist, führt das Märchen durch die aufopfernde Suchwanderung des Helden ein glückliches Ende herbei. Helge Holmström hat den Märchentyp fünffach unterteilt (1919) und mit je einem Grimmtext belegt: 1) dem *Trommler, Motiv der drei Schwanmädchen; 2) dem *König vom goldenen Berge; 3) der *Rabe; 4) den *Beiden Königskindern; nur für die fünfte Gruppe gab es bei Grimm kein Beispiel. – Ein originell erzähltes heanzisch-österreichisches Märchen (1906) ließ »das Schwanhiltl« aus Indien kommen und als Witwe auf dem Scheiterhaufen beinahe enden.

Die schwarze und die weiße Braut *Die weiße und die schwarze Braut

Der Schweinehirt

Andersens ›Svinedrengen‹ (1842), dessen Motivik die *Nachtigall in manchem vorwegnahm, entspricht dem Märchentypus vom Hasenhirt. Der Held ist ein armer Prinz, der außer einem winzigen Reich nur eine Rose, die alle fünf Jahre blüht, und eine herrlich singende Nachtigall besitzt. Die Prinzessin seiner Wahl soll beide bekommen, er schickt sie ihr zu. Doch sie ist die Tochter des Kaisers und zieht wie ihr Vater künstliche Blumen und Vögel vor. So wird der Prinz nicht einmal vorgelassen. Da bräunt und schwärzt er sich das Gesicht und ersucht um eine Stellung bei Hofe. Der Kaiser nimmt ihn als Schweinehirt.

In der Kammer neben dem Schweinekoben fertigt der Hirt einen kleinen Topf mit Glöckchen ringsum; sie spielen, sobald es brodelt und kocht, die »Ach du lieber Augustin«-Melodie. Und wenn man den Finger in den Dampf hält, läßt sich das Essen auf jedem Herd in der Stadt erriechen. Schon vom melodischen Spiel zeigt sich die Prinzessin entzückt. Den Preis des Geräts, zehn Küsse, will sie dem Schweinehirt nur ungern zahlen, doch von ihren Hofdamen abgeschirmt, riskiert sie es. Alle sind von dem Herdspiel höchst angetan, auch den nächsten Tag über. Indessen verfertigt der Schweinehirt eine Schnarre; wenn man sie herumschwenkt, spielt sie alle Walzer, Hopser und Polkas seit eh und je. Wieder wird gehandelt, diesmal um 100 Küsse. Der Prinzessin hilft kein Feilschen. Die Hofdamen müssen sie wieder umringen. Doch der Kaiser bemerkt vom Balkon aus den Auflauf und mischt sich unter die mitzählenden Damen. Beim 86. Kuß wird das Paar des Reiches verwiesen. Im Regen stehend, macht sich die Prinzessin Vorwürfe, nicht den Prinzen genommen zu haben. Dieser steht, entschminkt und umgekleidet, plötzlich vor ihr. Sie macht einen Knicks – doch umsonst. Weil sie von Rose und Nachtigall nichts verstand und einer bloßen Spieldose wegen einen Schweinehirten küßte, verachtet sie der Prinz, geht in sein winziges Reich zurück und verriegelt die Tür.

Auch in dem norwegischen Volksmärchen ›Des Königs Hasen‹ (›Gjoete Kongens Harer‹, 1871) geht es um ein kunstvolles Pfeifchen und um eine Klimax von Küssen. Doch dort ist der Hasenhirt Esben per se niedrigen Standes – und der jüngste von drei Brüdern, die sich allesamt um die Prinzessin bewerben. Nacheinander versuchen das Kammermädchen, die Prinzessin, die Königin und der König selbst dem Hasenhüter das Pfeifchen abspenstig zu machen: gegen Geld und eine wachsende Anzahl von Küssen, die von zweien – Zofe, Königin – freigebig gewährt werden. Die Prinzessin braucht dazu den Schutz des Waldes und der König, dem ein einziger Kuß auf den Hintern seiner Schimmelstute abverlangt wird, zumindest ein Taschentuch. In solchem Exerzitium wird der Unterschied zwischen Volks- und individuellem Dichtermärchen deutlich. Was bei Andersen die subtile Rache eines Unverstandenen ist, dient im Volksmärchen insgeheim zur Vorführung eines sozialen Machtkampfes, den bauernschlaues Kalkül für sich entscheidet. Triumph des Hasenhirten ist, daß er die Prinzessin und das halbe Königreich bekommt.

Dem spannungsvollen Thema ›Die Prinzessin und der Schweinehirt‹ gab Heinrich Lefler Gestalt – in einer opulenten Jugendstil-Ausgabe mit 15 Farblithographien (1897). Es erwies sich auch für Zeichner wie Thomas Heath Robinson (1899), Fernande Biegler (1921) und Arthur Rackham (1938) als ergiebig. Einzelausgaben gestalteten Lisbeth Zwerger (1982) und Anastassja Archipowa (1991).

Schwesterchen Aljonuschka und Brüderchen Iwanuschka
Eines der beliebtesten russischen Märchen ist ›Sestrica Alenuschka i bratec Iwanuschka‹ aus der Afanasjewschen Sammlung (1855/63), das unserem *Brüderchen und Schwesterchen entspricht, aber ganz ohne die die Kinder von zu Hause vertreibende *Stiefmutter auskommt.

Sie sind Waisen und befinden sich auf Wanderschaft. Iwanuschka hat Durst, Aljonuschka vertröstet ihn, man werde bald einen Brunnen erreichen. Dreimal sehen sie mit Wasser gefüllte Tierhufe. Das Trinken aus dem Huf der Kuh verwehrt ihm das Schwesterchen, er werde sonst zum Kälbchen, und das aus dem Huf des Pferdes ebenso, er werde sonst zum Fohlen. Beim dritten Mal fragt das Brüderchen nicht mehr, es trinkt aus dem Huf des Schafbocks und wird ein weißes Böckchen. Als sich Aljonuschka unter einen Heuschober setzt und weint, kommt ein Herr vorbeigefahren, erfährt von ihrem Unglück und macht ihr einen Heiratsantrag; immer will er sie mit Kleidern und Silber schmücken und auch für das Böckchen sorgen. Sie willigt ein, heiratet ihn, und sie leben in Eintracht zusammen.

Als ihr Mann eines Tages verreist und sie alleinläßt, bindet eine Hexe ihr einen Stein um den Hals und wirft sie ins Wasser, zieht ihre Kleider an und nimmt, ohne daß es einer merkt, ihre Stelle ein. Nur das Böckchen weiß alles, verschmäht sein Futter, hält sich ständig am Wasser auf. Die Hexe wird zornig und schickt sich an, mit scharfen Messern den Schafbock zu schlachten. Den Gatten verwundert das völlig veränderte Verhalten seiner Frau. Am Ufer klagt das Böckchen, hält in Versen Zwiesprache mit seiner Schwester unten am Grund. Die Diener hinterbringen es ihrem Herrn, der hört das nächste Mal mit und ruft sein Gesinde. Mit Reusen und seidenen Netzen wird Aljonuschka hinaufgezogen. Dann schneiden sie ihr den Stein ab, tauchen sie in frisches Wasser, reinigen sie und schlagen sie in weißes Linnen ein. Da ist sie schöner als je zuvor. Auch das Böckchen wird wieder zu Iwanuschka, und die Hexe muß es büßen.

Der Illustrator Iwan J. Bilibin hat dem Märchen eines seiner berühmten St.Petersburger Farbbilderbücher gewidmet, zusammen mit dem *Weißen Entchen (1903). Auch russische Maler und Bildhauer haben den Stoff vielfach gestaltet.

Die sechs Schwäne

Das Mädchen aus königlichem Haus, das seine verschwundenen, in Schwäne verwandelten Brüder sucht, ist Thema zweier berühmter Märchen: Grimms ›Die sechs Schwäne‹ (1812, erweitert 1819) und Hans Christian Andersens ›Die wilden Schwäne‹ (›De vilde Swaner‹, 1838). Der weiße Schwan, von manchen Religionen als Seelenvogel verehrt, kann wie der *Rabe als Verwandlungsform eines Verstorbenen gedeutet werden.

Grimms Märchen beginnt mit der Begegnung des im Wald verirrten Königs mit einer Hexe. Erst als er die Bedingung der Alten erfüllt, ihre Tochter zu heiraten, wird ihm der Weg zurück ins Schloß gezeigt. Seine Kinder aus erster Ehe, sechs Knaben und ein Mädchen, bringt er vor ihr in Sicherheit: in ein Waldschloß, zu dem er selbst nur mittels Wunderknäuel hinfindet. Als die neue Königin davon erfährt, fertigt sie nach Hexenart weißseidene Hemdchen an, nimmt sich das Knäuel und wirft den Söhnen des Königs, die ihr entgegenlaufen, die Hemden über. Da werden sie zu sechs Schwänen und fliegen davon. Sie glaubt nun alle Stiefkinder los zu sein, weiß nichts von dem Mädchen, das vom Fenster aus alles mitangesehen hat. Die Tochter berichtet es anderntags ihrem Vater, doch da er keinerlei Verdacht gegen seine Frau schöpft, sieht sie sich ganz auf sich gestellt. Ihrer Bleibe nicht mehr sicher, flieht sie noch in der gleichen Nacht, gelangt immer tiefer in den Wald, kommt des Abends zu einer Wildhütte und findet sechs kleine Betten vor. Die Schwäne kommen zum Fenster herein, blasen alle Federn hinweg und streifen die Schwanhaut ab. Die Wiedersehensfreude der Geschwister währt nicht lange. Sie befinden sich in einer Räuberherberge, und den Schwänen ist es abends nur für eine Viertelstunde vergönnt, Menschen zu sein. Um sie zu erlösen, darf die Schwester sechs Jahre lang weder sprechen noch lachen, und in dieser Zeit muß sie aus Sternenblumen sechs Hemden genäht haben. Sie flieht in den Wald.

Als die Jäger eines Königs zu dem Baum kommen, auf dem sie schon lange sitzt und näht, bleibt sie auf ihren Zuruf stumm. Nach und nach wirft sie ihnen alles zu, was sie am Leibe hat, bis auf ihr Hemd. Dennoch wird sie ergriffen und vor den König geführt. Der verliebt sich in ihre strahlende Schönheit und gesittete Art, er vermählt sich mit ihr. Wieder wird sie verfolgt – diesmal von der bösen alten Königin. Die nimmt ihr dreimal das Neugeborene weg, beschmiert der Schlafenden den Mund mit Blut und bezichtigt sie der Menschenfresserei. Beim dritten Mal kann der König nicht anders, als das Gericht sprechen zu lassen, denn sie bleibt stumm. Das Urteil lautet auf Feuertod. Wie sie am Scheiterhaufen steht, die sechs Hemden auf dem Arm, sind genau sechs Jahre herum. Die Schwäne kommen herangerauscht, und einem jeden wirft sie sein Hemdchen zu, so daß ihnen allen die Schwanhäute abfallen. Nur der jüngste Bruder behält einen Schwanflügel, sein Hemd war nicht ganz fertig geworden. Endlich kann sich die Schwester rechtfertigen, und statt ihrer wird die Schwiegermutter verbrannt. Mit ihren drei Kindern und den sechs Brüdern lebt das Königspaar fortan in Frieden und Glück.

Andersens Märchen beginnt dagegen mit elf Prinzen, die zur Schule gehen, und ihrer kleinen Schwester Elisa in luxuriösem Ambiente: Ihr Schemel ist aus Kristall, und vor sich hat sie ein kostbares Kinderbuch. Als Elisa 15 wird, sind ihre Brüder längst zu Schwänen geworden. Jetzt probiert es die hexische Stiefmutter mit ihr; als der Krötenzauber im Bad nicht wirkt, reibt sie Elisas Gesicht mit Walnußsaft ein und verfilzt ihr herrliches Haar, so daß ihr Vater sie nicht wiedererkennt. Sie wird verstoßen.

Eines Abends am Meer trifft sie elf wilde Schwäne mit goldenen Kronen auf den Häuptern. Bei Sonnenuntergang gewinnen sie menschliche Gestalt, doch dies währt nur bis zum Morgen. Der jüngste Bruder ist ihr besonders verbunden. Die Schwanbrüder, die übers Meer in ein fernes Land (Jenseitsreich) fliegen müssen, nehmen die Schwester mit: in einem Netz aus Schilf und Weidenrinde, gehalten von ihren Schnäbeln. Elisa erblickt das Wolkenschloß der Fee, die ihr später im

Traum erscheint und ihr die beiden Aufgaben nennt. Mit bloßen Füßen muß sie Brennesseln auf den Gräbern des Kirchhofs brechen und daraus elf Panzerhemden stricken; solange diese nicht fertig sind, muß sie schweigen.

Der weitere Verlauf gleicht Grimms Märchen, nur wird die Heldin nicht von der Königsmutter verfolgt, sondern vom Erzbischof, der sie für eine schlimme Hexe hält. Um so höher steigt ihr himmlisches Ansehen: Der Scheiterhaufen treibt Rosen, ein wunderbarer Duft umschwebt ihn. – Andersens erfinderische Bilder brachten es mit sich, daß sein Märchen auf Anhieb illustriert wurde: von Otto Speckter, der sich das Schilfnetz in Lüften nicht entgehen ließ (1838), von Vilhelm Pedersen (1839) und Franz Graf von Pocci (1846). Auch späteren Illustratoren, wie Marcia Brown (1963), Antoni Boratynski (1976), Susan Jeffers (1982), Dominique Leclaire (1985), hat es die Flugszene angetan. Der Schlüsselszene bei Grimm, dem Mädchen auf dem Baum, widmete sich Heinrich Vogeler (1907). Vertonungen und Verfilmungen des Stoffs lassen eine Präferenz für Andersens Version erkennen, wobei dessen Kritik an der Amtskirche ein Tabu bleibt. Der letzte Film folgt zwar dem Grimmtext, hat aber zu Bruderhelden ›Die drei Raben‹ (1987).

Sechse kommen durch die ganze Welt

Das Originelle an diesem Grimm-Märchen (1819) ist einmal der Titel, der sich aus den wiederholten Bekräftigungen ergibt (»wir zwei, drei, . . . sechs sollten wohl durch die ganze Welt kommen«), zum anderen der Beruf des Aquisiteurs: Er, der »allerlei Künste versteht«, ist gleichwohl ein gemeiner, abgedankter *Soldat, der darauf sinnt, am König Rache zu nehmen. Schon in Basiles Märchen von einem *Dummling (›Lo gnorante‹, 1634) finden sich solche fünf kunstfertigen Helfer – der Läufer, der einen Hirsch errennt, der Horcher, der alles weiß, was auf Erden vorgeht, der Schütze, der eine Erbse von einem Stein wegschießt, der Bläser, der Deichgräbern die Mittagshitze erträglich macht, und der Starke, der allein tausend Fuhrmannsladungen schultert. Daraus ergibt sich der Fortgang der Geschichte, ähnlich dieser hier.

Grimms Held, mit drei Heller Zehrgeld in der Tasche unterwegs, sucht sich Bundesgenossen und findet sie in dem Bäumeausreißer, dem Scharfschützen, dem Nasenlochbläser, dem

Läufer mit abgeschnalltem Bein und dem Mann mit dem Frosthütchen. In der Stadt hören sie von der Bekanntmachung des Königs: Wer mit seiner Tochter um die Wette laufen wollte und den Sieg davontrüge, der sollte ihr Gemahl werden. Der Held bewirbt sich und willigt ein, daß auch er, wenn ein anderer für ihn läuft, mit seinem Kopf haftet. Der Brunnenlauf droht zu scheitern, als der Schnelläufer auf dem Rückweg einschläft und seine Konkurrentin ihm beim Überholen das Wasser ausschüttet. Der Jäger muß ihm den Pferdeschädel unter dem Kopf wegschießen, damit der andere sich rappelt – und noch zehn Minuten vor der Königstochter am Ziel eintrifft.

Während bei Basile zwei Wettläufe angesetzt sind, kommt bei Grimm jetzt der mißgünstige König ins Spiel. Sein Mordanschlag, die Aufheizung der Eisenstube, in der alle Sechs tafeln, wird von dem Gesellen mit dem Frosthütchen vereitelt. Der König will sich nun das Recht des anderen auf seine Tochter abkaufen lassen (auch bei Basile), und der Held akzeptiert, »gegen soviel, wie ein Diener tragen kann«; dank seines *Starkhans sind es alle Schätze des Königs und überdies 7000 Wagen mit Gold aus dem ganzen Reich. Der Versuch des Königs, mit Hilfe zweier Regimenter den Sechsen ihren Reichtum abzujagen, wird vom Bläser vereitelt. Diese Episode findet sich bei Basile ebenso wie die Verteilung der Beute am Ende.

›Sechse kommen durch die ganze Welt‹ wurde von Lilo Fromm als Bilderbuch ausgestattet (1969) und mehrfach verfilmt: zunächst als Zeichentrickfilm (DDR 1958), dann als Spielfilm (Defa 1972), dann als Puppenspiel (1983). Auch im Puppenfilm ›Wie Langbein, Großmaul und Kugelmann mithalfen, daß der Wagnergeselle König wurde‹ (1983) steckt der gleiche Märchentypus, nur eben in böhmischer Version – ›Wie der Wagner König ward‹ (1860).

Die sieben Raben

Im Erstdruck hieß Grimms Märchen noch ›Die drei Raben‹ (1812), nach Versionen aus den Maingegenden und dem Hanauischen. In der Zweitausgabe (1819) wurde der Titel abgeändert und eine Wiener Variante als Eingangstext verwendet. Eigentliche Heldin des Märchens ist, wie in Basiles ›Die sieben Tauben‹ (›Li sette palommielle‹, 1634), die einzige Schwester – eine Nachzüglerin.

Bei ihrer Geburt ist die Tochter sehr schmächtig, sie soll notgetauft werden. Der Vater schickt einen der Söhne nach Quellwasser aus, die anderen sechs laufen mit, doch ihr Eifer bewirkt, daß beim Schöpfen der Krug in den Brunnen fällt. In Angst und Ärger verwünscht sie der Vater (»ich wollte, daß die Jungen alle zu Raben würden«), und schon fliegen sie als kohlrabenschwarze Vögel davon. (Im Erstdruck verwünscht die Mutter ihre drei Söhne, weil sie während der Predigt in der Kirche Karten spielten.) Den Eltern bleibt nur die Tochter, die bald zu Kräften kommt und von Tag zu Tag schöner wird. Daß sie Geschwister hatte, erfährt sie erst durch das Gerede der Leute. Obwohl die Eltern es als Verhängnis des Himmels hinstellen, schlägt ihr das Gewissen. Sie macht sich auf, ihre Brüder zu suchen und zu erlösen.

Viererlei nimmt sie von zu Hause mit, ein Ringlein, einen Laib Brot, einen Krug Wasser, ein Stühlchen. Sie wandert bis zum Ende der Welt, sucht dann Sonne, Mond und Sterne auf (die Wegweisenden Instanzen), was Gefahren mit sich bringt. Die Sonne frißt die kleinen Kinder, der Mond wittert Menschenfleisch – doch die Sterne auf ihren Stühlchen sind freundlich und geben ihr ein Hinkelbeinchen mit, damit sie den Glasberg aufschließen kann; dort seien ihre Brüder. Als sie vor das Tor des Glasbergs kommt, hat sie den Schlüssel verloren. Da nimmt sie ein Messer, schneidet sich einen kleinen Finger ab und schließt damit auf. Im Glasberg kommt ihr ein Zwerg entgegen, weist sie ein in das Haus der »Herren Raben« und bringt das Essen.

Die Schwester ißt von jedem der sieben Tellerchen, trinkt von jedem Becherchen; in das letzte läßt sie das Ringlein fallen. Die Rabenbrüder kehren heim und bemerken die Spuren (wie die sieben Zwerge in *Schneewittchen). Dem jüngsten kommt, als er zur Neige trinkt, das Ringlein entgegen. Gleich erkennt er es wieder: »Gott gebe, unser Schwesterlein wäre da, so wären wir erlöst.« Sie tritt hinter der Tür hervor, und augenblicklich erhalten alle Brüder ihre menschliche Gestalt zurück.

Die Bilder dieses Märchens sind, so der Befund Max Lüthis (1969), in Zusammenhang mit dem Totenreich zu sehen. Die Verwandlung der Knaben in Vögel, zumal in schwarze (vgl. *Die sechs Schwäne), deute auf eine Transformation von Verstorbenen, ebenso die Entrückung in den Glasberg (Jenseitsreich), das Knöchelchen (Totengebein) als Türöffner oder der Zwerg im Innern (Totengeist). Das Essen und Trinken vom Geschirr der Brüder könne als *unio mystica* gedeutet werden, die Gemeinsamkeit stifte zwischen der Erlöserin und den zu Erlösenden, zwischen der Lebenden und dem Jenseitsreich.

Grimms Märchen hatte Wirkungen. Die vom »Malerbruder« Ludwig Emil illustrierte erste Einzelausgabe (1844) regte wiederum Ludwig Bechstein zu ›Die sieben Raben‹ an (1845); er benutzte die älteste Fassung, den mittelalterlichen ›Dolopathos‹ (*Sindbad); Ludwig Richters Illustration dazu, ein Besuch der sieben Raben bei ihrer schlafenden Schwester (1853), macht anderen Inhalt deutlich. Moritz von Schwinds 15 Aquarelle ›Von den sieben Raben und der treuen Schwester‹ (1857/58) führten ihrerseits zu Nachdichtungen. Die Popularität des Stoffs bezeugte auch ein Neuruppiner Bilderbogen (Nr. 7645/ um 1880). Heinrich Vogeler schuf ein Blatt in reinstem Jugendstil, das die Dominanz der Schwester wiedergibt (um 1900). Einzelausgaben bebilderten u.a. Theodor Hosemann (1873), A. Ovanesov (1922), Felix Hoffmann (1962) und Lisbeth Zwerger (1981).

In ihrem ›Schneelied‹ (1967) besang Sarah Kirsch die alte Mythe: »Um den Berg um den Berg / fliegen sieben Raben / das werden meine Brüder sein, die sich verwandelt haben.«

Die sieben Schwaben

Im Schwäbischen sind sie noch heute populär: der Allgäuer mit dem Sturmhut vorne am Spieß (der sieben Mannslängen mißt), dann der Jockele, genannt Seehas, gefolgt von dem Marle oder Nestelschwab, hinter ihm der Jerkle oder Blitzschwab, hernach der Michel-Spiegelschwab, der Hans-Knöpflesschwab (ein vorzüglicher Spätzlemacher) und am Schluß Veitle, der Gelbfüßler. Sieben komische Helden, die vor einer Hornisse Reißaus nehmen, einen toten Bären erlegen, einen Baumstamm rammen, einen Bayern verdreschen, in ein seeblaues Flachsfeld plumpsen und zu guter Letzt am Bodensee ein fürchterliches Ungeheuer bekämpfen, das fast so ausschaut wie ein männchenmachender Hase.

Für ›Das Märchen von den sieben Schwaben‹ (1845) hat sich Ludwig Bechstein den Plot von Ludwig Aurbacher ausgeborgt, der damit schon mehrmals Erfolg gehabt hatte: erst mit dem

›Volksbüchlein‹ (1827), dann mit der ›Geschichte von den sieben Schwaben‹, die Moritz von Schwind illustrierte (1832), drittens mit der Volksbuchausgabe ›Die sieben Schwaben‹, geschmückt durch sechs Holzschnitte von Ludwig Richter (1838).

So volkstümlich kam Grimms Märchen ›Die sieben Schwaben‹ (1819) nicht daher; vor allem die saftigen Spitznamen fehlen dort. Die Brüder Grimm bezogen ihren Stoff aus mancherlei Vorlagen des 16. Jhs.: einem Meistergesang des Hans Sachs, einer Erzählung des Hans Wilhelm Kirchhoff, einem Nürnberger Fliegenden Blatt.

Eine gesamtszenische Darstellung – was sich hier anbot – gaben August Lewalds ›Deutsche Volks-Sagen‹ (1845, in Stahlstich) und später Eduard Illes Münchener Bilderbogen (Nr. 959/1888 – in koloriertem Holzstich). Als ersten Band der Reihe »Das Märchenbuch des Jungbrunnens« illustrierte Franz Stassen die Geschichte der wackeren Helden (1900). Auch deren Story mußte einmal neu erzählt werden, das besorgte Hermann Lenz mit ›Sieben beim Vatertag‹ (1974) – auf Spritztour durchs Ländle.

Die sieben weisen Meister *Sindbad

Sieben auf einen Streich *Das tapfere Schneiderlein

Siebenschön

Die sehr erbaulich-poetische Version des Märchens von der verlassenen Braut geht auf Karl Müllenhoffs ›Sagen, Märchen und Lieder der Herzogthümer Schleswig, Holstein und Lauenburg‹ (1845) zurück. Ludwig Bechstein hat sie 1857 in seine Sammlung aufgenommen. Die Brüder Grimm haben sich ihrer nicht bedient, zumal sie mit ›Die wahre Braut‹ (ab der 5. Auflage 1843) ein Märchen vom gleichen Typus besaßen.

Siebenschön ist die einzige Tochter armer Dorfleute, führt Haus und Garten mustergültig, ist im Nähen und Sticken geschickter als jedes Mädchen sonst in der Gegend und »schöner als sieben andere zusammen«. Als Zeichen ihrer Sittsamkeit trägt sie sonntags beim Kirchgang einen Schleier vorm Gesicht. Das macht des Königs Sohn auf sie aufmerksam. Als er ihr dreimal Geschenke übermittelt hat – einen goldenen Fingerreif, ein Paar silberne Schuhe, ein goldenes Kleid – und ihren Einspruch »du bist so reich, und ich nur so arm« dreimal nicht hat gelten lassen, treffen sie sich allabendlich bei der großen Eiche. Der König bekommt das Liebesverhältnis hinterbracht und läßt Siebenschöns Haus in Brand stecken. Ihre Eltern kommen um, sie selbst rettet sich in einen leeren Brunnen. Mit aus dem Schutt ausgegrabenem Geld kauft sie Mannskleider und nimmt bei Hofe unter dem Namen »Unglück« eine Stellung als Bedienter an. Bald wird er dem König unentbehrlich. Sein Sohn, zunächst in Trauer um die vermeintlich tote Siebenschön, verlobt sich standesgemäß mit einer Königstochter. Zur Brautfahrt muß Unglück wie alle Bedienten mitziehen. Bevor das Schloß der Braut erreicht ist, singt er dreimal: »Siebenschön bin ich genannt, / Unglück ist mir wohlbekannt.« Vor dem Tor ahnt der Prinz die Zusammenhänge, wendet sein Pferd, erkennt Siebenschön. Im Schloß, als alles gesellig zugeht, gibt er das Dilemma, in dem er selber steckt, als Rätsel bekannt. Sein Gleichnis vom alten, wieder aufgefundenen Schlüssel findet den Beifall des Vaters der Braut. Er bekommt seine Tochter wieder, und Siebenschön den Prinzen als Ehemann.

Das Märchen ist gelegentlich schön bebildert worden (etwa durch Albert Adamo, Münchener Bilderbogen Nr. 859/1884) und auch vorlagengetreu verfilmt (Puppenspielfilm 1982).

Silberweiß und Lillwacker

Das Märchen der beiden Helden ›Silvervit och Lillvacker‹ (1844), in Schweden sehr bekannt, verknüpft die beiden Erzählstränge des *Drachentöters, nämlich das Motiv der *Zwei Brüder und das Helfermotiv der *Drei Hunde. Zugleich zeigt es eine Besonderheit skandinavischer Volksmärchen: daß es nicht nur eine, sondern drei Königstöchter zu erlösen gilt. Hierzulande ist das Märchen seit Klara Stroebes Übersetzung (1915) bekannt; Lillvacker bedeutet »der Klein-Hübsche«.

Es beginnt mit einer 15jährigen Königstochter, die mit ihrer Magd im Turm lebt, in den ihr verwitweter Vater sie eingeschlossen hat, bevor er in den Krieg zog. Beide werden schwanger: von den verzauberten Äpfeln im Körbchen, die man ihnen in verunehrender Absicht zugespielt hat. Von Geburt an gleichen sich Silberweiß, Kind der Königstochter, und Lillwacker, das der Magd – »wie zwei Kirschen«. Sieben Jahre nach dem Auszug des Königs wird dessen Rückkehr erwartet; um der Schande zu entgehen, werden beide Pflegebrüder vom

Turm herabgelassen. Sie sollen in der Welt ihr Glück versuchen. Silberweiß bekommt von seiner Mutter noch ein kostbares Messer mit. Im Wald begegnen sie einem wundersamen Mann mit zwei Schwertern an der Seite und sechs großen Hunden. Beides teilt er (»zur Erinnerung an euren Vater«) unter sie auf, nur soll sich keiner je von seinen drei Hunden trennen. An einem Kreuzweg verabschiedet sich Silberweiß von Lillwakker, sein Messer taucht er in eine Quelle: »Solange das Wasser klar fließt, so lange lebe ich; wenn es rot und trübe wird, bin ich tot.« Der Bruder tritt in Königsdienste. Jeden Morgen schaut er bei der Quelle nach.

Silberweiß kommt zu einer Stadt mit schwarz verhangenen Häusern. Das Königspaar hat seine drei Töchter dem Meertroll verpfändet, und die älteste findet sich bereits am Strand ein. Ein Höfling begleitet sie; vor dem Jüngling, in dem sie den Troll sehen, erschrecken beide. Der Mann flüchtet auf den Baum, die Jungfrau jedoch faßt Zutrauen und laust ihren möglichen Retter; dabei flicht sie ihm ihren goldenen Ring ins Haar. Der Troll kommt und fragt irritiert: »Warum sitzt du bei meiner Prinzessin?« – »Ich denke, sie ist meine Prinzessin, nicht deine.« Des Helden Hunde kämpfen die Meerhunde des Trolls nieder, er selbst trennt ihm mit dem Messer den Kopf ab, schneidet die Augen heraus und geht seiner Wege. Der Höfling bedroht die Prinzessin mit dem Tod, falls sie nicht bezeuge, er habe sie befreit. – Am nächsten Tag ist die zweite Prinzessin an der Reihe, das gleiche Schauspiel läuft ab, nur daß der Troll mit drei Köpfen erscheint und mit drei Hunden. Am dritten Tag ist die jüngste zur Stelle, auch sie mit dem Höfling. Beim Lausen des Jünglings sieht sie die Ringe der Schwestern und flicht ihren ihm gleichfalls ins Haar. Diesmal hat der Troll sechs Köpfe, bietet neun Hunde auf, doch auch diesmal bleibt Silberweiß Sieger.

Der König löhnt den Höfling, den vermeintlichen Befreier, mit der jüngsten Tochter, die ihm die liebste ist. Noch während des Hochzeitsfestes spatziert Silberweiß mit seinen Hunden herein, alle Töchter laufen voll Freude auf ihn zu. Sie zeigen die Ringe im Haar ihres Retters vor und er die gesammelten Trollaugen. Nun erhält er die jüngste. Doch nachts taucht ein Trollbruder auf, sie kämpfen miteinander am Strand. Der Troll, von den Hunden verfolgt, klettert auf einen Baum: Silberweiß soll seine Hunde zum Schweigen bringen. Diese lassen sich nicht beirren. Nun reißt sich der Unhold drei Haare vom Kopf und bittet, eins über jeden Hund zu legen. Als der Jüngling das tut, sind sie gebannt und er selber schutzlos. Der Troll tötet ihn.

An jenem Morgen findet Lillwacker die Quelle blutig vor. Er ruft seine drei Hunde, gürtet sein Schwert und wandert los. Die Stadt findet er in Scharlachrot ausgeschlagen. Der König hält ihn für seinen Schwiegersohn, die junge Königin in der Schlafkammer sieht in ihm ihren Liebsten. Lillwacker legt ein blankes Schwert zwischen sie und sich. Nachts erscheint der nämliche Troll, zeigt ihm den toten Bruder und die festgebannten Hunde. Lillwacker sieht sich vor: Als der Unhold ihm die drei Haare zur Beschwichtigung seiner Hunde reicht, legt er sie auf dessen Hunde und bannt sie fest. Der Troll, um sein Leben fürchtend, schenkt ihm zwei Flaschen, eine gefüllt mit dem Wasser des Lebens, die andere mit bannender Kraft. Lillwacker nimmt zuerst die zweite, löst damit des Bruders Hunde, bestreicht eine Steinplatte und erreicht, daß der Troll daran haften bleibt. Mit dem Lebenswasser macht er den Bruder lebendig. Doch als der von ihm hört, selbst die junge Königin im Bett habe ihn für Silberweiß gehalten, stößt er dem Bruder das Schwert in die Brust. Die Königin kann den schlimmen Verdacht zerstreuen, so daß wieder das Lebenswasser herhalten muß, um Lillwackers tödliche Wunde zu heilen. Er bekommt die mittlere Prinzessin zur Frau. Beide Brüder teilen sich das halbe Reich.

Sindbad

Die arabisch-persische Erzählliteratur kennt drei Gestalten dieses Namens. Einmal Sindbad (Sindibad) als Titelheld der Geschichtensammlung des Samarquandi (›Sindbad-name‹, 1150/51), die als ›Buch der sieben weisen Meister‹ auch früh in Europa bekannt wurde. Dort ist er klügster Minister des Königs Kurdis und bildet dessen Sohn in allen Künsten und Wissenschaften aus, erkennt jedoch vor der Prüfung, daß dem Prinzen sieben Tage lang große Gefahren drohen, und verpflichtet ihn deshalb zum Schweigen. Als der Prinz wegen angeblich gewaltsamer Verführung der Favoritin des Königs zum Tode verurteilt wird, retten ihn die gleichnishaften Erzählungen der sieben Wesire (Meister). Nach Ablauf der Frist darf er endlich sprechen und beweist seine Unschuld. In der ersten europäischen Prosaversion, dem ›Dolopathos‹ des Mönchs Johannes de alta Silva (12. Jh.), tritt der Dichter Vergil als Sindbad der Weise auf. Auch in 1001 Nacht ist seine Geschichte verewigt.

Ungleich bekannter sind die beiden anderen Gestalten aus 1001 Nacht, die für einen ganzen Erzählzyklus stehen: Sindbad der Seefahrer und Sindbad der Lastträger. Die berühmten sieben Reisen Sindbads (die 536. bis 566. Nacht in der Übersetzung Enno Littmanns, 1927) sind dem Stoff nach ein Seefahrerroman, etwa um 900 verfaßt, mit märchenhaften Episoden und Einsprengseln. Das beginnt auf der ersten Reise mit der Insel, die einem Paradiesgarten gleicht und sich plötzlich als großer Fisch erweist, und mit dem Hengst aus dem Meer. Auf der zweiten Reise ist es Sindbads Flug mit dem *Wundervogel (Roc, Ruch) und das von Schlangen bewachte Diamantental, aus dem mittels frischer Tierkadaver die Edelsteine »gehoben«, das heißt Adlern wieder abgejagt werden. Auf der dritten Reise wird ein schwarzer Riese geschildert, der sich, weil er Sindbad als zu mager befindet, den dicken Kapitän packt und ausgiebig pfählt, röstet und frißt; die Blendung des Riesen mit zwei glühend gemachten Bratspießen erinnert an den Kyklopen Polyphem. Auf der vierten Reise kommt Sindbad nach siebentägiger Wanderung zu den Pfeffersammlern und erlebt die Landessitten (Sumatras?) hautnah: Nach dem Tod der ihm vom König bestimmten Ehefrau begräbt man ihn bei lebendigem Leib. Ein Motiv der zweiten Reise, das Riesenei des Vogels Roc, kommt auf der fünften Reise wieder zum Zug. Diesmal bringt es, weil von Menschenhand beschädigt, die Reisenden in Todesgefahr: Das Vogelweibchen läßt einen Felsblock auf ihr Schiff fallen und zertrümmert es. Am Ende der sechsten Reise gibt der Maharadscha von Sarandib (Ceylon) Sindbad einen Brief an *Harun ar-Raschid mit. Die siebte Reise, die Sindbad an »das äußerste Meer der Welt« führt und damit in das Reich der Geister *Salomos, ist wieder mythendurchwirkt. »Was ich erleide«, resümiert der Seefahrer, »kommt alles nur von meiner Gier her, und dabei habe ich schon soviel Geld und Gut«.

Der insgesamt vom Glück begünstigte Sindbad el-bahri, der seinen Reichtum rechtfertigt, indem er von seinen gefahrvollen Reisen erzählt, hat sein Gegenüber in dem armen Lastträger – Sindbad el-barri –, der ihm sieben Tage lang aufmerksam zuhört und sein Freund wird. Bruno Bettelheim sah darin die

Ambivalenzen ein und derselben Persönlichkeit gespiegelt: die eine Kraft sei Antrieb (die ferne Welt), die andere Bindung (an den Alltag).

Leser und Illustratoren haben sich meist an Sindbad den Seefahrer gehalten, an das Reich der Phantasie also; so Johann Heinrich Rambergs Titelkupfer zu A. L. Grimms ›Mährchen der Tausend und Einen Nacht für Kinder‹ (1820), dann Gustave Doré (1862), Edmund Dulac (1914, dt. 1920), Max Slevogt (›Tausendundeine Nacht‹, 1908). Ebenso hat der Film den Abenteurer verherrlicht, man denke an ›Sindbad the sailor‹ (USA 1947) mit Douglas Fairbanks jr. und Maureen O'Hara.

Das singende springende Löweneckerchen

Das Märchen von der Löwenbraut, das die Brüder Grimm vom 19jährigen Dortchen Wild erzählt bekamen und eingangs ihres zweiten Märchenbandes (1815) veröffentlichten, schien ihnen »für sich bestehend und eigentümlich schön und doch mannigfach mit andern verwandt«, so vor allem mit ›La belle et la bête‹, mit dem ›Drachen‹ (*Die Schöne und das Tier), auch mit dem Bärenhelden in ›Münchs Mährleinbuch‹ (1799). Das eigenartige Löweneckerchen bestimmten sie etymologisch als Lerche. Den Märchentitel hat ›Das singende, klingende Bäumchen‹ aus einer Sammlung ›Feen-Mährchen‹ (1801) beeinflußt, wo auch ein Löwe die Hauptrolle spielte. Walter Scherf sah das Eckerchen als »das Geistchen« eines Löwen, etwas Lebendiges, das die Verbindung zum künftigen Liebsten herstellen soll (›Lexikon der Zaubermärchen‹, 1982).

Es beginnt, wie bei diesem Märchentypus häufig, mit der Reise des Vaters und den Wünschen seiner drei Töchter. Wünscht sich die jüngste, sein liebstes Kind, im französischen Märchen eine Rose, so begehrt sie hier »ein singendes springendes Löweneckerchen«. Die kostbaren Mitbringsel für die älteren Töchter hat er bald gekauft, doch das für die jüngste entdeckt er erst auf dem Heimweg, hoch auf einem Baum unweit eines Schlosses mitten im Wald. Wie sein Diener das Tierchen fangen will, erhebt sich unter dem Baum ein Löwe und fordert sein Leben. Retten könne ihn nur, wenn er ihm das zusage, was ihm daheim zuerst begegne. Wie er schon ahnte, ist dies seine Jüngste.

Über das Löweneckerchen ist sie außer sich vor Freude. Den weinenden Vater tröstet sie und besteht darauf, sein Versprechen einzuhalten (»ich will den Löwen schon besänftigen«). Als sie entdeckt, daß er bei Nacht ein schöner Mann ist und nur bei Tag ein Löwe – denn er ist ein verzauberter Königssohn –, da feiern sie Hochzeit und leben vergnügt miteinander. Als die Heirat der ältesten Schwester bevorsteht, begleiten sie seine Löwen (Diener) zum Fest. Zur Heirat der zweiten soll er selbst sie begleiten. Zwar weiß er um seine Gefährdung, daß kein Lichtstrahl ihn berühren darf, dennoch kommt er mit und ihr kleines Kind ebenfalls. Trotz aller Vorsicht fällt im vermauerten Saal ein haarbreiter Strahl auf den Königssohn, und als seine Frau ihn sucht, ist er eine weiße Taube. Sieben Jahre muß sie in die Welt fortfliegen, doch alle sieben Schritte wird sie, sozusagen als Wegzeichen, einen Tropfen Blut und eine Feder fallen lassen. Die Frau folgt der Taube, fast sieben Jahre lang, plötzlich bricht die Spur ab. Weil Menschen ihr nicht helfen können, wendet sie sich an die Sonne, an den Mond, an die vier Winde (Wegweisende Instanzen). Diese schenken ihr dreierlei für die Not: ein Kästchen, ein Ei, eine Nuß. Der Südwind endlich hat die Taube gesehen. Sie ist zum Roten Meer geflogen, ist (fristgemäß) dort zum Löwen geworden, der im Kampf mit einem Lindwurm steht (einer verzauberten Königstochter, selbst Tochter eines Zauberers). Und der Nachtwind weiß Rat. Mit der elften Rute vom Meeresufer soll sie den Lindwurm schlagen (vgl. *König Lindwurm), dann können beide Tiere wieder zu Menschen werden; der Vogel Greif werde sie und ihren Liebsten heimbringen. Die Nuß gibt er ihr, um im Roten Meer einen Rastbaum entstehen zu lassen. – Doch es kommt anders. Die entzauberte Königstochter greift sich den Jüngling und fliegt mit ihm auf dem *Wundervogel davon.

Wieder ist die arme weitgewanderte Frau verlassen, und wieder macht sie sich auf die Suche, die sie zu dem Schloß führt, wo die beiden zusammenleben. Sie öffnet das Kästchen und findet darin ein Sonnenkleid, mit dem sie sich zeigt. Die (neue) Braut begehrt es als Hochzeitskleid und erlaubt ihr dafür, eine Nacht in der Kammer des Bräutigams zu schlafen; ihm gibt sie jedoch einen Schlaftrunk ein, so daß er das flehentliche Reden seiner Frau am Bettrand (»willst du mich denn ganz vergessen?«) nur wie ein fernes Rauschen vernimmt (vgl. *Der Trommler). Anderntags handelt sie den Inhalt des Eies, eine goldene Glucke und zwölf goldene Küchlein, gegen eine weitere Nacht bei dem Bräutigam ein. Der verweigert, durch einen Diener aufgeklärt, diesmal den Schlaftrunk, die Liebenden finden zueinander und fliehen noch in der gleichen Nacht auf dem Vogel Greif, wobei ihnen die Nuß des Nachtwindes zum Überqueren des Roten Meeres verhilft. Zu Haus finden sie ihr Kind vor, groß und schön, und sind fortan glücklich.

Erstaunlich viele Parallelen zeigen sich im norwegischen *Tierbräutigam-Märchen ›Östlich von der Sonne, westlich vom Mond‹ (1844). Der Löwe ist dort ein großer weißer Bär, der sich im Dunkeln als Mensch zur jüngsten Tochter legt; die Übertretung des Sehtabus (vgl. *Amor und Psyche) führt zu ihrer langen Suchwanderung, ebenfalls zu den drei Wegweisenden Instanzen; der Nordwind bringt sie an das Schloß am Ende der Welt, wo die Hochzeit der Trollprinzessin mit dem Prinzen bevorsteht, und drei Kostbarkeiten (goldner Apfel, goldne Haspel, goldner Rocken) werden eingesetzt, um in der dritten Nacht endlich die »wahren Liebenden« zu vereinen. Einzig die Reise des Vaters und das Medium des »Löweneckerchens«, das die Verbindung zum dunkelgestaltigen Königssohn herstellt, fehlen dort. – Typisch für den Bärenprinzen ist die zutunliche Nähe zum Objekt seines Begehrens. In Münchs ›Mährleinbuch für meine lieben Nachbarsleute‹ (1799) bringt er dem Vater das Zweiglein mit den drei Eicheln, also genau das, was die Jüngste sich gewünscht hatte, und er ruht alsbald »alle Nacht an ihrer Seite«. In Sutermeisters schweizerischem ›Der Bärenprinz‹ (1869) verwehrt der weiße Bär zunächst heftig die Traube aus seinem Weinberg, die der Vater für die Jüngste pflücken will; doch kaum hat er die Schöne im Haus, »tat er ihr alles Liebe und Gute, so daß sie mit der Zeit gar nicht mehr daran dachte, daß ihr Gemahl nur ein Bär sei«.

Max Slevogt hat das Grimm-Märchen naturhaft wild illuminiert (zwölf Federzeichnungen zur Ausgabe 1923); in jüngster Zeit schuf Renate Seelig ein farbiges Bilderbuch (1986). In der DDR hat man es zweimal verfilmt, erst als ›Das singende, klingende Bäumchen‹ (1957), dann als ›Der Prinz hinter den sieben Meeren‹ (1982).

Snegurotschka

Snegurotschka, »Schneeflöckchen«, geht auf die Titelheldin eines russischen Märchendramas zurück, das Aleksandr N. Ostrowskij schrieb und Peter Tschaikowsky vertonte. Die Uraufführung dieses »Frühlingsmärchens« – so der Untertitel – geschah am 11. Mai 1873 in Moskau.

Das Märchenspiel greift alte slawisch-mythische Vorstellungen auf. *Väterchen Frost (Ded Moroz) und Frühlingsgöttin (Vesna-Krasna) sind die Eltern der Snegurotschka. Einerseits kühl von Gemüt, zur Liebe unfähig, ist sie andererseits von Sehnsucht nach Wärme und Liebe erfüllt. Als sie volljährig ist, wird sie von ihren Eltern ins Land der Berendejer geschickt, lernt dort wie die Menschen zu fühlen und verliebt sich in den Jüngling Mizgir. Als das Fest des Sonnengottes Jarilo naht, erbittet Mizgir vom Zaren die Erlaubnis zur Hochzeit. Sie wird ihm, wie an dem Tag allen heiratswilligen jungen Leuten, gewährt. Doch beim ersten Strahl der machtvollen Sonne beginnt das Schneekind zu tauen. Mizgir stürzt sich in seiner Verzweiflung in die See.

In die Handlung eingestreut sind Tänze, Chöre und Lieder. Auch Nikolaj Rimskij-Korsakow hat sich von Ostrowskij inspirieren lassen; seine Oper ›Snegurotschka‹ wurde am 10. 2. 1882 in St. Petersburg uraufgeführt. Verfilmungen des Stoffes, wie die von V. Starewitsch (1914) und Pawel Kadotschnikow (1965), haben Rimskij-Korsakows Musik unterlegt.

Soldat

Als Märchenfigur ist der Soldat öfters anzutreffen als der *Räuber, vor allem spielt er weitaus häufiger eine Hauptrolle. Meistens in der Ausgangsposition eines ausgedienten, abgedankten Soldaten, der kein Geld in der Tasche hat und offen für alles ist (*Bärenhäuter, *Bruder Lustig, *Das blaue Licht, *Das Feuerzeug, *Die zertanzten Schuhe). Das französische Märchen hat einen prägnanten Namen dafür, La Ramée, »der Stoppelbart« – während der deutsche »Bruder Lustig« mehr aufs Fidele, Sorgenfreie abzielt. Dabei sind Soldatenmärchen vielfach mit scharfer Sozialkritik verbunden. Die Geschichte vom blauen Licht ist die einer gnadenlosen Rache am undankbaren König, in abgemilderter Form auch *Sechse kommen durch die ganze Welt. In ›Der eiserne Mann‹ (1862) muß ein langgedienter Soldat betteln gehen, denn als Kriegskrüppel bekommt er weder Arbeit noch eine Pension.

Wenn der Soldat auf Posten steht und keinen Schilling Geld hat, dann verschreibt er sich leicht dem *Teufel (›De Suldat un de Düvel‹, 1904). Ein Teufelspakt, sobald er ihn reut, führt den

Soldaten auch mit *Des Teufels Großmutter zusammen. Die Trias »Soldat, Tod und Teufel«, dazu als Gaben ein stets gewinnendes Kartenspiel und ein Tornister, in den alle unliebsamen Leute kriechen müssen, findet sich im russischen Märchen ›Der Soldat und sein Ranzen‹ (1890), das in letzter Zeit zweimal verfilmt wurde: als ›Der Soldat und der Tod‹, in einer Mischform von Spielfilm und Animatronics (England, 1987), und als Puppenspiel ›Wie der Soldat die Teufel foppte‹ (1987).

Auf einem russischen Märchen aus der klassischen Sammlung A. N. Afanasjews basierte Igor Strawinskys berühmtes Ballett ›Die Geschichte vom Soldaten – gelesen, gespielt und getanzt‹. Die Uraufführung war in Lausanne 1918. Das Libretto ›L'histoire du soldat‹ schrieb der Schweizer Dichter Charles Ferdinand Ramuz. »Uns zog« – so Strawinsky – »vor allem der Legendenkranz an, der von den Abenteuern des Soldaten handelt, des Deserteurs, dessen Geschichte regelmäßig damit endet, daß ihm der Teufel mit unfehlbarer Kunst die Seele abgewinnt.« Ein Motiv des Märchens muß es dem Musiker angetan haben: die Geige, auf der der Soldat allerlei Lieder spielt, sie dem »Unreinen« gegen ein Zauberbuch überläßt, sich eine andere holt und mit dreimaligem Geigenspiel sowohl die kranke Königstochter heilt wie den Teufel in die Zange bekommt – vorläufig.

Der standhafte Zinnsoldat

In dem berühmten Märchen Hans Christian Andersens (›Den standhaftige Tinsoldat‹, 1838) zeigt sich die Abkehr von Traditionen des Volksmärchens deutlich. Nicht nur, daß die Hauptfigur einem irdisch-profanen Milieu, dem der kindlichen Spielzeugwelt, entstammt (vgl. *Nußknacker). Auch die Schauplätze – Geburtstagsstube, Straßenpflaster, Rinnstein, Abwasserkanal – gehören zum Kinderalltag, zur vertrauten städtischen Umgebung. »Immer habe ich eine Vorliebe gehabt für Andersens Märchen vom Standhaften Zinnsoldaten«, bekannte Thomas Mann im Alter und fügte hinzu: »Es ist im Grunde das Symbol meines Lebens.«

Dieser Zinnsoldat ist alles andere als eine starre, unbelebte Figur und keineswegs Konfektion. Von seinen 24 Brüdern unterscheidet ihn, daß er nur ein Bein hat. Zu mehr hat es beim Gießen (aus einem alten Zinnlöffel) nicht gereicht. Rotblau die Uniform, das Gewehr geschultert, so steht er auf dem einen Bein genau so fest wie die anderen auf zweien. Auf dem Geburtstagstisch des kleinen Jungen sieht er ein Schloß aus Pappmaché und in dem offenen Tor eine kleine papierne, mit einer Paillette geschmückte Jungfer stehen, das eine Bein tänzerisch in der Luft. Er findet, sie paßt zu ihm, und schaut sie unentwegt an. Mitternachts wird er von dem schwarzen Troll in der Schnupftabakdose verwarnt, ignoriert es und fällt am andern Morgen – »war es nun der Troll oder der Zugwind« – aus dem Fenster des dritten Stocks kopfüber aufs Straßenpflaster. Er gibt keinen Laut, findet es unpassend, um Hilfe zu rufen – »denn er war in Uniform«. Gassenjungen finden ihn, falten ein Schiffchen und setzen ihn hinein. Kerzengerade fährt er den Rinnstein hinunter, auch die nach dem Paß fragende Wasserratte hält ihn nicht auf. Sein Boot fällt in einen Kanal, läuft über und sinkt. Da verschluckt ihn ein Fisch (Jonas-Motiv), und auf wundersame Weise kehrt er durch ihn in die Küche und damit zum alten Ausgangspunkt zurück (Polykrates-Motiv). Er steht auf dem gleichen Tisch wie zuvor, und die Tänzerin hält sich noch immer auf dem einen Bein, standhaft auch sie. Fast möchte er Zinn weinen – »aber es gehörte sich nicht«. Einer der Jungen wirft ihn ohne Anlaß (aber sicher vom Troll gelenkt) in den Ofen. Der Zinnsoldat spürt eine entsetzliche Hitze, »ob sie von dem wirklichen Feuer oder von der Liebe herrührte, das wußte er nicht«. Die Farben sind ihm abgegangen. Er tauscht Blicke mit ihr, fühlt, daß er schmilzt. Noch steht er standhaft. Da geht eine Tür auf, der Wind ergreift sie, und sie fliegt wie eine Sylphide in den Ofen zu ihm, lodert in Flammen auf und ist dahin – zerschmolzen auch er. Als die Magd die beiden findet, ist von ihr nur die Flitterrose geblieben und vom Zinnsoldaten ein kleines zinnernes Herz.

Die Welt aus der Sicht des Zinnsoldaten, die Dämonien der Spielzeugwelt wie die einer Fahrt durch die Unterwelt – das hat moderne Illustratoren vieler Länder beschäftigt. Der Deutsche Rudolf Großmann (1924) und der Japaner Shujitso Hajitana (1929) gestalteten sie, gefolgt von Marcia Brown (›The Steadfast Tin Soldier‹,1953), Kaj Beckman (›Den standaktige tennsoldaten‹, 1976), Georges Lemoine (›Le petit soldat de plomb‹, 1983), Jan Mogensen (›Den standhaftige Tinsoldat‹, 1985) und Anastasija Archipowa (›Stojkij olovjannyi soldatik‹,1990); vorzüglich auch die deutschen Einzelausgaben von Felix Hoffmann (1960), Monika Laimgruber (1970), Gerhard Oberländer (1971).

Starker Hans

Er ist ein Märchenheld von übermenschlicher Stärke, Nachfahr mythischer Kraftgestalten wie Herakles und Jung Siegfried. Sein Name ist in ganz Mitteleuropa bekannt, vom dänischen »Staerke Hans« bis zum Tiroler »Starken Hansl«. Die Brüder Grimm haben eins ihrer Märchen zwar ›Der starke Hans‹ (1837) genannt, aber die für diese Figur typische Story erzählt ein anderes: ›Der junge Riese‹ (1815). Gelegentlich ist solch ein Starkhans übernatürlichen Ursprungs, wie der norwegische »Murmel Gänseei« oder der provenzalische »Bären-Jan«; in anderen Fällen bezieht er seine Stärke aus einer ungewöhnlich langen Stillzeit – drei mal sieben Jahre, so hat es Bettine Brentano für »Hans ohne Bart« notiert (1808).

Auch Grimms »Junger Riese«, zunächst nur daumengroß, wird von seinem Ziehvater-Riesen extrem lange gesäugt – drei mal zwei Jahre – und in Intervallen Kräftetests unterworfen. Erst nach den sechs Jahren wird er für tauglich befunden und seinem Vater zurückgebracht, doch der ist froh, als er ihn wieder los wird. Denn so gewaltig Hans Bäume ausreißt, so gewaltig ißt er auch; und der riesige Eisenstab, den der Vater ihm anfertigen soll, erweist sich dreimal als untauglich. Hans verdingt sich bei einem Schmied. Schon beim ersten Schlag versinkt der Amboß tief in die Erde. Mit dem ausgemachten Lohn (alle 14 Tage zwei Streiche oder Hiebe für den Meister) wird es nichts; der Schmied bekommt nur einen zarten Tritt – der ihn freilich wegwirbelt. Auch der Amtmann staunt über seinen neuen Großknecht, der allergrößte Bäume ausreißt und sich selbst statt der Pferde vor den Wagen spannt. Wie es aber ans Bezahlen geht (für ein Jahr drei Streiche), wird es dem Geizhals mulmig. Den größten Mühlstein läßt er auf Hans hinabsausen, doch den freut das »schöne Halsband«. In die verwünschte Mühle schickt er ihn, Hans ißt die von unsichtbarer Hand gereichten Schüsseln leer, bekommt nachts Ohrfeigen und teilt selber welche aus. Die Mühle hat er erlöst, aber Geld nimmt er nicht. Es geht ihm einzig um den ausgemachten Lohn. Der Amtmann und seine Frau können am Ende froh sein, daß sie jeder nur einen Tritt kriegen, der sie in die Lüfte befördert wer weiß wie lang.

Zeichnerisch ließ sich die Gestalt natürlich gut umsetzen (Philipp Grotjohann, Otto Ubbelohde, H. L. Shindler).

Für die slawische Ausprägung dieser Kraftgestalt ist das

weißrussische Märchen ›Erbse und der Drache‹ signifikant. Schon bei seiner magischen Geburt (aus einer Erbse) schreit der Held nach Essen. Er wächst nach Stunden, wie im Zeitraffer, und ist nach einem Monat bärtig und riesengroß. Die Keule, die der Vater aus einer Anstecknadel für ihn schmieden lassen soll, erst sieben, dann zehn Pud schwer, wird probehalber in den Himmel geschleudert, bis sie taugt. Mit dieser Waffe (nicht mit Tierhelfern) wird Erbse zum *Drachentöter. Daß eine solche hypertrophe Figur auf bestimmte Stilmittel älterer Heldenepik zurückgeht, macht das kirgisische Nationalepos ›Manas‹ deutlich. Dort verlangt der Held anderthalb Stunden nach seiner Geburt eine stählerne Rüstung, einen goldenen Helm und eine 300 Pud schwere Streitkeule.

Die steinerne Blume

Daniljko, »den Dürrling«, kennt man in Rußland als Märchenheld. Seine Geschichte ist die der steinernen Blume (›Skaz o kamennom cvetke‹, 1938), die Pawel Petrowitsch Baschow nach einer Legende aus dem Ural als Märchendichtung verfaßte. Sie wurde in die meisten Sprachen der Sowjetunion übersetzt und in mehr als sieben Millionen Exemplaren verbreitet.

Im Bergbaurevier taugt der schlaksige Waisenjunge, Daniluschko gerufen, weder zum Laufburschen noch zum Hirten, doch das Horn bläst er schön. Als er halbtot geprügelt wird, bringt ihn ein Mütterchen wieder auf die Beine; sie erzählt ihm von der steinernen Blume im Malachitberg. Das Handwerk eines Steinmetzen – sägen, schleifen, schnitzen – erlernt er nun bei Meister Prokopjitsch ungewöhnlich rasch. Ihm liegt daran, die volle Kraft des Steins herauszuarbeiten. Katja, seine Braut, bewundert die Malachitschale, die er in einjähriger Arbeit geschaffen hat, ihn aber unzufrieden läßt. Von einem Väterchen auf den Schlangenberg und die »Bergmeister« verwiesen, findet er an dessen Abhängen, was er sucht: einen Malachit in Art eines Tollkrauts. Doch die Malachitschale mißlingt ihm. Er geht nochmals zum Schlangenberg und stößt auf die Bergherrin. Diese zeigt ihm im Innern des Berges herrlichste Malachitbüsche – »mit großen, grünen Glöckchen, in jedem leuchtend ein schwarzes Sternchen«.

Der junge Meister Danilo geht der Welt verloren, auch seiner Braut Katja, die unverheiratet bleibt und den altgewordenen

Meister Prokopjitsch zu Tode pflegt. Sie lernt dabei, wird eine überaus befähigte Steinmetzin. Auf der Suche nach ihrem Danilo begegnet sie der Bergherrin und stellt sie zur Rede. Diese ruft Danilo und stellt ihn vor die Wahl: gehen und alles im Berg vergessen, oder im Berg bei ihr bleiben und alle anderen vergessen. Er entscheidet sich für die Menschen. Katja und der »Bergmeister« Danilo heiraten und leben in Eintracht.

›Die steinerne Blume‹ war der erste russische Märchenfilm der Nachkriegszeit (Regie Alexander Ptuschko, 1946). Eine Oper komponierte Kirill W. Moltschanow (1950), ein Ballett Sergej Prokofjew (1954); das Libretto schrieben Lewroski und Alexandrowa Mendelson-Prokofjewa, wobei eine gekrönte Eidechse als Bergkönigin erschien; erst mit Hilfe des Zaubermädchens Ognewuschka fanden die Brautleute wieder zueinander.

Die Sterntaler

Im Erstdruck hieß ihr Märchen noch ›Das arme Mädchen‹ (1812), und die Brüder Grimm hatten es, mit Hinweis auf Jean Paul und Achim von Arnim, »nach dunkeler Erinnerung aufgeschrieben«. Für die Zweitausgabe (1819) wählten sie den prägnanteren Titel, wohl auch deshalb, weil hessische Sterntaler-Münzen inzwischen im Umlauf waren.

Das arme, kleine Mädchen hat nichts mehr zu eigen – weder Vater noch Mutter, weder Haus noch Bett – außer den Kleidern auf dem Leib und einem Stück Brot in der Hand. Und all das verschenkt sie noch: einem armen Mann das Brot, einem frierenden Kind die Mütze, einem zweiten das Leibchen, dem nächsten das Röcklein, und als es zum Schluß auch das Hemdlein weggegeben hatte, fallen auf einmal die Sterne vom Himmel »und waren lauter harte blanke Taler«. Da hat es auch wieder ein Hemdlein an, sogar von allerfeinstem Linnen, und sammelt sich die Taler hinein, ist reich für sein Lebtag.

Laut einer Allensbach-Umfrage von 1959 kannte die Hälfte aller befragten Deutschen das Märchen. Vielleicht sind es seit Oktober 1992 noch einige Prozent mehr, denn der Talerregen ist auf den neuen Tausendmarkscheinen zu sehen – als einziges Märchenmotiv auf deutschen Banknoten. Nach altem Volksglauben sind Sternschnuppen ein Glückszeichen, hier verknüpft mit der Idee einer Belohnung für christliche Nächstenliebe. Das ging von jeher ins deutsche Gemüt. Ludwig Emil Grimm versah die erste Einzelausgabe (1844) mit sieben Lithographien.

Ferdinand Rothbarts Münchener Bilderbogen (Nr. 235/1858) mußte ständig nachaufgelegt werden. Ludwig Richter schrieb den Text leicht um und versah ihn mit zwei Holzschnitten (1862), sein Schüler Paul Mohn setzte einen neuen Farbakzent (Grimms Kinder- und Hausmärchen, 25.–31. Auflage, 1893 bis 1901). Heinrich Vogelers Farblithographie (1907) holte das Sterntalermädchen in die Worpsweder Moorlandschaft, Otto Ubbelohde plazierte es inmitten hessischer Berge (1909). Einzelausgaben bebilderten u.a. Bernadette Watts (1978), Eugen Sopko (1985) und Gisela Klein (1986).

Stiefmutter

Zu den bösartigen, zum Teil auch *hexisch-dämonischen Gegenspielern des Helden/der Heldin gehört die Stiefmutter. Sie ist in gut einem Dutzend der Grimm-Märchen die negativ treibende Kraft, so in der Bekämpfung der Geschwisterpaare *Brüderchen und Schwesterchen, *Hänsel und Gretel, so in der Verwünschung der *Sechs Schwäne, so im Haß auf den einen Stiefsohn (*Machandelbaum) und die eine Stieftochter, die sie vergiftet (*Schneewittchen), verfolgt (*Die weiße und die schwarze Braut), ihr undurchführbare Aufgaben zuweist (*Aschenputtel, *Frau Holle, ›Die wahre Braut‹). Schon in den Märchen vor Grimm treibt sie es schlimm, vor allem im Aschenputtelbereich (*Das Erdkühlein, ›Die Aschenkatze‹, ›Cendrillon‹) und als Schneewittchenmotiv der konkurrierenden Schönen (früh ausgeprägt in Musäus' ›Richilde‹, später in Afanasjews *Wassilissa).

Interessanterweise wechselt die Figur zwischen Mutter und Stiefmutter. In der Urfassung ist die Königin noch Schneewittchens leibliche Mutter; Zweiäugleins Mutter trägt alle Züge einer Stiefmutter (*Einäuglein); im französischen Frau-Holle-Märchen ist das schöne, gute Mädchen zunächst die Stieftochter und wird erst in der Druckfassung zur ungeliebten eigenen (*Die Feen). Das könnte Bruno Bettelheims Theorie stützen, wonach die böse Stiefmutter als Phantasiegestalt, als rein negativer Aspekt der Mutterpersönlichkeit zu werten sei: »Die dem Märchen eigene Aufteilung der Mutter in eine gute (meist gestorbene) Mutter und eine böse Stiefmutter ist dem Kind sehr dienlich, nicht nur als Mittel, das Bild der ganz und gar guten Mutter zu bewahren, sondern auch als Ventil für den Ärger auf die böse«, die straft oder Wünsche nicht gewährt.

Eine rein entwicklungspsychologische Begründung läßt allerdings wesentliche Aspekte außer acht. Zunächst das Erfahrungswissen der Märchen: daß bei einer Lebenserwartung von 35 bis 50 Jahren die »Zweitmutter mit Anhang« nicht selten war, ist sozialhistorisch durchaus zu belegen. Für das Faktum »Stieffamilie« und die daraus resultierenden Konflikte spricht auch, daß die in früheren Zeiten märchentragende »Erzählgemeinschaft« vorwiegend aus Erwachsenen bestand; man denke an die besondere Gattung Stiefmuttermärchen im Altisländischen (ab dem 12. Jh.). Vor allem ist die Figur der Stiefmutter, die zum Auszug des Helden/der Heldin führt, in hohem Maße narrativ bedingt. Das Erzählen gewinnt dadurch an Fahrt, an polarer Spannung. »Seit die Mutter tot ist, haben wir keine gute Stunde mehr« – damit setzt die Geschichte von Brüderchen und Schwesterchen ein. Das Volksmärchen kommt ohne Erklärungen aus, wie sich an ›Lou Louporoù‹ (1884), einer französischen Hänsel und Gretel-Version, zeigt: »Es war einmal ein Witwer, welcher drei Kinder hatte und sich wieder verheiratete. Die Stiefmutter sagte zu ihm, er solle die Kinder umbringen. Die Kinder hörten es und gingen zu ihrer Tante, die gab ihnen Linsen, und die Kinder streuten sie . . .« Als sie auf der Linsenspur heimkehren, ist die Reaktion der Frau ebenso sparsam: »Warum hast du sie nicht umgebracht? Ist das deine ganze Arbeit?« Und als sie mit Hilfe eines Garnknäuels nochmals heimkommen – »Willst du sie denn nie umbringen?« So gelingt der Absprung vom Elternhaus (real, psychologisch, erzählerisch) perfekt.

Sun Wu Kung

Chinas bekannteste Märchenfigur ist ein Affenkönig. Sun steht für »Affe«, Wu Kung (Wugong) bedeutet »der zur Leere (zum Nirwana) Erwachende«. Seit Wu Cheng'en den Roman ›Die Pilgerreise nach Westen‹ verfaßte (um 1550), lebt dieser Held.

Der aus einem Steinei geschlüpfte Sun Wu Kung ist der erste von drei Schülern, die dem Mönch Tang Seng (Dang Seng) behilflich sind, die lange, gefahrvolle Reise nach Westen zu bestehen – mit dem Ziel, die heiligen buddhistischen Schriften nach China zu holen. Neun mal neun Prüfungen liegen vor ihnen. Der Affe beherrscht die Kunst der acht Unsterblichen wie auch die Kunst der 72 Verwandlungen. Nächst ihm ist das Schwein Zhu Wuneng (Zhu Bajie) als Helfer wichtig, und als dritter der Pferdeführer Sha Seng (Sha Wujing). Jeder steht für eine übersteigerte Tugend, so der Affenheld für übergroßen Intellekt, das gottvolle Schwein für Sinnlichkeit im Übermaß. Was die spirituelle Kraft angeht, ähnelt der buddhistisch geprägte Sun Wu Kung dem hinduistischen *Hanuman. Doch in ihm verbindet sich auch die alte Mythe vom Diebstahl der Langlebigkeits-Pfirsiche aus dem Garten der »Königinmutter des Westens« mit der historisch verbürgten Reise des »Schriftenholers« Hsüan Tsang (Xuan Zang, 7. Jh.).

Die insgesamt 81 Prüfungen auf der magisch-phantastischen Reise nach Westen ergeben eine unabsehbare Fülle von abenteuerlichen Episoden. Als Heldentaten des Sun Wu Kung sind sie in Filmen und Theaterstücken, vor allem in der artistischen Form der Peking-Oper verbreitet. Es gibt sie auch massenweise in Scherenschnitten oder in Heftchenform. »Die Bilderbuchreihe vom Affenkönig«, die der Pekinger Verlag für fremdsprachige Literatur seit 1984 in mehreren Sprachen herausbringt, zählt allein mehr als 30 Bände. Im Deutschen wurde ein Teil der Geschichten durch den Sinologen Richard Wilhelm bekannt; sie bildeten den Abschluß seiner klassischen Auswahl chinesischer Märchen (1914).

T

Talia *Dornröschen

Das tapfere Schneiderlein

Als männlicher Märchenheld ist er in Deutschland ähnlich beliebt wie *Hans im Glück – nur noch viel älter. Die Geschichte ›Von einem könig, schneyder, rysen, einhorn und wilden schwein‹ findet sich bereits in Martin Montanus' ›Wegkürtzer‹ (1557), und von dort hat er seine Kennmarke »Sieben auf einen Streich«, die zum Movens all seiner Schwankabenteuer wird. Die Brüder Grimm nahmen zunächst den alten Text fast wörtlich auf und ergänzten ihn durch ein ihnen zugekommenes hessisches Fragment, das mit »29 auf einen Streich« prunkte (1812). In der Zweitausgabe (1819) schmolzen sie beide Teile, zusammen mit einer zweiten hessischen Version, in einen einzigen Text ein. Bechstein ließ sich die Story ›Vom tapfern Schneiderlein‹ keinswegs entgehen, er brachte sie als Nr. 1 seines Deutschen Märchenbuchs (1845).

Während es Bechstein auch eingangs bei der alten Erzählung beläßt, wonach ein Schneider in Romadia während der Arbeitszeit einen Apfel neben sich liegen hat, auf den sich die Fliegen setzen, geht es bei Grimms anders los: mit einer Bauersfrau, die mal eben ein Viertelpfund Mus beim Schneiderlein loswird. Das Musbrot wird zur Fliegenfalle, das Schneiderlein erschlägt ihrer sieben mit einem Tuchlappen und stickt sich diese Heldentat auf einen Gürtel: »Siebene auf einen Streich.« Er will nun in die Welt hinaus, nimmt einen alten Käs mit und von unterwegs einen Vogel, der sich verfangen hat. Auf Bergeshöhe trifft er einen gewaltigen Riesen, zeigt ihm den Gürtelspruch vor, dreimal messen sie ihre Kräfte. Der Riese drückt einen Stein, daß er Wasser schwitzt – unser Held den Käse; der Riese wirft einen Stein himmelhoch – er den Vogel; der Riese packt den liegenden Eichbaum vorne am Stamm – das Schneiderlein setzt sich ins Geäst und läßt sich tragen. Es folgt die Episode mit dem herabgebogenen Kirschbaum, auf dem er hochschnellt und sich darauf hinausredet, er sei über den Baum gesprungen – was ihn wieder zum Sieger macht. In der Höhle der Riesen will man ihn mitternachts im Bett erschlagen, doch dieses war dem Helden zu groß erschienen, und so trifft ihn die Stange nicht.

Erst jetzt kommt es zur Handlung à la Montanus. Das Schneiderlein wird schlafend vor dem Königspalast gefunden; der Gürtelspruch weist ihn als ideale Geheimwaffe aus, und so bietet ihm der König Kriegsdienste an – was die anderen Kriegsleute gegen ihn aufbringt, zumal sie fürchten, er könne sie dezimieren. Also schickt ihn der König in den Kampf: Zwei mörderische Riesen im Wald soll er töten, das Land von der Plage befreien, dann winkt ihm als Gemahlin die einzige Tochter und das halbe Königreich »als Ehesteuer«. Den Troß von 100 Reitern läßt das Schneiderlein vor dem Wald warten. Er selbst besorgt das Riesengeschäft, indem er die beiden Schnarchenden, sie von oben mit Steinen bewerfend, gegeneinander aufhetzt, sie sogar Bäume ausreißen und schließlich sich umbringen läßt. Vorsorglich versetzt er den Toten noch ein paar Hiebe mit seinem Schwert, damit die Indizien für ihn sprechen. Er verlangt vom König die versprochene Belohnung, den aber reut sein Versprechen. Er stellt ihm eine zweite Aufgabe: das Einhorn im Wald einfangen, da es großen Schaden stifte. Geschickt läßt es der Held gegen einen Baum rennen, so daß sich sein Horn fest in den Stamm spießt und er das Tier fesseln kann. Doch nun muß er eine dritte Aufgabe erfüllen, mit dem Wildschwein einen weiteren Waldschädling unschädlich machen. Diesmal weicht er der Attacke des Tieres aus, indem er in eine Kapelle springt und oben zum Fenster wieder hinaus, die Tür von außen zuschlagend. So sitzt es in der Falle, die Jäger sind Zeugen. Jetzt kann der König nicht anders als ihm seine Tochter und das halbe Königreich übergeben.

Die junge Königin hört ihn nachts im Traum sprechen, weiß nun, von welcher Zunft er ist. Ihr Vater verspricht, ihn schlafend zu fesseln und per Schiff außer Landes bringen zu lassen, doch sein Leibadjutant hinterbringt es dem jungen Herrn. Das Schneiderlein geht erneut in die rhetorische Offensive. »Junge, mach mir den Wams und flick mir die Hose«, ruft er nachts wie im Traum, um dann fortzufahren: »Ich habe siebene mit einem Streich getroffen, zwei Riesen getötet, ein Einhorn fortgeführt und ein Wildschwein gefangen und sollte mich vor denen fürchten, die draußen vor der Kammer stehen!« Keiner wagt sich mehr an ihn, und er bleibt sein Lebtag ein König.

In dieser Pointierung hat es schon Montanus berichtet. Ernst Moritz Arndt erzählte es dann auf Pommersch: »Ich bün de Ridder Unvörzagt un slader säwen mit eenem Slag« (1843).

Als erster Illustrator nahm sich George Cruikshank die Szene des ungleichen Baumtragens vor (1823). Einen Münchener Bilderbogen (Nr. 259/1859) gestaltete Wilhelm von Diez, Einzelausgaben bebilderten Emil Sachsse (1877), Franz Wacik (als kunstvoller Kalender, 1915), Emil Heinsdorff (1919), Fritz Kredel (1939), Herbert Leupin (1944), Heinrich Strub (1955), Sven Otto Sörensen (1979). Von dem halb Dutzend Dramatisierungen wurde zumindest eine vertont (Otto Findeisen, 1911). Wirkungsvolle Filme schufen Walt Disney (›The Brave Little Tailor‹, 1938) mit Mickey Mouse in der Titelrolle, und Lotte Reiniger mit dem auf der Biennale 1955 preisgekrönten Silhouettenfilm ›The Gallant Little Tailor‹ (1954). Ein DDR-Spielfilm (1956) zeigte die Riesen als fantasyhafte Monster; eine deutsch-tschechische Koproduktion (1989) ließ sie, zeitgemäß angstabbauend, als unbeholfene Außenseiter erscheinen. »List als Lebenskunst« propagierte Lutz Müllers märchentherapeutische Schneiderlein-Studie (1985).

Teufel

Der Teufel im Märchen kommt als Grünrock daher (*Der Bärenhäuter), als Jäger (*Katscha und der Teufel, *Die Prinzessin auf dem Baum), als schwarzes Männchen (*Der König vom goldenen Berge), als Mann in Schwarz, Grün und Blutrot (*Frau Trude), als alter Mann (*Das Mädchen ohne Hände), als Reicher mit Pferdefuß (›Die drei Handwerksburschen‹), als *Geist in der Flasche. Er ist ein Kerl, mit dem sich durchaus reden läßt; seine dämonische Präsenz ist weder so übermächtig noch so furchteinflößend wie in Sagen. In Zaubermärchen wird er selten mit *Hexen in Verbindung gebracht (*Frau Trude). Als *Drache mit Menschenfressergelüsten tritt er gelegentlich auf (*Der Teufel mit den drei goldenen Haaren, *Des Teufels Großmutter), aber das sind eher abgeleitete dämonische Züge (vgl. *Riese).

Zur Stelle ist er, wenn es um rasches Geld und die Seele geht, und dann wird es juristisch. Ein Teufelspakt wird geschlossen im *Bärenhäuter, *König vom Berge, *Mädchen ohne Hände, *Peter Schlemihl, doch kommt der Teufel im deutschen Märchen – im Gegensatz zum russischen (*Soldat) –

fast nie dazu, den Kontrakt einzulösen. Auf welche Weise man ihn prellt, ist eines der beliebtesten Schwankthemen. Entweder ist er einem Soldaten nicht gewachsen (*Bruder Lustig) oder einem Schäfer (*Katscha und der Teufel) oder einem Bauern (›Der Bauer und der Teufel‹) oder einem Schmied (›Der Schmied und der Teufel‹).

Der Teufel kann durchaus umgänglich sein. Er ist nicht unbedingt auf die Seele des Helden erpicht; »hernach bist du wieder frei«, sagt er zum Bärenhäuter. Als die drei von ihm gedungenen Handwerksburschen in die Bredouille geraten, befreit er sie vor dem Henker. Seine Familie ist ohnehin nicht so diabolisch, wie man annehmen sollte: Des *Teufels Großmutter ist eine hilfsbereite Frau, und des *Teufels Tochter unterstützt erst recht nicht die Interessen ihres Vaters. Sein rußiger Bruder oder Schwager ist der Höllenheizer (›Des Teufels rußiger Bruder‹, 1815). Wer aber glaubt, in ›Des Teufels Schürenbrand‹ (Simrock-Märchen, 1864) ginge es nur höllisch heiß zu, irrt: Dort gibt es auch frische Wurst und Schinken. Im russischen Märchen reduziert sich die Rolle des Teufels häufig auf Wetten, wo er der Gefoppte ist, oder auf Schwankmotive. Tritt er als ernstzunehmender Widersacher auf (vgl. *Soldat), wird er umschreibend »der Unreine« genannt. Im lappischen Märchen ist Paholainen, »der Böse«, eine feste Größe, desgleichen der Teufel oder Böse im Estnischen.

Ein Märchenspielfilm ›Mit den Teufeln ist nicht gut spaßen‹ entstand 1985 als tschechisch-deutsche Koproduktion; er kombinierte den Bärenhäuter-Typus mit dem des Höllenheizers, nach einer böhmischen Vorlage der Bozena Nemtschova (1846).

Der Teufel mit den drei goldenen Haaren

In dem Märchen ›Von dem Teufel mit drei goldenen Haaren‹ (1812), das die Brüder Grimm von der zwölfjährigen Amalie Hassenpflug erzählt bekamen, war der Held ein Holzhacker, auf den das Auge der Prinzessin gefallen war; dem König mißfiel die Mesalliance, und so stellte er den Bräutigam vor eine unmögliche Aufgabe. In seiner endgültigen Fassung ›Der Teufel mit den drei goldenen Haaren‹ (1819), einem doppelteiligen, im wesentlichen auf Dorothea Viehmann zurückgehenden Märchen, wurde der Held zum vorherbestimmten *Glückskind.

Eine arme Frau bringt einen Sohn mit Glückshaut zur Welt; ihm wird geweissagt, im 14. Jahr werde er die Tochter des Königs heiraten. Der König, der durchs Dorf kommt, erfährt dies und handelt gegen Gold den Eltern das Kind ab. Er setzt es in einer Schachtel im tiefen Wasser aus, dort treibt sie mit dem Strom und bleibt an einem Wehr nahe der Königsresidenz hängen. Kinderlose Müllersleute ziehen es auf (vgl. *Drei Königskinder). 14 Jahre danach betritt der König die Mühle und erfährt von der Herkunft des Jünglings. Wieder will er ihn vernichten, bestimmt ihn – gegen Gold – zum Boten eines Briefes an die Königin, wonach der Überbringer sofort zu töten und zu begraben sei (analog dem biblischen Uriasbrief). Der Jüngling macht sich auf den Weg, verirrt sich, gerät im tiefen Wald in ein Räuberhaus, schläft auf einer Bank todmüde ein. Die *Räuber kehren heim, öffnen den Brief, sind vom Inhalt empört. Der Räuberhauptmann zerreißt ihn und schreibt einen anderen: Der Überbringer sei sogleich mit der Königstochter zu vermählen. Sie geben ihm am Morgen den Brief mit, die Königin erhält ihn und handelt danach. Da der Jüngling schön und freundlich, ist es die Tochter zufrieden. (Dieser erste, in sich selbständige Teil findet sich nicht im Erstdruck 1812.)

Der König kehrt zurück, findet seine Tötungsabsicht durchkreuzt und ins Gegenteil verkehrt. Er sieht zwar, manipuliert haben muß es ein anderer, aber – »so leicht soll es doch nicht werden, wer meine Tochter haben will, der muß mir aus der Hölle drei goldene Haare von dem Haupte des Teufels holen«. Das Glückskind ist zuversichtlich, sie zu beschaffen; den Teufel fürchtet es nicht. Auf seiner Wanderung wird es dreimal gefragt – erst von den Torwächtern zweier Städte, dann vom Fährmann am großen Wasser – , was sein Gewerbe sei, und jedesmal sagt das Glückskind: »Ich weiß alles.« Diese Antwort trägt dem Jüngling drei schwierige Aufträge ein: Erstens soll er sagen, warum der Marktbrunnen, sonst sprudelnd vor Wein, nicht einmal mehr Wasser gibt. Zweitens, warum der Baum mit den goldenen Äpfeln nicht einmal mehr Blätter treibt. Drittens (Frage des ewigen Fährmanns), warum er niemals abgelöst wird. Jedesmal verspricht er, bei seiner Rückkehr die Antwort zu haben. Er kommt, jenseits des Wassers, zur Hölle und findet die Ellermutter (*Des Teufels Großmutter) vor. Sie versteht, er kann seine Frau nur bekommen, wenn er drei goldene Haare mitbringt – »das ist viel verlangt« –, doch hat sie Mitleid und verbirgt ihn als Ameise in einer Rockfalte. Auch für die drei ungelösten Probleme – »das sind schwere Fragen« – will sie sich verwenden. Den heimkehrenden, Menschenfleisch witternden *Teufel beruhigt die Alte, gibt ihm zu essen und laust ihn, bis er einschläft. Sie reißt ihm der Reihe nach drei goldene Haare aus, daß er jedesmal davon aufwacht. Jedesmal entschuldigt sie sich, ihr habe so schwer geträumt: vom Brunnen, vom Baum und vom Fährmann. Der Teufel (»Vater Allwissend«, heißt er in der tschechischen Version) nennt ihr die Ursachen der drei Übel – die der Jüngling somit erfährt, wie er auch die drei Goldhaare des Teufels erhält und damit dessen Macht (vgl. *Silberweiß und Lillwacker). Dem Fährmann (Charon) gibt er die Antwort mit Bedacht erst, als er am anderen Ufer ist. Den Stadtwächtern nennt er das Geschwür: die nagende Maus an der Wurzel des Baumes und die Kröte unter dem Brunnenstein. Sie beseitigen es und geben ihm je zwei goldbeladene Esel mit. Nun hat der König gegen die Ehe nichts mehr einzuwenden, doch ist seine Habsucht geweckt. Das Gold, so vernimmt er, liegt am jenseitigen Ufer. Da macht er sich auf den Weg und bekommt vom Fährmann die Stange in die Hand gedrückt. Eigene Sünden büßend, löst er ihn ab.

Max Lüthi hat das Märchen als komplexes Sprachkunstwerk gedeutet. Im ersten Teil wird der Held dreimal gerettet – aus dem Wasser, vor den Räubern und im Königshaus – , im zweiten darf er dreimal Hilfe bringen. Erst dreimal bedroht, dann dreimal Erlöser, und das Ganze eingespannt in die große Glücksverheißung des Anfangs und die gefährliche Prüfung am Schluß. Das Wissen des Teufels, das der Held mitnimmt, wird bei ihm zum Heilswissen. Dem Dunkel der Unterwelt entreißt er etwas Kostbares, geheimnisvoll Leuchtendes (die Goldhaare). – Doch die Symbolik der Farbe Gold verändert sich, wenn man Karel Jaromir Erbens ›Die drei Goldhaare des Ded-Vschewed‹ (1865) einbezieht: Dort kommt der Teufel als altes Männlein mit goldenem Haupt, als Abendsonne, nach Hause geflogen, um es morgens als schönes, goldgelocktes Kind wieder zu verlassen. Oder wenn man dem bretonischen Märchen ›Dreißig-von-Paris‹ (1887) folgen will: Die Sonne selbst in ihrem Schloß ist dort die Allwissende, die dem Helden alle drei Fragen beantwortet. Wie diese beiden späteren Fassungen ist auch die Grimmsche, worauf Heinz Rölleke hingewiesen hat (1995), durch und durch literarisiert.

Die kraulende, lausende Großmutter war stets beherrschendes Bildmotiv (Ignatius Taschner, Fritz Fischer, Marlene Reidel, Maurice Sendak, A. G. Traugot). Verfilmt wurde der Stoff einmal nach Erbens tschechischer Version, durch Jan Valáschek (1963), dann nach Pavel Dobsinskýs slowakischer, durch Martin Tapak (1981), zuletzt in einer bemüht klassenkämpferischen Fassung ›Wer reißt denn gleich vorm Teufel aus?‹ (Defa 1977).

Des Teufels Großmutter

In Grimms deutschböhmischem Märchen ›Der Teufel und seine Großmutter‹ (1815) erbarmt sich die steinalte Großmutter in der Felsenhütte des dritten und lustigsten der Soldaten, die eine Teufelswette eingegangen sind: Sieben Jahre haben sie Geld genug, aber wenn sie dann ein bestimmtes Rätsel (drei mal eins) nicht lösen, sind sie des Teufels. Sie versteckt ihn unter einem großen Stein, so kann er alles mithören. Schlag Mitternacht kommt der Teufel in Gestalt eines fliegenden Drachen herein. Nach dem Essen horcht ihn die Alte listig aus, der Soldat weiß nun Bescheid und kann sich mit seinen Kameraden voll ausleben, bis die sieben Jahre herum sind. Der Teufel kommt, formal ganz korrekt, mit dem Buch und ihren Unterschriften. Das Rätsel, das er stellt, dreht sich um ihre Höllenmahlzeit. Was wird der Braten sein? Der erste Soldat weiß es: die tote Meerkatze in der großen Nordsee. – Was soll euer Löffel sein? Der zweite weiß es: von einem Walfisch die Rippe. – Und was soll euer Weinglas sein? Der dritte sagt es ihm: ein alter Pferdefuß. So hat ihnen die Großmutter dazu verholfen, daß sie auch weiterhin mit ihren Peitschen Geld hervorschlagen, soviel sie wollen.

Die gleiche Rolle spielt die Eller(Erlen-)mutter in *Der Teufel mit den drei goldenen Haaren, sie sitzt in der schwarzrußigen Hölle in einem breiten Sorgenstuhl, setzt dem Teufel das Essen vor und laust ihm die Haare. Maurice Sendak hat diese Szene ins Bild gesetzt (1974) und der Ellermutter dabei die Züge der Viehmännin verliehen (*Märchenfrau).

Jacob Grimm hat die Figur in seiner ›Deutschen Mythologie‹ eigens gewürdigt: »In unsern Kindermärchen ist ein uralter Zug, daß in der Wohnung des Teufels zugleich seine Großmutter (Mutter oder Schwester) sitzt, die sich des einkehrenden Helden, mitleidig und schonend, gegen das Ungeheuer annimmt.« Nämliches gilt für die Frau des menschenfressenden *Riesen in *Jack und die Bohnenranke oder im *Kleinen Däumling.

Des Teufels rußiger Bruder *Teufel

Des Teufels Schwager *Teufel

Des Teufels Tochter
Unter »Teufelstochter« oder »jüngste Tochter des *Zauberers« verbirgt sich ein positives Helferwesen, meist die weibliche Heldin des Märchens. Als Zaubermächtige hilft sie dem Helden zur Bewältigung der »drei unlösbaren Aufgaben« oder auch zur »magischen Flucht« aus dem Haus des Dämons. Vor allem letztere stellt die Künste der Teufelstochter unter Beweis. Entweder sie nimmt es mit einem versierten Verfolger auf, wie Lenchen im *Fundevogel – dort ist es die alte Köchin-Hexe –, oder mit zwei unterschiedlich begabten Verfolgern wie in den *Beiden Königskindern – dort sind es der Zauberkönig, der zweimal unverrichteter Dinge heimkehrt, und die brandgefährliche Königinmutter. Der wird man nur Herr, indem man sie provoziert, den männlichen Partner etwa in einen Teich verwandelt und sich selbst in einen munter springenden Fisch. Dramatisch ist der Schluß im siebenbürgischen Märchen ›Der Königssohn und die Teufelstochter‹. Sie verwandelt sich in einen Milchteich (weil Teufel in reiner Milch ertrinken müssen) und ihn in eine Ente, die sich ganz ruhig und ihren Kopf versteckt halten soll; als die Ente bloß einmal aufblickt, hat ihr der Böse sogleich das Gesicht geraubt und den Milchteich dadurch getrübt, und die ganze Flucht droht daran zu scheitern.

In dem spanischen Märchen ›Der Zauberer Palermo‹ spielt Luisa, die jüngste und schönste Tochter des Zauberers, alle Möglichkeiten einer Teufelstochter aus. Zunächst hilft sie dem Prinzen, aus Ödland ein warmes Brötchen zu gewinnen, das ungebärdige Pferd (die Zaubererfamilie) zu zähmen und den Ring der Großmutter aus dem Meer zu holen (wozu sie sich zerstückeln läßt). Ihr sprechender Atem hindert den Vater, das Paar nachts noch zu töten. Und als er ihnen dann auf seinem schnelleren Pferd folgt, verwandelt Luisa ihr Pferd in einen Garten, den Prinzen in den Gärtner und sich in den Kopfsalat.

Diese List hält auch vor, als sie das Pferd in eine Einsiedelei, ihn in den Einsiedler und sich in das Heiligenbild verwandelt. Und selbst das dritte Mal scheint ihre Flucht zu gelingen, denn sie wirft ein Ei zur Erde, das zum Meer wird und sie von dem Verfolger trennt. Doch Palermo flucht dem Prinzen hinterher, er werde seine Braut in dem Augenblick vergessen, wenn ihn eine Alte umarmt – es wird seine Großmutter sein, im Schlaf, und er vergißt Luisa tatsächlich. Am Tag seiner Hochzeit mit einer anderen muß sie ein Puppenspiel inszenieren, daß er sie wiedererkennt: als seine wahre Braut.

Tierbräutigam, Tierbraut

Im Zaubermärchen sind Tierpartner nicht eigentlich Tiere, sondern in Tiergestalt verwünschte und daher erlösungsbedürftige Menschen. Sie bedürfen der Liebe eines Partners, damit sie erlöst werden. Die Brüder Grimm führten den sogenannten Tierbräutigam auf *Amor und Psyche zurück, auf Prüfung des Herzens und stufenweise Erkenntnis reiner Liebe. Allerdings geht dem antiken Märchen ein Grundzug ab: Erlösung des Jünglings aus einer Dunkelgestalt.

Nach Bolte-Polivka (1913) lassen sich vier Gruppen unterscheiden. In der ersten geschieht die Erlösung durch Abziehen bzw. Verbrennen der Haut oder durch Enthauptung, belegt in *Das Eselein, *Hans mein Igel, *Hans Wunderlich, *König Lindwurm, auch schon im altindischen Pantschatantra (›Der verzauberte Brahmanensohn‹). In der zweiten geschieht sie durch allmähliches Liebgewinnen des häßlichen Tieres, vom Typus her *Die Schöne und das Tier – mit vielen reizvollen Varianten. Im englischen ›Der Hund mit den kleinen Zähnen‹ kommt es zu einem Spiel mit Abscheu- und Kosenamen; im russischen ›Der verwünschte Zarensohn‹ schläft der dreiköpfige Drache zunächst an der Tür, dann neben, dann in ihrem Bett, doch erlöst wird er erst, als sie ihn leblos im Teich findet und ihn küßt. – Die dritte Gruppe ist durch weitere Prüfungen und Leidensstationen der Partnerin bestimmt, so in *Das singende springende Löweneckerchen oder in ›Das Borstenkind‹ (*Hans mein Igel). Die vierte Gruppe erzählt vom Prinzen in Vogelgestalt (*Der blaue Vogel, *Die Feder von Finist), der sich beim Stelldichein in einen Menschen verwandelt, aber von mißgünstigen Schwestern (oder der Mutter) der Geliebten aufs schwerste verwundet wird.

Bruno Bettelheim hat den Tierbräutigam darauf zurückgeführt, daß der Sexualpartner zunächst als Tier erlebt wird. Er wies auf tiefenpsychologisch interessante Merkmale hin, etwa daß der Urheber der Verwandlung nicht bestraft werde, und daß es immer der Vater sei, der die Heldin veranlasse – ob aus Gehorsam oder Kindesliebe –, das Tier zu heiraten.

Die Tierbraut unterscheidet sich vom Tierbräutigam dadurch, daß das Tierische an ihr nicht abstoßend, nicht gefährlich erscheint. Sie wirkt eher anziehend – als *Froschzarin, *Rabe, Mäusebraut oder weiße Katze (*Der Müllersbursche). Auch in einer Hirschkuh kann eine verwünschte Prinzessin stecken. Von der Tierbraut zu trennen sind die *Feen oder Jenseitigen, die zeitweise in Tiergestalt erscheinen, wenn sie die Verbindung mit einem Sterblichen eingehen oder sich von ihm lösen (*Melusine, *Schlangenfrau, *Schwanjungfrau). Eine kulturelle Sonderstellung nimmt die japanische *Frau Füchsin ein.

Tischchendeckdich

Auch mit dem Märchen von den drei Zaubergaben, deren Held der jüngste dreier Brüder ist, haben die Grimms experimentiert. Erst hieß es ›Von dem Tischgen deck dich, dem Goldesel und dem Knüppel in den Sack‹ (1812) und enthielt zwei Versionen, die erste von Johanna Isabella Hassenpflug erzählt, die zweite von Dortchen Wild. In der Zweitausgabe (1819) beließen sie es bei der ersten Version, machten aber aus dem Schuster-Vater einen Schneider und nannten es ›Tischchen deck dich, Goldesel und Knüppel aus dem Sack‹. Das Tischchen zogen sie später zu einem Wort zusammen. Ludwig Bechstein wählte für sein durchaus anders erzähltes Märchen den Titel ›Tischlein deck dich, Esel streck dich, Knüppel aus dem Sack‹ (1845).

Drei Schneidersöhne müssen der Reihe nach die einzige Ziege hüten und suchen für sie beste Weideplätze aus. Der älteste führt sie auf den Kirchhof, vernimmt abends zufriedene Töne (»Ich bin so satt, ich mag kein Blatt: meh! meh!«) und führt sie heim. Dem alten Schneider sagt sie jedoch, kein einziges Blättlein habe sie gefunden. Da jagt er seinen Ältesten aus dem Haus. Dem Mittleren, der sie an der Gartenhecke grasen läßt, und dem Jüngsten, der sie ins Buschwerk führt, ergeht es ebenso. Die Ziege verleumdet sie alle. Das bekommt auch der Schneider zu spüren. Zu spät merkt er, daß er seine Söhne zu

Unrecht verstoßen hat. Mit dem Bartmesser schert er die Ziege kahl und jagt sie mit der Peitsche davon.

Die Söhne sind indes bei Lehrherrn untergekommen. Sobald sie ausgelernt haben und sich anschicken, auf Wanderschaft zu gehen, bekommen sie ein besonderes Geschenk mit, »genug für ihr Lebtag«. Der Älteste bekommt vom Schreiner ein Tischchen, das auf den Spruch hin »Tischchen, deck dich« alles auftischt, was das Herz begehrt. Der Mittlere erhält vom Müller einen Esel, der auf »Bricklebrit« hin Goldstücke speit, vorne wie hinten. Dem Jüngsten, der am längsten lernen muß, gibt der Drechsler einen Sack mit einem Knüppel darin; auf den Zuruf »Knüppel, aus dem Sack« traktiert er einen Gegner so lange, bis ihm durch »Knüppel, in den Sack« Einhalt geboten wird. Aber das Geschenk bekommt der Jüngste erst, als er von beiden älteren Brüdern brieflich erfahren hat, wie übel es ihnen ergangen ist. Beide waren sie bei ihrer Heimkehr in das gleiche Wirtshaus geraten. Der Älteste hatte mit seinem Wunschtischchen groß getan und alle Gäste bewirtet, daß dem Wirt die Augen übertraten; er brauchte nur noch aus der Rumpelkammer ein ähnliches Tischchen holen und es nachts mit dem anderen vertauschen. Welche Blamage, als der Sohn seinem Vater und dazu allen Verwandten und Freunden das Tischchendeckdich demonstrieren wollte! – Der Mittlere hatte seinen Dukatenesel zwar im Stall selbst versorgt, dem Wirt aber gleich zwei Goldstücke auf die Hand gegeben und später, als er sich nochmals beim Esel versorgte, ihm Einblick in seine »Münzerei« ermöglicht; da hatte der Wirt ihm einen anderen Esel untergeschoben, und der Vater, in Erwartung sicheren Reichtums, wurde bitter enttäuscht: statt Goldstücken fiel etwas anderes auf das weiße Tuch.

Der Jüngste ist also vorgewarnt, als er eines Abends das Wirtshaus aufsucht. Seinen Ranzen legt er vor sich auf den Tisch, fabuliert von allerlei Glücksgütern wie Tischchendeckdich und Goldesel, aber das Beste habe er da in dem Sack. Der Wirt will sich das dritte Ding nicht entgehen lassen, und obwohl der Schläfer sich seinen Sack als Kopfkissen untergeschoben hat, probiert der Wirt ihn wegzuziehen und zu vertauschen. Darauf hat der Jüngste nur gewartet. Auf Zuruf fährt das Knüppelchen heraus und prügelt den Wirt windelweich – solange, bis er auch das Tischchendeckdich und den Goldesel wieder herausrückt. Jetzt kann der Jüngste seinem Vater zeigen, daß der unscheinbare Knüppel das beste Stück von allen ist. Er führt den Beweis, indem er alle Verwandten einlädt und beide Brüder die Glücksformeln sprechen läßt: Da springen vom Esel die Goldstücke nur so herunter, und das Tischchen verschafft ihnen eine Mahlzeit, wie der Schneider noch keine erlebt. Einträchtig bleiben alle vier zusammen.

Die Ziege jedoch verkriecht sich in ihre Fabelwelt, will sagen, eine Fuchshöhle, wo sie zwar den Fuchs und den Bären zu erschrecken vermag, nicht aber die Biene. Die sticht sie in den kahlgeschorenen Kopf und macht, daß sie wie toll in die Welt hineinläuft, niemand weiß, wohin.

Im Volksmärchen wurde einiges drastischer vermittelt. Der Esel scheißt Gold, und wenn es ein Goldhahn ist, legt er statt wie sonst einen Dukaten plötzlich einen Krummen. Seit *Fortunat und den *Schlaraffen im Land Cockaengen (15. Jh.) waren »schoen tafele«, war der lukullisch gedeckte Tisch als Glücksvorstellung populär. Als Neujahrsgeschenke 1581 führte der Kölner Ratsherr Hermann Weinsberg Märchenspiele wie »Tafel deck dich«, »Sankt Othmars Fäßlein« und »Glücksäckel« auf.

Grimms Version wurde gern und ausgiebig illustriert: zuerst von Johann Heinrich Ramberg (in J.A.C. Löhr, ›Das Buch der Mährchen‹, 1819), als Einzelausgabe u.a. von Theodor Hosemann (1872), Fritz Kredel (1938), Herbert Leupin (Bilderbuch, 1945), als Tableau von Albert Adamo (Münchener Bilderbogen Nr. 795/1881) und Eugen Neureuther (»Knüppel aus dem Sack«, in Karl Seifert, ›Der Wunderborn‹, 1882). Neuere Buchkünstler wie Friedrich Karl Waechter (1972), Janosch (1972) und Tomi Ungerer (1975) schrieben und zeichneten das Märchen mehr oder weniger neu. Iring Fetscher wagte sich an eine »sinomarxistische Deutung« (1972). Um 1914 bereits schrieb Paul Ernst ein Filmszenario, in dem er Animationseffekte beschrieb, etwa wie auf dem Tischtuch sich die Suppe von selbst auftut und Held Heinrich gereicht wird, wie auch ein Gänsebraten vor seinen Augen von unsichtbarer Hand zerlegt wird. Ein eher herkömmlicher Märchenspielfilm wurde 1956 realisiert.

Tod *Gevatter Tod

Tölpelhans *Dummling

Tom Thumb

Tom Thumb oder Tom Däumling (thumb, »Daumen«) ist Englands nachweislich älteste Märchenfigur, in Versform seit dem späten 16. Jh. bekannt (›Tom Thumbe, His Life and Death‹) und auch als prosaisches Chapbook seit 1621 nachweisbar (›The History of Tom Thumbe, the Little, for his small stature surnamed, King Arthurs Dwarfe‹). Als Hofzwerg des König Artus war er ein Geschöpf *Merlins, denn diesem gefiel der kühne Sohneswunsch einer Bauersfrau – »und wäre er auch nicht größer als meines Mannes Daumen«. Merlin besprach die Sache mit der Feenkönigin, was Tom Thumb dann auch Kleider nach Feenart bescherte: »Auf dem Kopf trug er einen Eichblatthut / Sein Hemd aus Spinnweb man spann / Die Jacke gewebt aus Distelflaum gut / Aus Federn die Hosen sodann . . .«

Wie später *Däumelinchen gerät Tom aufgrund seiner Daumengröße in gewagte und mißliche Situationen. Clever holt er sich aus den Beuteln seiner Spielkameraden die Kirschkerne, wenn ihm die eigenen verlorengegangen. Er rutscht in den heißen Wurstpudding, den seine Mutter angerührt hat, von dort in den Schnappsack eines Kesselflickers und wieder retour. Mal steckt er im Maul der roten Kuh, mal im Bauch des Riesen Grumbo, und als ein Fisch ihn schluckt, gelangt er auf die Tafel König Artus' und in die Position eines Günstlings bei Hofe. Er bringt seinen Eltern ein Dreipfennigstück mit (das Äußerste, was er tragen kann), wird von ihnen in eine Walnußschale gebettet, mit einer Haselnuß überfüttert und einem Schirm aus Seidenpapier an den Königshof zurückgepustet. Auf einer weiteren Reise bläst ihn ein Lufthauch der Feenkönigin zurück, doch fällt er unglückseligerweise in den königlichen Weizenbrei, ihm droht die Enthauptung. Einem gaffenden Müller springt er die Kehle hinunter, landet im Magen eines Lachses und von dort wieder auf dem Tablett des königlichen Kochs, der ihn auf allerhöchsten Befehl inhaftiert: in einer Mausefalle.

Toms Zweitkarriere ist die eines Artusritters. Statt des ramponierten Spinnwebhemdes erhält er nun eins aus Falterflügeln, statt Mausefellschuhen welche aus Kükenhaut, und als Reittier eine Maus. Für etliche Jahre holt ihn die Feenkönigin in ihr Reich, erst zu Zeiten König Thunstones ist er wieder bei Hofe und kommt als »Sir Tom« erneut zu Ehren – aber immer wieder in die Bredouille. Zuletzt gerät er an eine Spinne, die ihn für eine Fliege hält; tapfer wehrt er sich mit seinem Nadel-Schwert, unterliegt jedoch ihrem giftigen Atem. Sie saugt ihm das Blut aus. Eine Grabinschrift kündet davon: »Tom Thumb, König Artus' Ritter, hier liegt / Vom grausamen Biß einer Spinne besiegt . . .«

Die hochgemute Versform, die witzige Trickserfigur, die Nähe wohl auch zum legendären König Artus verschafften dem Märchen in England eine ungeheure Popularität. Früh schon parodistisch ausgekostet (durch William Wagstaffe, 1711), als Burleske dargeboten (Henry Fieldings Inszenierung am Londoner Hay Market, 1730), zur Oper veredelt (Kane O'Hara), sarkastisch gezeichnet (George Cruikshank) und unzählige Male als Kinderbuch vermarktet – Story Book, Pretty Song Book, Folio for Little Giants –, wurde Tom Thumb zum wahren Nationalhelden. Wilhelm Grimm sah in seiner Geschichte das willkommene Seitenstück zu ›Daumesdick‹ (*Däumling) und gab sie in Auszügen bekannt (Kommentarband, 1822).

Als Textgrundlage dienen noch immer die – fast identischen – Fassungen von E. S. Hartland und Joseph Jacobs (1890). Wann immer in England ein Produkt auf den Markt kommt, das klein ist und smart, bietet sich Tom Thumb als Werbemännchen an – ob Zwerggemüse, hauchdünne Zigarette oder Minitransistor. Ein englisches Film-Musical (Regie George Pal, 1958) hat ihm als Partnerin die Spielzeugprinzessin aus Andersens *Standhaftem Zinnsoldaten beigegeben und für (getrickste) akrobatische Tanzeinlagen gesorgt.

Tom Tit Tot *Rumpelstilzchen

Der treue Johannes *Der Rabe

Trillevip *Rumpelstilzchen

Troll

Der Troll, altnordisch »Unhold«, ist die wohl auffälligste Dämonengestalt der skandinavischen Sagen- und Märchenliteratur. Sie kann männlichen und weiblichen Geschlechts sein, ein *Riese oder ein *Zwerg, und sie vermag ihr (am Menschen orientiertes) Aussehen zu verändern. Mal hat sie eine ungeheure Nase, oder es sind ihr sechs Köpfe aus den Schultern gewachsen, oder es baumelt ihr hinten ein Kuhschwanz. Charakteristisch ist die starke Behaarung am ganzen Körper. Der Troll entwickelt seine Aktivitäten (Schadenzauber, Entrückungen, Tanzfeste) vor allem nachts; das Tageslicht raubt ihm die Kraft (vgl. *Alleswisser). Man unterscheidet Berg-, Wald- und Meertrolle. Der Bergtroll hat die Zauberkraft des Bergtagning, das »In-den-Berg-Nehmen«. Davon handelt die norwegische Geschichte ›Die drei Schwestern im Berg‹ (*Fitchers Vogel). Auch Hans Christian Andersens *Der Reisekamerad beschwört solchen Trollglauben. Der Meerestroll findet sich in der schwedischen Drachentötergeschichte *Silberweiß und Lillwacker. Eine Trollprinzessin (falsche Braut) begegnet man in ›Östlich von der Sonne und westlich vom Mond‹ (*Das singende springende Löweneckerchen). Die ausgelassenen Feste des Troll- und Tuftevolks am Julabend erlebt ›Der Glücks-Anders‹ (dt. 1915).

Trollweiber, nicht unerotisch, kennt schon die altisländische Literatur, so die Grettir-Saga, in der der Held mitternachts mit einer riesigen Unholdin kämpft, oder auch die Geschichte von Thorstein Ochsenfuß (12. Jh.). Dort heißt es: »Sie war groß und dick und sah ganz wie ein Trollweib aus. Vierschrötig war sie und schwarz und blau im Gesicht. Thorstein streifte dem Zauberweib die Kleider ab, und da sah er, daß sie ganz zottig war, nur einen Fleck unter ihrem linken Arm sah er unbehaart.« Die Trolle der alten Sagas scheinen mehr oder weniger »erlebte Dämonen«; Märchentrolle dagegen sind vorwiegend in narrativer Absicht geschaffen, »um dem Helden in der Rolle des übernatürlichen Widersachers oder aber eines Helfers zu begegnen« (Lutz Röhrich, ›Märchen und Wirklichkeit‹, 1956).

Der Trommler

Die Geschichte vom jungen Trommler, der sich mit einer *Schwanjungfrau bzw. *Prinzessin auf dem Glasberg einläßt, war mit Hand ›Vom gläsernen Berge‹ überschrieben. Der Germanist Karl Goedeke hatte sie 1838 Jacob Grimm überlassen, und so wurde daraus – ab der 5. Auflage 1843 – ein Grimm-Märchen mit handfestem Titel.

Der Trommler findet am Seeufer drei feine Leinenstücke und steckt eins davon ein. Nachts vernimmt er eine Stimme (»Trommeler, wach auf«), wie ein Traumbild umschwebt sie sein Bett und verlangt ihr Hemdchen zurück. Sie sei Tochter eines mächtigen Königs, erfährt er, jedoch von einer Hexe auf den Glasberg gebannt. Er gibt ihr das Flughemd und sagt ihr zu (»was ich will, das kann ich«), den Glasberg zu finden und sie aus fremder Gewalt zu befreien. Der Weg, soviel erfährt er, geht durch einen Wald voller Menschenfresser. Mit Trommelwirbel weckt er einen der *Riesen auf, macht ihm weis, hinter ihm kommen Tausende, und läßt sich von einer Riesenstafette an den Fuß des spiegelglatten Berges tragen. Er listet zwei Streitenden ihren Wunschsattel ab, indem er sie wettrennen läßt, und fliegt auf dem Sattel zu Berge. Die Alte gibt ihm Essen und ein gutes Bett, stellt aber dafür drei unlösbare Aufgaben: mit einem Fingerhut ihren Fischteich leeren, die Fische ordnen – mit weichem Gerät ihren ganzen Wald umhauen – das Klafterholz zu einem Haufen aufschichten und verbrennen. Jedesmal müht er sich mit der Arbeit ab, ist mittags mutlos – da kommt ein schönes Mädchen aus dem Haus, stellt ihm sein Essen hin, läßt ihn in ihrem Schoß einschlafen. Dann dreht sie an einem Wunschring, und die Arbeit ist getan. Sie sagt ihm, was er danach tun soll: der Hexe den gesonderten Fisch ins Gesicht werfen – ihr mit dem verbliebenen Ast einen Schlag versetzen – ihrer Aufforderung folgen und furchtlos den nichtbrennenden Klotz aus dem Feuer holen. Am Ende verwandelt sich das Holz in seine Helferin, an ihren Kleidern sieht er, sie muß die Königstochter sein. Wie die Alte sie fortziehen will, packt er die *Hexe und wirft sie in die Flammen.

Die Königstochter sieht, wie schön der Trommler ist, bedenkt seinen Einsatz. Er ist es ihr wert, ihr Gemahl zu werden, nur muß er ihr Treue versprechen. Die Edelsteine der Hexe stecken sie ein und gelangen mit Hilfe des Wunschrings vor das Tor seiner Stadt. Von dort eilt er zu den Eltern, küßt sie auf die rechte Wange – drei Tage Glasberg gleichen drei Menschenjahren – und handelt damit gegen das Mädchen. Wovor sie ihn gewarnt hat, tritt ein: Er vergißt sie. Sein Vater baut von den Edelsteinen ein Schloß, und als es fertig ist, hat seine Mutter bereits eine Braut für ihn ausgesucht, in drei Tagen soll die Hochzeit sein. Die arme Königstochter, die einsam in einem Waldhäuschen wohnt, geht jeden Abend unerkannt an seinem Elternhaus vorbei. Jetzt muß sie handeln, der Ring verschafft ihr ein Kleid, so schön wie die Sonne. Bei der Hochzeit wird es von allen bestaunt. Die kleiderliebende neue Braut kauft es ihr ab, gegen die Erlaubnis, die erste Nacht vor der Tür des Bräutigams zu verbringen. »Trommler, Trommler, hör mich an, hast du mich denn ganz vergessen . . .«, ruft sie in die Schlafkammer hinein und beschwört alles Gemeinsame: die Zeit auf dem Glasberg, die Errettung aus Lebensgefahr, den Treueschwur. Vergebens, denn die Neue hat ihm einen Schlaftrunk gereicht. Wieder versucht sie es, mit einem Kleid so silbern wie der Mond, und dann mit einem, das wie Sterne flimmert. Jedesmal erhandelt sie sich eine Nacht vor seiner Tür und trägt ihre Klage vor. Beim dritten Mal hört der Trommler sie endlich, er hatte den Betäubungstrank verschmäht. Nun erkennt er sie wieder und weiß, daß er treulos gehandelt hat. »Das ist meine rechte Braut«, bekennt er vor seinen Eltern, alles andere wäre Unrecht. Die andere Braut behält immerhin die drei schönen Kleider.

Eugen Drewermann hat die Einzelentwicklung der Helden wie auch ihre Paarbeziehung analysiert (1987). Er hob des Trommlers ambivalente Züge hervor, seine Egozentrik bei allem Wagemut, seine seelische Impotenz (im Symbol der drei Aufgaben), und in der Mutterbindung die ödipale Angst vor jedem tieferen Gefühl. Er sah bei ihr eine sich steigernde Kleidsymbolik; »*damals* bat sie den Trommler, hinter dem entwendeten Kleid ihre wahre Gestalt zu erkennen; *jetzt* bittet sie ihn im Grunde darum, hinter den prachtvollen Kleidern ihre wahre Nacktheit und Armut zu erkennen und anzuerkennen.«

Turandot

Die hochberühmte *Rätselprinzessin Turandot (persisch Turanducht, »Tochter von Turan«) ist ein Gebilde aus altpersischer Liebesepik, orientalischer Märchenkunst, italienischer Commedia dell'arte, klassisch-deutscher Dramaturgie und dem Opernstil des 20. Jhs. Zur Bestimmung als Märchenfigur sind vor allem drei Quellen heranzuziehen: die Abenteuer des Prinzen Bahram Gur mit den sieben Prinzessinnen (›Haft paikar‹ 1198), ein Werk des großen persischen Epikers Nizami; dann die orientalische Sammlung ›Les mille et un jours‹ von F. Pétis de la Croix (1710/12), die als ›Tausend und ein Tag‹ (1909) bekannt wurde, der Turandot-Stoff findet sich dort als ›Die Geschichte des Prinzen Kalaf und der Prinzessin von China‹. Als drittes ist Carlo Gozzis *fiaba* ›Turandot‹ (1762) bedeutsam; sie diente Schiller zu seiner Bearbeitung für das Weimarer Theater (1802).

In Nizamis ›Geschichte von den Rätseln der Turanducht‹ ist sie die Tochter eines slawischen Königs, ebenso schön wie klug. Sie läßt sich ein Bergschloß erbauen, um der Freierplage zu entgehen und das willkommene Alleinsein für ihre vielen Talente zu nutzen: zu formen, zu malen, zu kalligraphieren. Sie malt ihr eigenes Porträt und schreibt darauf die vier Bedingungen der Freite: Der Bewerber, der auf ihr Schloß kommen soll, muß vornehm sein und schön, muß den weghemmenden Schwertzauber lösen, muß das (verborgene) Tor finden, muß die (vier) Rätsel lösen. Ihr Bild löst beim jungen Königssohn eine unstillbare Sehnsucht aus. Er wird für lange Zeit Schüler bei einem Weisen, verläßt dessen Höhle, zieht ein blutrotes Gewand an (Nizami erzählt die Geschichte am Tag des feurigen Mars) und betritt den Gebirgspfad. Dank der Lehren des Meisters vermag er den Schwerterbann zu lösen, dank seiner Trommel kann er das Torecho hören, und auch die Scharfsinnsproben löst er. Statt auf Heirat zu dringen, gibt er ihr ein Gegenrätsel auf: Sie soll über Nacht seinen Namen herausfinden. Der Königssohn will im gleichen Maße erkannt sein, wie er sie erkannte.

In der Geschichte aus 1001 Tag ist Prinz Kalaf der der Prinzessin Turandot Ebenbürtige. Der junge Fürst der Nogaiten (Tataren) gilt schon mit 18 Jahren als unvergleichlich klug und weise. Bei seinen Eltern Timurtasch und Elmaza holt er sich die Erlaubnis, das gewaltige Reich China zu bereisen. In der Königsstadt Kanbalek (Peking) erfährt er von der berückenden Schönheit der 19jährigen Prinzessin von China, Tochter des Altun Khan, die dazu in allen Wissenschaften bewandert sei (neben musischen Fächern auch Arithmetik, Geographie, Recht, Kenntnis der Heiligen Schriften u.a.). Kalaf weiß, daß die grausame Schöne jeden Freier hinrichten läßt, der ihre drei Rätsel nicht beantworten konnte. Doch Feuer durchfährt ihn, als er endlich »das gefährliche Bildnis« sieht. Der gute König versucht sein möglichstes, gerade diesen Bewerber (»herrlich von Wuchs, mit gewinnendem Wesen«) von seinem Vorhaben abzubringen. Kalaf besteht, trotz der eingeräumten Bedenkzeit, auf der Rätselprobe. Der König, voller Schmerz, läßt ihn durch einen Gelehrten in allerlei Wissenschaften prüfen und ist über das Ergebnis hocherfreut. Nach zeremoniellem Opferritual stellt ihm die Prinzessin ihre Fragen. Welches ist das Geschöpf, das in jedem Lande wohnt, jedem Freund ist . . . – Die Sonne. –

Welches ist die Mutter, die ihre Kinder in die Welt setzt und sie verschlingt, wenn sie groß geworden ... – Das Meer. – Welches ist der Baum, dessen Blätter auf der einen Seite weiß, auf der anderen schwarz ... – Das Jahr.

All ihre Fragen nach dem Universum und der Polarität des Seins hat er damit beantwortet. Sie sinnt auf weitere Rätsel (deutet damit Abneigung an), was den Prinzen erwidern läßt, er werde auf seine Rechte an ihr nicht bestehen, wenn sie ihrerseits eine Frage richtig beantworte: die nach seinem Namen. Der König sieht ihn in Gefahr. Die Auskunft des fremden Prinzen, bei Hofe kenne ihn niemand, beruhigt ihn. Kalaf findet nachts im Gemach eine schöne Sklavin vor, die von ihrer grausamen Herrin berichtet, sie werde ihn in aller Frühe ermorden lassen. Die List gelingt: aufgewühlt ruft er sich und seinen Vater beim Namen. Doch die Sklavin spielt auch ihr eigenes Spiel, will, daß er mit ihr entflieht. Kalaf bleibt standhaft. Anderntags sagt Turandot ihm seinen Namen auf den Kopf zu. Er stürzt bewußtlos zu Boden. Zu aller Erstaunen bekennt sie sich zu ihm, will ihn zum Gemahl. Ihre Sklavin Adelmulk bekennt, sie habe doppeltes Spiel getrieben, und erdolcht sich.

Gozzis Tragikomödie zögert das happy ending hinaus. Der Rätsellöser Prinz Calaf sieht sich einer gefühlskalten Turandot gegenüber, die nicht davor zurückschreckt, seine Begleitung – Vater und Erzieher – im Kerker zu foltern. Seinen Namen erfährt sie durch Sklavin Zelima, jedoch erst, als Calaf deren Liebe verschmäht. Turandot wandelt sich von einem Moment zum anderen (wie durch Zauberspruch) zur fühlenden, freiwillig ihr Jawort gebenden Frau. Das Handlungsgewicht verschiebt sich dadurch zugunsten des Prinzen.

›Die Eroberung der Prinzessin Turandot‹ handelt ein Hörspiel Wolfgang Hildesheimers (1954), später in Bühnenfassung, subtil ironisch ab. Der Prinz hat gebrochene Züge. »Ein Abenteurer, der in vielen Ländern um die Prinzessinnen gefreit hat«, weiß Turandots Sklavin Pnina von ihm, und – »er hat sie alle sitzenlassen.«

U

Undine

Undine, »kleine Welle«, ist eine Wortschöpfung des Paracelsus (Theophrast von Hohenheim, 1493 bis 1541). Dessen ›Liber de nymphis‹, vermittelt durch die Lektüre des schlesischen Mystikers Jakob Böhme, und insbesondere die ›Historie von der Nymphe im Stauffenberg‹ inspirierten Friedrich de la Motte-Fouqué zu dem romantischen Dichtermärchen ›Undine‹ (1811).

Undine ist die Tochter eines Wasserfürsten, der sie bei alten Fischersleuten leben läßt, denn er wünscht ihr eine Seele. Der Ritter Huldbrand von Ringstetten verliebt sich in das schöne Meerfräulein und läßt sich mit ihr trauen. Aus dem launischen, naturverhafteten Elementargeist wird, seit er sich im Besitz einer liebenden Seele weiß, eine Frau mit Gefühlen. Undines Glück scheint von Dauer, trotz der Besorgnis des Wassergeistes Kühleborn, ihres Onkels. Doch als sie versucht, des Herzogs Pflegetochter Bertalda ihren wahren Eltern – den Fischersleuten – zurückzugeben, brechen alte Leidenschaften auf: bei Bertalda, bei Huldbrand. Während einer Donaufahrt zu dritt verwünscht er die ihm Angetraute – sie muß nun in ihr Element zurückkehren (vgl. *Melusine, *Rusalka). Huldbrand wird im Traum gewarnt, Bertalda zu heiraten. Als er es dennoch tut, hat er sein Leben verwirkt. Undine kehrt ein letztes Mal wieder. In ihrer Umarmung tötet sie ihn.

Nach einem Libretto Fouqués komponierte E.T.A. Hoffmann die Oper ›Undine‹ (1816). Der Stoff wurde gleich darauf in Art eines Wiener Zauberstücks dramatisiert und vertont (›Undine, die Braut aus dem Wasserreich‹, 1817). Ein Jugenddrama ›Undine‹ wurde 1821 im Londoner Covent Garden aufgeführt, ein Undinen-Ballett 1836 im Königlichen Theater Berlin. Fouqué dramatisierte den Stoff ein weiteres Mal, für C.F.J. Girschner; Uraufführung in Berlin 1837; im gleichen Jahr wurde Andersens *Kleine Meerjungfrau bekannt. Als bühnenwirksam erwies sich Albert Lortzings romantische Zauberoper (1845), mit einem versöhnlichen Schluß: Kühleborn läßt Gnade walten, der Ritter darf in den Kristallpalästen der Wassergeister an Undines Seite weiterleben. Zu den drei

Dutzend Vertonungen gehören auch Tschaikowskys Opernentwurf ›Undina‹ (1869, vernichtet), Prokofjews (1904/7) und Fortners ›Undine‹. Jean Giraudoux legte im Schauspiel ›Ondine‹ (1938) die Fabel neu aus: Nicht Undine sucht Erlösung von ihrem naturhaften Zustand, sondern der schicksalhaft eingeengte, seiner Natur verlustig gegangene Mensch hofft sie durch sie zurückzugewinnen. Hans Werner Henzes Ballett ›Ondine‹ (1958) griff diese Idee auf, auch Ingeborg Bachmann in ihrem Prosastück ›Undine geht‹ (1961).

Synchron zu den frühen Theatererfolgen wurden bildliche Akzente gesetzt. Graf Clary schuf 20 Umrisse zu ›Undine‹ (1816), C. F. Schultze einen ganzen Bilderzyklus (1818), der Stecher war jedesmal Ludwig Schnorr von Carolsfeld. Adalbert Müllers postromantische Illustrationen (1855) ließen die Heldin zur braven Bürgerstochter werden; Julius Höppners Chromolithos (1884) spiegelten wiederum »theatralische Naturgroßartigkeit«. Mit die schönsten Bilderbücher entstanden in London (Arthur Rackham, 1909) und in New York (Allen Lewis, 1930).

Die Unke

Grimms dreiteiliges ›Märchen von der Unke‹ (1815) ist nachweislich eines der ältesten der ›Kinder- und Hausmärchen‹. Das mittelalterliche Wort für Schlange (Ringelnatter) ist darin aufbewahrt und auch der alte Volksglaube, daß dieses Tier ein häuslicher Schutzgeist ist.

Einträchtig lagern Kind und Schlange vor dem Schüsselchen Milch und Weckbrocken und lassen es sich gut schmecken. »Unke, Unke, komm geschwind . . .«, ruft das Kind, wenn es mit dem Schüsselchen schon draußen sitzt und die Unke auf sich warten läßt. Aus ihrem heimlichen Schatz bringt sie ihm schöne Dinge: Steine, Perlen, goldene Spielsachen. Weil die Unke nur die Milch trinkt und die Brocken liegen läßt, ermahnt sie das Kind einmal, schlägt ihr mit dem Löffelchen sanft auf den Kopf. Die Mutter in der Küche hört ihr Kind sprechen und sieht sie nach der Unke schlagen; da kommt sie mit einem Scheit Holz gelaufen und schlägt das gute Tier tot. Doch damit ist es mit dem Segen, der das Kind groß und stark werden ließ, vorbei. Es magert ab, der Totenvogel fängt an zu schreien, das Rotkehlchen sammelt Laub zu einem Totenkranz. Bald liegt das Kind auf der Bahre.

Auch die zweite Geschichte beginnt heiter – vom Waisenkind an der Stadtmauer, das vor der Unke sein blauseidenes Halstuch ausbreitet und sich ein Goldkrönchen bringen läßt – und geht traurig aus. Als die Unke ein zweites Mal kommt und das Krönchen nicht mehr sieht (das Kind hat es an sich genommen), da schlägt sie ihr Köpfchen an die Mauer, solange bis sie tot ist.

Erst in der dritten Geschichte beginnt die Unke zu sprechen, zunächst »Huhu« (Friedrich von der Leyen deutete es als den dumpfen Ruf der Feuerkröte), dann, auf die Frage des Kindes, ob sie sein Schwesterchen gesehen habe: »Ne, ik og nit.« Und damit endet das Märchen.

Vor allem die erste Geschichte, an der Wilhelm Grimm poetisch wie psychologisch am meisten gefeilt hat, rührte kleine und große Leser an. So beschrieb Ludwig Harig (1981), wie er unter dem Kindheitseindruck der Unke über die »Lurchi«-Hefte von Salamander und den »Olm« von Wolfdietrich Schnurre schließlich zu Brehms Tierleben kam: der gelbbauchigen Tiefland- und der rotbauchigen Berglandunke. Das von Olaus Magnus (1555) überlieferte Alltagsbild, wonach Kinder mit der Schlange aus einer Schüssel aßen, konnte für Harig kaum mehr präsent. sein. »Im Zusammenhang mit dem Seltenerwerden der Hausschlange im 17. Jahrhundert«, belehrt uns Grimms Deutsches Wörterbuch, »meint Unke, Unk nicht mehr ausschließlich Schlange und Schlangenartiges«.

V

Väterchen Frost

Väterchen Frost (Ded Moroz) ist im Russischen eine mythische, zugleich sehr volkstümliche Gestalt. Sie zeigt sich auf den Lubok, farbig-folkloristischen Bilderbogen (wie dem von M. Afanasjew um 1900 gestalteten), sie tritt auf in Sagen, Märchen und Redensarten.

Die Naturgewalten Frost, Schnee und Wind sind in der nord- und osteuropäischen Folklore durchaus handelnde Figuren, so der durch A. N. Afanasjew bekannt gewordene »Frost Rote Nase«, der einer ausgesetzten Stieftochter beisteht. In der slowakischen Version der Bozena Nemtschova (›Von den zwölf Monaten‹, 1863) kehrt er als »der Eismonat« wieder. Nicht minder bekannt wurde N. A. Nekrasows Poem ›Frost Rotnase‹ (1864), dort trat er als der elementare König des Waldes auf, der die um ihren Mann trauernde Holzsammlerin Darja gnädig erlöst.

Ein anderer Märchentypus handelt von miteinander wettstreitenden Frösten, Vater und Sohn, oder auch zwei Frostbrüdern: ihnen geht es um die Kunst, einen Menschen erfrieren zu lassen. Als Sage (›Der Vater der Kälte‹) wie als Märchen (›Die zwei Brüder und der Frost‹) ist dieser Typus in Estland heimisch. Von Großväterchen Frost und seinen vielen Enkelinnen handelt der russischen Märchenfilm ›Die Eisfee‹ (Drehbuch und Regie Boris Ryzarew, 1980); das Schneeflöckchen (*Snegurotschka) gilt als seine Tochter oder Enkelin.

Die verwünschte Prinzessin *Der Reisekamerad

Der verwunschene Prinz

Dieses »wohl märchenhafteste aller ägyptischen Märchen« (Emma Brunner-Traut) datiert aus der Zeit Sethos I. oder Ramses II., was bedeutet, daß der Märchenheld nahezu 3300 Jahre alt ist. Seine Geschichte gibt der Papyrus Harris 500 wieder – nachzulesen in den ›Altägyptischen Märchen‹ (1963).

Ein kinderloser König erbittet sich bei seinen Gebietsgöttern einen Sohn. Das Gebet wird erhört, neun Monate später kommt ein Junge zur Welt. Die Hathoren (die sieben Schicksalsgöttinnen) haben dem Prinzen drei Schicksale bestimmt: den Tod durch einen Hund, durch ein Krokodil oder durch eine Schlange (Typus »dreifacher Tod«). Um dem zu entgehen, wird der Prinz in der Wüste in einem Steinhaus erzogen. Als er erwachsen ist, beschließt er, es mit seinen Schicksalen aufzunehmen. Im fernen Asien gewinnt er eine vielumworbene Königstochter zur Frau; ihm gelingt als einzigem, ihr 40 Ellen (35 m) hoch gelegenes Fenster zu erreichen. Sie errettet ihn, als er schläft, vor der Schlange. Als er das getötete Tier gewahr wird, macht sie ihm Mut: »Sieh, dein Gott hat eines der Verhängnisse, die dir drohen, in deine Hand gegeben, und auch die anderen wird er dir anheimgeben.«

Zu seinem zweiten Schicksal wird erklärtermaßen sein Jagdhund, den ihm der Vater zugestanden hatte, bevor er ihn in die Wüstenei schickte. Auf der Flucht vor dem Hund stürzt sich der Prinz in einen See, doch dort lauert das Krokodil. – Das Ende des Märchens ist nicht überliefert. Analoge Berichte lassen darauf schließen, daß sich der Held die Gunst des Reptils erwirbt, indem er ihm im Kampf gegen den Urbewohner des Sees, einen Wassergeist, beisteht.

Der verwunschene Prinz spiegelt die der ägyptischen Kultur immanente Vorstellung vom Schicksal als einem nicht unumstößlich verhängten, sondern durchaus noch abwendbaren – falls bestimmte Voraussetzungen erfüllt sind. »Wer durch Gebetserhörung ins Leben kam und unter dem Schutz eines persönlichen Gottes steht, kann, nachdem er sich durch Tugend die Liebe einer treuen Frau erworben hat und dank dieser Liebe schon einmal errettet wurde, nicht verderben« (Emma Brunner-Traut).

Die vier kunstreichen Brüder

Im Unterschied zu den *Dreibrüdermärchen sind die Figuren dieses Grimmschen Märchens (1819) gleichberechtigt. Die Zahl vier, die für eine ideale, festgegründete Ordnung steht, dominiert.

Ein armer Mann schickt seine vier Söhne in die Welt, damit sie ein Handwerk lernen (»seht, wie ihr euch durchschlagt«). An einem Kreuzweg trennen sie sich. Auf Vorschlag des ältesten wollen sie sich in vier Jahren dort wiedertreffen. Jeder von ihnen begegnet einem Mann, der sich nach ihren Vorhaben erkundigt und sie in seine Lehre nimmt: den ältesten ein Dieb, den nächsten ein Sterngucker, den dritten ein Jäger, den vierten, der anfangs nicht recht will, ein Schneider. Als sie ausgelernt haben, bekommt jeder – bis auf den Dieb, vor dem eh' nichts mehr sicher ist – ein passendes Geschenk mit: der eine ein Fernrohr, dem nichts verborgen bleibt, der andere eine Büchse, die alles sicher trifft, und der Schneider eine Nadel, die alles zusammennähen kann (vgl. *Prinz Ahmed und die Fee Peri Banu).

Nach der ausgemachten Zeit treffen sie einträchtig am Kreuzweg zusammen und gehen nach Hause. Der Vater will ihre Handwerkskunst auf die Probe stellen (vgl. *Die drei Brüder) und weist auf ein Buchfinkennest im Baumwipfel. Der Sterngucker sieht, es sind fünf Eier, der Dieb nimmt sie dem brütenden Vogel unbemerkt weg, der Jäger schießt sie mit einem Schuß mitten durch, der Schneider näht die Eier und auch die jungen Vögel wieder zusammen; sie haben nur einen roten Halsstreifen (vgl. *Der Rabe).

Ernsthaft herausgefordert werden die Vier durch ein Landesunglück: Die Königstochter ist von einem Drachen entführt worden. Wer sie zurückbringt, soll sie zur Gemahlin haben. Vor der gemeinsamen Befreiungsaktion ortet der Sterngucker die Entführte auf einem Meeresfelsen. Mit einem Schiff, das ihnen der König stellt, fahren sie hin und sehen den Drachen schlafen im Schoß der Schönen. Dem Dieb gelingt, sie ihm zu entwenden, ohne daß er erwacht. Als der sie verfolgende Drache wutschnaubend über dem Schiff schwebt, schießt ihm der Jäger mitten durchs Herz. Im Herabfallen zertrümmert das tote Untier ihr Schiff (vgl. *Sindbad). In der See treibend, drohen sie unterzugehen, doch der Schneider setzt sich auf eine Planke und flickt die Bretter und Segel wieder zusammen. Sie kehren glücklich heim und bringen dem König die Tochter wieder. Wer sie zur Gemahlin erhält, sollen sie unter sich ausmachen. Zum ersten Mal erhebt sich Streit. Jeder meint, seine Kunst habe für die Errettung den Ausschlag gegeben. Der König entscheidet: Jeder hat gleiches Recht, und jeder kann seinen Anspruch geltend machen, also erhält sie keiner – wohl aber jeder von ihnen »ein halbes Königreich«.

Schon in Somadevas ›Ozean der Märchenströme‹ (11. Jh.) bewerben sich ›Die drei Freier‹, ein Zauberer, ein Weiser und ein Held, um die mondschöne Somaprabha. Der eine zaubert ein Luftgefährt herbei (vgl. *Ebenholzpferd), der andere weiß

Vergangenheit und Zukunft, der dritte besitzt ein treffliches Schwert und köpft damit den Drachen, ihren Entführer. Auch hier ergab sich die Frage, wem soll die Jungfrau gehören, und der König entschied: »Dem Helden soll sie gehören. Der Weise und der Zauberer dienten ihm als Werkzeuge, so wollte es das Schicksal.« – Die älteste europäische Fassung findet sich im ›Novellino‹ (13. Jh.), dort wandern vier Königssöhne in die Ferne, einer studiert zu Paris die Wissenschaften, ein anderer wird Bogenschütze in Sizilien, der dritte in Katalonien ein geschickter Dieb, und der vierte in Genua Schiffsbauer. – Ludwig Bechstein hat seine Helden (›Die vier klugen Gesellen‹, 1845) nicht so sehr von erlernten Künsten, sondern vom sozialen Status her entwickelt: Der Handarbeiter schafft durch Holzsammeln und -verkauf Essen für alle heran, der Edelmann nimmt eine reiche Witwe aus, der Kaufmann makelt eine Schiffsladung, der vertriebene Prinz kommt unversehens an ein Königreich und verschafft seinen Wandergesellen eine gute Position bei Hofe.

Die vier Teamworker erfreuen sich einiger Beliebtheit, nicht nur im Märchenbuch (das von Felix Hoffmann 1966 illustrierte Grimm-Märchen brachte es rasch auf 50 000 Exemplare); der Struktur nach findet es sich in so manchem Film oder Fernsehspiel. So sind die glorreichen Vier auch in den »Unbestechlichen« wiederzuerkennen (›The Untouchables‹, USA 1987) und im Fernseh-Vierteiler ›Der große Bellheim‹ (Regie Dieter Wedel, 1992).

Vogel Greif ***Der Mann ohne Herz, *Das singende springende Löweneckerchen**

Vogel Phönix ***Wundervogel**

Vogel Roc (Ruch) ***Wundervogel**

W

Wahrheit und Lüge

Der Streit zwischen den Brüdern Wahrheit und Lüge findet sich in einem altägyptischen hieratischen Papyrus (12. Jh. v. Chr.). A. H. Gardiner hat den Text 1935 veröffentlicht, Emma Brunner-Traut hat ihn ins Deutsche übertragen (1963). Als volkstümliche Umdichtung des Mythos von den streitenden Götterbrüdern Osiris und Seth wird hier der Gedanke vom Sieg des Rechts über das Unrecht erstmals in Märchenform gestaltet.

Die beiden Brüder stehen vor dem Göttergericht. Lüge klagt auf ein Messer, das er Wahrheit entliehen habe. Von diesem Messer behauptet er, es sei so groß, daß seine Klinge der erzene Berg von Jal sei, sein Schaft die Bäume von Koptos, sein Riemenwerk die Herden von Kal. Da Wahrheit, der ältere Bruder, ein solches Messer nicht erstatten kann, bringt Lüge das Gericht dazu, daß es Wahrheit auf beiden Augen blenden läßt und ihn zum Türhüter von Lüges Haus macht. Doch seine Tugendhaftigkeit wird dem jüngeren unerträglich, er schickt dessen Diener aus, daß sie ihn den Löwen vorwerfen. Wahrheit bittet sie, ihn im Dickicht liegenzulassen und mit Brot zu versorgen – was geschieht. Viele Tage danach entdecken die Dienerinnen der Dame Begierde den blinden schönen Mann im Dickicht. Diese läßt ihn holen, sehnt sich sogleich, schläft nachts mit ihm. Sie wird mit einem Knaben schwanger. Ihr Sohn überragt seine älteren Schulkameraden an Klugheit und Kraft, die ihn wegen seiner Vaterlosigkeit hänseln. Er erfährt die Geschichte seiner Geburt, ehrt den Blinden (den er an der Tür vorfindet) und will das seinem Vater zugefügte Unrecht rächen. Er bringt ein Rind von wunderschöner Farbe zum Hirten von Lüge und bewegt ihn, es für ihn zu bewahren, bis er von der Stadt zurück sei. Als Lüge seine Rinder besichtigen kommt, erblickt er das Rind von wunderschöner Farbe und will es essen. Der Hirt will es ihm nicht geben, doch Lüge läßt sich nicht davon abbringen: er solle dem Eigentümer ein anderes als Ersatz anbieten. Der Jüngling kann sein Rind nicht mehr entdecken. Er will nur eines, das so übergroß ist wie das seine.

Nun bringt er Lüge vor das Göttergericht: Er möge ihm sein Rind wieder beschaffen – »wenn es auf der Insel des Amun steht, liegt die Quaste seines Schwanzes auf dem Papyrussumpf (dem Delta des Nil), sein eines Horn liegt auf dem Westgebirge auf, sein anderes auf dem Ostgebirge, der große Strom (Nil) ist seine Ruhestätte«. Die Götter wissen nichts von einem solchen Rind und sagen, er spräche unwahr. Der Jüngling fragt sie, ob es denn ein Messer gäbe, das so groß sei, wie sie gesagt hätten. Sie sollten nochmals zwischen Wahrheit und Lüge richten. Lüge versteigt sich zu einem Eid: Wenn man Wahrheit lebendig findet, soll man mich blenden und zum Türhüter des Hauses von Wahrheit machen. Doch dieser Eid stürzt ihn ins Verderben. Wahrheit wird gerechtfertigt, Lüge wird geblendet.

Das Erstaunliche an dieser Erzählung: Motive, die sonst in vielen Scherz- und Lügenmärchen bekannt sind, zeigen sich in neuem, ernsthaftem Zusammenhang. Daß ein Ding so unmöglich wie das andere sei, etwa daß ein Ochse ein Füllen gebiert und ein Fischer auf dem Trockenen Fische fängt (*Die kluge Bauerntochter), wird hier auf eine mythische Ebene gehoben. Messer und Rind dürften auf die göttlichen Abzeichen der beiden feindlichen Brüder zurückgehen: das Messer auf die Waffe des Seth, mit der er den Drachen ersticht, und das Rind auf das Vieh des Osiris (des Gottes mit dem Hirtenstab als Insignum). Unbezweifelbar ist der kluge Jüngling, der seinen Vater nicht kennt (eine beliebte Märchenfigur), kein anderer als das Horuskind, das gegen Seth für das Recht seines Vaters Osiris kämpft. »Bei nur wenigen Märchen ist die Herleitung aus dem altägyptischen Mythos so wahrscheinlich bis sicher« (Emma Brunner-Traut). Das Brudermärchen Wahrheit und Lüge, ›Pravda i krivda‹, ist um 1900 auch auf Rußlands folkloristischen Bilderbogen zu finden.

Das Wasser des Lebens *Wundervogel

Wassilissa die Allweise *Marja Morewna

Wassilissa die Wunderschöne

Das russische Märchen von der verfolgten Stieftochter, der eine sprechende Puppe beisteht, entstammt der Sammlung A. N. Afanasjews (›Vasilisa prekrasnaja‹, 1855/63). Berühmt Iwan J. Bilibins folkloristisch ausgefeilte Farblithographien, die den St.

Petersburger Einzeldruck schmückten (1902), und zuletzt die Nacherzählung von Elisabeth Borchers (1979).

Als die schöne Wassilissa, einzige Tochter von Kaufmannsleuten, acht Jahre zählt, liegt ihre Mutter im Sterben. Sie gibt der Kleinen ihren Segen und hinterläßt ihr eine Puppe, die sie stets bei sich behalten und niemandem zeigen soll; sie könne ihr sagen, wie sie sich in der Not helfen könne (»gib ihr zu essen und frage sie dann um Rat«). Nach der Trauerzeit heiratet ihr Vater, ein recht gutmütiger Mann, eine Witwe mit zwei Töchtern; sie sind fast noch in ihrem Alter. Wassilissa wird um ihre Schönheit beneidet. Die drei anderen setzen ihr mit schwerer Arbeit zu, werden vor Bosheit mager und häßlich, während Wassilissa noch an Schönheit zunimmt, denn ihr hilft die Puppe. Für sie hebt sie die besten Bissen auf, füttert sie abends, und am Morgen verrichtet die Puppe die ganze Arbeit; sie zeigt ihr zudem das Kraut, das die Haut vor Bräune bewahrt.

Wassilissa kommt ins Heiratsalter, alle jungen Männer der Stadt halten um sie an; doch erst sollen die Älteren (die keiner will) aus dem Haus. Als der Vater für längere Zeit in Geschäften unterwegs ist, zieht die Stiefmutter in ein anderes Haus um, nahe am dichten Wald, in dem *Baba Jaga ihr Häuschen hat. Um das Mädchen loszuwerden, wird sie eines Abends – die einzige Kerze ist mutwillig gelöscht worden – zur Baba Jaga geschickt, um Feuer zu holen. Die Puppe rät ihr zu; solange sie sie bei sich behalte, könne ihr nichts Böses geschehen. Erst sprengt ein Reiter ganz in Weiß an ihr vorbei, der Tag bricht an – einer reitet in Rot vorbei, die Sonne geht auf. Als sie vor Baba Jagas beinernes Haus und den Schädelzaun kommt, sprengt ein Reiter in Schwarz durchs Tor, es wird dunkle Nacht. Baba Jaga trägt ihr zunächst einige Arbeiten auf – aus dem Weizen den Schwarzkümmel zu lesen, aus den Mohnkörnern die Erde. Die Puppe erledigt das, und drei Paar Hände greifen nach dem Weizen, um ihn zu mahlen, greifen nach dem Mohn, um Öl daraus zu pressen. Es sind, wie Wassilissa inzwischen weiß, Baba Jagas berittene Diener. Als die Alte sie fragt, wieso sie ihre Arbeit schaffe, und vernimmt, der Segen ihrer Mutter helfe ihr dabei, will sie sie rasch loswerden und schickt sie mit einem Totenkopf zurück. In dessen Augen glüht Feuer. Wassilissa will ihn schon wegwerfen, als sie abends das Haustor erreicht, doch der Schädel tönt: »Bring mich zu deiner Stiefmutter.«

Zum erstenmal wird sie freundlich empfangen. Im Haus hat kein Licht bisher brennen wollen. Die Augen im Schädel richten sich auf die Stiefmutter und ihre Töchter und versengen sie. Alle drei werden zu Asche. Wassilissa schließt das Haus ab, geht in die Stadt und bittet eine gute Alte, sie bei sich aufzunehmen, bis ihr Vater wiederkehre. Sie schickt die Alte nach dem besten Flachs, die Puppe baut ihr einen Webstuhl, und sie spinnt das feinste Linnen daraus. Die Alte soll es verkaufen und das Geld behalten, aber die bringt es lieber dem Zaren zum Geschenk. Als sich keine Näherin darauf versteht, aus diesen Linnen Zarenhemden zu nähen, verweist die Alte auf ihre Pflegetochter – und Wassilissa (»ich wußte, daß diese Arbeit für mich bestimmt ist«) macht sich ans Werk. Während die Alte die Hemden zum Zaren trägt, wäscht und kämmt sie sich, kleidet sich fein und setzt sich ans Fenster. Alsbald reitet ein Bote des Zaren in den Hof, um sie abzuholen. Der Zar verliebt sich augenblicklich in sie und nimmt sie zur Frau. Ihren Vater und auch die Alte holt sie zu sich. Das Püppchen aber trägt sie in der Tasche ihr Leben lang.

Den eindrucksvoll glühenden Totenkopf, die Gerippe um das Haus der Baba Jaga haben russische Illustratoren wie I. S. Panov (1874) früh schon gereizt. Der Stoff wurde zweimal verfilmt, zuerst von Alexander Rou 1939 – er ließ die Wunderschöne von der Schlange Gorynytsch entführen und von Iwan dem Tapferen retten – , später als vorlagengetreuer Puppenfilm in deutsch-griechischer Koproduktion (1981).

Das weiße Entchen
Daß die Märchenheldin von einer hexenhaften *Stiefmutter in eine Ente verzaubert wird, machen *Die weiße und die schwarze Braut, auch einige Fassungen von *Brüderchen und Schwesterchen deutlich. In A. N. Afanasjews russischem Märchen ›Belaja utotschka‹ (1855–63) ist ihre Widersacherin eine *Hexe, die sie verwünscht, um selbst ihre Stelle einzunehmen. Die weiße Ente ist so jedesmal auf das gleiche Motiv zurückzuführen, das der »unterschobenen Braut«.

Der Fürst, der die wunderschöne Heldin geheiratet hat, muß eine lange Reise antreten. Noch hat er keine Zeit gehabt, sie genug anzusehen, genug mit ihr zu plaudern. Er ermahnt sie, ihr Gemach nicht zu verlassen. Eine Frau tritt bei ihr ein und redet ihr zu, wenigstens durch den Garten zu gehen. Kaum jedoch nimmt sie ein Bad im Fluß, gibt ihr die Frau einen Schlag auf den Rücken: »Schwimm als weißes Entchen dahin!« Die andere zieht ihr Kleid über, putzt und schminkt sich für den Fürsten. Der merkt nicht, daß er eine Fremde in die Arme schließt.

Das weiße Entchen brütet Menschenkinder aus, zwei schöne Knaben und einen Kümmerling, und zieht sie groß. Als die drei das mütterliche Gebot, nicht auf der Wiese zu spielen, mißachten, kommen sie weiter landeinwärts und an den Fürstenhof. Die Hexe wittert sofort, wer sie sind, gibt ihnen zu essen, bettet sie fein und schürt dann das Feuer und wetzt die Messer. Das alles hört und sieht der Kümmerling, den die Brüder der Erkältungsgefahr wegen unter dem Hemd bergen. Er antwortet der Hexe an der Tür jedes Mal: Wir schlafen nicht, wir wissen, daß wir alle geschlachtet werden. Beim dritten Mal kommt sie herein, sieht die beiden Brüder schlafen und macht über ihnen das Todeszeichen.

In dunkler Vorahnung fliegt die weiße Ente des Morgens zum Palast. Auf dem Hof sieht sie ihre beiden Kinder weiß und kalt, wirft sich darüber, weint. Der Fürst hört ihre menschliche Klage. Die Ente wird verjagt, kehrt aber jedesmal zu den Toten zurück. Sie singt ihnen das Lied von der alten Hexe (»die grausige Schlange, die falsche / sie nahm euch euren leiblichen Vater / sie ertränkte uns in dem schnellen Fluß / verzauberte uns in weiße Entchen ...«). Da will der Fürst sie fangen lassen. Sie flüchtet sich in seine Hände, er hält sie an den Flügeln fest und sagt: »Weiße Birke, hinter mich. Schönes Mädchen, vor mich hin.« Da wächst die Birke hinter ihm empor, und vor ihm steht das schöne Mädchen – seine Frau. Sofort fangen sie eine Elster und hängen ihr zwei Fläschchen um, damit sie das Wasser des Lebens und das des Sprechens hole. Mit beiden Wassern besprengen sie die Kinder und werden wieder eine Familie. Die Hexe aber wird an einen Pferdeschweif gebunden, zu Tode geschleift und zerstückelt.

Iwan J. Bilibin hat das Märchen, zusammen mit *Schwesterchen Aljonuschka und Brüderchen Iwanuschka, zauberhaft illustriert (St.Petersburg 1903).

Die weiße und die schwarze Braut
Das Grimmsche Märchen (1815), kontaminiert aus einer mecklenburgischen und einer paderbornischen Fassung, han-

delt von zwei ungleichen Stiefschwestern, aber auch von einem Bruder mit Namen Reginer, dessen Konterfei der schönen Schwester die Geschichte ins Rollen bringt.

Eingangs wird erzählt, wie es dazu kam, daß die Frau samt Tochter kohlschwarz und häßlich wurden, die Stieftochter indessen weiß und schön. Der liebe Gott als armer Mann hat alle drei nach dem Weg ins Dorf gefragt, nur die Stieftochter hat sich hilfsbereit gezeigt und ist mit der Erfüllung dreier Wünsche – weiß und schön wie der Tag, ein nie sich leerender Geldbeutel, das ewige Himmelreich nach dem Tode – belohnt worden. Um sie immer anblicken zu können, malt Reginer seine Schwester ab. Sie warnt: Laß niemand das Bild sehen. Er ist Kutscher beim König, dem gerade die Frau verstarb. Seine Höflinge berichten ihm von dem Bild der Weißen, Schönen, der König läßt es vor sich bringen: Sie gleicht der Verstorbenen. Er schickt den Kutscher mit Karosse und prächtigen Goldkleidern heim, damit er ihm seine Schwester als Braut bringe. Die Weiße freut sich, die Schwarze neidet ihr das Glück. Mit Hilfe ihrer Hexenkünste trübt die Stiefmutter dem Kutscher die Augen, verstopft der Weißen die Ohren. Reginer auf dem Kutschbock, die Stiefverwandten hinten, so fahren sie los. Reginers Zurufe, das Schwesterlein möge sich gut zudekken, werden ihr verdreht mitgeteilt: sie solle ihr gülden Kleid für die Schwester hergeben, dann die güldene Haube, dann solle sie aus dem Wagen sehen – und schon wird sie von der Brücke herunter ins tiefe Wasser gestoßen. In dem Augenblick, wo sie versinkt, taucht eine schneeweiße Ente hervor. – Der Bruder bringt dem König die Schwarze als Braut und merkt es nicht, weil seine Augen getrübt sind. Den König erbost die abgrundtiefe Häßlichkeit, er läßt den Kutscher dafür in eine Schlangengrube werfen. Die Alte becirct und verblendet den König dermaßen, daß er sie bei sich behält, ja sogar ihre Tochter heiratet.

Während die schwarze Braut auf des Königs Schoß sitzt, schwimmt eine weiße Ente zum Gossenstein der Schloßküche und fragt den Küchenjungen nach ihrem Bruder Reginer und nach der schwarzen Hexe. Als sie den dritten Abend kommt, meldet der Küchenjunge es dem König, der geht das nächste Mal selbst hin, schlägt der Ente mit seinem Schwert den Kopf ab. Vor ihm steht die Schöne, die dem Bild des Bruders vollkommen gleicht. Die wahre Braut ist gefunden. Ihre erste Bitte gilt Reginer; er wird aus der Schlangenhöhle befreit. Die alte Hexe spricht ihr eigenes Urteil, sie wird samt Tochter in ein nägelbeschlagenes Faß gesteckt und davor ein Pferd gespannt, das davonjagt. Der König heiratet nun die weiße und schöne Braut und belohnt den treuen Bruder.

Die Geschichte gehört zum Kreis der Märchen von der unterschobenen Braut, zu denen auch *Brüderchen und Schwesterchen zählt und das russische *Weiße Entchen.

Die Wichtelmänner

Unter dem Titel ›Von den Wichtelmännern‹ (1812) vereinten die Brüder Grimm drei Geschichten, die ihnen Dortchen Wild erzählt hatte. Sie trugen damals Zwischentitel: I. Von dem Schuster, dem sie die Arbeit gemacht; II. Von einem Dienstmädchen, das Gevatter bei ihnen gestanden; III. Von einer Frau, der sie das Kind vertauscht haben. Obwohl im Grunde Sagen, haben ›Die Wichtelmänner‹ ihren Platz unter den Märchen behauptet.

Für die Rezeptionsgeschichte ist vor allem die Geschichte vom armen Schuster interessant, dem unsichtbare Helfer nachts das Leder zu Schuhen verarbeiten, die er so gut verkauft, daß er immer mehr Leder einkaufen kann; doch soviel er abends auch zuschneidet, am nächsten Morgen stehen die Schuhe fertig da. Zusammen mit seiner Frau entschließt er sich – es ist kurz vor Weihnachten –, nachts aufzubleiben. Um Mitternacht beobachten sie aus ihrem Versteck »zwei kleine, niedliche nackte Männchen«, die windgeschwind ihre Arbeit tun. Die Frau ist um ihre Nacktheit besorgt und näht ihnen aus Dankbarkeit Kleider. Der Mann macht ihnen je ein Paar Schuhe zurecht. Sie beobachten dann alles weitere. Wie die Kleinen um Mitternacht die Kleider liegen sehen, sind sie verwundert. Doch dann freuen sie sich, hüpfen und tanzen zur Tür hinaus und – kommen niemals wieder.

Hier ist alter Volksglaube noch lebendig: daß das »Kleine Volk« nachts als Haushilfe arbeitet, vorzugsweise an den Zwölf Nächten – in diese Zeit fiel auch meist der Gesindewechsel –, daß sie dabei nackt sind, unbeobachtet bleiben wollen und jedweder Lohn sie verscheucht. Das Handwerkerehepaar handelte also gegen das Sehtabu und das Zuwendungstabu, dennoch geriet ihnen ihr Tun zum Segen. Die gleichfalls aus mündlicher Überlieferung aufgezeichnete Kölner Lokalsage ›Die Heinzelmännchen‹, die Ernst Weyden in ›Cöln's Vorzeit‹ (1826) abdruckte, handelte ebenso von den Diensten kleiner nackender Männchen zur Zeit der Zwölften – »Brotbacken, Waschen und dergleichen Hausarbeiten«. Auf Weydens Bericht stützte sich August Kopischs berühmt gewordene Versdichtung ›Die Heinzelmännchen zu Köln‹ (1836), nur daß sich die unsichtbaren Helfersdienste hier auf alle Zünfte gleichzeitig bezog, daß eine Schneidersfrau den Abzug der *Zwerge provozierte (durch Erbsenstreuen) und daß der Bezug zu Weihnachten verloren ging. Die Popularität der kleinen Stadtheiligen bezeugt der 1899 errichtete Heinzelmännchenbrunnen in der Kölner Altstadt.

Die wilden Schwäne *Die sechs Schwäne

Wilder Mann *Eisenhans

Der Wolf und die sieben jungen Geißlein

Die Brüder Grimm haben diese Tierfabel durch die hugenottische Familie Hassenpflug erzählt bekommen und waren der Meinung, daß sie französischen Ursprungs sei. So kannten sie die Episode mit der weißen Pfote sowohl aus Lafontaine wie auch als Versdialog zwischen Wolf und Müller aus einem französischen Kinderbuch. Das hinderte sie jedoch nicht, die hübsch belehrende Geschichte gleich vorn in ihrem Märchenbuch, als Nummer fünf, abzudrucken (1812). Und es hinderte ihre Leser nicht, dies als »deutsches« Märchen besonders zu mögen. Auf der Beliebtheitsskala erreichte es nach einer Allensbach-Umfrage (1990) Platz acht, nach einer Umfrage der ›Bunten‹ (1986) sogar Platz vier.

Eine alte Geiß warnt ihre sieben Jungen vor dem Wolf und dessen Verstellungskünsten (»aber an seiner rauhen Stimme und an seinen schwarzen Füßen werdet ihr ihn gleich erkennen«); sei er erst einmal im Haus, so fresse er sie mit Haut und Haar. Darauf geht sie in den Wald, Futter zu holen. Der Wolf kommt vor die Haustür, gibt sich den sieben Geißerchen als ihre Mutter aus. Doch seine Stimme verrät ihn. Da versucht er es noch zweimal, sie zu täuschen. Er kauft sich beim Krämer Kreide und macht seine Stimme fein – doch an der schwarzen Pfote erkennen sie ihn. Dann läßt er sich vom Bäcker die Pfote mit Teig bestreichen und zwingt den Müller, weißes Mehl darauf zu streuen; seine weiße Pfote überzeugt die Geißerchen, sie öffnen ihm die Tür. Als sie sehen, es ist der Wolf, erschrekken sie, und ein jedes springt in ein Versteck: unter den Tisch, ins Bett, in den Ofen, in die Küche, in den Schrank, unter die Waschschüssel, und das siebte in den Kasten der Wanduhr. Er findet sie alle und schluckt sie – bis auf das jüngste im Uhrkasten, das findet er nicht. Vollgefressen legt er sich auf die Wiese unter einen Baum und schläft ein. Die alte Geiß kommt zurück und findet alles verwüstet vor. Sie ruft ihre Kinder nacheinander beim Namen, niemand antwortet. Erst als sie das jüngste ruft, tönt eine feine Stimme: »Ich stecke im Uhrkasten.« (Im Erstdruck ohne Anruf der Namen: Das jüngste kommt aus der Wanduhr gesprungen.)

Draußen auf der Wiese entdecken sie den schnarchenden Wolf. Die alte Geiß sieht, in seinem Bauch regt es sich, und läßt sich vom Geißlein Schere, Nadel und Zwirn holen. Dann schneidet sie ihm den Wanst auf, und nacheinander springen alle sechse unversehrt heraus. Nun müssen sie ihr helfen, Wakkersteine zu suchen und dem Wolf den Bauch damit zu füllen; sie näht ihn wieder zu. Der Wolf erwacht, rappelt sich hoch, will zum Brunnen. Die Steine drücken ihn. »Was rumpelt und pumpelt in meinem Bauch herum?« Wie er sich über den Brunnen bückt, ziehen ihn die Wackersteine hinein, er ersäuft. Die sieben Geißlein kommen herbei und tanzen mit ihrer Mutter (»der Wolf ist tot, der Wolf ist tot«) vor Freude um den Brunnen herum.

Fressermärchen haben eine lange Tradition, man denke an Jonas im Fischbauch (*Tom Tit Tot). Sigmund Freud fielen bei Traumanalysen viele Gemeinsamkeiten mit *Rotkäppchen auf (1913): »In beiden (Märchen) findet sich das Auffressen, das Bauchaufschneiden, die Herausbeförderung der gefressenen Personen, deren Ersatz durch schwere Steine, und endlich kommt in beiden der böse Wolf um.« – Ebensowenig wie auf Rotkäppchen konnte Bechstein auf ›Die sieben Geißlein‹ verzichten, hier bediente er sich der elsässischen Mundartfassung August Stöbers (1842); auffälligerweise fehlt bei ihm, abgesehen von den Bäcker- und Müllerepisoden, das gewitzte siebte Geißlein, das sich als einziges retten kann.

Die Popularität des Märchens bezeugen nicht nur Illustrationen von Ludwig Richter (1853, zu eigenem Text 1862), Gustav Süs (1869), Hermann Vogel (1892), Alexander Pock (1897),

Otto Ubbelohde (1907), Eugen Osswald (1910), in neuerer Zeit Herbert Leupin (1947), Felix Hoffmann (1957), Svend Otto Sörensen (1977) und Ikeda (1989), sondern auch Humperdincks Märchenoper ›Die sieben Geislein‹ (1895) und zumindest ein Märchenfilm (1956). Noch bevor Anfang der 70er Jahre Ilse Aichinger, Iring Fetscher und Janosch das Märchen umerzählten, fiel Franz Fühmann dazu (1962) ein Gedicht ›Lob des Ungehorsams‹ ein: »Nur nicht in den Uhrenkasten, / Das könnte die Uhr verderben, / Hatte die Mutter gesagt. / Es war ein unartiges Geißlein, / Das sprang in den Uhrenkasten, / Es wußte, daß er hohl war.«

Wundervogel
Zu den mythischen Märchenvögeln zählt vor allem der Phönix (griech. »der Purpurrote«, »der Feuerfarbige«), der nach altägyptischem Wunderglauben sich alle 500 Jahre auf selbstbereitetem Lager verbrennt und aus seiner Asche verjüngt wiederersteht. Seit den Kirchenvätern gilt er als Sinnbild des durch den Tod sich erneuernden Lebens. Der alte *König gesundet, wenn er den Gesang des Phönix hört oder vom »Wasser des Lebens« trinkt. Beides ist ein kostbares, schwer zu erlangendes Gut. Das Wasser quillt aus dem Hofbrunnen im verwünschten Schloß, der von wilden Löwen bewacht wird (so in *Prinz Ahmed aus 1001 Nacht, so bei Grimms ›Das Wasser des Lebens‹, 1815). Auch der Vogel Phönix befindet sich in einem Schloß mit einer Schildwache davor, und bei ihm (in der dritten Stube) liegt eine verwünschte Prinzessin, die schon 1000 Jahre schläft: So erzählt es Wilhelm Wisser in ›Vagel Fenus‹, (1904). Das Phönix-Motiv liegt auch dem *Feuervogel und dem *Goldenen Vogel zugrunde; die Äpfel, die der Feuerdämon stiehlt, gehören zur Symbolik langen Lebens. Ihm eine goldene Feder zu entreißen, oder gleich deren drei, ist ein erstrebenswertes Ziel.

In den Märchen aus 1001 Nacht bilden »der sprechende Vogel, der singende Baum und das goldene Wasser« höchste Glücksgüter; auch dort sind die Motive »der Vogel der Wahrheit« und »das Wasser des Lebens« miteinander verbunden (*Drei Königskinder). Ebenso ist der »Glücksvogel« orientalischen Ursprungs – wer seinen Kopf ißt, wird König, wer sein Herz ißt, wird immer Goldstücke vorfinden. Ihm begegnet man in Bechsteins ›Das Goldhähnchen‹ und auch im Goldvogel des

Grimmschen *Zweibrüdermärchens, wo es heißt: »Der Vogel war aber kein gewöhnlicher, sondern so wunderbarer Art, daß, wer Herz und Leber von ihm aß, jeden Morgen ein Goldstück unter seinem Kopfkissen fand.«

Zum altarabischen Erzählrepertoire gehört ganz wesentlich der Roc oder Ruch, ein Dämonenvogel mit riesigen Schwingen, stark genug, in seinen Klauen ganze Felsblöcke, im Schnabel Elefanten zu tragen. Das Ei des Roc (sein inneres Geheimnis) wird als weiße Kuppel geschildert (*Sindbad) oder mit der Kuppel eines Lustschlösschens in Verbindung gebracht (*Aladdin). Für Europa gilt, daß im Ei eines Vogels das Herz des Dämons (des männlichen Unholds) verborgen ist (*Die drei Schwestern, *Kostschej, *Der Mann ohne Herz).

Vögel sind in Mythen und Märchen oft Seelenvögel, die Verwandlungsform Verstorbener (*Aschenputtels Mutter, *Machandelboom, *Der Rabe) oder Verzauberter (*Die sieben Raben, *Die sechs Schwäne, *Das weiße Entchen, *Die zwölf Brüder). Bei Andersen wird der todkranke König durch das Singen der natürlichen *Nachtigall geheilt. Ein mythischer Vogel Greif bringt die Helden im *Singenden springenden Löweneckerchen in Sicherheit. Wundervögel sind auch der hinduistische Vogelmensch Garuda, König der Tiere und Tragtier Vishnus, und der altpersische Pfauendrache Simurg; er soll so alt sein, daß er bereits dreimal gesehen hat, wie die Welt zerstört wurde.

Y

Yonec *Der blaue Vogel

Z

Zar Saltan
Die Verserzählung Alexander Puschkins mit dem sprechenden Titel ›Märchen vom Zaren Saltan, von seinem Sohn, dem berühmten und mächtigen Recken Gwidon Saltanowitsch, und von der wunderschönen Prinzessin Schwan‹ (1832) erzählt die Geschichte eines Zaren, seiner Frau und ihren beiden ränkevollen Schwestern, die ihr das Glück neiden. Sie erzählt im Kern allerdings die Geschichte des Zarewitsch Gwidon, der auf der Jagd einem Schwan vor dem angreifenden Kondor das Leben rettet. Die schöne Prinzessin Schwan wird dadurch erlöst, Gwidon nimmt sie zur Frau und wird mit ihr glücklich (vgl. *Schwanjungfrau).

Das Märchen gehört zum Bestand russischer Folklore und Kunst. Nikolai Rimskij-Korsakow vertonte ›Skazka o Care Saltane‹ (1900), und Iwan J. Bilibin widmete sein illustratives Werk (St. Petersburg 1905) wiederum dem Komponisten. Nach der Oktoberrevolution haben Zeichner wie B. M. Kustodiev (1919) das feudale Milieu etwas »aufgemischt«. Verfilmt wurde Puschkins Märchen durch Alexander Ptuschko (1966). So mancher russische Märchenfilm, wie ›Ruslan und Ljudmila‹ und ›Von der schönen Zarentochter und den sieben Recken‹, geht auf Puschkin-Stoffe zurück. Zusammen mit Puschkins *Goldenem Hahn hat Elisabeth Borchers auch das Zarenmärchen nacherzählt (1982, mit den Bildern Bilibins).

Zarentochter Frosch *Die Froschzarin

Zauberer, Zauberin

Der Zauberer oder Magier, bekannt in allen Kulturen, vermag seinen Geist vom Körper zu trennen, er kann ihn in andere Lebewesen senden, er kann Geister und Dämonen rufen und beschwören, bannen und vertreiben. Zauberer nehmen blitzschnell Tiergestalt an, und sie erproben im Wettkampf ihre Verwandlungskünste (*Zauberlehrling). Wie das »Zauberbuch« an geheimem Ort, um das die höchsten Geister ringen, dessen Besitz jedoch Fluch bedeutet, so ist auch der »Zauberwettstreit« altägyptischen Ursprungs. Entzündet der eine eine mächtige Flamme, löscht sie der andere; läßt der eine ein mächtiges Gebäude aus Stein entstehen, lädt der andere es auf ein Boot und führt es ins Meer; will der besiegte Zauberer als Gans entfliehen, stellt sich der siegreiche als Vogelsteller über ihn, um ihn zu erstechen.

»Mittelwesen zwischen Göttern und Menschen, vielkundige Riesen, listige Elbe und Zwerge zaubern«, heißt es in Jacob Grimms Deutscher Mythologie. Göttin Freyja unterwies die Asen im »Seidr«, einem Zauberverfahren mit erhitzten Tiegeln, den schamanistischen Séancen vergleichbar. Besonders Gott Odin war seidrkundig, konnte dadurch die Zukunft voraussagen, aber auch Krankheit und Tod unter die Menschen bringen. *Merlin, der Erfinder des Grals, und *Salomo, Herrscher über alle Dschinnen (Geister), hatten ebenfalls seherische Begabung. In 1001 Nacht spielen Magier wie der Widerpart *Aladdins oder der Erfinder des *Ebenholzpferdes eine bedeutende Rolle. Carlo Gozzi hat in seinen *fiabe* oder Märchenspielen Zauberer bevorzugt, weil sie dramaturgisch als *deus ex machina* eingesetzt werden konnten; bei ihm hießen sie Duarte (*König Hirsch) oder Norand (*Der Rabe).

Die Brüder Grimm haben den Begriff in ihren Märchen nur anfangs verwendet, so wenn sie im *Gestiefelten Kater den Perraultschen »Oger« (*Riese) mit »Zauberer« übersetzten, oder Frau Gothel in *Rapunzel erst zur »Zauberin«, später zur *Hexe erklarten. Sie hielten es sonst mit Umschreibungen wie »Zauberkönig« (*Die beiden Königskinder), »Erzzauberin« (*Jorinde und Joringel), »Hexenmeister« (*Fitchers Vogel), Gaudeifsmeester (*Zauberlehrling). Nach dem Befund Jacob Grimms »wird Zauber vorzugsweise Frauen zugeschrieben«, den Verfolgerinnen bei der »Magischen Flucht« etwa oder den Trollriesinnen, auch mythischen Wesen wie Völva und Walküre.

Im Volksmärchen sind Zauberer ambivalente Gestalten. Sie tendieren eher zum Dämonisch-Abgründigen – ausgeprägt im russischen *Kostschej –, was sich auch in modernen Versionen, etwa in der kanadischen ›Le beau magicien d'Afrique‹ (1954) zeigt. Als »freundlichen Ratgeber des Märchenhelden« (Gertraud Meinel) findet man den Zauberer allerdings weder bei Grimm noch bei Hauff, der die dämonische Zauberkraft Kaschnurs (*Kalif Storch) oder Wetterbocks (*Zwerg Nase) deutlich abwiegelte; um so mehr liebte er wirksame Zauberformeln (»Mutabor«). Erst in der neueren Kinderliteratur ist die Figur vorwiegend positiv aufgeladen, so im Angelsächsischen (*Der Zauberer von Oz, später Tolkiens »Gandalf der Graue« in ›Der Herr der Ringe‹ und im ›Kleinen Hobbit‹), so auch im Deutschen (Otfried Preusslers »Krabat«, eine sorbische Sagenfigur).

Der Zauberer von Oz

Der Zauberer Oz (Oos), der nicht über magische Kräfte verfügt, sondern mittels mechanischer Tricks – und mit gutem Menschenverstand – seine Zaubereien bewerkstelligt, ist eine Erfindung des 20. Jhs. Lyman Frank Barrie hat mit ›The Wonderful Wizard of Oz‹ (1900) das erste moderne amerikanische Märchen verfaßt (vgl. *Rip van Winkle). Sein Erfolg läßt sich nicht nur mit millionenfacher Auflage nachweisen, sondern auch mit den vielen Fortsetzungsbänden: ›The Marvellous Land of Oz‹ (1904), ›Ozmar of Oz‹ (1907), ›Dorothy and the Wizard of Oz‹ (1908) und so fort, ganz abgesehen von dem Triumph des MGM-Farbfilms ›The Wizard of Oz‹ (1939), der die junge Judy Garland weltweit bekannt machte.

Einprägsame Heldin ist die kleine Dorothy, die unversehens ins »Land des Weisen« gewirbelt wird und dort phantastische Abenteuer besteht. Zunächst lebt sie, als Adoptivkind des Farmers Henry und seiner Frau Em, mitten in Kansas. Nur das Hündchen Toto ist bei ihr, als ein Hurrican das Holzhaus auf die Spitze der Windhose hinaufwirbelt und es über Nacht in ein fremdes Land weht. Dorothy sieht sich »Mümmlern« gegenüber, kleinen Leuten mit spitzen blauen Hüten. Die Nordhexe klärt sie über die geographischen Verhältnisse auf: vier von

Wüsten umgebene Reiche, das der blauen Mümmler im Osten, das der braunen Flügelaffen (Winkis) im Westen, das der knallroten Pummel (Dickköpfe) im Süden; befehligt werden sie von vier Hexen, zwei guten und zwei bösen. In der Landesmitte befindet sich die vom Zauberer Oz beherrschte grüne Smaragdstadt; er allein könne ihr zur Heimkehr nach Kansas verhelfen.

Zweierlei bekommt Dorothy auf ihre Reise zu Oz mit: die Silberschuhe der bösen toten Osthexe (das herabfallende Haus hatte sie erschlagen) und einen Kuß der guten Nordhexe, der sich sogleich als Mal auf ihrer Stirn zeigt. Unterwegs hilft sie drei seltsamen Figuren, die sich ihr anschließen. Der Vogelscheuchenmann, den Kopf voller Stroh, möchte vom Zauberer Hirn und Verstand haben; der Blech-Holzfäller hätte von ihm am liebsten ein Herz; und der Löwe wünscht sich statt Herzklopfens endlich mehr Mut. »Brains, heart and courage« werden den Gefährten allerdings schon auf der Reise abverlangt – selbst dem kleinen Toto, der sich im Gegensatz zu den anderen nur auf Hundeart äußern kann. In der Smaragdstadt angekommen, wo schier alles sich grün zeigt, gewährt der Zauberer Dorothy und ihren drei Helfern individuelle Audienzen, jeweils in anderer Gestalt. Jedem verspricht er Wunscherfüllung, und jedem stellt er die gleiche Aufgabe: Töte die Westhexe.

Die aber ist mit Silberpfeife und goldener Kappe versehen. Erst pfeift sie die Wölfe, dann die Krähen, dann die Bienen herbei, doch Dorothys Helfer wehren alle Angriffe ab. Mit der Kappe befiehlt sie ihrem Volk, den Flügelaffen, die Gefährten zu vernichten. Einzig Dorothy bleibt, dank ihres Stirnmals, verschont. Ein Eimer Wasser genügt, die Hexe zu töten und sich in den Besitz der Zauberkappe zu bringen. Dadurch sind die Affen (»Winkis«) gezwungen, ihr dreimal zu Diensten zu sein. Mit den notdürftig reparierten Reisekameraden erscheint sie vor Oz. Seine Gegenleistungen sind nun fällig. Doch der Zauberer decouvriert sich als kleiner alter Glatzkopf und ausgemachter Schwindler, der Erfahrungen aus früheren Jobs – Bauchredner, Tierstimmenimitator, Zirkusartist, Ballonfahrer – dazu benutzt hat, um sich als »Oz, der Große und Schreckliche« aufzuspielen. Dennoch erweist er sich als Wizard, als Weiser: Er bestärkt jeden darin, die eigenen Kräfte zu entfalten. Den Vogelscheuchenmann montiert er neu, gibt ihm »nadelscharfen Verstand« ein und macht ihn zum Statthalter von Oz.

Dem Blech-Holzfäller verpaßt er ein rotseidenes, sägemehlgefülltes Herz, ihn wollen die Winkis als Herrscher. Dem Löwen gibt er Mutwasser zu trinken, damit er den Kampf der Tiere des Waldes gegen die Riesenspinne besteht. Oz selbst will mit Dorothy im selbstgefertigten grünen Ballon nach Kansas reisen, doch der kleine schwarze Toto verhindert dies, und so entschwebt der Zauberer allein. Die Reise des Mädchens durch das Land Oz endet im Süden, bei der strahlend schönen Hexe Glinda. Von ihr erfährt Dorothy endlich das Geheimnis der Silberschuhe, die sie seit Beginn anhat: Es bedarf nur eines dreimaligen Absatzklopfens und der Angabe des Ziels, schon ist sie an jedem gewünschten Ort. So finden sie und Toto nach Kansas zurück.

Das Phantasiereich Oz, vergleichbar dem Niemalsland *Peter Pans, liegt »over the rainbow«, so will es das vom Autor getextete Märchenmusical und sein berühmtester Song. Vorauf gingen Bearbeitungen als Stummfilm, Puppenstück, Hörspiel – bis sich Victor Fleming (Regisseur des Filmklassikers ›Vom Winde verweht‹) des Stoffes annahm; er verband professionellen Verstand und visuelle Phantasie, verlieh dem magischen Potential eine entwaffnende Naivität.

Neben ›Snow White‹ (*Schneewittchen) und ›Cinderella‹ (*Aschenputtel) wurde ›The Wizard of Oz‹ der amerikanische Weihnachts-Hit. Erst aufgrund dieses Films kam eine deutsche Übersetzung heraus (1940), eine weitere – von Sybil Gräfin Schönfeldt – 14 Jahre später. Die Walt Disney-Productions realisierte den Zeichentrickfilm ›Return to Oz‹ (1984), auch er ein großer Erfolg.

Der Zauberer Palermo *Teufelstochter

Der Zauberlehrling

Der jugendliche Held dieses Märchentyps wird von seinem Vater einem Zauberer in die Lehre gegeben. Nach der ironisch-klassischen Version, die Lukian in ›Der Lügenfreund oder Der Ungläubige‹ (um 165) erfand und Goethe durch die Ballade ›Der Zauberlehrling‹ in Schillers Musenalmanach für 1798 weithin bekannt machte, wendet der Lehrling allzu früh seine noch unvollkommenen Zauberkenntnisse an und löst damit beinahe eine Katastrophe aus. Kaum anders ergeht es der Mutter der Heldin, die den magischen Topf nicht zum Einhalten bringen kann, in Grimms Märchen ›Der süße Brei‹ (1815); sie hat die Zauberformel »Töpfchen steh!« vergessen. Das Märchen liebt jedoch die Vorstellung, daß der Gehilfe seinem Meister irgendwann über ist.

Ein Beispiel davon gibt Grimms ›De Gaudeif un sien Meester‹ (1819). Dort sagt der Zauberer dem Vater, er solle übers Jahr wiederkommen; wenn er seinen Sohn (in Tiergestalt) dann noch erkenne, wolle er auf Lehrgeld verzichten; andernfalls verlange er 200 Taler. Der Bursche lernt bei ihm vorzüglich »hexen un gaudeifen«. Dem Vater aber weist ein kleines Männlein, woran er seinen Sohn, »dat Vügelken«, erkennen kann. Er muß also kein Lehrgeld zahlen, im Gegenteil: Der Sohn läßt sich als großen Windhund um 40 Taler verkaufen, dann als schönes Pferd um 100 Taler – und der Gaudeifsmeester kauft es sogar. Leider überläßt der Vater, gegen die Weisung des Sohnes, ihm auch das Zaumzeug. Kaum hat die Magd des Zauberers das Zaumzeug abgestreift, wird das Pferd zum Sperling – und der Hexenmeister, ebenfalls als Sperling, ihm hinterher. Der Meister zieht den kürzeren. Er verwandelt sich in einen Fisch, der andere auch. Dann wird er ein Huhn, aber der andere ein Fuchs, und der beißt dem Meister den Kopf ab.

Barbara Hazens Märchen vom Zauberlehrling (›The Sorcerer's Apprentice‹, 1969) hat Tomi Ungerer mit Zeichnungen versehen (1971). Unter gleichem Namen ließ Walt Disney bereits 1948 Mickey Mouse auftreten. Karel Zeman schuf einen tschechischen Film ›Der Zauberlehrling‹.

Die zertanzten Schuhe

In Kenntnis dieses Märchens gelangten die Brüder Grimm durch Jenny von Droste-Hülshoff, die es ›Die zwölf Prinzessinnen‹ nannte. Eben diesen gehören ›Die zertanzten Schuhe‹ (so der Titel seit dem Erstdruck 1815); ihrem Vater sind sie unerklärlich. Jeden Abend verriegelt der König die Tür ihres Schlafsaals und findet jeden Morgen die Schuhe zertanzt vor. Er verspricht dem, der herausfindet, wo sie in der Nacht tanzen, eine Tochter nach Wahl – und das Königreich später dazu; schafft er dies in drei Tagen nicht, wird er getötet (vgl. *Die Rätselprinzessin).

Ein Königssohn nach dem anderen muß sein Leben lassen. Erst ein armer, dienstuntauglicher Soldat kommt der Sache auf die Spur. Eine alte Frau rät ihm, abends auf den Schlummertrunk zu verzichten, und gibt ihm einen Tarnmantel mit. Angetan mit königlichen Kleidern, nimmt er im Vorzimmer Platz. Er macht die älteste Tochter glauben, daß er den ihm dargebotenen Wein trinkt, und täuscht durch sein Schnarchen die zwölf Schönen. Es kann nun zum Tanze gehn. Nur der jüngsten schwant Unheil. Noch einmal vergewissern sie sich, daß er schläft. Dann klopft die älteste an ihr Bett, da sinkt es in die Erde. Sie steigen eine Treppe hinunter, die älteste voran, und der Soldat mit dem Mäntelchen folgt der jüngsten auf dem Fuß. Diese wird hellhörig: Erst tritt er ihr auf der Treppe ein wenig auf das Kleid, dann bricht er in dem wundersamen Baumgang einen Zweig von Silber, einen von Gold und einen diamantenen ab, jedesmal als Wahrzeichen. Das krachende Geräusch deutet die älteste als Böllerschüsse (»weil wir unsere Prinzen bald erlöst haben«). An einem großen Wasser werden sie von zwölf Prinzen erwartet, jeder auf seinem Schiff. Der Soldat setzt sich zur jüngsten ins Boot. Sie rudern zu dem hellerleuchteten Schloß jenseits des Wassers (Jenseitsreise). Der Soldat mischt sich unter die Tanzenden, trinkt den Prinzessinnen die Gläser leer, bevor sie sie zum Munde führen. Der jüngsten wird angst dabei, doch die älteste beschwichtigt sie. Drei Uhr früh sind alle Schuhe durchgetanzt. Die Prinzen fahren ihre Liebsten zurück; diesmal setzt sich der Soldat zu der ältesten. Er läuft voraus, legt sich ins Bett und schnarcht den zwölfen was vor.

Am andern Morgen verliert der Soldat kein Wort darüber. Die zweite und dritte Nacht begleitet er die Tänzerinnen wieder. Das dritte Mal läßt er einen Becher mitgehen. Diesen und die drei anderen Wahrzeichen weist er dem König vor, zum Beweis, daß seine zwölf Töchter ihre Schuhe in einem unterirdischen Schloß mit zwölf Prinzen vertanzt haben. Er darf nun wählen und nimmt die älteste Prinzessin zur Frau – er sei selbst nicht mehr jung. Die Prinzen aber bleiben verwunschen: für so viel Tage, wie sie Nächte mit den zwölfen getanzt haben.

Dieses Märchen kennt man besonders in Nord- und Südosteuropa. Auf den Orkney-Inseln ist eine weibliche Variante beliebt, die von *Katrin Knack-die-Nuß, die einem kranken Prinzen auf der nächtlichen Unterwelt-Reise folgt und ihn nach der dritten Nacht zum Mann gewinnt.

Zeichnerisch bevorzugt waren seit je die Treppe nach unten, der Gang durch die Metallwälder, die Ruderfahrt zum nächtlichen Schloß (z.B. H. J. Ford, 1890; Arthur Rackham, 1900;

Errol Le Cain, 1978). – Ein DDR-Fernsehfilm (1977) stutzte das Personal auf sieben Prinzessinen und sechs prinzliche Liebhaber; siebter wurde der Soldat, der vorübergehend seine Tarnkappe verloren hatte und ebenfalls in der dritten Nacht zum Zuge kam.

Die zwei Brüder

Das Zweibrüdermärchen ist eines der ältesten überhaupt, wie sich am ägyptischen *Brüdermärchen ablesen läßt. Es wird auf allen Kontinenten erzählt; etwa 770 Varianten waren bereits 1930 bekannt (vgl. *Die drei Hunde, *Silberweiß und Lillwakker). Die Grimms bauten ihr Märchen ›Die zwei Brüder‹ (1819) aus nicht weniger als sieben Fassungen zusammen, einer paderbornischen und sechs hessischen.

Die Helden, Zwillingssöhne eines armen Besenbinders, ähneln sich »wie ein Tropfen Wasser dem andern«. Ihr Vater stößt im Wald auf einen goldenen Vogel, gewinnt ihm eine Feder ab und bringt sie seinem Bruder, einem Goldschmied. Der gibt ihm viel Gold dafür, und später, als er ihm ein Ei und schließlich den Goldvogel selbst bringt, noch viel mehr. Dem Goldschmied ist das Geheimnis des *Wundervogels bekannt, daher läßt er ihn sich braten. Doch Herz und Leber, auf die es ankommt, essen die kleinen hungrigen Zwillinge. Von Stund an finden sie jeden Morgen unter ihren Kopfkissen zwei Goldstücke vor. Der neidische, hartherzige Goldschmied will sich rächen und veranlaßt den Bruder (»deine Kinder sind mit dem Bösen im Spiel, nimm das Gold nicht«), die Zwillinge im Wald auszusetzen. Ein kinderloser Jäger nimmt sie bei sich auf; die allmorgendlichen Goldstücke verwahrt er ihnen.

Als sie herangewachsen sind und bei ihrem Pflegevater die Schützenprobe abgelegt haben, ziehen sie in die Welt hinaus. Jeder bekommt ein Gewehr mit, einen Hund und von seinem Gold, soviel er will. Ein blankes Messer soll ihnen als Lebenszeichen dienen. Zunächst jagen sie gemeinsam. Zum Dank, daß sie die wilden Tiere – Hase, Fuchs, Wolf, Bär und Löwe – verschont haben, werden ihnen jeweils zwei Junge zuteil. Da sie zusammen keine Arbeit finden, teilen sie die Tiere untereinander auf und trennen sich. Das Messer stoßen sie am Scheideweg in einen Baum. Der Jüngere kommt in eine schwarzverhangene Stadt und erfährt von seinem Wirt, welches Unglück sie befallen hat: Jedes Jahr fordere der Drache ein

Mädchenopfer, und diesmal sei als letzte die Königstochter an der Reihe; der König habe dem, der den Drachen besiege, seine Tochter und auch sein Erbe versprochen.

Am andern Morgen besteigt der Jüngling den Drachenberg, trinkt im Kirchlein dort die bereitstehenden drei Becher mit dem Krafttrunk und ergreift das Schwert aus der Erde. Die Jungfrau kommt zunächst mit Geleit, sieht den Jäger, hält ihn erst für den Drachen. Er verspricht sie zu retten und verbirgt sie in der Kirche. Als der siebenköpfige feuerschnaubende Drache naht, schlägt er ihm im Bodenkampf drei Köpfe ab, beim Angriff aus der Luft nochmals drei, und mit letzter Kraft auch den Schweif. Seine fünf Tierhelfer besorgen den Rest. Die erlöste Königstochter erblickt in ihm schon den »liebsten Gemahl«. Sie verteilt ihre Korallenkette unter die Tiere, gibt dem *Löwen das goldene Schlößchen und dem Jäger ihr Taschentuch. Der wickelt die sieben ausgeschnittenen Drachenzungen darein. Erschöpft legen sich beide auf die Erde schlafen. Auch die Tiere, die Wache halten sollen, werden der Reihe nach müde und schlafen ein.

Damit gewinnt der bisher abseits gestandene Marschall des Königs freie Bahn. Mit seinem Schwert köpft er den Jäger, greift sich die Jungfrau und droht, sie zu töten, falls sie ihn nicht als *Drachentöter ausgäbe. Auf solche Weise erpreßt, bestätigt sie dem König zwar seine Befreiungstat (»es muß wohl wahr sein«), bedingt sich aber für die Hochzeit ein Jahr Aufschub aus. Inzwischen sind die Tiere erwacht. Der Hase (als letzter Wächter) und der Löwe (als erster) werden aktiv: Der Hase schafft die Zauberwurzel herbei, der Löwe setzt dem Jäger den Kopf wieder an (anfangs allerdings verkehrt herum), und mit der Wurzel im Mund wird der Tote wieder lebendig.

Der Jäger fühlt sich von der Jungfrau im Stich gelassen, zieht in der Welt umher, kommt genau nach einem Jahr wieder in die Stadt, findet sie mit rotem Scharlach ausgehängt. Von seinem Wirt hört er, der Marschall habe den Drachen getötet, morgen soll die Hochzeit sein. Da wettet er mit ihm, er werde an der Königstafel teilhaben, und schickt nacheinander seine Tiere aus. Gleich den Hasen erkennt die Königstochter am Halsband und gibt ihm Brot mit – den anderen Braten, Zugemüs, Zuckerwerk. Der Löwe kommt als letzter, ihn erkennt sie am Halsbandschloß und achtet darauf, daß er vom Mundschenk den richtigen Wein bekommt. Jetzt, spricht der Jäger zum Wirt, will ich die Königstochter heiraten. Während er sein Wort verwettet und dabei das Siebenzungentuch hervorzieht, fragt der König seine Tochter, was die wilden Tiere gewollt haben, und läßt sich von ihr überreden, nach dem Fremden zu schikken. Er weist ihm den Platz zwischen sich und der Tochter zu, der Marschall sitzt als Bräutigam auf der anderen Seite. Die Drachenhäupter werden aufgetragen. Nach ihren Zungen befragt, bestreitet der Marschall, daß Drachen solche überhaupt hätten, doch der Jäger stellt ihn als Betrüger bloß, auch anhand der Halsbänder und dank der von ihrem Eid entbundenen Zeugin (»Drachenzungen sind das Wahrzeichen des Siegers«). Der andere wird von den Ratsherren sogleich zum Tode verurteilt und dem Jäger die Königstochter zugesprochen; auch wird er zum Statthalter des Reiches ernannt.

Eines Tages jagt der junge König in einem nicht geheuren Wald, stellt einer weißen Hirschkuh nach und gerät immer tiefer hinein. Als er nachts unter einem Baum Feuer macht und sich betten will, sieht er in der Höhe ein altes Weib sitzen. Sie behauptet zu frieren und sich seiner Tiere wegen nicht ans Feuer zu trauen. Er folgt ihrer Aufforderung, mit dem Rütlein, das sie herabwirft, den Tieren auf den Rücken zu schlagen – worauf sich alle in Stein verwandeln. Nun fällt es der Hexe nicht schwer, auch ihn mit einer Rute anzurühren und zu versteinern.

Sein Zwillingsbruder findet an der Wegscheide das Messer halb verrostet vor, für ihn das Signal, dem anderen geht es schlecht. Er zieht ihm nach, kommt in dieselbe Stadt. Von der Torwache und auch von der jungen Königin wird er für ihren König und Gemahl gehalten. Er geht mit ihr zu Bett, legt aber zwischen sich und sie ein zweischneidiges Schwert; sie wagt nicht, nach dem Grund zu fragen. Als er in den Zauberwald kommt, ergeht es ihm ebenso wie dem Bruder – doch bleibt er auf der Hut, als die Hexe ihm mit der Rute kommt (»meine Tiere schlag ich nicht«). Er will sie vom Baum herunterschießen. Mit all seinen Bleikugeln gelingt es ihm nicht, wohl aber, als er drei silberne Knöpfe von seinem Rock nimmt. Er zwingt sie, all die Versteinerten wieder lebendig zu machen. Die Freude der Zwillingsbrüder ist groß. Gemeinsam legen sie die Hexe ins Feuer. Kaum ist sie verbrannt, wird auch der Wald licht und hell. Auf dem Weg zum Schloß erzählen sie sich ihre Schicksale. Als der eine sorglos von der Verwechslung redet (»ich mußte an ihrer Seite essen und in deinem Bett schlafen«), da übermannt es den anderen, er zieht das Schwert und schlägt seinem Bruder den Kopf ab, bereut es aber gleich. Wieder muß der Hase einspringen und die Lebenswurzel (woanders »das Wasser des Lebens«) bringen. Erneut beisammen, machen sich die zum Verwechseln ähnlichen Brüder einen Spaß: Sie ziehen durch entgegengesetzte Tore in die Stadt ein und erreichen gleichzeitig den Königshof. Der König kann sie nicht unterscheiden, seine Tochter ebenfalls nicht. Doch sie findet am Löwen des einen ihr goldenes Schlößchen und weiß: Wem das Tier folgt, der ist ihr Gemahl. Abends getraut sie sich, ihn nach dem zweischneidigen Schwert zu fragen. Da erkennt ihr Mann die Treue seines Bruders, und alles wird gut.

Wilhelm Grimm hat vor allem die Tierhelfer-Episoden virtuos eingesetzt und das motivreiche Märchen literarisch so ausgefeilt, wie es ihm seiner überragenden Bedeutung angemessen erschien. Das einleitende Motiv des goldenen Vogels ist allerdings einem anderen Typus entlehnt. In der »Normalform« (nachweisbar seit dem 14. Jh.) werden vor allem die magische Herkunft der Brüder und ihre Zaubergaben herausgestellt; die Empfängnis geschieht durch das Verspeisen eines Goldfischs (bzw. des Königs der Fische) – so wie es die Grimms im Märchen ›Die Goldkinder‹ (1812) erzählen, dort freilich ohne Verbindung mit dem *Drachentöter-Motiv und den Tierhelfern. In den meisten Varianten des Brüdermärchens gerät der Bruder, der in die Fremde zieht, in Schwierigkeiten und wird von dem Bruder, der zu Hause bleibt (oder über dessen Fahrten nur kursorisch berichtet wird), gerettet. Bruno Bettelheim betonte die in beiden Gestalten symbolisierten »entgegengesetzten Aspekte unserer Natur, die uns zu widersprüchlichem Handeln zwingen« (1976).

Als Lubok (farbiger Bilderbogen) war ›Dva brata‹ schon im Rußland der Jahrhundertwende populär. Max Slevogt hat einen noblen Pressendruck mit 29 Lithographien ausgestattet (1927). Karel Jaromír Erbens ›Die Zwillingsbrüder‹ gab die Vorlage ab für einen tschechischen Film (1982): Beide Brüder ereilt das gleiche Schicksal, doch dem dritten, gewarnt durch das halbverrostete Schwert, gelingt es, die anderen zu erlösen. Sie erhalten die »Felsprinzessinnen«, während Prinz Jaromír – der Held – sich eine Frau aus dem Volke sucht (›Der dritte Prinz‹, 1982).

Zwerg

Zwerge heißen in Grimms Märchen auch graue Männlein (*Die goldene Gans), klein Männken, Erdmänneken, Haulemänner (›Die drei Männlein im Walde‹). Am bekanntesten sind die sieben erzschürfenden Zwerge aus *Schneewittchen, deren Haus auch als Jenseitshöhle gelesen werden kann (vgl. die *Sieben Raben im Glasberg), dann der Kobold *Rumpelstilzchen und der boshafte Zwerg in *Schneeweißchen und Rosenrot, ein ausgemachter Schatzräuber.

Der Sage nach (vgl.*Die Wichtelmänner) sind Zwerge als Erdgeister vorwiegend die Bewacher unterirdischer Schätze, sind Schatzheber, Schatzschenker, kunstfertige Schmiede. Sie sind als Hausgeister übermütige Kobolde, Kindsvertauscher, Wechselbalgunterschieber, bedenkenlose Ausleiher; und andererseits im Haus sehr hilfreiche Wesen, die sich aufs Kochen, Backen und Brauen verstehen. Sie rächen sich an Beleidigern und bestrafen die Hartherzigen. Außerdem sind sie Zukunftswisser, Heiler – und oftmals von ihrem Haus Vertriebene.

In Grimms Märchen überwiegt ihre hilfreiche Funktion. Freilich erwarten sie, daß man sich zuvorkommend erweist und auch ihnen hilft (so die Zwerge in bezug auf Schneewittchen). Wenn den kranken *König nur noch »das Wasser des Lebens« retten kann, weisen sie dem Helden den Zugang; wird der alte König aber maßlos, strafen sie ihn mit dem Tod – wie der keulenschwingende Schabbar in 1001 Nacht (*Prinz Ahmed). Daß, wie in altnordischen Sagas, der Held bei ihnen in die Lehre geht – wie Sigurd bei Regin –, kommt in Märchen allenfalls bei *Riesen vor. Solch kunstvolle Schmiede wie die Schwarzalben Sindri und Brook, die Thors Hammer zustande brachten, findet man hier nicht mehr. Auch der Alvíss der Liederedda, ein zwerghafter *Troll, hat Nachhelden nur im Bereich des Märchenschwanks gefunden (*Doktor Allwissend).

Dem Namen nach sind Zwerge (althochdeutsch gitwerg, altnordisch dvergr) entweder mißgestalte Wesen – klein, häßlich, alt und grau, verwachsen, bucklicht, vogelfüßig – oder »Trugwesen«; von daher auch die Nebelkappe, die sie unsichtbar macht.

Der älteste europäische Märchenzwerg ist *Tom Thumb, er diente schon König Arthur. Auch *Der gelbe Zwerg aus den

›Contes de fées‹ ist bereits seit 300 Jahren bekannt. Es hat nicht an Versuchen gefehlt, die »Sieben Zwerge« für noch älter zu erklären; immerhin bezeugt eine Zwergenstatuette mit Kapuze und Bergmannslampe (Thermen-Museum, Rom) die schon im Hellenismus verbreitete Sitte, Kinder in Bergwerken zu beschäftigen. Eine Kapuzengestalt eigener Prägung ist das *Sandmännchen, eine Art abgesunkener Schlafgott.

Zwerg Nase

In dem gleichen Hauffschen Märchenalmanach, in dem Wilhelm Grimm den *Meister Pfriem bekanntmachte, gab Wilhelm Hauff selbst die Geschichte einer Verwandlung zum besten: ›Der Zwerg Nase‹ (1827).

Jakob, Sohn eines Schusters und einer Gemüsehändlerin, »angenehm von Gesicht, wohlgestaltet und für das Alter von zwölf Jahren schon ziemlich groß«, geht seiner Mutter Hanne bereitwillig zur Hand. Er weist eine Alte mit langer Nase und Spinnenfingern zurecht, die auf ihrem Marktstand die Kräutlein beschnüffelt, die Kohlköpfe zusammendrückt (später stellt sie sich als die böse Fee Kräuterweis heraus). Er muß ihr die sechs abgekauften Kohlhäupter in das weit abgelegene Haus tragen – außen klein und baufällig, innen von luxuriösester Ausstattung. Die Dienerschaft besteht aus Meerschweinchen und Eichhörnchen, aufrecht im Gang und mit menschlichen Kleidern. Die Kohlköpfe im Korb erweisen sich als Menschenköpfe. Zum Lohn für seine Mühe erhält Jakob eine köstlich würzige Suppe, danach fällt er in Schlaf. Ihm träumt, er sei mit einem Eichhörnchenbalg umhüllt und hätte wie die anderen Dienst bei der alten Frau: erst zu groberen, dann zu feineren Geschäften (wie Sonnenstäubchen fangen) gebraucht, nach einem weiteren Jahr zum Diener avanciert, im nächsten Jahr zum inneren Dienst bestellt, im vierten Jahr in die Küche versetzt und nach sieben Jahren ausgedient: ein perfekter Koch, vertraut mit allen Essenzen und Kräutern auf Erden.

Als Jakob erwacht, stößt er überall mit der Nase an. Er hört die Leute sagen, was für ein häßlicher Zwerg er sei – »Ei, was hat er doch für eine lange Nase, und wie ihm der Kopf in den Schultern steckt, und die braunen, häßlichen Hände!« Die verhärmte Mutter am Marktstand weist ihn zurück, und der Vater im Schusterladen macht ihm klar, sieben Jahre sei es her, da sei sein bildhübscher Junge vom Markt weg gestohlen worden. Im Spiegel des Barbiers erkennt Jakob das ganze Ausmaß seiner Häßlichkeit: kleine Schweinsaugen, die Nase über Mund und Kinn herunterhängend, der Wuchs der eines Zwölfjährigen, ausgewachsen nur in die Breite; der dicke Oberleib auf kleinen schwachen Beinchen, um so größer jedoch die langen, baumelnden Arme. Der Barbier will ihn als kurioses Aushängeschild für seinen Laden, die Eltern jagen ihn mit Schimpf und Schlägen davon.

Mit einem Mal besinnt sich Jakob auf seine Künste als Koch. Er verdingt sich beim Herzog des Landes, einem großen Gourmet, und besteht den Küchentest glänzend: Selbst dem Oberküchenmeister war das Kräutlein Magentrost als Zutat zu roten Hamburger Klößchen nicht geläufig. Der Zwerg bezieht nun jährlich 50 Dukaten, ein Festkleid und zwei Paar Beinkleider. Er wird zum Wunder der Stadt. Zwei Jahre geht das so, da trifft er auf dem Markt eine sprechende Gans an, mit schönen, klugen Augen: Mimi, die Tochter des großen Zauberers Wetterbock, leider selbst verzaubert von einer alten Fee, die mit ihrem Vater in Streit geraten. Zwerg Nase bewahrt sie davor, geschlachtet zu werden, und sie hilft ihm, dem fremden Fürsten, Gast seines Herrn, die Pastete Souzeraine (»die Königin der Speisen«) zuzubereiten. Als jener das Kraut Niesmitlust daran vermißt und sein Herr ihn zu köpfen droht, weiß die Gans Mimi Rat. An Neumond, am Fuß einer alten Kastanie pflückt sie ihm das Kräutlein, und der süße Duft erinnert ihn an die Szene seiner Verwandlung. Zugleich erkennt er die Chance seiner Entzauberung, nimmt auf ihr Anraten eine Handvoll mit. Ins Kämmerlein zurückgekehrt, steckt er seine Nase tief in die Kräuter und wird wieder zu Jakob. Er bringt die Gans zu ihrem Vater, damit der sie entzaubere. (Mit der Liebe ist nichts. Jakob trägt seine Dankesschuld ab und entledigt sich damit Mimis ein für allemal.) Von Wetterbocks Geschenken kauft er sich einen Laden, wird reich und glücklich.

Die Schlüsselszene, Übergabe des Zauberkrautes durch die verzauberte Gans an den Zwerg, hat bereits D. Fohrs Kupfer in der Erstauflage festgehalten. Es folgten Illustrationen u. a. von Johann Baptist Sonderland (Kochschule im Haus der Hexe, 1842), Theodor Hosemann (1871), Alfred Kubin (1911) und Rolf Winkler (1916). Einzelausgaben bebilderten Walter Tiemann (1901), Fritz Kredel (1939) und Lisbeth Zwerger (1993). Den Stoff vertonte F. Furrer (1951). Ein Puppentrickfilm

›Zwerg Nase‹ wurde von der Defa gestaltet (1985); daß die gekauften Kohlköpfe im Korb der bösen Fee zu Menschenköpfen werden, hat man dort freilich gestrichen.

Die zwölf Brüder

Das »aus Zwehrn« übermittelte und von Jacob Grimm aufgezeichnete Märchen (1812) handelt von Brüdern, die in Tiergestalt verwandelt wurden, und von ihrer Erlösung durch die junge, einzige Schwester – wie es auch *Die sechs Schwäne und *Die sieben Raben thematisieren. Doch von Ursprung und Aufhebung der Verwünschung wird jeweils anders erzählt. Hier ist es der Vater, der die Vertreibung aus dem Elternhaus erzwingt: nicht durch ein unbedachtes Wort, wie bei den sieben Raben, sondern durch kompromißlose Haltung. Wenn das 13. Kind ein Mädchen wird, sagt der König zur Königin, laß ich die zwölf Buben töten.

Die Ablösung der Brüder vom Elternhaus vollzieht sich in Etappen. Unter dem Eindruck der väterlichen Morddrohung ziehen sie sich in den nahen Wald zurück, von wo sie den Schloßturm im Auge behalten: Je nach dem Fahnenzeichen ihrer Mutter, das die Geburt eines Jungen oder eines Mädchens nach der Geburt signalisieren wird, wollen sie zurückkehren oder endgültig fliehen. Die rote Blutfahne zeigt ihnen ein Mädchen an – es geht also um ihr Leben. Sie ziehen sich nun in den tiefsten Wald zurück; fortan bedrohen sie jedes Mädchen mit dem Tode.

Die kargere ursprüngliche Fassung, vermutlich die der Dorothea Viehmann, erzählt vieles anders als Wilhelm Grimm in seiner umgearbeiteten und erweiterten Version (1819) oder in der nochmals überarbeiteten Fassung letzter Hand. So kommt in der Erstfassung tatsächlich kein Mädchen, das den jagenden Brüdern im Wald begegnet, mit dem Leben davon, während Wilhelm Grimm daraus eine bloße Absichtserklärung macht (»wo wir ein Mädchen finden, soll sein rotes Blut fließen«). Er will das Märchen poetischer und psychologisch verständlicher machen. So sind ihm auch zwölf Särge eingefallen, die der Vater in verschlossener Stube schon bereitstellen läßt, und dessen Beweggrund für das mörderische Vorhaben: damit das Mädchen alles allein erben kann. Grimm schafft auch eine besondere Nähe der Königin-Mutter zum jüngsten Bruder, der bei ihm »Benjamin« heißt.

Als die Schwester zehn Jahre alt ist, löst sie sich von zu Hause und geht ihren Brüdern nach. In der Erstversion erfährt sie durch die Wäscherin der zwölf mittelgroßen Hemden, daß sie überhaupt Brüder gehabt hat; sie sinnt nach, nimmt die Hemden dann mit. In der Zweitversion gibt ihr die Mutter Bescheid und zeigt ihr zudem (wie schon ihrem Benjamin) die zwölf Särge. So fühlt auch sie sich der trauernden Mutter nahe (»weine nicht, ich will gehen und meine Brüder suchen«).

Als die Schwester zur Behausung der Brüder kommt (in der Erstversion eine Höhle, in der zweiten ein »verwünschtes Häuschen«), trifft sie nur den jüngsten an. Viehmann zufolge will er sie erst töten, doch da sie den Haushalt zu führen verspricht, läßt er ihr das Leben. Auch die Brüder sehen darin Vorteile, zumal sie nun alle zwölf auf die Jagd gehen können. – In der literarisierten Fassung tritt sie, an den Kleidern wie am goldenen Stirnmal als *Prinzessin kenntlich, herein und erzählt von sich und der Suche nach ihren Brüdern. Benjamin versteckt sie, eingedenk ihrer aller Tötungsabsicht, unter einer Bütte. Als die Brüder kommen, nimmt er ihnen zunächst das Versprechen ab, das »erste Mädchen« zu verschonen; dann weist er ihnen die Schwester vor, und es herrscht allgemeine Freude. Sie hilft Benjamin bei der häuslichen Arbeit, indes die elf Brüder jagen gehen.

Eines Tages, als die Schwester zwölf Lilien beziehungsweise Studentenblumen abpflückt (der Erstversion nach auf einer Waldlichtung, nach der zweiten im nahen Gärtchen, um damit den tafelnden Brüdern eine Freude zu machen), bewirkt sie deren Verzauberung in Raben. Eine alte Frau bedeutet ihr, es gäbe nur ein Mittel, die zwölf zu erlösen: wenn sie zwölf volle Jahre (so in der Erstversion; in der späteren: sieben Jahre) stumm bliebe – und nicht lache, fügt Wilhelm Grimm dazu. Ein einziges Wort in dieser Zeit würde die Raben töten. Da setzt sich die Schwester auf einen hohen Baum und spinnt. Nach geraumer Zeit kommt ein jagender König vorbei, sein Hund schlägt an, er sieht die Schöne oben im Baum (in der Zweitversion: mit allen Insignien einer Königstochter) und ruft ihr zu, ob sie seine Gemahlin werden wolle. Sie nickt. Er setzt sie auf sein Pferd, führt sie heim, hält mit ihr Hochzeit. Ein paar Jahre leben sie vergnügt miteinander, dann beginnt die Mutter des Königs, die junge stumme Königin anzuschwärzen. Sie sei ein gemeines Bettelmädchen, das heimlich Schändliches (gottlose Streiche) treibe, sagt sie zu ihrem Sohn. Bei Wilhelm Grimm setzt sie noch eins drauf: »Wer nicht lacht, der hat ein böses Gewissen.« Unter dem anhaltenden Druck der Alten, dem die stumme Königin nichts entgegensetzen kann, wird der König dazu gebracht, sie zum Feuertod zu verurteilen. Doch als die Flammen schon an ihren Kleidern züngeln, ist die Frist, die ihr gesetzt war, soeben verflossen. Die Raben schwirren herbei, und kaum berühren sie die Erde, sind es ihre zwölf Brüder, die das Feuer auseinanderreißen und sie befreien. Die böse »Stiefmutter« aber (gemeint ist wohl Schwiegermutter) stirbt den Hexentod: Man steckt sie in ein Faß, das mit siedendem Öl und (man staune) giftigen Schlangen angefüllt ist.

Das Märchen läßt einige Fragen offen. Wer ist der hartnäckige Verfolger der Brüder, wenn nicht ihr Vater? Was hat es mit den Lilien auf sich? Wofür spinnt ihre Schwester? In anderen Märchen dieses Typs, wie dem polnischen ›Von den zwölf Prinzen, die in Adler verwandelt wurden‹ (1862), ist es in der Tat eine *Stiefmutter und arge Zauberin, welche die Verwünschung bewirkt, und sie ist es auch, die am Ende den Tod findet: In einen Basilisk sich verwandelnd, wird sie/er mit der eigenen Waffe, den todbringenden Augen, geschlagen. – Zum Grimmschen Märchen hat der »Malerbruder« Ludwig Emil Grimm ein eigenartiges Blatt skizziert. Es zeigt die Schwester, wie sie die letzte Lilie abpflückt, über sich die Umrisse einer delphinschwänzigen, im Flug dahinschwebenden Hexe – das personifizierte Unheil.

Die zwölf Jäger

Zuerst nannten die Brüder Grimm das hessische Märchen, das sie von Jeanette Hassenpflug gehört hatten, ›Der König mit dem Löwen‹ (1812). In der folgenden Ausgabe (1819) veränderten sie den Titel und den Erzählton. Das Motiv der verlassenen Braut, wie es hier durchgespielt wird, mischt sich mit dem von der vergessenen Braut (*Die beiden Königskinder, *Das singende springende Löweneckerchen, *Der Trommler).

Ein Königssohn, der bei seiner Braut (auch sie aus königlichem Hause) sitzt, wird zu seinem sterbenden Vater gerufen. Er gibt ihr einen Ring (in der Erstfassung noch sein Bild dazu) und verspricht, sobald er König sei, sie zu sich zu holen. Doch der Vater erlegt ihm auf, eine andere, von ihm bestimmte Königstochter zu heiraten, und aus Liebe zu ihm willigt er ein.

Nach dem Tod des Vaters legt er die gebührende Trauerzeit ein, läßt dann um die Vorbestimmte werben und erhält ihre Zusage. Die erste Braut vergeht fast vor Gram, ihr Vater will sie trösten und ihr jeden Wunsch erfüllen. Da bittet sie sich elf Jungfrauen aus, die ihr völlig gleichen. Als diese gefunden, kleiden sich alle zwölf als Jäger an und lassen sich von dem jungen König, ehemals ihr Bräutigam, in Dienst nehmen. Der Löwe des Königs, dem nichts bei Hofe verborgen bleibt, sagt ihm, daß die Jäger lauter Mädchen sind. Der König will es nicht glauben. Sie stellen die Jäger auf die Probe, erst, indem sie Erbsen ins Vorzimmer streuen, dann, indem sie zwölf Spinnräder aufstellen. Beide Male verrät ein Diener das Vorhaben, und so treten die Jäger mit den Schuhen besonders fest auf, würdigen die Spinnräder keines Blickes. Beide Male sagt der König zum Löwen: »Du hast mich belogen«, und der erwidert: »Sie habens gewußt.« Der König will ihm nichts mehr glauben.

Er hält sich lieber an seine Jäger, sie werden ihm bei der Jagd immer unentbehrlicher. Als es einmal heißt, seine Braut rücke an, fällt die rechte Braut in Ohnmacht. Der König eilt »seinem lieben Jäger« zur Hilfe, zieht ihm den Handschuh aus und erblickt den Ring. (In der Erstfassung sieht er überdies, als er den Hals freilegt, sein Bildnis.) Ihr ins Gesicht schauend, erkennt er sie. Die andere Braut wird mit dem Hinweis zurückgeschickt, er habe schon eine Gemahlin, und wer einen alten Schlüssel wiedergefunden, brauche den neuen nicht. (Schlüsselgleichnis, vgl. *Der König vom goldenen Berg, *Siebenschön.) Sie feiern Hochzeit, und der Löwe kommt wieder in Gnade.

Der Löwe, auch sonst häufig treuer Gefährte (*Der Königssohn, der sich vor nichts fürchtet), Helfertier (*Zwei Brüder), verwünschter Prinz (*Das singende springende Löweneckerchen), ist die interessanteste Figur dieses Märchens. Aus dem klugen Wesir der Erstfassung (»er wußte alles, was heimlich am Hofe geschah«) machte Wilhelm Grimm in der Zweitfassung eine Art Dämon (»das war ein wunderliches Tier, denn er wußte alles Verborgene und Heimliche«). Diese dämonische Qualität gab auch eine Zeichnung Maurice Sendaks wieder (1973), die den Löwen zum beherrschenden Wesen werden ließ.

Quellenhinweis

Ein Märchenlexikon wie das vorliegende speist sich aus vielen Quellen, die im einzelnen zu belegen das Who's who allzusehr befrachten würde. Um so notwendiger erscheint es, die Bücher zu benennen und zu kennzeichnen, denen der Verfasser das meiste verdankt; in ihrer Mehrzahl sind sie mit einem philologischen Apparat versehen, dem sich weiteres entnehmen läßt.

Ein fast unausschöpflicher Lesequell sind die rund 150 Bände der Reihe ›Die Märchen der Weltliteratur‹, die der Jenaer Verleger Eugen Diederichs 1912 begründet hat. Sie beleuchten die Erzähltradition einzelner Völker, von den Mythen der Frühzeit bis zu den in Feldforschung gewonnenen Texten unserer Tage. Mythen, so zeigt sich immer wieder, spielen in die Märchen hinein, und bedenkenswert bleibt, was Elias Canetti dazu notierte: »Es bedrückt mich, daß Mythen bombastisch Mythen und Märchen infantil Märchen heißen. Man müßte den Mut haben, für diese wunderbaren Dinge andere Namen zu erfinden.«

I. Nachschlagewerke

Enzyklopädie des Märchens. Handwörterbuch zur historischen und vergleichenden Erzählforschung. Herausgegeben von Kurt Ranke, ab Band 5 herausgegeben von Rolf Wilhelm Brednich. Berlin u. New York 1977 ff. (bisher bis Bd. 8, Lfg. 1: Klerus – Korea erschienen). Das international umfassendste, leider erst halbfertige Märchenhandbuch, an dem fast alle namhaften Märchenforscher im deutschsprachigen Raum mitwirken. Einzelmärchen werden im Rahmen des Märchentypus (nach der Klassifikation Aarne-Thompson) behandelt; Allerleirauh und Aschenputtel finden sich z. B. unter Cinderella, Blaubart unter Mädchenräuber, Die Bremer Stadtmusikanten unter Tiere auf Wanderschaft, Dornröschen unter Schlafende Schönheit, etc. Daraus folgt, daß die Märchen typologisch, strukturell und erzählgeschichtlich breit erfaßt werden, weniger in ihrer individuellen Entstehungs- und Wirkungsgeschichte (Illustrierung, Dramatisierung, Vertonung, Verfilmung etc.). Dennoch ergiebige Einzelartikel: ›Aladdin‹, ›Ali Baba und die vierzig Räuber‹, ›Alice im Wunderland‹ u. a.

Johannes Bolte und Georg Polívka, Anmerkungen zu den Kinder- und Hausmärchen der Brüder Grimm. Bd. I-V. Leipzig 1913–1932. Neudruck Hildesheim 1963.
Der für die Grimm-Forschung und die Komparatistik unentbehrliche Bolte-Polívka, erwachsen aus dem früheren Kommentarband der Brüder Grimm (3. Auflage 1856). Gibt in Bd. I–III zu jeder Num-

mer der Grimmschen Sammlung ein ausgiebiges Variantenverzeichnis (Stand 1912/17). Die Wirkungsgeschichte einzelner Grimmscher Märchen behandelt das Kapitel ›Einwirkung auf Kunst und Dichtung‹ in Bd. IV (bis 1927). Nützlich auch das abschließende Sachregister in Bd. V.

Walter Scherf, Lexikon der Zaubermärchen. Stuttgart 1982. Neuausgabe in zwei Bänden, München 1995, u. d. T. ›Das Märchenlexikon‹.
Die bisherige Ausgabe gibt anhand von rund 120 allgemein bekannten Leitfassungen eine typologische Übersicht des europäischen Zaubermärchens (nach dem Typensystem Aarne-Thompson die Nummern 300–749). Bezieht auch exemplarische Märchen aus den Sammlungen Perrault, Madame d'Aulnoy und Afanasjew mit ein, dazu die Andersen-Märchen ›Das Feuerzeug‹ und ›Der Reisekamerad‹. Schwankmärchen wie ›Hans im Glück‹ oder ›Das tapfere Schneiderlein‹ bleiben, klassifikatorisch konsequent, unberücksichtigt. Ausgiebig die Textgeschichte, die Textvergleiche, die erzählpsychologische Kommentierung; sparsame Angaben zur Illustrationsgeschichte. Hilfreiches Motivregister.

Kindlers Neues Literatur Lexikon. Herausgegeben von Walter Jens. Bd. 1-20. München 1988–92.
Berücksichtigt anonyme Märchenromane wie ›Fortunatus‹, ›Melusine‹, ›Sindbad-name‹, Dichtermärchen wie ›Gockel, Hinkel und Gackeleia‹, ›Peter Schlemihl‹, ›Rip van Winkle‹, ›Undine‹, auch Hauffs Märchenalmanache, Märchenspiele à la Gozzi (König Hirsch, Die Schlangenfrau, Turandot), Märchendramen von Maurice Maeterlinck (Prinzessin Maleine) und A. N. Ostrowskij (Snegurotschka), moderne Helden wie Alice im Wunderland, Peter Pan, Pinocchio. – Andersen wird nur kursorisch behandelt, Märchenlibretti und Filmdrehbücher (z. B. Jean Cocteau, ›La belle et la bête‹, Fokines ›Der Feuervogel‹) fehlen.

Lexikon der Kinder- und Jugendliteratur. Herausgegeben von Klaus Doderer. Bd. 1–3 und Ergänzungsband. Weinheim und Basel 1975–82.
Gibt Personen- und Sachartikel in einem Alphabet. Für die Märchengeschichte viele nützliche Angaben zu Autoren, Herausgebern, ältesten und jüngsten Illustratoren, Auflagen, Verlagen. Gute Übersicht bietet Max Lüthis Artikel ›Märchenfiguren‹. Eigene Artikel zu Kinderfilm, Märchenerzählern, Prinz und Prinzessin, Teufel, Zauberer.

II. Textausgaben

Brüder Grimm, Kinder- und Hausmärchen. In erster Linie empfehlen sich die textgenauen Ausgaben des Herausgebers Heinz Rölleke, zumal sie den Veränderungen von der ersten Niederschrift (Ölenberger Handschrift, 1810) bis zur Ausgabe letzter Hand (1857) nachgehen.

Es sind die folgenden Editionen:

- Ausgabe letzter Hand mit den Originalanmerkungen der Brüder Grimm. Mit einem Anhang sämtlicher, nicht in allen Auflagen veröffentlichter Märchen und Herkunftsnachweisen. 3 Bde. Stuttgart 1980 (Reclams Universal-Bibliothek Nr. 3191–93).
- Ausgabe nach der zweiten vermehrten und verbesserten Auflage von 1819, textkritisch revidiert und mit einer Bibliographie der Grimmschen Märchen versehen. 2 Bde. Köln 1982 (Die Märchen der Weltliteratur).
- Nachdruck der zweibändigen Erstausgabe von 1812 und 1815 nach dem Handexemplar des Brüder Grimm-Museums Kassel mit sämtlichen handschriftlichen Korrekturen und Nachträgen der Brüder Grimm. 2 Bde. und Ergänzungsheft. Göttingen 1986.
- Die älteste Märchensammlung der Brüder Grimm. Synopse der handschriftlichen Urfassung von 1810 und der Erstdrucke von 1812. Cologny-Genève 1975.

Wichtig für die Wirkungsgeschichte, vor allem, was die Hervorhebung bestimmter Figuren, ihre Visualisierung, ihre Breitenwirkung betrifft, ist auch die »Kleine Ausgabe« der Kinder- und Hausmärchen (1825). Ein Nachdruck erschien 1982 als Bd. 357 der Reihe »Die bibliophilen Taschenbücher«. – An populären Märchenhelden fehlen hier allerdings Rapunzel und die von den Grimms ausgemerzten »Franzosen« Blaubart, Der gestiefelte Kater, Prinzessin Mäusehaut.

Charles Perrault, Histoires ou contes du temps passé (1697). Perraults Prosamärchen liegen in einer zweisprachigen Taschenbuchausgabe vor:

- Der gestiefelte Kater und die anderen Märchen. Aus dem Französischen von Ulrich Friedrich Müller. München 1983 (dtv 9196). – Die drei *Contes en verse* (1695) sind dort nicht enthalten, finden sich aber zusammen mit den acht Prosamärchen in:
- Sämtliche Märchen. Übersetzung und Nachwort von Doris Distelmaier-Haas. Stuttgart 1986 (RUB 8355).

Giambattista Basile, Das Märchen aller Märchen (Lo cunto de li cunti, 1634–36). Diese auch unter dem späteren Titel *Pentamerone* bekannte Märchensammlung liegt im Deutschen in einer alten, bis heute unübertroffenen Übersetzung vor, zu der Jacob Grimm seinerzeit (1846) das Vorwort schrieb.

- Ausgabe in 5 Bänden. Deutsch von Felix Liebrecht. Herausgegeben und mit einem Nachwort versehen von Walter Boehlich. Frankfurt a. M. 1982 (insel taschenbuch 354).

Alexander N. Afanasjew, Russische Volksmärchen (Narodnye russkie skazki, 1855–63). Die Märchensammlung des »russischen Grimm«

liegt in zweibändiger Taschenbuchausgabe vor: – In neuer Übertragung von Swetlana Geier. Nachwort von Lutz Röhrich. 2 Bde. München 1985 (dtv 5931).

Tausend und eine Nacht (Alf Laila wa-Laila). Als mittlerweile klassische Übersetzung gilt die von Enno Littmann aus den Jahren 1921 bis 1928.

– Die Erzählungen aus den Tausendundein Nächten. Vollständige deutsche Ausgabe in sechs Bänden, zum ersten Mal nach dem arabischen Urtext der Calcuttaer Ausgabe aus dem Jahre 1839 übertragen (und herausgegeben) von Enno Littmann. Wiesbaden 1953.

Hans Christian Andersen, Märchen (Eventyr, fortalte for börn – Historier – Nye Eventyr og Historier). Alle drei Sammlungen, »Märchen, für Kinder erzählt« (1835–48), »Geschichten« (1852) und »Neue Märchen und Geschichten« (1858–66), wurden in dt. Werkausgaben zusammengefaßt. Zu empfehlen sind:

– Sämtliche Märchen. Aus dem Dänischen von Thyra Dohrenburg-Jakstein. Herausgegeben von E. Nielsen. 2 Bde. München 1959. – Sprachlich einfühlsam, mit den Originalzeichnungen Vilhelm Pedersens versehen.

– Sämtliche Märchen und Geschichten. Aus dem Dänischen von E.-M. Blühm und G. Perlet. 2 Bde. Leipzig u. Weimar 1982. – Berücksichtigt die dän. textkritische Ausgabe.

Wilhelm Hauff, Märchen. Die in drei Märchen-Almanachen (1825–27) erschienenen Texte sind in einer Reihe von Ausgaben enthalten. So liegt der vor allem wichtige erste Almanach sowohl als Nachdruck bei Metzler (Stuttgart 1991) wie auch u. d. T. ›Die Karawane‹ mit Hegenbarth-Illustrationen bei Reclam (Leipzig 1966) vor. Als schöne, gehaltvolle Ausgabe, die auch ›Der Zwerg Nase‹ enthält, empfiehlt sich:

– Auswahl und farbige Bemalung von Helga Gebert. Nachwort von Hans-Joachim Gelberg. Weinheim und Basel 1986.

Ludwig Bechstein, Deutsches Märchenbuch – Neues Deutsches Märchenbuch.

Alles Wissenswerte bietet eine zweibändige Taschenbuchausgabe, die sowohl den Erstdruck 1845 wie die Ausgabe letzter Hand (13. Aufl. 1857) berücksichtigt, zudem die 50 Texte des ›Neuen Deutschen Märchenbuchs‹ von 1856 enthält und Ludwig Richters berühmte 187 Illustrationen:

– Sämtliche Märchen. Herausgegeben von Walter Scherf. 2 Bde. München 1988 (dtv 2207).

III. Umdichtungen (Parodie, Travestie, Neue Märchen in Prosa und Lyrik)

Literarische Bearbeitungen und Parodien vor allem Grimmscher Märchen und deren Helden sind seit rund 30 Jahren gang und gäbe. In chronologischer Reihenfolge seien benannt:

Franz Fühmann, Die Richtung der Märchen. Berlin 1962.

Janosch (d. i. Horst Eckert) erzählt Grimms Märchen und zeichnet für Kinder von heute. Fünfzig ausgewählte Märchen. Nachwort von Hans-Joachim Gelberg. Weinheim und Basel 1972.

Iring Fetscher, Wer hat Dornröschen wachgeküßt? Das Märchen-Verwirrbuch. Mit den Grimmschen Original-Märchen und 13 Collagen von Helga Ruppert-Tribian. Hamburg und Düsseldorf 1972.

Bilderbogengeschichten. Märchen, Sagen, Abenteuer. Neu erzählt von Autoren unserer Zeit. Herausgegeben von Jochen Jung. München 1974.

Tomi Ungerers Märchenbuch. Zürich 1975.

Neues vom Rumpelstilzchen – und andere Haus-Märchen von 43 Autoren. Gesammelt von Hans-Joachim Gelberg. Bilder von Willi Glasauer. Weinheim und Basel 1976.

Grimms Märchen – modern. Herausgegeben von Wolfgang Mieder. Stuttgart 1979 (Reclams Universal Bibliothek).

Peter Rühmkorf, Der Hüter des Misthaufens. Aufgeklärte Märchen. Reinbek 1983.

Mädchen, pfeif auf den Prinzen! Märchengedichte von Günter Grass bis Sarah Kirsch.
Herausgegeben von Wolfgang Mieder. Köln 1983.

Grimmige Märchen. Prosatexte von Ilse Aichinger bis Martin Walser. Herausgegeben von Wolfgang Mieder. Frankfurt 1986.

IV. Wirkungsgeschichte (Illustration, Cartoon, Drama, Film, psychologische Rezeption etc.)

Eine Bündelung der Themen, Methoden und empirischen Befunde bieten zwei Sammelbände:

Märchen in unserer Zeit. Zur Erscheinungsform eines populären Erzählgenres. Herausgegeben von Hans-Jörg Uther. München 1990.

Die Volksmärchen in unserer Kultur. Berichte über Bedeutung und Weiterleben der Märchen. Herausgegeben von der Märchen-Stiftung Walter Kahn. Frankfurt a. M. 1993.

Zur Illustrationsgeschichte geben Auskunft die umfangreichen Artikel »Illustration« (von Hans-Jörg Uther) und »Bildquellen/Bilderbogen« (von Rolf Wilhelm Brednich) in der *Enzyklopädie des Märchens* – siehe unter Nachschlagewerke.

Die einzige Monographie ist, trotz Fehlern und Zeitbedingtheiten, unentbehrlich geblieben:

Ilse Bang, Die Entwicklung der deutschen Märchenillustration. Mit 261 Bildern. München 1941 (zugleich Diss., betreut von Prof. Wilhelm Pinder).

Teilüberblicke aus speziellen Blickwinkeln vermitteln:

Erich Probst, Die deutschen Illustrationen der Grimmschen Märchen im 19. Jahrhundert. Coburg 1935 (zugleich Diss. Würzburg 1935).

Hermann Gerstner, Deutsche Künstler illustrieren Märchenbücher. In: Imprimatur. N. F. Bd. IV 1963/64. Frankfurt a. M. 1965. Seite 26–60.

Paul Corazolla, Künstler zu Märchen der Brüder Grimm – Von Schwind bis Hockney. Ausstellungskatalog Berlin 1985.

W. P. Fahrenberg und Arnim Klein, Der Grimm auf Märchen. Motive Grimmscher Märchen und Märchenhaftes in den aktuellen Künsten. Marburg 1985 (Kulturamt). – Veränderte Neuausgabe. Hamburg 1989.

Märchenwelt der Brüder Grimm. Buchillustrationen aus zwei Jahrhunderten. Hrsg. vom Hessendienst (Hessische Staatskanzlei). Wiesbaden o. J. (1986).

Heinz Wegehaupt, Hundert Illustrationen aus zwei Jahrhunderten zu Märchen der Brüder Grimm. Berlin o. J. (1985).

Heinz Wegehaupt, Hundert Illustrationen aus anderthalb Jahrhunderten zu Märchen von Hans Christian Andersen. Berlin o. J. (1990).

Rapunzel. Traditionen eines europäischen Volksmärchens in Dichtung und Kunst. Ausstellungskatalog. Kassel 1993.

Den Zusammenhang mit Märchen- und Illustrationsgeschichte beleuchten – international:

Iona and Peter Opie, The Classic Fairy Tales. London, New York, Toronto 1974.

Waltraud und Matthias Woeller, Es war einmal . . . Illustrierte Geschichte des Märchens. Leipzig 1990.

Als internationales Lexikon für die Wilhelminische Zeit ganz hervorragend:

Hans Ries, Illustration und Illustratoren des Kinder- und Jugendbuchs im deutschsprachigen Raum 1871–1914. Osnabrück 1992.

Für die Zeit ab 1945 sind vor allem folgende Übersichten ergiebig:

Annemarie Verweyen, Die Illustrationen zu den Kinder- und Hausmärchen in deutschsprachigen Ausgaben der Jahre 1945–1984. In: Brüder Grimm Gedenken, Band 5. Herausgegeben von Ludwig Denecke. Marburg 1985. Seite 193–268.

Annemarie Verweyen, Ein halbes Jahrhundert ›Bild im Märchen‹. In: Märchenspiegel 6. Jg., Aprilheft 1995. Seite 79–84 (im Vorgriff zu einer bei Hirzel, Stuttgart erscheinenden Monographie).

Helge Weinrebe, Märchen – Bilder – Wirkungen. Zur Wirkung und Rezeptionsgeschichte von illustrierten Märchen der Brüder Grimm nach 1945. Frankfurt a. M. / Bern / New York 1987 (zugleich Diss. Innsbruck).

Zur Verfilmung von Märchen gibt Willi Höfigs Artikel »Film« in der *Enzyklopädie des Märchens* Auskunft, desgleichen sein jüngerer Aufsatz ›Märchen als Vorlage für Film und Hörspiel‹, in: *Märchen in unserer Zeit,* a. a. O. (1990). Seite 39–54. Der Verfasser bereitet ein Buch über den Märchenfilm vor. – Felix Karlingers *Geschichte des Märchens im deutschen Sprachraum* (1988) enthält ein anschauliches Kap. ›Das Märchen in Rundfunk und Film‹. Speziell über die Zeit ab 1945 informieren:

Christoph Schmitt, Adaptionen klassischer Märchen im Kinder- und Familienfernsehen. Eine volkskundlich-filmwissenschaftliche Dokumentation und genrespezifische Analyse der in den achtziger Jahren von den westdeutschen Fernsehanstalten gesendeten Märchenadaptionen mit einer Statistik aller Ausstrahlungen seit 1954. Frankfurt a. M. 1993 (zugleich Diss.).

77 Märchenfilme. Ein Filmführer für jung und alt. Herausgegeben von Eberhard Beyer und Joachim Giera. Berlin 1990. (Vor der »Wende« in der DDR konzipiert, entspr. ideologisch.)

Zur Psychoanalyse und Symbolik der Märchen: Carl Gustav Jungs Essay ›Zur Phänomenologie des Geistes‹ (in *Symbolik des Geistes,* 1948, zuerst u. d. T. ›Psychologie des Geistes‹ in *Eranos-Jahrbuch 1945*) ermutigte seine Schülerin Hedwig von Beit zu einer umfänglichen *Symbolik des Märchens* (3 Bde., 1952–57). Mag vieles daran frappant, anregend, sinnstiftend sein, so läßt sich nicht von der Hand weisen, »daß die Deuter unvermerkt das, was sie aus den Dingen herauslesen, vorher in sie hineinlegen« (Max Lüthi, 1953).

Anregend auch Erich Fromms Studie *The Forgotten Language* (1951, dt. u. d. T. *Märchen, Mythen und Träume,* 1957) und die von Ottokar Graf Wittgenstein, *Märchen, Träume, Schicksale* (1965).

Sehr erfolgreich wurden Eugen Drewermanns Interpretationen einzelner Grimmscher Märchen aus theologischer und tiefenpsychologischer Sicht (11 Bde., Olten 1981/92). Als Sammelbände ›Rapunzel, Rapunzel, laß dein Haar herunter‹ und ›Lieb Schwesterlein, laß mich herein‹ liegen sie seit 1992 bei dtv vor. Ca. 24 Märchenmonographien gaben u. a. Hans Dieckmann, Verena Kast, Ingrid Riedel, Theodor Seifert in der Buchreihe ›Weisheit im Märchen‹ heraus (1983–95); die Botschaft war eine doppelte: »Märchen spiegeln allgemein menschliche Situationen und Schicksale – Jeder Leser kann sich in ihnen wiederfinden.«

Zur Entwicklungspsychologie: Die Bedeutung der Märchen für den Sozialisationsprozeß des Kindes stellte Bruno Bettelheim in einem Bestseller *The Uses of Enchantment* (New York 1976) heraus, dt. u. d. T. *Kinder brauchen Märchen.* Stuttgart 1977. Anhand von etwa 25 Zaubermärchen legte er die verschlüsselte Bildersprache aus als Reifungsprozeß der Helden – auf den Ebenen des Es, des Ich und des Über-Ich. Auch er trug ein fertiges Bezugssystem an die Märchen heran, sah z. B., ganz in Jungschem Sinn, Hexe und Stiefmutter als negative Mutterbilder an, welche »die verschlingende Tendenz des Unbewußten repräsentieren«.

Über Form und Funktion grausiger Kindermärchen legte Walter Scherf eine Studie vor: *Die Herausforderung des Dämons* (München, New York, London 1987).

V. Zum Menschenbild im Märchen

Ergiebig sind vor allem die Untersuchungen von Max Lüthi, sei es ›Der Märchenheld‹ (in: *M. L., Es war einmal ... Vom Wesen des Volksmärchens,* Göttingen 1962), oder das Kapitel ›Menschenbild‹ in *M. L., Das Volksmärchen als Dichtung* (Düsseldorf / Köln 1975), seien es Einzeluntersuchungen wie ›Der Aschenputtel-Zyklus‹ (im Jahrbuch *Vom Menschenbild im Märchen,* Kassel 1980) oder die fundamentale Analyse *Das europäische Volksmärchen* (Bern 1947).

Ein auch in dieser Hinsicht aufschlußreiches Standardwerk ist Lutz Röhrichs *Märchen und Wirklichkeit. Eine volkskundliche Untersuchung.* Wiesbaden 1956 (Habil.schrift), dem sich obendrein mancher Unterschied zwischen Sagen- und Märchenfiguren entnehmen läßt.

Die Märchentradition einmal ohne Grimm, ohne das Volksmärchen, dafür unter Einschluß von Basile, Perrault, Brentano, Hauff, Andersen, Wilde, Collodi und ihren grundverschiedenen Ansätzen analysiert Volker Klotz' höchst lesbare Literaturgeschichte in 25 Kapiteln *Das europäische Kunstmärchen.* Stuttgart 1985.

Hingewiesen sei auch auf die sorgfältigen Arbeiten von Katalin Horn, u. a. ihre Artikel »Gegenspieler«, »Held / Heldin«, »Helfer« und »Jüngste / Jüngster« in der *Enzyklopädie des Märchens.* Zeitgemäße Fragen behandeln ›Über das Weiterleben der Märchen in unserer Zeit‹ (in: *Die Volksmärchen in unserer Kultur,* a. a. O., 1993, Seite 25–71) und ›Lebenshilfe aus »uralter Weisheit«? Psychologische und populärpsychologische Märchenrezeption unter ihrem therapeutischen Aspekt‹ (in: *Märchen in unserer Zeit,* a. a. O., 1990, Seite 159–69).

Eugen Drewermann im dtv

Kleriker
Die schonungslose Analyse des inneren Zustandes der katholischen Kirche deckt deren psychische Strukturen und unbewußte Hintergründe auf.
dtv 30010

Tiefenpsychologie und Exegese 1
Die Wahrheit der Formen
Traum, Mythos, Märchen, Sage und Legende
dtv 30376

Tiefenpsychologie und Exegese 2
Die Wahrheit der Werke und der Worte
Wunder, Vision, Weissagung, Apokalypse, Geschichte, Gleichnis
dtv 30377

Worum es eigentlich geht
Briefe, Dokumente, Gespräche
Ein unverzichtbares Protokoll zum »Fall Drewermann«
dtv 30404

»Ich steige hinab in die Barke der Sonne«
Meditationen zu Tod und Auferstehung
Ein Querschnitt durch die abendländische Literatur-, Geistes- und Religionsgeschichte.
dtv 30437

Foto: Klaus Bäulke

Giordano Bruno oder Der Spiegel des Unendlichen
Die letzten Tage des großen italienischen Denkers und Dichters, der im Jahre 1600 in Rom als »Ketzer« verbrannt wurde.
dtv 30465

Was uns die Zukunft gibt
Meditationen über biblische Texte vermitteln tiefe Einsichten in unser Dasein und geben Anregungen zu einem erfüllten Leben.
dtv 30502

Lieb Schwesterlein, laß mich herein
dtv 35050
Rapunzel, Rapunzel, laß dein Haar herunter
dtv 35056
Grimms Märchen tiefenpsychologisch gedeutet

Lebendiges Mittelalter

Joachim Bumke:
Höfische Kultur
Literatur und Gesellschaft im hohen Mittelalter
dtv 4442

Umberto Eco:
Kunst und Schönheit im Mittelalter
dtv 4603

Heinrich Fichtenau:
Lebensordnungen des 10. Jahrhunderts
Studien über Denkart und Existenz im einstigen Karolingerreich
dtv 4577

Karl August Fink:
Papsttum und Kirche im abendländischen Mittelalter
dtv 4619

Ferdinand Gregorovius:
Geschichte der Stadt Rom im Mittelalter
Vollständige Ausgabe in 7 Bänden
Herausgegeben von Waldemar Kampf
dtv 5960

Charles Higounet:
Die deutsche Ostsiedlung im Mittelalter
dtv 4540

Karl Jordan:
Heinrich der Löwe
Eine Biographie
dtv 4601

Ernst H. Kantorowicz:
Die zwei Körper des Königs
Eine Studie zur politischen Theologie des Mittelalters
dtv 4465

Jacques Le Goff:
Die Geburt des Fegefeuers
Vom Wandel des Weltbildes im Mittelalter
dtv 4532

Jacques Le Goff:
Die Intellektuellen im Mittelalter
dtv 4581

Norbert Ohler:
Reisen im Mittelalter
dtv 30057
Sterben und Tod im Mittelalter
dtv 30383

Pierre Riché:
Die Karolinger
Eine Familie formt Europa
dtv 4559

Ferdinand Seibt:
Karl IV.
Ein Kaiser in Europa
dtv 4641

Über die Sprache

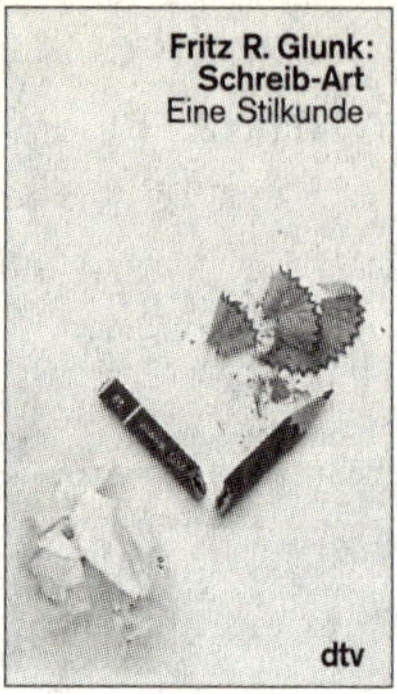

Klaus Bartels:
Wie die Amphore zur Ampel wurde
Neunundvierzig Wortgeschichten
dtv 10836

Fritz R. Glunk:
Schreib-Art
Eine Stilkunde
dtv 30434

Klaus Jürgen Haller:
Wörter wachsen nicht auf Bäumen
99 Allerweltsbegriffen auf der Spur
dtv 30026

Eike Chr. Hirsch:
Deutsch für Besserwisser
dtv 30028

Mehr Deutsch für Besserwisser
dtv 30065

Eike Chr. Hirsch:
Der Witzableiter oder Schule des Gelächters
Techniken und Theorie des Witzes
dtv 30059

Kopfsalat
Spott-Reportagen für Besserwisser
dtv 30309

Werner König:
dtv -Atlas zur deutschen Sprache
dtv 3025

Die Kunst des Gesprächs
Texte zur Geschichte der europäischen Konversatonstheorie
dtv 4446

Werner Lansburgh:
Holidays for Doosie
Eine Reise durch Europa oder Englisch mit Liebe
dtv 11373

Ludwig Reiners:
Stilfibel
Der sichere Weg zum guten Deutsch
dtv 30005

Hermann Schlüter:
Grundkurs der Rhetorik
dtv 4149

Otto Seel:
Quintilian oder Die Kunst des Redens und des Schweigens
dtv / Klett-Cotta 4459

Wahrig:
dtv-Wörterbuch der deutschen Sprache
dtv 3136

Harald Weinrich:
Wege der Sprachkultur
dtv 4486